이주하는 인간, 호모 미그란스

인류의 이주 역사와 국제 이주의 흐름

* 이 책은 관훈클럽신영연구기금의 도움을 받아 저술 출판되었습니다.

일러두기

1. 이 책에 나오는 이주 관련 용어들은 원칙적으로 국제이주기구IOM(International Organization for Migration)가 2011
   년 펴낸 《이주 용어 사전 제2판Glossary on Migration 2nd Edition》 한국어 번역본의 정의를 따랐다. 문맥에 따라 더
   정확한 사실 또는 느낌을 전달하기 위해 다른 표현을 사용한 경우에도 본디 뜻을 왜곡하지 않도록 주의를 기
   울였다.
2. 제1부 〈인류의 이주, 그 변천과 흥망의 기록〉에서 신석기 농업혁명 이후 큰 범주의 세계사 구분은 고대, 중세,
   근대, 현대로 나누었다. 역사학계에선 이런 구분이 서양, 정확히는 유럽의 정치권력 구조와 경제적 생산양식
   을 기준으로 한 시대 구분일 뿐 세계사 전체에 적용하기엔 무리라는 비판이 있으며, 필자도 그에 동의하는 입
   장이다. 다만, 이 책에서 필자의 구분은 학술적 의미를 둔 게 아니라 큰 틀에서 이주의 원인과 양태의 변화를
   드러내기 위한 편의에 따른 것임을 밝혀둔다.
3. 이 책에서 인용한 언론 기사들의 보도 시점은 국내 신문, 잡지의 경우 지면 게재 날짜를 밝혔다. 지면 게재 여
   부를 일일이 확인하기 힘든 외국 언론의 보도 날짜는 해당 언론사의 인터넷 웹사이트 게시 날짜를 명기했다.
4. 인용자료의 제목을 표기할 때 한글 단행본과 정기 간행물과 공식 보고서는 겹화살괄호(《 》)를, 한글 논문과 언
   론 기사는 홑화살괄호(〈 〉)를, 영문 단행본과 정기 간행물과 공식 보고서는 이탤릭체를, 영문 논문과 언론 기
   사는 겹따옴표("")를 썼다.
5. 이 책에서 인용한 세계 인구, 이주자와 난민의 수, 이주 노동자 송금액 등 이주와 관련한 여러 통계 수치들은
   가능한 한 최신 자료를 쓰려고 노력했다. 그러나 자료의 출처와 발표 시기, 인용 시점 등에 따라 같은 항목이
   라도 수치는 조금씩 차이가 날 수 있다.
6. 주요 인명, 지명, 사건 등의 외국어 병기는 영어로 표기했다.

이주하는 인간, 호모 미그란스

인류의 이주 역사와 국제 이주의 흐름

조일준 지음

푸른역사

들어가며

모나크 나비

모나크 나비는 북미 대륙에서 흔히 볼 수 있는 곤충 가운데 하나다. 밝은 주황색과 선명한 검정색의 얼룩무늬로 화사한 자태를 뽐낸다. 우리말로는 제왕나비다. 모나크 나비는 '이주의 제왕'이기도 하다. 해마다 가을이 되면 캐나다 남부에서 멀리 멕시코까지 긴 겨울나기 여행을 시작한다. 따뜻한 남쪽으로 향하는 이주 경로는 크게 세 가지다. 하나는 북미 서부의 태평양 연안을 따라 오가는 길이다. 다른 하나는 로키산맥의 동쪽 능선을 타고 미국 중동부의 광활한 대륙을 가로지르는 길이다. 또 다른 하나는 미국과 캐나다의 접경인 오대호 인근의 삼림지대에서 멕시코 만으로 이어지는 북미 동부 내륙의 하늘길이다.

두 날개의 폭 10센티미터, 몸무게가 0.5그램에 불과한 가냘픈 나비들이 구름처럼 떼를 지어 3500~4800킬로미터를 날아가는 모습은 경이롭고 장엄하다. 이 거리는 사람으로 치면 약 45만 킬로미터, 지구 둘레를 열한 바퀴나 도는 것과 같다! 어느 길이든, 곤충의 집단 이동으로는 최장거리다. 겨울이 닥치기 전까지 약 2개월에 걸쳐 이루어지는 이 비행은 갈수록 떨어지는 기온과 비바람과 포식자들의 공격을 감수해야 하는 멀고 험한 여정이다. 목적지는 멕시코 서부 미초아칸 주에 있는 오야멜 전나무 숲Oyamel Fir Forest이다. 이곳에 이르면 대륙 왕복의 절반을 마친 셈이다.

숲에 모여든 모나크 나비들은 전나무 수관에 구멍을 내고 들어가 수개월 간 겨울잠을 잔다. 수백만 마리의 모나크 나비들이 체온 유지를 위해 몸을 맞대고 촘촘히 붙어 있는 모습은 가히 장관이다. 모나크 나비들이 도착할 즈음에 미초아칸 마을에서는 '죽은 자들의 밤'이라는 축제가 열린다. 조상의 영혼이 나비가 되어 찾아오는 것이라 믿는 주민들은 나비 앞에서 소원을 빌기도 한다.[1]

멕시코의 숲에도 겨울이 지나고 봄이 찾아올 것이다. 그러면 전나무에 매달려 한 철을 보낸 나비들도 다시 자연의 힘이 이끄는 대로 귀소본능에 몸을 맡기고 북쪽을 향해 얇고 예쁜 날개를 힘차게 펄럭일 것이다. 지구상에서 유일하게 대를 이어 이주하는 모나크 나비의 경이로운 비밀이 바로 이 여정에서 펼쳐진다. 모나크 나비의 최대 비행속도는 시속 50킬로미터 정도다. 산술적으로 계산해보면, 일분일초도 쉬지 않고 날개만 팔랑거려도 편도 비행에만 거의 100시간이 걸린다. 하지만 물리적으로 불가능하다. 먹이를 먹고, 잠을 자고, 날개도 쉬어야 한다. 무엇보다 수명이 짧다. 그래서 모나크 나비의 귀향은 무려 4세대에 걸쳐 이루어진다.

첫 세대부터 3세대까지 나비의 수명은 2~6주에 불과하다. 첫 세대는 겨울잠에서 깨어나자마자 최대한 북쪽으로 날아가 짝짓기를 하고 알을 낳고 죽는다. 그 알에서 깨어난 2세대도, 그리고 그들이 낳은 3세대도 질기게 이어진 생명력으로 북미 대륙을 거슬러 올라간다. 그렇게 짧은 봄과 더운 여름이 지나간다. 하지만 여름이 끝날 무렵, '슈퍼 세대'가 알을 까고 나온다. 이들은 여섯 달에서 아홉 달까지 산다. 윗세대보다 수명이 10배나 길다. 이주의 마지막 배턴을 이어받은 4세대가 마침내 귀환을 완성하고 몇 주를 지내면, 계절은 어김없이 가을바람을 싣고 온다. 그러면 모나크 나비 이야기는 다시 맨 처음으로 돌아간다.

모나크 나비가 어떻게 매년 대를 이어 길을 잃지 않고 엄청난 거리를 오갈 수 있는지는 흥미로운 탐구 주제다. 태양의 위치, 지구 자기장, 유전자 본능 등 여러 가설이 나온다. 모나크 나비는 왜 이처럼 엄청난 비행을 할까. 이유가 뭐든 너무 무모하지 않은가. 그런데 그게 자연이다. 생명체의 최고 목표이자 궁극의 가치는 개체의 생존과 종의 번식이다. 모나크 나비도 그럴 뿐이다.

동물의 이주는 대부분 유전적 본능에의 순응이거나 주어진 환경에 대한 수동적 대응이다. 아프리카 초원의 누gnu와 코끼리, 태평양 바다의 돌고래, 빙하 위의 북극곰, 온갖 철새는 때가 되면 떠나야 한다는 것을 알고 있다. 떠날까 말까 고민하지 않는다. 이와 달리, 인간의 이주는 목적의식적으로 새로운 환경을 찾아나서는 행위다. 인간의 이주는 적극적이고 주체적인 판단의 결과이며, 이주를 하는 이유도 천차만별이다.

인간의 영토

태초에 강이 있었다. 그 강이 하나의 길이 되었고, 그 길이 온 세상으로 뻗어나갔다. 그 길은 한때 강이었던 까닭에 항상 배가 고팠다. 태초의 땅에는 혼령들이 태어나지 않은 자들과 뒤섞여 있었다. 우리는 수많은 형태를 띨 수 있었다. 우리 중 상당수는 새였다. 우리는 경계를 몰랐다. 온갖 축제와 놀이와 슬픔이 있었다. …… 불가사의한 혼령들이 우리에게 피와 땅과 첫 접촉하는 준비를 하도록 했다. 우리는 각자 스스로 통로를 만들었다. 홀로, 우리는 불길과 바다와 환영의 출현으로부터 살아남아야 했다, 망명이 시작됐다. 내가 태어난 것은 정착하려는 생각을 품었기 때문이 아니라 여러 세계를 오가는 사이에 시간의 위대한 주기가 마침내 나의 목덜미를 틀어쥐었기 때문이다. 나는 웃음이 있고 굶주림은 없는 삶을 기원했다.[2]

아프리카 현대문학의 대표 작가 중 한 명인 벤 오크리Ben Okri는《굶주린 길》의 첫머리를 '시작에 관한 신화들'로 연다.

인류의 역사는 이주의 역사이기도 하다. 인류의 역사는 인간이 지구의 여러 낯선 환경에 적응하며 자신의 영토를 조금씩 넓혀가는 과정이었다. 우리 모두는 이주자의 후손들이다. 아주 먼 옛날, 초기 인류는 아프리카 중부의 사바나 지대를 떠나 미지의 땅으로 옮겨가기 시작했다. 아프리카는 충분히 넓은 대륙이었지만, 인류의 조상들은 더 넓은 세상으로 나아갔다. 더 풍족한 먹을거리와 더 나은 생존환경을 찾으려 했고, 위험을 피하려 했다. 때론 지칠 줄 모르는 호기심과 모험심에 이끌렸다.

아프리카 북쪽 끝까지 올라간 그들에겐 지중해를 건널 만큼 크고 튼튼한 배와 항해술이 없었다. 아프리카를 벗어나 다른 세상으로 가는 유일한 길목이 오늘날 이집트의 나일강 상류 지역이었다. 여기서 시나이 반도 북부를 횡단해 팔레스타인과 요르단, 시리아 쪽으로 올라가면 고대문명의 첫 발상지인 '비옥한 초승달Fertile Crescent' 지대가 나온다. 여기서 더 북쪽으로 올라간 일부는 지금의 터키를 지나 유럽 땅에 이르렀다. 또 다른 일부는 동쪽으로 향했다. '아프리카의 뿔The Horn of Africa'이라 불리는 대륙 동쪽 끝의 바브엘만데브 해협Bab-el Mandeb Straits을 건너 아라비아 반도에 닿았다. 이들은 오늘날 이라크와 이란이 자리 잡은 지역을 거쳐 중앙아시아와 인도, 중국 대륙으로 인류의 영토지도를 넓혀갔다. 유라시아 대륙을 완전히 정복한 인류는 약 2만3000년 전에는 베링 육교를 거쳐 알래스카와 북아메리카 대륙에 상륙했다.

시나브로 오대양 육대주가 인간의 영토가 됐다. 최소 100만 년에 이르는 장구한 여정이었다. 오늘날 지구에서 인간의 발길이 닿지 않은 곳은 거의 없다. 이미 반세기 전에 미국은 달나라에 인류의 발자국을 새겼고, 2030년대에는 화성에 유인 우주선을 보내 우주 기지를 건설하려는 계획을 추진 중이다.

이주는 혼자든 여럿이든, 멀든 가깝든, 하나의 결단이다. 자신과 후대의 더 나은 삶을 기대하는 모험이다. 길을 떠난다는 것, 그리고 다시 낯선 땅에 발을 붙인다는 것은 제2의 삶, 밑바닥에서부터 새로운 생활을 시작한다는 뜻이다. 첫 번째 삶이 자기 의지와 상관없이 주어졌으나 온 세상의 축복으로 빛나는 무지개색이라면, 두 번째 삶은 스스로 선택했든 운명에 내몰렸든 무조건 축복보다는 기대와 우려가 뒤범벅된 색깔이다. 인류 역사에서 이주는 단순히 영토의 지리적 확산이 아니라 다양한 인간 집단의 삶이 전파되고 재구성되는 서사 드라마다.

호모 미그란스

프랑스 철학자 질 들뢰즈Gilles Deleuze는《차이와 반복》(1968)에서 존재들의 위계와 분배 문제를 논하면서 처음으로 '노마드nomade'라는 개념을 도입했다.[3] 그로부터 35년 뒤, 알제리 태생의 프랑스 경제학자 자크 아탈리Jacques Attali는 들뢰즈의 노마드 개념을 인류 미래 문명의 모델로 확장한 '호모 노마드homo nomad'를 제시했다. '유목하는 인간'이라는 뜻이다. '정주하는 인간'의 상대 개념이다. 이때 노마드는 발붙일 곳 없는 유랑자가 아니라 자유롭게 옮겨 다니는 창조적 신인류다. 아탈리는 단언한다. "태초의 인간은 노마드였다. 끊임없는 이동 속에서 노마드는 문명을 발명하고 제국을 건설했다. 600만 년 인류사에서 정착민의 역사는 고작 0.1퍼센트에 해당하는 시기였다. 정착민은 인류 진보에 있어 한 단계에 불과할 뿐 귀결점이 되지 못하고, 국가는 노마드의 행렬을 잠시 멈추게 하는 오아시스 역할 이상을 할 수는 없었다. …… 신인류의 대안은 노마드의 세계에서 찾아야 한다. 그들은 불, 언어, 종교, 민주주의, 시장, 예술 등 문명의 실마리가 되는 품목을 고안해냈다. 반면 정착민이 발명해낸 것은 고작 국가와 세금, 그리고 감옥뿐이었다."[4] 교류와 확장 없이 동질 집단끼리만 한 곳에 머무는 정주 사회는 혁신과 발전을 기대하기 힘들다는 이야기다.

물론 모든 이주자가 창조적 미래형 인간으로서의 노마드는 아니다. 오히려 절대 다수의 이주자들은 지금 같은 삶을 계속할 것인지, 아니면 지금 가진 것의 대부분을 포기하더라도 더 나은 삶의 기회를 찾아 나설 것인지, 절박한 상황에서 후자를 선택한 이들이다. 생존의 극한까지 몰린 끝에 이주를 강요받는 이들도 많다. 크든 작든 결단이다. 그것도 대개는 혼자만의 판단이 아니라 가족과 후대의 미래가 걸린 결정이다. 이주자 중에는 개별 주권국가가 수용하기를 꺼리는 경우도 적지 않다. 집단난민 사태가 대표적이다. 그런 면에서 아탈리의 '호모 노마드'는 이상적이고 미래지향적인 모델에 가깝다.

유목은 기본적으로 이주생활이다. 고대의 수렵채취 경제에서 유목은 먹을거리와 주거지가 불안정한, 힘들고 거친 삶이었다. 인류는 농경정착생활을 시작하면서 문명을 발전시켰다. 그러나 지금도 여전히 농경과 유목을 병행하거나 유목생활의 전통을 이어가고 있는 사람들도 많다. 또 어떤 이들은 정주생활을 하되, 농경이 아닌 어업으로 생계를 잇는다. 산업문명이 발달한 도시 지역에서는 대다수 사람이 공장의 생산라인, 물류 및 유통 현장, 그리고 생산과 마케팅을 기획하고 지원하는 사무직 노동자로 일한다. 사회 분화에 따라 새롭게 만들어진 전문직과 자영업 종사자들도 많다. 각기 주어진 시대적·공간적 환경과 조건에서 최적의 선택을 한 것일 뿐이다. 그런 점에서 이주와 정주를 무 자르듯 구별해 어떤 것이 좋고 나쁜지를 따지는 태도는 적절치 않다. 아탈리가 말한 유목과 이주의 개념이 전통적인 수렵채취생활을 뜻하는 것이 아님은 물론이다.

호모 노마드보다 좀 더 현실적인 개념으로 호모 미그란스Homo Migrans를 들 수 있다. '이주하는 인간'이다. 둘은 옮겨 다니며 사는 인간이라는 점에선 비슷해 보이지만 다른 범주의 개념이다. 전자는 정주에 연연하지 않는 기동전의 느낌이 짙은 반면, 후자는 정착지를 근거로 삼는 진지전 성격이 강하다.

인간은 다른 동물과 구별되는 고유한 특성이 많다. 각각의 특성을 강조하기 위해 지어진 명칭도 다양하다. 생물의 분류 체계에서 현생 인류와 직계 조상을 포함하는 '사람'을 뜻하는 호모Homo라는 속명屬名의 뒤에 라틴어 형용사를 붙이는 방식이다. 호모 하빌리스Homo Habilis(솜씨 있는 사람), 호모 에렉투스Homo Erectus(똑바로 선 사람), 호모 네안데르탈렌시스Homo Nean-derthalensis(네안데르탈인), 호모 사피엔스Homo Sapiens(지혜로운 사람) 등은 각각 외형적 특징, 유골이 발견된 지역, 지능의 발달 정도에서 그 이름을 따왔다. 인간의 사회문화적 특성에 따른 별칭도 끊임없이 만들어진다. 호모 파베르Homo Faber(도구를 사용하는 인간), 호모 루덴스Homo Ludens(유희하는 인간), 호모 에코노미쿠스Homo economicus(경제적 합리성을 좇는 인간), 호모 소셜로지쿠스Homo Sociologicus(사회적 인간) 등은 그런 신조어들의 일부 사례일 뿐이다.

'호모 미그란스'도 마찬가지다. '호모 미그란스'라는 말은 유럽이주를 위한 정부간위원회ICEM(Intergovernmental Committee for European Migration)의 창립

20주년을 맞아 지오바니 토토라Giovanni Tortora가 1971년에 출간한 카툰 모음집의 제목에서 나왔다. 이 책에서 토토라는 인류의 이주가 아담과 이브에서 시작되었고 우주로의 이주로 연결될 것이라는 흥미로운 주장을 내놓았다. 이후 독일 학자 클라우스 바데Klaus J. Bade가 1994년 저서《호모 미그란스: 독일 안팎으로의 이주Homo Migrans: Wanderungen aus und nach Deutchland》에서 '이주하는 사람'이라는 의미로 '호모 미그란스'를 사용했다. 호모 미그란스는 그러나 아직 학계에서 공식적인 용어로 사용되고 있지는 않다.[5]

이주, 그 시공간을 따라서

지금 우리는 문자 그대로 '세계화시대'에 살고 있다. 역사상 어느 때보다 국가 간 이동과 여행의 빈도가 높고 규모도 크다. 어떤 이유에서든 외국을 여행할 기회가 많아졌고, 그것이 더는 특별한 자랑거리도 아니다. 교통수단과 정보통신의 발달은 대량 이주를 가능하게 했다. 그러나 오늘날 세계가 역사상 어느 때보다 이주가 자유로운지는 의문이다. 자유로운 이주를 가로막는 '보이지 않는 손'이 이주 장벽을 갈수록 높이고 있기 때문이다. 국민국가 단위의 법과 제도적 장치들, 국제 안보 위협, 정보 비대칭, 빈부의 극단적 양극화가 '보이지 않는 손'의 일부다.

이주를 바라보는 관점은 '자본과 노동의 이동'에 한정됐던 초기 연구에서 벗어나 '인간과 문화의 흐름'으로 넓어졌다. 인류 사회는 본디 그렇게 교류하고 융합하면서 발전해왔다는 걸 역사가 보여준다. 그러나 시공간을 좁혀보면, 단기간 특정 지역의 이주 문제가 반드시 아름답거나 낭만적인 것은 아니다. 오히려 그 반대에 가깝다. 생존을 위한 정글 법칙이 작동하고, 갈등과 전쟁이 빈번하며, 집단의 영욕과 명멸이 갈릴 수도 있다. 그에 따른 인명 손실과 사회적 비용도 만만찮다.

요컨대 이주 문제는 이미 국민국가 혹은 영토국가 단위에서 해결할 수 있는 수준을 넘어선 지 오래다. 인간이 곤궁한 삶과 목숨의 위협을 피해 자원과 기회가 많고 안전한 곳을 찾아 떠나는 것은 자연스러운 현상이다. 이를 무작정 법규와 물리력으로 막는 건 문제의 근본 해결책이 아닐뿐더러 현실적으로도 불가능하다. 강압적 저지에는 무리수가 따르게 마련이다. 이주 현상에 대한 과학적인 분석과 통찰력을 갖춘 시각, 이주로 말미암은 여러 문제들에 대한 국제사회의 공조가 절실한 이유다.

필자가 초등학교(그땐 '국민'학교였다)에 다니던 시절, 우리나라의 장점이라며 몇몇 가지를 배운 기억이 있다. 그중 하나는 '단일민족국가'였다. 백의민족, 배달의 겨레라는 말들도 알게 됐다. 그렇게 아이들의 머릿속에는 순혈민족 신화가 새겨졌고, 어린 마음에 알 수 없는 뿌듯함이 솟았던 것 같다. 단일민족국가라는 게 특별한 자랑거리가 아니라는 걸 깨닫게 되기까진 그로부터 오랜 세월이 지나야 했다. 교실 밖의 책들에서 훨씬 새롭고 폭넓은 세계를 알게 되고, 다른 나라의 다른 삶을 직접 보고 겪은 뒤였다.

신문사 국제부에서 일하면서 다른 여러 나라들을 꼼꼼히 들여다보고 직접 가볼 기회가 생겼다. 특히 중동과 유럽을 지켜보면서 이주와 난민 문제에 부쩍 관심을 갖게 됐다. 좁은 한반도에 갇혀 순혈민족 신화를 간직해온 우리와는 대비되는 역동성에 절로 눈길이 갔다. 그런 관심은, 운 좋게도, 2012년 가을부터 1년간 미국 조지타운대학 국제이주문제연구소ISIM(Institute for the Study of International Migration)에서 방문연구원 자격으로 연수할 기회를 얻는 것으로 이어졌다. 처음으로 개론 수준이나마 이주 문제 관련 연구 성과들을 배울 수 있었다. 그 뒤로도 틈틈이 외국 언론 보도와 관련 자료들을 눈여겨보게 됐다. 먼 옛날 인류의 조상이 떠났던 길을 따라, 그리고 오늘날 세계 곳곳의 사람들이 고향을 떠나는 길을 따라, 이주의 오랜 역사와 넓은 세상을 조망해보는 것은 개인적으로 신선한 지적 경험이자 충격이었다. 그 길에는 희망과 절망이 엇갈리고, 연대와 적대가 뒤섞여 있었다. 누군가는 갈망하던 새 삶을 열었고, 다른 누군가는 사랑하는 사람과 생이별을 하거나 안타깝게 죽어갔다. 이주는 인류의 삶과 문화, 그 자체였다. 얄팍하나마 알게 된 지식과 정보, 서로 기대고 부대끼며 살아가는 지구촌 이웃들의 이야기를 더 많은 사람들과 함께 나누고 싶어졌다. 《이주하는 인간, 호모 미그란스》는 그 결과물이다.

이 책은 크게 두 가지 내용으로 짰다. 제1부에서는 인류의 이주 역사를 간추려 조망했다. 실제로 인간의 집단적 이주를 촉발했거나 결과적으로 큰 영향을 준 사건을 중심으로 서술하되, 큰 흐름에서 이주의 지리적·역사적 연속성을 놓치지 않으려 애썼다. 제2부에서는 현대 국제 이주의 흐름과 주요 현안들을 살폈다. 특히 난민 문제에 주목했다. 서술과 내용이 딱딱해지는 것을 무릅쓰고 국제 이주에 대한 학계의 다양한 이론과 논점, 이주와 관련된 통계 수치들, 이주를 둘러싼 개별 국가의 정책과 국제사회의 대응 노력도 간략히 소개했다. 현대 세계의 이주 문제를 폭넓게 이해하는 데 도움이 될 수 있다는 판단에서다. 그럼에도 이 책은 이주에 대한 논문이나 학술서가 아니다. 필자는 전문 연구자가 아닐뿐더러 식견도 턱없이 짧다. 그저 '이주'라는 열쇳말을 나침반 삼아 인간 삶의 궤적과 현장을 입체적으로 들여다보려 했다.

시공간을 넘나드는 이 여행에 필요한 것은 여권과 비자가 아니다. 사람에 대한 따뜻한 시선과 열린 마음, 그리고 세상에 대한 약간의 호기심이면 충분하다. 길고 먼 여행이 시작되는 곳은 수백만 년 전 아프리카 대륙의 사바나 지대, 물방울이 맺힌 나뭇잎들 사이로 아침 햇살이 파고드는 숲이다.

HOMOM

HOMOM

IGRANS

제1부

인류의 이주,
그 변천과 흥망의 기록

인디언들은 조용했지만 침울했고 말이 없었다.
영어를 한 줄 아는 한 사람에게 '촉토족은 왜 자신들의 나라를 떠납니까' 하고 물었다.
그는 "자유롭기 위해서요"라고 대답했다.
– 알렉시 드 토크빌, 《미국의 민주주의》 중에서

1장

아프리카를
탈출하다

호모 사피엔스의 이동에 영향을 끼친 것은
계절의 변화, 동물들의 연례 이동, 식물의 성장 주기였다. ……
이런 방랑은 인간이 외부 세계로 팽창한 결정적 요인이었다.
– 유발 하라리, 《사피엔스》 중에서

모든 생명체는 하나의 원시적인 형태에서 유래했을 수 있다

자네가 쓴 흥미진진한 책을 아주 면밀히 읽어보았네. 얻을 게 참 많더군. 그리고 오늘날 자연사 분야에서 가장 뛰어난 공을 세운 책이 될 거라는 생각이 드네. 하지만 솔직히 말해, 자네 책에서 제시한 것처럼 단일 종이나 같은 무리에서 나온 후손이 여러 종으로 분화된 경우는 찾지 못했네. ……

내 생각에 자네의 이론은 완성될 수 없네. 가장 큰 어려움은 인간의 존재에 관한 문제네. 마지막 페이지에 적힌 "인류의 기원과 그 역사에 서광이 비칠 것이다"라는 문장을 읽기 전까지 자네가 인간의 존재에 관한 문제를 완전히 외면했다는 생각이 들더군. 마지막 문장은 곧 인간은 하나의 변형된 존재이며 오랑우탄이 장족의 발전을 한 것이라는 뜻 아닌가! 이러한 주장을 독자들이 무리 없이 받아들일지 의심스럽네. …… 인간이 가진 논리력이나 윤리적인 지성이 아무리 점진적인 변화를 거치고 그 능력을 획득하는 데 시간이 얼마나 걸렸든 간에 원래 이성이 없던 조상이 자연선택적으로 획득한 것이라는 이론 역시 쉽게 수긍할 수 없다네. 이것은 인간과 동물을 확실하게 구분 짓는 신성 이미지와는 아주 동떨어진 것으로 보이네.

-1860년 1월 4일, 레너드 제닌스가 찰스 다윈에게 보낸 편지 중에서[1]

1859년 11월 24일, 찰스 다윈Charles Darwin의 《자연선택에 의한 종의 기원에 대하여On the Origin of Species by Means of Natural Selection》(이하 《종의 기원》) 초판이 세상에 처음 나왔을 때 사람들은 경악했다. 우리가 원숭이의 후손이라니, 이건 신과 인간에 대한 모독이다! 그럴 만도 했다. 오스트리아의 식물학자 멘델이 완두콩 실험으로 생명체의 유전 법칙을 확인하기까지 7년이나 더 기다려야 했을 때니 말이다. 생명은 전적으로 신의 영역이었다. 인간은 신의 창조 역사의 궁극의 목적이었으며 피조물 가운데 가장 특별한 지위에 있었다.

초판이 나온 지 불과 열흘 뒤, 다윈의 케임브리지 대학 시절 절친한 벗인 레너드 제닌스Leonard Jenyns가 누구보다 먼저 다윈의 책을 읽은 뒤 비평을 담은 편지를 보냈다. "나는 결코 과학과 성서를 혼동하는 사람이 아니네"라고 굳이 강조한 그조차도 "하지만 남자와 여자가 존재하게 된 배경을 서술하고 있는 《창세기》 2장 7절과 21절, 22절에 대해 어떤 생각을 하고 어떤 의미를 두어야 할지 모르겠네"라고 털어놓았다. 잉크 글씨에는 동식물학에 해박한 자연학자이자 교구 사제인 제닌스의 혼란스러움이 뚝뚝 묻어났다.

사흘 뒤, 다윈은 답장을 썼다.

자네 편지를 받고 무척 고마운 마음이 들었네. 이성적이고 지적인 사람이 내 책을 읽고 어떤 인상을 받았는지 깨닫게 되어 무척 유익하고 즐거웠다네. …… 가장 곤혹스러운 문제 중 하나가 바로 지질학적 기록 부족이네. 초창기 지질시대의 기록은 거의 전무하다고 할 수 있는데 …… 모든 생명체가 하나의 원시적인 형태에서 유래했을 가능성에 관한 내 신념은 분명 성급한 결론이네. 하지만 난 여전히 가능성이 있다고 생각하며 철회할 마음이 없다네. ……

인간의 기원에 대한 나의 신념을 강요할 생각은 추호도 없네. 하지만 그렇다고 해서 내 의견을 드러내지 않고 꽁꽁 숨기는 것은 정직하지 못한 일이라고 생각하

[그림 1] 1871년 3월 영국 풍자 잡지 《호르넷*Hornet*》이 다윈을 원숭이로 묘사한 캐리커처.

네. 물론 누구나 인간이 경이롭게 분리된 존재라는 믿음을 가질 수 있다고 생각
하네. 나 자신이 그 필요성이나 가능성을 믿지 않는다고 해도 말일세.
　－1860년 1월 7일, 찰스 다윈이 레너드 제닌스에게 보낸 답신 중에서[2]

《종의 기원》은 출간 당시만 해도 가장 논쟁적이고 불온한 책이었다. 그
핵심인 자연선택설과 진화론은 당대 유럽의 세계관과 상식을 밑바닥부터
뒤흔들었다. 1500년 넘게 우주의 중심이었던 신의 지위를 끌어내리고 인간
의 이성을 그 자리에 세운 지 얼마나 지났다고, 이젠 신의 창조 권능마저 부

인하고 인간을 동물과 동급으로 취급하다니. 불과 11년 전에는 카를 마르크스Karl Marx가 《공산당 선언》(1848)에서 "만국의 노동자들이여, 단결하라"며 노동자들 스스로 자신의 지위 향상을 위한 프롤레타리아 혁명에 나서라고 독려하지 않았던가. 마르크스와 엥겔스도 다윈의 《종의 기원》을 19세기 자연과학의 3대 발견이라며 극찬을 아끼지 않았다. 1873년 9월, 마르크스는 독일어로 나온 《자본론》 2판 제1권을 다윈에게 보내 경의를 표시했다. 마르크스는 다윈의 진화론이 자신이 세운 유물사관의 계급투쟁론을 자연사 연구로 뒷받침한다고 보고 크게 고무된 참이었다. 며칠 뒤 다윈은 마르크스에게 "위대한 저작을 선물해준 데 감사한다"는 서신을 보냈다. "연구 분야는 다르지만 우리 둘 다 지식의 확장을 진지하게 열망하며, 이는 장기적으로 인류의 행복에 보탬이 된다고 확신합니다."[3]

다윈의 확신에 찬 가설은 불과 몇 십 년 만에 생명체의 변이와 다양성에 관한 가장 과학적이고 설득력 있는 설명으로 인정받기 시작했다. 지금까지도 인류 지성사의 가장 기념비적인 저작 중 하나로 꼽힌다. 《종의 기원》이 나온 지 70년 가까이 지난 1926년, 프랑스의 고생물학자이자 지질학자인 테야르 드 샤르댕Pierre Teilhard de Chardin은 중국에서 호모 에렉투스의 아종인 베이징원인의 화석 유골 발굴과 연구에 참여했다. 그는 과학자이기에 앞서 프랑스 예수회 소속의 가톨릭 사제였다. 샤르댕은 생명체의 세포 기원과 생물 진화론을 인정했지만 그 과정 자체가 신의 창조 의지의 실현이라고 설명했다. 물질세계 전체를 하나의 유기체적 생명으로 본 것이다. 물론 오늘날에도 인간의 기원을 놓고 진화론과 창조론이 맞서고, 첨단과학 선진국인 미국에서도 일선 학교의 공교육 과정에 창조론을 가르치는 문제를 둘러싼 논란이 끊이지 않는다. 기독교 복음주의와 자연과학의 성과를 절충한 지적 설계론이 나온 지도 오래다. 사실 인류의 이주는 어차피 인간이 출현한 뒤부터 나오는 이야기이므로, 인류의 기원 논의는 이 책에서 따질 문제는 아니다. 그럼에도 진화론을 언급한 것은, 초기 인류의 이주가 진화론과 불가분의 관련성이 있기 때문이다.

고고학과 진화생물학, 분자생물학 같은 과학 발달에 힘입어, 오늘날 우리는 영장류 유인원에서부터 오스트랄로피테쿠스, 호모 하빌리스, 호모 에렉투스, 호모 네안데르탈렌시스, 호모 사피엔스 등 차츰 더 진화한 인류가 출현해왔다는 것을 상식으로 알고 있다. 세계 여러 지역에서 발견된 화석 인류의 미토콘드리아 DNA 염기 서열을 비교 분석해서 까마득하게 먼 조상들의 진화 계통, 이동 시기와 경로도 유추해볼 수도 있다. 영국의 유전학자 브라이언 사이키스Bryan Sykes는 오늘날 유럽인의 95퍼센트 이상이 어느 하나에 속하는 7개의 유전 클러스터를 분석해, "각각의 클러스터의 뿌리에 있는 단일 창시자 서열은 단 한 명의 여성의 것이었다는 불가피하고 놀라운 결론"을 얻기도 했다.[4]

사이키스는 인류의 화석 기록이 비록 불완전하고 여기저기 꿰맞춘 것이지만 아프리카가 모든 인간종의 기원임을 일관성 있게 보여준다고 말한다. 오직 아프리카에서만 지난 300만 년에 걸쳐 원숭이와 사람의 중간 형태를 보여주는 화석들이 발견됐다. 화석 기록으로 볼 때 초기의 인간은 다른 대륙으로 뛰쳐나가기 전에 적어도 100만 년 이상을 아프리카에서 지냈다. 화석 기록은 아프리카가 인류의 요람임을 명확히 보여주는 것이다. 하지만 몇 가지 한계점을 간과해선 안 된다. 예를 들면, 서아프리카에서는 인간의 화석이 발견된 적이 없다. 물론 이것이 근래에 이르기까지 그곳에서 사람이 살지 않았다는 것을 의미하지는 않는다. 단지 열대우림이 화석을 남기기에는 좋지 않은 장소일 수도 있다. 그러나 우리는 실제 경험으로 인간이 거기에 살았고 살고 있다는 사실을 알고 있다.[5]

동물의 역사와 구별되는 인류의 역사는 동아프리카에서 약 700만 년 전에 시작됐다. 그 시기에 아프리카 유인원의 한 부류가 몇 갈래로 나뉘었다. 그중 첫 번째는 현대의 고릴라로 진화했고, 두 번째는 침팬지, 그리고 세 번째가 인간이 되었다. 고릴라의 계통은 침팬지와 인간의 계통이 분기된 시기보다 조금 먼저였다.[6] 오늘날 대형 유인원은 고릴라, 오랑우탄, 침팬지, 보노보 등 4종뿐이다. 하지만 약 2300만 년 전부터 1700만 년 전 사이(중신세 초기)에 지구에는 유인원의 종 수가 차고 넘칠 정도로 많았다. 이들은 아시아, 유럽, 아프리카 등지의 열대우림, 온화한 삼림지대, 습지에서 살았다. 몸집이 작고 나무 위에 사는 녀석들이 있는가 하면, 그보다 몸집이 훨씬 크고 나무와 땅을 오가는 녀석들도 있었다. 다양한 먹이를 먹는 종이 몇 개쯤 있었을 가능성도 있지만 이들의 주식은 여전히 식물이었다.[7]

삭막해진 에덴동산

유인원들이 심각한 곤경에 처한 것은 약 1600만 년 전부터였다. 지구의 기후가 변화하면서 고위도와 중위도 지역은 점점 서늘해지고 저위도 지역은 건조해졌다. 아프리카에선 아예 땅 자체가 변하기 시작했다. 지각이 크게 갈라지면서 지구대들이 생겨났다. 하늘이 보이지 않을 만큼 빽빽하게 들어차서 수없이 다양한 생물들에게 그늘진 서식지를 제공해주던 거대한 열대우림이 줄어들기 시작했다. 숲에서 번성했던 일부 유인원 등 많은 생물들에게 뜨겁고 건조한 공기와 밝은 햇빛은 재앙이었다. 많은 유인원들이 이렇게 바뀐 환경에 적응하지 못해 멸종했다. 남은 유인원들은 바뀐 환경에 어떻게든 적응해야 했다. 어떤 녀석들은 몸통을 똑바로 세우고 양손으로 나무를 오를 수 있도록 몸의 형태가 바뀌고 팔다리의 민첩성이 늘어났다. 이빨의 형태가 변하기도 했다. 예컨대 어금니가 더 커지고 상아질이 두터워진 반면 송곳니는 줄어든 녀석들이 있었다. 부드러운 과일을 찾기가 점점 어려워진 상황에서 씹기 힘든 먹이를 먹기 위한 변화였다. 숲에 살던 중신세의 유인원들은 가끔 먹이를 찾아 땅으로 내려오곤 했을 것이다. 중신세 후기에 나타난 유인원 중 적어도 몇 종은 땅위를 돌아다니는 습성을 갖게 됐다. 그리고 그런 녀석들 중 일부는 서투르나마 두 다리로 걷기 시작했다.[8]

  그렇다면 원숭이 티를 벗은 진짜 인류의 조상이 처음 출현한 '에덴동산'은 어디일까? 그리고 언제 어떤 이유로 '에덴동산'을 벗어난 것일까? 학계에선 인류의 발생지와 확산 경로를 두고 아프리카 기원설과 다지역 기원설이 맞선다. 두 가설 모두 호모 에렉투스가 아프리카에서 출현했으며 100만 년 전 무렵부터 유라시아 대륙으로 확산했다는 데에는 이견이 없다. 그러나 현대 인류의 기원과 이동을 두고는 입장이 갈린다. 아프리카 기원설은 진화 단계에서 현생인류의 첫 직계조상으로 분류되는 호모 사피엔스가 아프리카에서 처음 출현해, 호모 에렉투스에 이어 두 번째로 지구 전역으로 퍼졌다고 확신한다. 그 과정에서 혹은 결과적으로 호모 사피엔스는 이전에 이주해갔던 호모 에렉투스와 네안데르탈인 등 호모 속屬의 다른 경쟁 종을 생물학적으로 정복하거나 대체했다는 것이다. 이 가설에 따르면 아프리카를 제외한 다른 지역에서도 호모 사피엔스가 기원했을 가능성은 없다. 반면 다지역 기원설은 호모 에렉투스의 일부 무리가 아프리카를 빠져나간 이후 어느 시점에 지구의 여러 지역에서 독립적으로 호모 사피엔스들이 진화했거나 원시인류가 호모 사피엔스와의 교배와 진화 과정을 거쳐 오늘에 이르렀다는 반론을 편다. 두 주장 모두 고고학, 진화생물학, 분자생물학, 문화인류학 등 치밀한 과학적 증거와 분석 자료들을 근거로 제시한다. 그러다 보니 호모 사피엔스의 절대 다수는 아프리카에서 발생했지만 다른 지역에서도 일부 나타났을 가능성을 인정하는 절충론도 나온다. 그러나 아직까지는 현생인류의 요람이 아프리카 사바나 지역이고, 거기서부터 유럽과 서아시아로 차츰 확산해갔다는 게 지배적 통설이다.

아프리카에서 시작된 유인원과 원시인류의 진화 단계는 신체와 뇌의 크기, 보행 자세, 도구의 사용 여부, 언어의 발달과 집단생활의 조직화 수준이 높아지면서 점점 오늘날의 인간에 가까워진다. 화석들을 보면 인간은 크게 오스트랄로피테쿠스, 호모 하빌리스, 호모 에렉투스, 네안데르탈인, 호모 사피엔스 순으로 진화했거나 갈라져 오늘에 이른다. 인류는 진화의 최초 기원 시점에서부터 따지면 500만 년이라는 정말 긴 세월 동안 아프리카에 머물렀다. 진화생물학적 분류에서 원시인류 단계를 넘어 호모Homo(사람) 속으로 분류되는 호모 하빌리스의 화석 중 가장 오래된 것은 약 280만 년 전까지 거슬러 올라간다. 이들은 키가 130~150센티미터 정도로 작았고 허리를 똑바로 펴지 못한 채 구부정한 자세로 걸었다. 이들은 약 150만 년 전 멸종할 때가지 아프리카를 벗어나지 못했다.

약 190만 년 전 무렵에는 호모 에렉투스가 나타났다. 이들은 말뜻 그대로 두 발로 꼿꼿이 서서 걸었다. 직립보행하는 동물의 출현은 유인원과 영장류가 현세의 인간으로 이어지는 진화 과정에서 최초로 나타난 획기적 사건이다. 직립보행은 네 발로 걷고 달리는 것보다 속도가 늦고 넘어지기 쉬운 결점도 있지만, 그럼에도 직립보행하지 않은 동물들과는 근본적으로 구별되는 이점들이 많았다. 이전보다 훨씬 높아진 눈높이 덕분에 높게 자란 풀들 너머까지 볼 수 있게 되면서 사나운 포식 동물들의 위험을 미리 감지하고 대비할 수 있게 됐다. 땅에서 자유로워진 두 손은 새끼와 먹이를 운반하고 돌을 깨뜨리거나 나뭇가지를 꺾어 도구로 사용하는 등 다른 용도로 쓰이기 시작했다. 또 네 발로 걷는 동물들과 달리 몸의 무게중심을 중력 방향으로 하나로 일치시키면서도, 체중을 골반과 대퇴부, 척추 뼈에 분산해서 걸음으로써 이동에 필요한 에너지 소모를 줄일 수 있었다. 호모 에렉투스는 불과 도구를 다룰 줄 알게 된 최초의 인류 조상이기도 했다. 불은 당시 초기 인류의 삶의 질을 근본적으로 바꿔놓았다. 다른 동물들과 확연히 구별되는 능력이었다. 호모 에렉투스는 불을 사용함으로써 고기를 익혀 먹고, 사나운 짐승들로부터 스스로를 보호하고, 밤의 추위를 견딜 수 있었다. 앞선 세대와는 완전히 차원이 다른 생존환경을 스스로 발견하고 익혔다. 호모 에렉투스는 약 10만 년 전에 멸종하기 전까지, 호모 속의 원시인류 중 가장 오랫동안 번성했다.

아프리카 탈출

인류는 처음 생겨났을 때부터 더 나은 생존환경을 찾아 끊임없이 삶터를 옮기며 새로운 환경에 적응해왔다. 초기 인류의 이동은 세계 전역에서 발견되는 화석인류의 분포와 유전자 분석으로 추정해볼 수 있다. 진화론과 고고인류학계의 연구 결과로 미뤄본 인류 최초의 이동은 약 150만~200만 년 전에 시작됐다. 호모 에렉투스가 생태계에서 독보적인 존재로 우뚝 선 시기였다.

호모 에렉투스는 아프리카를 떠난 최초의 인간이었다. 왜 그랬을까? 당연히, 살기 힘들어져서였다. 가장 직접적인 이유는 기후 변화였다. 먼 옛날 원시인류가 살던 아프리카의 자연환경은 지금과 사뭇 달랐다.

사하라의 옛날 모습은 투아레그족이나 사헬 지역의 농민에게는 꿈같은 이야기로 들릴 것이다. 이곳은 에덴동산이었다. 물론 습한 열대 기후로 인한 풍토병, 예를 들어 말라리아 같은 것이 있긴 했지만. 이곳에 살던 수렵채취인들은 타실리(오늘날 알제리 동남부 고원지대로 선사시대 유적이 남아 있다)의 바위에 벽화를 그려 자신들의 자취를 남겼다. 하마가 살던 큰 호수들도 있었다. 광대한 초원에는 얼룩말, 기린, 영양 무리가 뛰어놀았다. 열대우림이 사헬 지역에서 북쪽을 향해 뻗어나가다 나무가 있는 사바나로 바뀌었고, 이 사바나 지대는 아비장과 알제의 중간 지점까지 이어졌다(아비장은 아프리카 중서부 대서양 연안에 있는 코트디부아르 최대 도시이며, 알제는 아프리카 최북단 지중해 연안에 있는 알제리의 수도다). 물론 건조한 지역도 있었지만 알제리, 모리타니의 국경 지대와 리비아, 그리고 오늘날 소말리아의 일부 지역 등 두 군데의 작은 지역에 한정돼 있었다.[9]

그런데 호모 에렉투스가 아프리카의 열대 지방에서 진화하고 있을 동안 세계의 북반구는 꽁꽁 얼어붙고 있었다. 인류가 진화하기 시작한 이래 첫 번째 빙하시대가 닥친 것이다. 겨울은 점점 모질고 길어졌고, 몇 킬로미터나 되는 빙하가 지상을 덮쳤다. 인간의 조상이 아프리카를 벗어나 유럽에서 인도, 중국까지 세계 전역으로 퍼져나간 것은 이 첫 번째 빙하기 때였다.[10] 바로 불을 사용할 수 있는 능력 덕분이었다. 호모 에렉투스는 인류의 진화 역사에서 최초로 불의 효능을 알아차린 종이었다. 이는 호모 속을 다른 동물과 구별 짓는 결정적 계기가 됐다. 지구 46억 년 역사상 불을 다룰 줄 아는 생명체는 지금도 인류가 유일하다.

호모 에렉투스는 살 만한 곳을 찾아 시야를 확장하기 시작했다. 눈길이 미치는 곳을 발길이 따랐다. 여기에는 기후 변화, 이동 능력의 증진, 주식으로 삼았던 사냥감의 이동 같은 여러 환경 요인이 복합적으로 작용했다. 이들은 약 100만 년 전 건조해진 초원을 횡단하고, 강을 건너고, 눈 덮인 산맥을 넘어 유럽과 중동, 멀리는 아시아와 시베리아까지 나아갔다. 호모 에렉투스의 화석 유골이 발견된 지역은 모로코(북아프리카)와 요르단(중동), 독일

(유럽), 나아가 중국(동북아시아)과 인도네시아 자바 섬(동남아시아)에 이르기까지 구대륙으로 일컬어지는 지구 절반에 폭넓게 분포한다. 그러나 그들의 생존 방식은 170만 년 동안 큰 변화가 없었다. 짐승을 사냥하고 열매를 땄으며, 불에 고기를 익혀 먹고 추위를 녹였다. 다음날에도 똑같은 일상이 반복됐다. 그러면서 아주 조금씩, 그러나 꾸준히, 처음 밟아보는 땅으로 이주를 계속했다.

약 35만 년 전에는 호모 에렉투스와 호모 사피엔스를 잇는 고리인 네안데르탈인이 출현해 아프리카와 유럽, 중앙아시아에서 번성했다. 이들도 불을 일상적으로 사용할 줄 알았다. 불은 추위와 맹수를 막아주었을 뿐 아니라, 고기를 익혀서 쉽게 씹어 먹을 수 있게 함으로써 소화의 효율성도 크게 높여주었다. 불을 자유롭게 이용하는 능력은 이들이 아프리카보다 훨씬 추운 북쪽의 유럽으로 이주해서도 생존할 수 있는 든든한 힘이 됐다. 네안데르탈인의 유해가 발굴된 현장들에선 동료의 주검을 매장한 흔적이 뚜렷했다. 삶과 죽음을 구별해 생각할 수 있을 만큼 추상적 사고 능력이 발달했다는 증거다. 네안데르탈인은 아직 현생인류에는 한참 못 미쳤지만, 상당히 발달한 석기 제작 기술과 문화를 이루면서 이전 시기의 호모 속과는 확연히 구별되는 특성을 보여준다.

유라시아 북쪽에 살던 네안데르탈인은 튼튼한 사람들이었다. 가슴과 팔다리가 두툼하고, 약간 땅딸막했으며, 이누이트를 비롯한 여러 북극 주민들과 마찬가지로 추위에 잘 적응한 신체 구조를 갖고 있었다. 비교적 남쪽에 살던 네안데르탈인들은 북쪽의 동료들보다 덜 튼튼했지만, 약 1만 년 동안 그들과 공존했던 초기 현대인들만큼 호리호리하지는 않았다. 그들은 대부분 마흔다섯 살이 되기 훨씬 전에 세상을 떠났으며, 뼈에는 대개 반복적인 골절과 심한 스트레스의 흔적이 남아 있다.[11] 네안데르탈인을 호모 에렉투스와 명백히 구별되는 현생인류인 호모 사피엔스의 아종으로 볼지, 아니면 호모 에렉투스의 하나로 볼지는 여전히 결론이 나지 않은 논쟁거리다.

■ **10만 년 전에 … 인류-네안데르탈인 사랑 나눴다**《한겨레》 2016년 2월 19일

현생인류의 직계 조상인 호모 사피엔스가 지금까지 알려진 5~6만 년 전보다 훨씬 이전인 10만 년 전에 원시인류의 한 종인 네안데르탈인(호모 네안데르탈렌시스)과 짝짓기 했음을 보여주는 유전학적 증거가 나왔다.

독일 막스플랑크연구소의 진화인류학 연구팀은 17일 과학저널《네이처》에 실린 논문에서, 시베리아 알타이 산맥의 한 동굴에서 발견된 네안데르탈인 여성의 발가락뼈에서 추출한 게놈(염색체)을 분석한 결과 호모 사피엔스의 유전자 흔적을 발견했다고 밝혔다. 연구를 이끈 세르지 카스텔라노는 AFP통신에 "이번 발견은 아프리카 바깥에 존재한 현생인류의 것으로는 최초의 유전적 증거"라고 말했다.

호모 사피엔스와 네안데르탈인이 한때 동시대에 살면서 짝짓기를 했다는 것은 이미 학계의 통설이 됐다. 이번 발견은 과학적 증거로 밝혀진 최초의 짝짓기 시점이 10만 년 전까지 거슬러 올라간다는 것으로, 호모 사피엔스가 인류의 요람인 아프리카를 벗어나 유라시아 지역으로 퍼져나가기 시작한 시기도 3만5000년쯤 앞당겨지게 됐다. 화석이 발견된 지역은 현재 러시아와 몽골의 국경 지역으로, 인류의 '아프리카 탈출' 경로인 시나이반도에서도 5000km 이상 떨어져 있다.

앞서 2015년 10월에는 중국 남부에서 8만~12만 년 전의 것으로 추정되는 현생인류의 치아 화석이 발견돼, 인류가 6만 년 전보다 더 이른 시기에 아프리카에서 다른 대륙으로 이주했다는 분석을 뒷받침한다.

호모 사피엔스와 네안데르탈인이 아프리카에서 동시대에 생존한 적은 없다. 호모 사피엔스는 약 20만 년 전 아프리카에서 출현한 뒤, 어느 시기부터 아라비아 반도를 거쳐 일부는 중앙아시아와 시베리아 쪽으로, 다른 일부는 중동과 동아시아, 유럽 등으로 확산돼나갔다. 반면 네안데르탈인은 80만~40만 년 전 아프리카를 떠나 유럽과 서아시아 지역에서 번성하다 3만 년 전께 갑자기 사라졌다. 그 이유로는 자연도태설, 기후 변화설, 현생인류 흡수설 등이 나온다.

앞서 지난달 막스플랑크연구소는 현생인류가 네안데르탈인과 짝짓기하면서 유전적 다양성이 풍부해져 질병 면역력이 강해졌으나 일부 알레르기에 취약해진 속성도 이어받았을 수 있다고 설명했다.

호모 사피엔스, 이주를 시작하다

지금부터 약 20만 년 전 무렵 아프리카에서 현생인류의 직접 조상인 호모 사피엔스가 나타났다. 호모 사피엔스는 호모 에렉투스보다 훨씬 더 꼿꼿이 걷고 달릴 수 있게 된 신체와 더 발달한 두뇌에 힘입어 비교적 빠른 속도로 활동 반경을 넓혀나갔다. 호모 사피엔스는 겉모습만 보면 지금 당장 서울 또는 뉴욕의 쇼핑가를 돌아다녀도 전혀 낯설지 않을 만큼 우리와 가깝다. 호모 사피엔스가 이주 영토를 확장하는 과정은 인류가 조금씩, 천천히, 그러나 끊임없이 자연환경과 절기에 대한 지식을 축적하고, 도구를 개량하며, 적자생존의 능력을 높이는 과정이기도 했다.

그러던 중 인류 진화사 연구에서 여전히 이유가 분명하게 규명되지 않은 사건이 일어난다. 호모 사피엔스들과 길게는 15만 년 넘게 공존했던 네안데르탈인이 갑자기 사라져버린 것이다. 약 3만 년 전의 일이다. 학계에선 네안데르탈인의 멸종 이유를 놓고 지금도 의견이 분분하다. 크게는 현생인류인 호모 사피엔스와의 생존경쟁에 밀려 자연스럽게 도태됐다는 주장, 기후 변화기에 소규모 집단으로 고립되어 자기들끼리 교배와 번식을 하며 살다가 국지적인 멸종을 겪으면서 결국 사라져버렸다는 주장, 호모 사피엔스와의 짝짓기를 통해 현생인류에 흡수됐다는 주장이 맞선다. 아무튼 네안데르탈인의 멸종과 함께 지구는 호모 사피엔스의 세상이 됐다. 이미 당시의 호모 사피엔스는, 발굴된 화석 두개골과 유해의 형태로 보면 오늘날의 인류와 구별하는 게 쉽지 않을 만큼 비슷한 외모를 가지고 있었다. 그들은 발달한 두뇌와 집단생활 덕분에 생태계 먹이사슬에서 최상위 자리를 굳혀갔다.

약 10만 년 전 호모 사피엔스가 아프리카 안에서 영토를 넓혀가는 이주를 시작했을 때, 그들은 상당히 발달된 언어와 사회 조직, 그리고 여러 호미니드Hominid(영장류) 중에서도 독보적으로 구별되는 기술적 혁신을 이루기 시작했다. 아프리카는 인류의 탄생에서부터 지금까지 장구한 역사를 간직한, 인간 유전자와 다양한 언어의 보고다. 아프리카에서 지금도 쓰이고 있는 언어의 종류만 2000개가 넘는다. 언어의 발달은 인간이 다른 동물과 구별되는 가장 중요한 특성 중 하나다. 언어는 인간의 소통 능력과 지능을 비약적으로 발전시킴으로써 효율적인 집단생활과 생존능력을 극대화했을 뿐 아니라, 인간이 태어나 살던 곳을 떠나 낯선 땅에 정착하는 과정에서도 결정적 역할을 했다.

미국 역사학자 패트릭 매닝은 이주와 언어 능력의 관련성에 주목했다. 그는 인간의 이주 유형을 네 가지로 구분했다. 그중 세 가지는 다른 동물들, 특히 포유류의 이주에서도 발견된다. 그러나 마지막 한 가지는 동물들에게서는 찾아볼 수 없고 인간의 이주에서만 나타나는 특성이다. 네 가지 유형

은 아래와 같다.[12]

첫째, 집단 내 이주Home-community migration다. 사람이든 동물이든 자식 세대가 성장하면 짝을 찾아 다른 가족의 구성원이 되거나 새로운 가족을 꾸린다. 결혼 이주, 짝짓기 이주다. 이는 동물이 더 풍부한 유전자원을 유지하며 종을 번식시키기 위해 필수적인데, 대개는 동질적인 생활공동체 안에서 이뤄진다. 대규모 노동력이 필요한 농경사회에선 대가족 제도가 일반적이었지만, 산업이 고도로 분업화한 뒤로는 독립세대를 꾸리는 것이 보편화했다.

둘째, 식민화Colonization다. 한 집단의 일부 또는 전체가 다른 곳으로 옮겨가 원래 살던 방식과 똑같은 형태의 새 공동체를 복제하는 방식이다. 한마디로 거주 영역을 지리적으로 확대하는 것이다. 앞서 누구도 점령하지 않은 빈 땅을 차지하는 것일 수도 있고, 선주민을 축출하거나 정복하는 방식일 수도 있다.

셋째, 집단 이주Whole-community migration다. 한 집단 전체가 살던 곳을 떠나 다른 땅으로 옮겨가는 것이다. 일부 동물은 통상 1년 주기로 본능에 따른 이주를 하며 환경 변화에 적응한다. 인간은 동물과 달리 본능적 습성에 따른 주기적 집단 이주를 하지는 않는다. 그러나 일부 유목민 집단은 가축을 먹일 풀을 찾아 집(천막)까지 싸들고 옮겨 다니기도 한다. 이런 이동식 방목은 농경과 정착생활을 하기 전 초기 인류 집단에서 보편적인 삶의 방식이었을 것이다. 자연재해나 전쟁 같은 상황도 집단 이주의 원인이 된다.

넷째, 집단 너머 이주Cross-community migration다. 개인 또는 다수의 사람이 소속 공동체를 떠나 언어와 문화가 다른 공동체에 합류하는 것을 말한다. 인간에게는 보편적이지만, 동물의 세계에선 거의 찾아볼 수 없는 유형이다. 인간의 집단 너머 이주는 여러 집단의 생존환경과 생활수준의 차이 때문에 이루어진다. 이주자들은 개인과 공동체의 이익을 위해 또는 소속 집단 내부에서의 위험을 피해 자발적으로 고향을 떠나거나, 의지에 반해 강제 이주를 당하기도 한다. 집단 너머 이주가 인간에게 특별한 까닭은 인간이 동물과 구별되는 발달된 언어를 가지고 있으며 서로 다른 언어집단이 구별된다는 사실에서 비롯한다. 동물들의 의사소통은 매우 단순하며 다양하지 않다. 바로 이런 이유로 동물들은 소속 집단을 옮겨가는 데 언어 장벽이 없지만, 소속 집단과 아무런 차이도 없는 다른 집단에 합류함으로써 얻을 수 있는 기대이익도 없다. 그러나 인간은 다른 집단으로 이주할 경우 새로운 언어와 풍습을 배워야 하며, 그 집단에 자신의 언어와 풍습을 전파하기도 한다. 이런 차이야말로 인간 이주의 고유한 특성이다.

다시 아프리카의 호모 사피엔스에게 돌아가보자. 까마득하게 오랜 옛날 구석기시대 인류인 호모 사피엔스가 오늘날 수렵채취 생활양식을 유지하고 있는 공동체와 똑같은 삶을 살았다고 가정해선 안 된다. 그들은 나이, 성별, 개인적 능력에 따라 각기 보완적인 역할들을 수행하는 이들로 이뤄진 작은 무리들 단위로 생존하며 움직였다. 집단 사냥술을 익히고 나름의 조직생활을 했음에도, 일정한 지역에서 살아갈 수 있는 무리는 소수에 불과했다.[13] 이들은 아프리카의 넓은 사바나 지대에 소규모 집단 단위로 흩어져 떠돌며 살았다. 수렵채취생활은 계절에 따라 그때그때의 식량은 융통할 수 있었지만 여유분의 식량을 비축하기는 거의 불가능했다. 그러므로 이들 무리는 먹을 것을 찾아 자주 이동해야 했다. 한 번에 이동할 수 있는 거리는 여전히 짧았고, 이주의 확산에는 오랜 시일이 걸렸다.

호모 사피엔스의 이동에 영향을 끼친 것은 계절의 변화, 동물들의 연례 이동, 식물의 성장 주기였다. 이들은 같은 터전 내에서 왔다 갔다 하며 살았는데, 그 전체 영역은 수십~수백 킬로미터였다. 가끔은 자기 세력권을 벗어나 새로운 땅을 헤매는 무리들이 있었다. 원인은 자연재해, 폭력적 분쟁,

인구 증가에 의한 압박, 카리스마 있는 지도자의 결단 등이었다. 이런 방랑은 인간이 외부 세계로 팽창한 결정적 요인이었다.[14]

호모 사피엔스는 약 7만 년 전부터 마침내 아프리카를 벗어나기 시작했다. 이들은 수만 년에 걸쳐, 북으로는 아프리카보다 훨씬 추운 지방인 북유럽과 러시아, 중앙아시아, 남으로는 오스트레일리아 대륙까지 영역을 넓혔다. 지금과 마찬가지로 그때에도 아프리카의 북동쪽 끝은 대륙을 잇는 육교 같은 시나이 반도를 통해 비옥한 초승달 지대가 있는 아라비아 반도와 연결돼 있었다. 아라비아 반도는 북쪽으로는 유럽, 동쪽으로는 서남아시아와 중앙아시아로 나아가는 길목이었다. 또 아프리카 동부에서 아라비아 반도 남쪽으로 코뿔소 뿔처럼 튀어나와 '아프리카의 뿔'로 불리는 지금의 소말리아 땅과 아라비아 반도 사이의 아덴만 입구는 당시 지금보다 더 좁았다. 오래전 호미니드 무리들이 그랬던 것처럼, 호모 사피엔스도 물고기 떼나 다른 먹을거리를 찾아 이곳에서 뗏목을 타고 아프리카에서 아라비아로 넘어가기도 했을 것이다. 그렇게 아프리카 땅을 떠난 호모 사피엔스 이주자 무리의 상당수는 좁은 바다를 건너지 못하고 사라졌거나 다시 돌아오지 못했을 것이다. 그러나 일부 무리는 마침내 아라비아 반도에 정착하고, 더 큰 땅인 유라시아 대륙으로 나아가는 길을 찾기 시작했다.

그들은 약 7만 년 전부터 3만 년 전까지 배, 기름등잔, 활과 화살, 바늘을 발명했다. 예술품이나 장신구라고 분명하게 이름 붙일 만한 최초의 물건들도 이 시기를 출발점으로 하고 있다. 종교와 상업, 사회의 계층 분화가 일어났다는 최초의 명백한 증거 역시 이 시기의 것이다.[15] 한 번 아프리카를 벗어나기 시작한 호모 사피엔스는 호모 에렉투스나 네안데르탈인보다 더 빠른 속도로 유라시아 대륙을 정복해나갔다.

2장

인류, '대약진'과 '정주'를
시작하다

밤이 오자, 나이 지긋한 사람이 옛 신화를 들려주고, 바다를 두 땅 사이에 자리한 커다란 강처럼,
두 육지를 하나처럼, 친숙한 세계의 일부처럼 이야기한다.
– 브라이언 페이건, 《인류의 대항해》 중에서

대륙에서 또 다른 대륙으로

인류의 이주 역사가 본격화한 것은 약 5만 년 전 무렵이었다. 미국 진화생물학자 재레드 다이아몬드는 《총, 균, 쇠》에서 이 시기 인간의 이주 확산을 '대약진Great Leap Forward'이라고 이름 붙였다. 대약진은 우리의 조상이 유라시아에서 살기 시작한 이래 인류의 지리적 범위가 크게 확대되었던 시기를 가리킨다. 그때의 확대 범위는 당시 하나의 대륙으로 연결되어 있던 오스트레일리아와 뉴기니였다. 수많은 유적지의 방사성 탄소 연대 측정은 지금으로부터 3만~4만 년 전에 오스트레일리아와 뉴기니에도 인간이 살기 시작했음을 알려준다.[1]

대략 4만5000년 전 무렵, 유라시아 대륙 남서부(지금의 스페인과 프랑스 남부 지중해 연안 지역)까지 진출한 호모 사피엔스들은 후대가 오리냐크 문화Aurignacian culture라고 명명한 발달된 석기 문화를 꽃피웠다. 돌을 얇게 깨뜨려 날카로운 날을 세운 돌칼을 만들어 사냥을 하거나 고기를 잘라낼 줄 알았다. 또 매머드 같은 거대한 동물의 뼈와 상아, 영양 따위의 뿔 같은 재료를 가공해 낚싯바늘, 창끝, 그리고 동물의 털가죽으로 옷을 짓는 데 쓰는 바늘도 만들었다.[2]

기원전 2만~1만5천 년 전 무렵, 지구는 당시까지 지속되던 마지막 빙하기의 절정을 지나고 있었다. 양쪽 극지방은 꽁꽁 얼어붙었다. 바다를 얼린 매서운 한파는 지구의 평균 해수면 높이를 무려 350피트(약 106미터)가량이나 낮춰놓았다. 당연히 해안선은 지금과 크게 달랐다. 대륙은 훨씬 넓어졌고, 땅과 땅 사이의 좁은 해협은 물이 빠지면서 육교처럼 연결됐다. 오늘날 인도네시아의 수마트라, 자바, 보르네오 섬도 아시아 남쪽 땅과 맞붙었다.[3] 당시 인류가 인도네시아의 섬들과 오스트레일리아 및 뉴질랜드로의 이주를 본격화한 시기도 이즈음으로 추정된다.

여기서 잠깐, 한 가지 확인해두고 가자. 마지막 빙하기에 인도네시아의 큰 섬들은 얕은 바닷물이 빠지면서 아시아 대륙과 붙어 있었지만, 오세아니아 대륙은 아니었다. 발리 섬과 오스트레일리아 사이에 있는 인도네시아 중부의 섬들은 여전히 깊은 해협으로 둘러싸여 분리되어 있는 상태였다. 그러므로 오스트레일리아와 뉴기니에 사람이 살게 되었다는 것은 곧 배가 있었다는 뜻이며, 현재로선 그것이 역사상 처음으로 배가 사용됐다는 증거라는 점에서 중요한 의미를 갖는다.[4]

그렇다면 그들은 어떤 이유로, 어떻게 하다가 눈에 보이지도 않은 섬들에까지 발을 내딛게 됐을까? 이런 궁금증을 속 시원하게 풀어줄 설명은 아직 나오지 않았다. 당시 사람들이 기껏 뗏목이나 나룻배 수준의 배를 타고 무작정 망망대해로 떠났으리라고 생각하기는 어렵다. 식량과 항해 장비, 항해술이 뒷받침되지 않았을 뿐 아니라, 목숨을 걸 만큼 무모한 모험을 굳이 할 이유가 없었다. 우연한 표류가 미지의 땅으로 가는 새 바닷길을 열어주었을 가능성이 크다. 고고학자 브라이언 페이건은 그런 풍경을 이렇게 상상했다.

5만 5000년 전 1월 동남아시아 본토. 북서풍이 드넓은 해안 평야를 휩쓴다. 검은 잔물결이 연안에 인접한 잔잔한 유입구에 퍼져 나간다. 맹그로브 숲 사이로 대나무 뗏목 한 척이 위아래로 부드럽게 흔들린다. 세 남자와 한 여자가 섬유질로 된 고기잡이 그물을 얕은 여울에 친다. 순간 강력한 돌풍이 몰아쳐 무거운 뗏목이 고정 장대에 부딪치고, 장대는 진흙 강바닥에서 풀려나와 떠내려간다. 고기잡이들은 장대와 근처 맹그로브 덤불을 붙들려고 하지만 이미 늦었다. 그들의 뗏목은 통제를 벗어나 깊은 바다로 서서히 떠내려간다.

몇 달 후 덥고 평온한 어느 날, 오랜 일상에 따라 고기잡이들은 대나무 뗏목을 타고 맹그로브 숲에 나와 있다. 별안간 한때 친숙했던 목소리가 한낮의 무기력을 깨뜨린다. 앞바다에서 대나무 뗏목이 다가오고 있다. 표류자들 가운데 일부가 수평선 너머 육지로부터 돌아온 것이다. 그들은 자신들의 새로운 집, 사람이 살지 않는 숲이 우거진 땅에 대한 이야기를 들려준다. 밤이 오자, 나이 지긋한 사람이 옛 신화를 들려주고, 바다를 두 땅 사이에 자리한 커다란 강처럼, 두 육지를 하나처럼, 친숙한 세계의 일부처럼 이야기한다.[5]

이런 상상은 충분히 과학적인 근거가 있다. 당시 인류는 아직 곡식을 재배하는 방법을 몰랐다. 이 지역의 사람들도 여전히 수렵채취생활을 하고 있었다. 일부는 바다에서 더 많은 먹을거리를 찾기 위해 오랜 시간 해안에 머물거나 얕은 바다에 띄운 뗏목 위에서 보냈을 것이다. 그들의 조상이 수만 년 동안 해온 방식이다. 때로는 멀리 떨어져 있지 않은 건너편 뭍으로 가기 위해 물도 건너야 했을 것이다. 그들에게 연안의 바다와 땅은 하나로 이어진 환경이었다. 여기서 기억할 것은 당시가 아직 빙하기였다는 사실이다. 극지대 바다의 상당 면적이 얼어붙으면서 지구 해수면 온도는 지금보다 훨씬 낮았다. 당연히, 해안선의 모습도 지금과는 달랐다. 대륙과 대륙은 지금보다 훨씬 가까웠으며, 지금의 섬들 상당수는 땅덩이에 붙어 있었거나 얕은 바다로 이어져 있었다. 오늘날 동남아시아 남단에서 인도네시아 다도해가 건너다보이는 캄보디아와 베트남 해안 대부분 지역도 마찬가지였다. 약 1만8000년 전 마지막 빙하기가 절정에 이르렀을 때 아시아 대륙 본토는 오늘날 인도네시아의 발리 섬과 롬복 섬 사이 해협까지 부풀었다. 말레이시아가 일부를 차지하고 있는 보르네오 섬과 건너편 술라웨시 섬 사이의 마카사르 해협에 위치한 폭 30킬로미터 정도의 바다만이 인근의 섬 무리를 본토에서 떼어놓았다.[6] 인도네시아 열도 대부분이 아시아 대륙에 붙어 있었던 것이다. 뉴기니 섬과 오스트레일리아 대륙에 인간이 상륙하는 것은 시간 문제였다.

약 1만6000년 전 어느 날, 시베리아의 사냥꾼으로 살던 호모 사피엔스 한 무리가 유라시아 대륙의 동쪽 지역 끝까지 다다랐다. 그들은 내친김에 건너편의 알래스카 끝자락까지 걸어서 건너갔다. 유라시아와 아메리카, 두 거대한 대륙은 지금과 달리 땅으로 연결돼 있었다. 지금의 베링 해협이 당시엔 베링 육교였다. 알래스카에 첫 발을 내디딘 그들은 자신들이 처음으로 전인미답의 광활한 신세계에 들어섰다는 사실을 상상도 할 수 없었다.

고생물학자들에 따르면 미 대륙 최초의 이주자들은 몽골인의 특징을 지녔지만 그 이후에 건너온 사람들보다는 덜 뚜렷했다고 한다. 이 아모리인들은 키가 작고 얼굴이 길었다. 그 뒤 온 사람들은 황색 피부에 광대뼈가 튀어나온 모습이었다. 오늘날 가장 널리 퍼져 있는 아메리카 인디언들은 아모리인과 몽골인종이 혼합된 결과로 보인다. 한편 유전적 자산의 변화와 관련된 인간 유형의 차이는 다양한 정착 과정에 의해 족외혼이 늘어나면서 더 커졌다. 이 과정은 자연도태와 환경 적응으로 더욱 강화됐다. 어떤 인종적 특징, 예를 들면 마야인의 건장한 체격, 파타고니아인의 큰 키, 뉴멕시

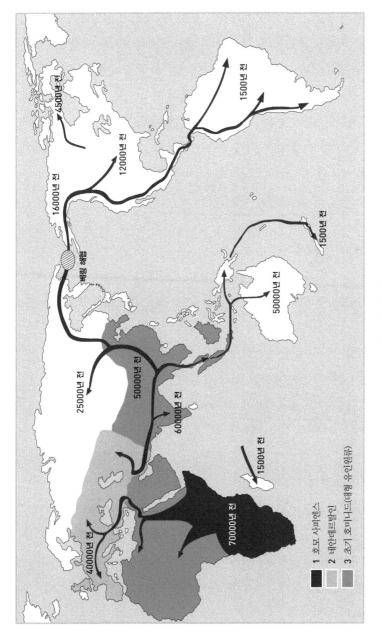

[그림 2] 인류의 이주

1 호모 사피엔스
2 네안데르탈인
3 초기 호미니드(대형 유인원류)

70000년 전
60000년 전
50000년 전
50000년 전
40000년 전
25000년 전
16000년 전
12000년 전
4500년 전
1500년 전
1500년 전
1500년 전
50000년 전

베링 해협

코인의 매부리코 등은 아시아인 기원만으로는 설명하기 어렵다. 그래서 일부 학자들은 서태평양의 멜라네시아인과 폴리네시아인이 태평양의 조류를 타고 페루와 중앙아메리카 연안에 도착했다는 가설을 세웠다.[7] 어쨌든 베링 육교로 건너간 최초의 아메리카 원주민들이 북극 바로 아래 알래스카에서 남극이 지척인 남미 대륙의 꼬리 티에라델푸에고 제도까지 내려가는 데에는 수천 년이 채 안 걸렸다. 이제 인류는 빙설로 덮인 남극 대륙과 북극의 그린란드를 제외한 지구상의 모든 대륙에 퍼져 살기 시작했다.

■ 지구를 얼린 역대 빙하기

지구는 약 46억 년 전 태양계가 형성되면서 탄생했다. 지질학 연구에 따르면 지구는 지금까지 5차례의 대빙하기를 겪었다. 지구 대기 구성의 변화, 대륙의 이동, 해류의 변동, 지구 공전궤도의 변화, 태양 활동의 변화, 화산 폭발 등 여러 원인이 있다. 빙하기와 온난기의 주기적 반복은 지구 생명체의 출현과 분포, 멸종에 결정적인 영향을 미친다.

최초의 대빙하기인 휴로니안 빙기Huronian glaciation는 원생대인 24~21억 년 전에 찾아왔다. 지구 역사상 가장 혹독하고 긴 추위였다. 이 시기에 이산화탄소를 들이마시고 산소를 배출하는 광합성 생물이 출현했다. 그때까지 지구 대기의 주인공이었던 메탄은 산소와 화학반응을 하면서 농도가 급격히 낮아진 대신 이산화탄소가 대기를 채웠다($CH_4 + 2O_2 \rightarrow 2H_2O + CO_2$). 광합성 생물의 활발한 산소 대사는 온실가스 구실을 하던 메탄을 몰아내면서 지구의 기온을 뚝 떨어뜨렸다. 산소의 독성을 이기지 못한 수많은 미생물들이 순식간에 사멸했다. 이른바 '산소 대재앙Oxygen Catastrophe'이다.

두 번째는 신원생대인 크라이오제니아 빙기Cryogenian Period다. 약 7억 2000만~6억3500만 년 전 지구에는 '눈덩이 지구Snowball Earth'라는 별칭이 붙었다. 극지방에서 뻗어 나오기 시작한 대빙원이 적도까지 덮치면서 지구 전체가 마치 눈덩이처럼 얼어붙었기 때문이다. 눈덩이 지구는 이후 화산 폭발로 뿜어져나온 엄청난 양의 이산화탄소가 온실효과를 유발한 뒤에야 오랜 동면에서 깨어났다. 이 빙하기가 끝난 뒤인 5억7000만 년 전부터 지구는 적막하고 황폐한 별에서 갑자기 생기가 넘치는 별이 됐다. 30억 년 동안 단세포 생물만 살던 지구에 녹조류와 삼엽충, 오파비니아를 비롯해 수많은 종류의 다세포 고등생명체가 갑자기 등장해 폭발적으로 진화했다. 이를 '캄브리아 대폭발'이라고 한다.

세 번째 빙하기는 고생대인 4억6000만~4억2000만 년 전에 있었던 안데스-사하라 빙기Andean-Saharan glaciation다. 이때에도 지금의 아라비아반도와 아프리카 사하라, 남미 안데스 산악 지대와 아마존 남부까지 빙하가 덮쳤다. 적도 부근만 남기고는 지구 전체가 얼음 세상이었다. 당시만 해도 아프리카 대륙 서부와 남미 대륙 동부는 곤드와나Gondwana라는 초대륙의 일부로 붙어 있었다.

이어 네 번째로, 3억6000만~2억6000만 년 전에는 카루 빙기Karoo Ice Age가 닥쳤다. 거대한 양치식물과 고사리, 삼엽충, 실로켄스 같은 고생대 화석생물들이 번성했다. 특히 광합성을 하는 육지식물들이 진화해 울창한 숲을 이뤘다. 여기서 수천만 년 동안 뿜어져나온 산소가 축적되면서 대기 중 산소 농도가 35퍼센트에 이르렀다.[8] 반면, 이산화탄소가 급감한 데 따른 온실효과 감소로 지구는 급속도로 얼어붙으면서 저위도까지 빙하가 확대됐다. 카루 빙기는 그 뒤 산소 대사를 하는 동식물이 대거 출현하는 생명의 인큐베이팅 기간이 됐다.

마지막 대빙하기는 약 260만 년 전에 시작돼 1만2000년 전 쯤 끝난 제4기 빙하기Quaternary glaciation다. 지질시대로 제4기 플라이스토세Pleistocene(홍적세)에 해당한다. 인류 진화가 시작한 이후 첫 빙하기이기도 하다. 양극지방으로부터 빙상이 확대와 후퇴를 반복하면서 해수면의 높낮이가 지속적으로 변화했고, 그에 따라 지형도 침식과 복토를 거듭했다. 그 이후 지금까지가 홀로세Holocene(충적세)로, 온난한 간빙기다.

농업혁명, 떠돌이에서 붙박이로

인류는 아주 긴 세월 동안 먹을 것을 찾아 떠돌았다. 진화 역사상 한 무리의 원숭이가 정글의 나무에서 땅으로 내려왔을 때 주어진 운명이었다. 이후 수백만 년에 걸쳐 종과 속이 분화하고 진화하면서 현생인류인 호모 사피엔스가 출현했다. 호모 사피엔스는 더 살기 적합한 곳을 찾아 미지의 영토로 이주 발자국을 넓혀갔다. 가족 또는 씨족 단위로 움직였으므로 한 집단의 구성원 수는 기껏해야 수십 명, 많아도 수백 명에 불과한 작은 무리였을 것이다. 남자들은 식량과 가죽을 얻기 위해 들로 강으로 나갔고, 여자들은 열매를 따고 짐승의 가죽으로 옷을 만들며 아이들을 키워냈다. 수렵채취생활이다. 밤이면 포식 동물과 추위와 이슬을 피할 곳을 찾아야 했다. 대부분 동굴이었다. 정해진 거처가 없었으므로, 마을이라는 개념도 없었다. 사냥감과 먹을 것이 있는 데가 잠시 살아갈 곳이었고, 그 장소는 자주 바뀌었다. 다시 말해 정주지가 없는 이주생활이었다. 짐승이든 물고기든 사냥감을 포획하는 건 만만한 일이 아니었다. 대부분의 경우는 운이 따라줘야 했고, 종종 위험을 감수해야 했다. 안정적인 식량 공급 수단이 될 수 없었다.

대략 1만5000년 전, 돌을 정교하게 깎은 도구들을 만들어 쓰기 시작한 신석기시대에 이르기 전까지 260만 년이라는 긴 세월을 그렇게 살았다. 씨앗을 뿌리고 기다리면 싹이 트고 열매를 맺는다는 사실을 깨닫기 전까지, 다시 말해 농사를 발명하기 전까지 쭉 그랬다.

이들은 사냥감을 동굴 벽화로 그리며 사냥의 성공을 기원했다. 오늘날 프랑스 서남부의 쇼베 동굴과 라스코 동굴 등에는 구석기시대 호모 사피엔스가 남긴 곰, 코뿔소, 순록, 하이에나, 야생마, 올빼미 등 다양한 동물 벽화들이 수백 점이나 남아 있다. 남프랑스의 퐁드곰 동굴과 스페인의 알타미라 동굴에도 1만5000년 전 사람들이 그린 들소와 순록이 날렵한 자태를 뽐낸다. 신석기 인류가 남긴 동물 그림은 아프리카 전역에서도 발견된다. 나미비아의 한 동굴에는 약 2만7000년 전의 것으로 추정되는 벽화에 동물 그림이 선명하다. 또 지중해와 맞닿은 북아프리카 알제리에서는 제작 시기가 2만 년 전으로 거슬러 올라가는 토기류에 사람과 동물을 표상한 그림이 그려졌다.

그러나 이 그림들이 어두운 동굴의 벽을 장식할 목적으로 그려진 것 같지는 않다. 왜 그런가? 첫째, 이런 그림들은 오늘날 사람이 사는 곳에서 멀리 떨어진 깊은 산 속에서 흔히 발견되기 때문이다. 둘째, 원시인들은 한 마리의 소에 다른 소를 그려 넣는다든지, 아무런 질서나 구성 없이 흔히 뒤죽박죽으로 그려놓기 때문이다. 그것은 아마 그림의 위력에 대한 보편적 믿음의 가장 오래된 증거인 것 같다. 즉 원시 사냥꾼들은 그들의 먹이를 그려놓기만 한다면—아마 그들의 창이나 돌도끼 같은 것으로 그림 속의 동물들을 때려잡았을 것이다—실제의 동물들이 그들의 힘 앞에 굴복할 것이라고 생각했다.[9] 원시인류의 예술은 다분히 주술적·신화적 의미가 강했다.

신과 자연의 축복에만 기대어 사냥감을 쫓고 열매를 따먹던 인류의 방랑

생활은 농경의 발명으로 극적이며 결정적인 전환을 맞았다. 인간이 먹을거리를 구하러 돌아다니는 대신 일정한 곳에서 식량을 직접 생산할 수 있게 된 것이다. 수백만 년의 이주생활이 막을 내리고 정착생활시대가 열렸다. 이른바 농업혁명이다. 고고학적 구분으로 신석기시대에 이뤄진 사건이므로 신석기혁명이라고도 한다. 농업혁명이 시작된 때는 지역에 따라 조금씩 다르지만, 약 1만2000년 지금의 아라비아 반도 북쪽의 평원 지역인 '비옥한 초승달' 지대에서 맨 처음 시작된 것으로 추정된다. 마지막 빙하기가 끝나고 간빙기로 접어든 때와 일치한다.

그럼 작물을 키우는 방법은 어떻게 알게 됐을까? 사람과 동물뿐 아니라 땅도 식물의 씨앗을 품으면 한참 뒤에 그 몇 배의 알곡을 내놓는다는 것, 그 일부를 다시 씨앗으로 뿌리면 똑같은 과정이 되풀이되는 이치를 누가 가르쳐주었을까? 농사를 짓는 동물은 예나 지금이나 인간이 유일하다. 인간은 다른 어떤 동물에게서도 농사를 배울 수 없었다. 스스로 터득해야만 했다. 그 주인공은 남성보다는 여성이었을 확률이 높다.

농사의 기원을 상상해보자. 오랜 옛날, 오랜 세월 남자는 사냥꾼이었다. 운이 좋아 사냥이 잘 된 날이면 식구가 끼니를 때웠다. 그러나 그가 던진 돌에 맞아 쓰러진 사냥감이 없는 날에는 굶을 수밖에 없었다. 얼마 뒤 남자는 남은 고기를 불에 구워 저장해두면 굶지 않아도 된다는 사실을 알게 됐다. 불로 불순물을 제거한 고기는 상하지 않았기 때문에 며칠을 두고 먹을 수 있었다. 이로써 저장 문제는 해결됐다. 요리는 그보다 훨씬 뒤, 그러니까 불의 뜨거운 열을 견딜 수 있는 그릇이 생긴 이후에 비로소 시작됐다.[10]

실패 확률과 위험이 높은 사냥에 지친 인류의 조상은 머리를 썼다. 먹을 것이 떨어질 때마다 짐승을 사냥하러 나가는 대신 잡아온 짐승을 키우면서 새끼를 낳게 하는 것이다. 인간은 야생동물을 길들이기 시작했고, 야생동물은 인간의 곁에서 공생하는 쪽으로 진화하기 시작했다. 사냥꾼의 아들은 목동이 되었고, 야생동물은 가축이 되었다. 그렇게 시작된 유목생활은 사냥감을 찾고 쫓는 수고를 획기적으로 덜어주었다. 그러나 사람이 먹을 것도 부족한 처지에 가축을 먹일 여유는 더욱 없었다. 아직은 사냥과 유목을 병행했다. 물과 풀이 있는 곳을 찾으면 한동안 거기에 머물렀다. 사냥감 동물들도 그런 곳에 있었다. 그러다 먹을 게 부족해지거나 계절이 바뀌면 다시 길을 떠났다.

가족은 일을 분담했다. 사냥을 도맡았던 아버지가 늙으면 아들 대신 목동 노릇을 했다. 건장하게 자란 아들은 아버지 대신 사냥꾼이 됐다. 아내는 풀과 열매를 채집했는데, 도무지 어디서 어떻게 생겨나는지 알 수 없는 신기한 생물들이었다. 그러나 그녀는 혼자 있는 시간이 아주 많았던 만큼, 생각하고 관찰할 시간도 많았다. 땅에서 자란다고 다 똑같은 게 아니었다. 마침내 여러 식물의 고유한 특성을 알게 된 여자는 남자보다 더 큰 힘을 갖게 되었다. 식물에는 남편의 마음을 변화시키는 놀라운 힘이 있었다. 동물들에 부대껴 잔뜩 신경질을 부리거나 우울해하는 남편을 잠에 빠지게 하거나 기분을 좋게 해주는 식물도 있었다. 여자는 태양열을 받은 나무줄기에서 스며 나오는 발효된 당분에 딱정벌레와 나비가 숱하게 들러붙는 것을 보았다. 그리하여 여자는 술을 빚는 방법을 터득했다.[11]

어느 날 사냥터에서 혹은 목장에서 돌아온 남편은 아내가 일궈 놓은 채마밭을 보았다. 아내는 자신의 자궁처럼 땅도 씨앗을 가득 뿌려놓으면 아홉 달이 지난 뒤에 열매를 맺는다고 남편에게 설명해주었다. 남편은 어이없어 하며 웃어넘겼다. 그러나 그는 곧 아내의 말을 믿게 되었다. 아내는 땅이 씨앗을 잘 받아들이게 도와주는, 땅을 파는 도구(호미였을 것이다)를 발명했다. 그녀는 땅에 골을 판 다음 기장의 시조 격인 식물을 심었다. 그리고 그 어떤 식물의 씨앗보다 기장의 자손들에게 아낌없는 사랑을 베풀었다. 기장은 자기 자식들이 건강한 남자로 성장할 수 있는 양분이 되어주었기 때문이다. 여자는 이제 땅에 씨를 뿌리고 곡식을 거둘 줄 알게 됐다. 그러나 언제부턴가 그녀는 작은 도구로 땅에 홈을 파는 게 너무 힘들어졌다. 그래서 남편에게 질긴 풀밭을 파도 부러지지 않게끔 긴 막대에 짧은 막대를 직각이 되도록 묶어달라고 부탁했다. 이제는 큰 힘을 들이지 않고도 흙을 갈아엎게 되었다. 여자는 수천 년 동안 괭이로 밭을 일구어 풀과 채소를 재배했다.[12]

가축의 힘으로 쟁기를 끌어 농사를 짓는 방법도 발명됐다. 이때만 해도 사람들은 땅을 가르고 파헤친 것에 죄의식과 두려움을 느꼈을지도 모른다. 그러나 대지의 여신은 오히려 인간에게 더 풍성한 곡식을 내주며 축복했다. 이처럼 우연히 알게 된 작물 재배법은 인류의 생활양식을 근본적으로 바꿔놓기 시작했다. 최초의 농업혁명으로 불리는 신석기혁명이었다. 여기에는 기후도 큰 몫을 했다. 대략 300만 년에 걸친 마지막 빙하기가 끝나고 오늘날과 비슷한 온화한 간빙기가 다시 찾아온 것이다. 농사짓기에 딱 좋은 기후가 됐다.

신석기시대 농업혁명은 인류 역사에서 매우 중요한 의미가 있다. 이전까지 세상의 모든 사람이 수렵과 채취에만 의존하던 데서 벗어나 먹을거리를 직접 생산하는 시대가 열렸다. 인간의 기본적인 생활이 먹을 것을 찾아 떠도는 이주생활에서 농사를 짓는 정주생활로 바뀌었다. 그렇다고 식량 생산이 수렵채취를 전면적으로 대체한 것은 아니었다. 농업 생산력이 비약적으로 발전하기 전까지 수천 년 동안 수렵채취와 농경은 자연환경에 따라 서로 경쟁하거나 보완하는 관계였다. 농경정착생활이 시작되면서 생사고락을 같이하는 집단의 규모도 부쩍 커졌다. 사회적 변화도 뚜렷했다. 잉여생산물이 생겨나고 인구가 늘면서, 사회적 위계가 세분화하고 생산 활동에 종사하지 않는 엘리트 지배계층이 등장했다.

문명이 싹트다

곡물을 키워내기 위해선 땅이 기름지고 물이 풍부한 강 주변이 맞춤했다. 인류가 농경을 계기로 집단정착생활을 하면서 문명이 생겨났다. 기원전 4000년께부터다. 지금의 이집트 동북부에서 지중해로 나가는 나일 강, 지중해 동부 연안에서 페르시아 만까지 이어지는 비옥한 초승달 지대의 티그리스 강과 유프라테스 강, 티베트 고원에서 발원해 인도를 거쳐 아라비아 해로 흘러드는 인더스 강, 중국의 황쯔 강 등 큰 강 유역에서 인류의 고대문명이 발달한 것은 우연이 아니다.

농경정착생활은 처음으로 남의 땅과는 구별되는 '우리의 땅'이라는 생산수단의 사적 소유 개념을 낳았다. 또 생산력이 점차 높아지고 공동체 안에서 위계질서와 계급이 분명해지면서 땅을 가진 자와 가지지 못한 자가 나뉘기 시작했다. 뭇 생명을 낳고 품고 기르던 어머니 대지는 차츰 영토와 경작지로 바뀌었다. 사유재산 개념과 상속권 개념도 발달하기 시작했다. 땅을 근거지로 한 공동체가 확고하게 자리 잡자 부족국가의 초기 형태도 나타났다. 땅은 인간에게 귀속됐고, 인간은 땅에 속박됐다. 생산력이 커지면서 빠른 속도로 인구가 늘고 문명이 발달했다. 그렇다고 인간의 이주가 멈춘 것은 전혀 아니다. 기본적인 삶의 형태가 정주생활로 바뀌면서, 이제 인간의 이주는 삶터를 옮겨가는 것이 아니라 확장하는 것에 가까워졌다. 아직도 땅은 넓었고, 인간의 발길이 닿지 않은 곳이 널려 있었다.

농업혁명 이후, 인간의 이주는 농경의 확산으로 이어졌다. 1만여 년 전 비옥한 초승달 지대에서 시작된 농작법은 약 5000년 전 지금의 영국 섬들에까지 수천 년에 걸쳐 퍼져나갔다. 이 같은 농경문화의 보급을 설명하는 이론은 크게 두 가지를 들 수 있다. 하나는 농경의 아이디어와 작물 재배법, 농작기술 등이 전파됐다는 문화확산론이다. 다른 하나는, 농경에 대한 관념과 기술이 아니라 작물을 재배하는 사람 자체가 다른 지역으로 넓게 퍼져나갔으며, 이는 인구 증가에 따른 이주 현상이라는 주장이다. 그러나 이두 가지 주장이 서로 모순되거나 배타적인 것은 아니며, 오히려 보완적인 설명으로 종합될 수 있다. 어쨌든 유럽에서 사람의 이주와 확산은 인구 증가와 미답지 개척 능력에 따라 아프리카와 맞닿은 남동쪽에서 시작해 북서쪽으로 긴 세월에 걸쳐 이뤄졌다. 그 속도는 기껏해야 1년에 1킬로미터 정도에 불과했다.[13]

기원전 3500년 무렵, 그러니까 지금부터 약 5500년 전부터 북아프리카, 서아시아, 유럽에 살던 사람들은 인류 역사상 처음으로 구리와 주석 같은 금속을 불에 녹인 뒤 용도에 맞는 형태로 만든 도구를 사용하기 시작했다. 오랜 석기시대가 막을 내리고 청동기시대가 열린 것이다. 그즈음 수메르 문명이 발달한 메소포타미아 지역에선 축이 있는 바퀴를 만들어 쓰기 시작했다. 도구의 주재료가 나무와 돌에서 금속으로 바뀐 것, 그리고 축 바퀴가 발명된 것은 인류의 물질문명 발달사에서 눈부신 도약이었다.

구리와 주석은 녹는 온도가 낮고 경도가 무른 편이어서, 야금 기술 수준이 낮은 단계에서도 나름대로 다양한 금속 도구들을 만들기가 쉬운 편이었다. 얼마 뒤에는 중앙아시아와 동북아시아 지역 사람들도 청동기를 만들어 쓰기 시작했다. 그러나 당시의 기술 수준으로 만들어진 청동 제품은 물러도 너무 물렀다. 돌과 부딪쳐도 부러지거나 휘어지기 일쑤였다. 그래서 주로 권력층을 상징하는 검이나 장식품으로 많이 쓰였다. 사람들은 농경 도구뿐 아니라 무기, 거울, 향로, 장신구 등 다양한 생활용품을 만들어내기 시작했다. 또 바퀴의 발명은 자연스럽게 탈 것과 실을 것, 곧 운반 수단의 비약적 발달로 이어졌다. 사람들은 수레를 만들어 곡식을 비롯한 온갖 물건을 날랐다. 인간의 활동 반경과 이동거리가 크게 늘었고, 이주의 폭과 속도에도 탄력이 붙었다.

인류의 청동기시대는 기원전 12~13세기경 더 높은 온도에서 철광석을 녹이고 가공할 정도로 제련 기술이 발전하기 전까지 2000년가량 지속됐다. 어떤 지역에선 청동 합금에 쓰이는 구리와 주석이 나지 않은 탓에 석기 시대에서 곧장 철기시대로 넘어가기도 했다. 바퀴의 발명과 금속문명의 발달은 인류에게 어두운 그림자도 드리웠다. 신석기시대까지만 해도 씨족 내지 부족 간의 분쟁은 기껏해야 돌도끼나 나무 몽둥이, 활 따위의 원시적 무기를 동원한 소규모 살상과 보복에 그쳤다. 그러나 철제 무기와 수레가 양산되면서 폭력과 무력충돌의 차원도 달라졌다. 대규모 집단끼리의 전쟁이 본격화하고 살상의 정도도 한층 심해졌다.

어떤 집단이 새로운 땅을 찾아 정착하는 과정은 다른 집단에게도 자극이 됐고 먼저 이주한 집단을 따라나서게 했다. 좀 더 복잡하고 틀을 갖춘 정치적 공동체와 국가가 형성되면서, 이전까지는 개별적으로 행해지던 이주가 이제는 특정 방향과 형식으로 유도되고 통제되고 정비된 쪽으로 조금씩 바뀌기 시작했다. 주변의 땅에 대한 지식, 곧 지리 정보가 쌓이자 초보적 형태의 이주 정책이 생겨나기 시작했다. 이제 인간은 지리적·환경적 제약을 극복할 수 있는 이동 능력을 개발해야 할 시기를 맞게 됐다.[14] 그러나 많은 사람이 한꺼번에 빠르게 이주할 수 있는 이동수단이 발명되기까지는 아직도 수백 년의 시간이 흘러야 했다.

■ 알프스의 '타임 캡슐' 미라

약 5300년 전 봄날, 마흔다섯 살 사내가 눈 덮인 알프스 산 비탈길을 오르고 있었다. 지금의 이탈리아와 오스트리아의 경계인 외츠탈 알프스Ötztal Alps 지역이었다. 사내는 해발 3,210m의 고지대에서 한 무리의 낯선 사내들과 맞닥뜨렸다. 서로의 경계심은 곧 적대감으로 변했다. 격투가 벌어졌다. 그는 건장하고 노련한 사냥꾼이자 목동이었지만, 이미 인생의 황혼기에 접어든 나이였다. 휙, 바람 소리와 함께 상대의 청동검이 오른손 엄지손가락 사이를 손목까지 파고들었다. 석검을 놓친 손에 격심한 통증이 번졌다. 반격을 하려 했지만 이번엔 뒤에서 화살이 날아와 왼쪽 어깨에 박혔다. 이어 둔중한 무언가가 뒷머리를 강타했다. 풀썩, 힘없이 쓰러진 사내는 심한 출혈과 충격에서 다시 일어나지 못했다. 차갑게 굳은 몸 위로 눈과 얼음과 세월이 쌓여갔다.

1991년 9월, 독일인 등반객 2명이 알프스 산을 오르다 웅크린 채 굳은 주검을 발견했다. 조난 사고로 보고 신고했지만, 알고 보니 청동기시대에 살던 사람의 미라였다. 5300년이라는 긴 세월이 고스란히 담긴 타임캡슐이기도 했다. 그의 주검은 학계의 비상한 관심을 끌었고, 발견된 지명에서 딴 외치Ötzi라는 이름을 얻었다. 외치는 곰털 가죽 모자와 풀로 엮은 외투를 걸쳤고, 곰 가죽 밑창과 사슴 가죽 덮개로 만든 신발을 신었다. 허리춤 주머니에는 부싯돌, 동물 뼈 송곳, 말린 버섯 따위가 남아 있었다. 석검, 물푸레나무 자루에 매단 청동 도끼, 주목으로 만든 활, 여러 개의 석촉 화살도 함께 발견됐다. 외치의 미라도 보존 상태가 좋았다. 위 속에 남은 음식물, 건강 상태를 알려주는 손톱, 성장 정보가 담긴 치아, 선천적으로 젖당분해효소가 부족하다는 유전 정보가 담긴 DNA까지 검출됐다. 이 모든 것들은 외치가 살던 지역과 자연환경, 기후와 식생, 풍습 등 방대한 정보를 제공해준다.

외치의 몸에선 선사시대 인간의 이주사를 고쳐 써야 할지 모를 중요한 사실도 확인됐다. 2016년 1월, 이탈리아의 연구팀이 외치의 위에서 발견된 헬리코박터 파일로리Helicobacter pylori 균의 유전 정보를 복원해보니, 현대 유럽인이 보유한 아프리카 유형이 아니라 중앙아시아와 남아시아에서 발견되는 종에 더 가까웠다. 이런 사실은 유럽의 초기 정착민이 아프리카에서 건너왔다는 기존의 정설과 달리, 외치의 조상이 아시아 쪽에서 이주해왔을 가능성을 암시한다. 헬리코박터 파일로리 균은 10만 년 동안 인간의 몸에 기생하면서 대륙별, 인종별로 조금씩 다르게 유전 정보가 변형돼, 인류의 이주 역사를 추론할 수 있는 실마리가 된다.

3장

고대에서
중세까지의 이주

역사 서술의 초점이 단 한 번만이라도 개체의 운명에 맞춰질 수 있다면,
민족의 대이동은 개인들의 피눈물로 얼룩지고 고통과 한이 어린 대하드라마였을 것이다.
— 한스 크리스티안 후프 외, 《임페리움》 중에서

말을 탄 유목민족들

인간은 신석기시대부터 가축을 길들여 함께 살기 시작했다. 농업혁명으로 정주생활을 시작하던 때다. 선사시대 동굴 벽화들에선 양과 염소, 말과 소 같은 가축을 흔히 볼 수 있다. 사상 최초로 야생에서 가축이 된 동물은 개로 추정된다. 1만5000년 전경 유럽과 동아시아 지역에서 늑대의 일부 종이 인간의 친구가 됐다. 8000년 전에는 당나귀가, 7000~6000년 전 무렵에는 서아시아에서 야생염소와 산양의 일부 종이 사람의 집에 들어왔다. 비슷한 시기 중동과 중국에서는 돼지가 가축의 무리에 합류했다. 야생말을 가장 먼저 길들이기 시작한 사람들은 기원전 4000~3000년 전 중앙아시아의 초원지대에 살던 유목민들이었다. 처음에는 젖과 고기를 얻기 위해서였으나, 이내 말의 뛰어난 기동성을 알아차렸다. 인간의 이동 능력은 전례 없이 향상됐다.

말은 여러모로 쓸모가 많았다. 처음엔 수레를 끌었고, 타고 다니는 방법을 터득하면서부터는 주요 이동수단이 됐다. 다른 가축을 몰아 풀을 먹이고 거둘 수 있게 되면서, 가내 축산은 유목 방식의 축산으로 발전했다. 그전까지는 엄두를 내지 못했던 장거리 이동을 빠른 속도로 할 수 있게 됐다. 집단의 이주 범위가 급격히 넓어지고 이주의 성격이 바뀌기 시작했다. 주변뿐 아니라 먼 지역까지 정복전쟁에 나서는, 문자 그대로 원정遠征의 시대가 열렸다. 그러나 말의 기동성을 집단의 확장력으로 충분히 이용할 수 있기까지는 조금 더 시간이 흘러야 했다. 인구가 충분히 늘어나야 했고, 많은 말을 사육하고 관리할 수 있을 만큼의 경제력과 사회적 체계가 확립돼야 했다. 어쨌든 가축을 길들인 이후부터 인류의 생활양식은 크게 농경 정착과 유목 이주라는 두 갈래로 나뉘었다.

기원전 8세기경 수십 년간의 짧은 기간 동안 인간에게 기마병cavalry이라는 아주 새로운 생활양식이 갑자기 생겨났다. 이후 기마병은 현재까지 아시아뿐만 아니라 유럽 일부 지역의 생활관습에도 광범위한 영향을 끼쳤다. 그리고 이후 거의 천 년에 걸쳐 이 기마병 군대는 처음의 인도유럽인으로부터 훈족, 아바르족(몽골 계통의 유목민족), 헝가리족, 몽골족, 터키족의 순서로 주도권을 넘겨받았다. 이들은 유럽과 서아시아의 여러 민족에게 공포의 대상이 됐다.[1] 이 과정에서 이들의 민족의식은 크게 바뀌었다. 유목민의 일원으로 좋은 혈통의 말을 타고 꼿꼿이 앉아서 번개처럼 아주 먼 거리까지 이동할 수 있는 기사들의 생활은 이동하지 않고 땅에 매여 사는 농부들의 생활과는 근본적으로 달랐다. 말을 타는 행위는 고귀한 것이고, 귀족적인 것이며, 용맹의 상징이었다. 이제 신의 뜻에 따라 다른 사람들, 즉 농부와 도시민의 모든 재산과 가축은 이들 기마민족의 희생물이 됐다.[2]

기원전 500년대의 어느 시기에 아시아 대륙의 동쪽 지역에서 새로운 이주 폭발이 일어났다. 이주 현상은 약 2000년 전 인도유럽인의 조상인 쿠르간족의 인구가 폭발하여 사방으로 퍼져나간 상황과 흡사하다. 새로운 이주 폭발은 최근에 이르기까지 유라시아의 정치적 운명에 지대한 영향을 끼쳤다. 훈, 터키, 몽골이라는 새로운 아시아 계통의 종족들이 궐기하여 힘차게

서쪽으로 이동한 것이다.[3] 이들의 이동은 중앙아시아와 유럽 민족들의 연쇄 이동을 낳았고, 결국엔 게르만족의 침입에 따른 서로마제국의 멸망으로까지 이어졌다.

역사상 처음으로 이름이 알려진 유목민 집단은 인도−이란계에 속하는 스키타이Scythai족이다. 스키타이에 관한 최초의 기록은 기원전 7세기 초 서아시아의 강국이었던 아시리아Assyria의 설형문자 점토판에서 발견된다. 당시는 아시리아, 메디아, 우라르투 등 여러 세력들이 각축을 벌이던 혼란스런 상황이었다. 갑작스럽게 무대에 출현한 스키타이는 이들 국가와 때로는 연대하고 때로는 적대하면서 중요한 변수로 작용하기 시작했다. 스키타이의 기원과 역사에 관해 가장 상세한 기록을 남긴 인물은 기원전 5세기 그리스의 역사가인 헤로도토스였다.[4] 그가 《역사》에 기록한 설명에 따르면, 스키타이는 원래 아락세스 강(터키 동부에서 발원해 카스피 해로 흘러드는 강) 동쪽에 살던 민족이었는데, 맛사게테(고대 이란인들의 유목연맹체)의 공격을 받아 서쪽으로 이주해서 흑해 북안의 원주민 킴메르인들을 공격하기 시작했다. 킴메르인들이 캅카스(영어로는 코카서스Caucasus) 산맥을 넘어 남쪽으로 도망치자 스키타이는 그들을 추격하면서 중동 지방까지 내려오게 됐다.[5]

스키타이가 역사상 최초로 유목국가를 건설한 집단이라면, 흉노는 유라시아 동부 초원에서 처음으로 유목국가를 세운 이들이다. '흉노'라는 이름은 기원전 318년 전국시대의 5개국과 연합하여 진秦을 공격했다는 《사기》의 기록에 처음 등장한다. 스키타이에 비해 3세기 반 정도 늦은 셈이다.[6] 중국의 옛 연대기에 따르면, 기원전 250년 무렵 중국(진나라) 국경의 북쪽 지역, 즉 바이칼 호수의 남쪽에 위치한 산악지대와 초원지대에 흉노족의 불안한 움직임이 감지됐다. 중국 황제(진시황)는 흉노족이 사는 초원을 비옥한 중국의 땅과 분리하고 중국을 북쪽의 난폭한 유민들로부터 무엇을 보호하기 위해 수천 킬로미터에 이르는 만리장성을 쌓았다. 그 목적은 달성됐다. 중국의 군대가 흉노족의 일부를 제압하여 일부는 북동쪽으로, 일부는 서쪽으로 퇴각시켰다.[7] 기원전 221년 진은 전국시대의 혼란을 평정하고 중국 역사상 처음으로 통일 왕국을 세웠으나 불과 15년 만에 한漢나라에 중국사의 주인공 자리를 넘겨주었다.

흉노족은 한과도 크고 작은 전쟁을 치르며 200년 이상 대등한 관계를 유지했으나, 기원후 48년에 왕위 계승 분쟁 끝에 남흉노와 북흉노로 분열됐다. 남흉노는 후한의 속국으로 그럭저럭 존속하다가 차츰 한족에 흡수됐다. 북흉노는 한과 계속 대립하다가 기원후 89년과 91년 전쟁에서 연거푸 참패해 왕족을 포함해 수천 명이 참살당한 채 몰락하고 말았다. 북흉노의 잔존 세력은 서쪽으로 쫓겨나 중앙아시아 톈산산맥 북방에서 카자흐스탄 초원에 걸쳐 살았다.

북흉노가 최종적으로 중앙아시아 지역을 떠나 흑해 방면으로 이주한 것은 2세기 중반 이후로 추정된다. 이때가 되면 중국 쪽 기록에서는 이들에 관한 소식이 차츰 사라지는 반면, 170년대에 쓰인 프톨레마이오스의 《지리학》에는 돈 강과 볼가 강 부근에 '훈Hunnoi'이라는 집단이 있었다고 언급돼 있다. 이들은 카스피 해와 흑해 북방의 초원에서 유목생활을 하다가 마침내 유럽 역사에서 민족 대이동을 촉발시킨 주인공으로 유명한 훈Huns이라는 이름으로 세계사의 전면에 다시 등장한다.[8]

이 훈족은 옛 민족 이동의 길을 따라 유럽, 근동, 남아시아로 들어가 침략과 약탈의 행진을 거듭한 하나의 선발대에 불과했다. 나중에 아바르족, 불가리아족, 카자르족, 터키족, 몽골족이 이들을 뒤따라 민족 이동 경로를 이용해 유럽으로 들어갔다. 기원후 1000년 동안 이들은 전 아시아 내륙을 정복하면서 과거 그 지역의 지배자이자 동부 이란어를 쓰는 인도유럽인계의 박트리아인이나 소그드인들을 제압했다. 아시아에서 인도유럽인의 특성을 보였던 또 다른 보루인 페르시아와 인도 역시 이따금 터키인과 몽골인에게 정복당했지만, 이곳에서 결국은 옛 아리아계의 언어가 승리했다. 하지만 문화는 이슬람교에 의해 근본적 변화를 겪으면서 동양 쪽으로 기울었다. 동유럽과 중부 유럽도 중세시대 내내, 그리고 그 뒤로도 동방으로부터 거듭해서 밀려오는 난폭한 기마민족들의 침략을 막아내는 전쟁을 치러야 했다.[9]

히브리 노예들의 합창

문헌 기록이 전하는 가장 오래 된 집단 이주는 이집트에 노예로 끌려갔던 히브리인들의 대탈출, 엑소더스The Exodus일 것이다. 기독교 구약성서에 기록된 '출애굽'이다. 짧게 잡아도 3300년 전의 일이다. 학계에서는 출애굽이란 사건 자체가 실제로는 없었던 히브리 민족 설화라는 주장도 있다. 직접적인 증거가 없으며 이집트 문헌에도 노예들의 집단 탈출 같은 기록은 안 나온다는 것이다. 그러나 출애굽을 방증하는 고고학적 흔적들, 그리고 유대인들이 이집트 탈출 때 유래했다며 지금도 최대 명절로 지키는 과월절(유월절)과 초막절(장막절) 등의 절기 풍습으로 미뤄볼 때, 거대한 서사가 전적으로 꾸며진 이야기라고 보기는 힘들다. 구약성서 창세기에 기록된 대홍수와 노아의 방주 이야기가 메소포타미아 지역의 여러 다른 지역에서도 비슷한 내용의 설화로 전해지는 것과 마찬가지다.

기독교 문헌학자들과 고고학계에선 출애굽 사건의 시기를 두고 기원전 15세기라는 전기 연대설과 기원전 13세기라는 후기 연대설이 맞선다. 전기 연대설은 구약성서 열왕기에서 솔로몬 왕을 언급한 부분을 근거로, 당시 이집트 파라오인 아멘호테프 2세 치하에서 모세가 동족을 이끌고 탈출했다고 본다. 반면 후기 연대설은 이집트의 고대 유적들과 성경의 재해석을 근거로, 출애굽이 람세스 2세 때의 일이라고 주장한다. 아무튼, 이집트를 빠져나온 히브리인들은 유일신이 약속했다고 전하는 가나안 땅에 터를 잡았다. 지금의 지중해 동부 연안, 시리아와 이스라엘, 팔레스타인 지역이다. 기원전 1030년에는 처음이자 마지막 통일 왕조였던 연합이스라엘왕국을 건설했다. 그러나 이 왕국은 약 100년 만인 기원전 930년에 솔로몬의 사망과 함께 북쪽의 이스라엘과 남쪽의 유대로 갈라졌다. 그로부터 200여 년 뒤인 기원전 722년에 북이스라엘은 아시리아의 침략으로 멸망했다.

한편 남쪽의 유대왕국은 130여 년을 더 지속하다가 신흥 강국 바빌로니아에 최후를 맞는다. 바빌로니아의 왕 네부카드네자르 2세Nebuchadnezzar II(기독교 성서에서는 느부갓네살)는 유대의 왕위에 자신의 측근인 시드기야를 앉혔다. 그런데 이 시드기야가 바빌로니아에 대한 약소국들의 반란 음모에 연루된다. 그러자 네부카드네자르는 기원전 588년에 예루살렘을 포위 공격해 함락시켜버린 것이다. 시드기야는 도주 중에 체포됐다. 히브리인들을 바빌론(바빌로니아의 수도)으로 강제 이주시키라고 명령한다. 예루살렘 사람들이 모두 바빌론으로 떠난 것은 아니었지만, 포로 중에는 시드기야를 비롯한 유대왕국 상류층 사람들이 대거 포함돼 있었다.[10] 이른바 '바빌론 유수'다. 히브리인들의 포로생활은 기원전 538년에 페르시아의 키루스 2세가 바빌로니아를 정복하기까지 약 50년 동안 지속됐다. 혼성합창곡 '히브리 노예들의 합창'으로 유명한 베르디의 오페라 〈나부코〉(1842년 초연)는 바로 이 시기를 배경으로 한 작품이다. 이스라엘왕국과 유대왕국의 멸망은 앞으로 2400년 동안이나 유대 민족이 나라 없는 백성의 신세로 뿔뿔이 흩어져 타향살이를 해야 할 운명, 디아스포라diaspora의 시작을 알리는 전조였다.

히브리인들의 바빌론 강제 이주는 분명 고난의 세월이었지만, 그렇다고 아주 참혹한 밑바닥 삶은 아니었던 것 같다. 끌려온 사람들은 네부카드네자르가 감행한 대규모 토목공사에 많은 노역을 제공해야 했다. 그러나 그들의 공동체는 조직력이 탁월했으며, 가내공업과 상업, 금융업에 솜씨를 발휘하여 마침내 번성하고 부를 누렸다. 그 결과 기원전 538년 바빌로니아를 정복한 페르시아 키루스 왕의 특사로 마침내 예루살렘으로의 귀환이 허용됐을 때, 이 새로운 생활에 적응된 많은 사람들이 바빌론에 잔류했으며, 거기에서 기층민이 되었다.[11]

한편, 히브리인들의 이집트 탈출과 팔레스타인 이주에서 문헌, 즉 구약성서가 전하는 가장 극적인 상황은 '모세의 기적'일 것이다. 모세가 이끄는 히브리인들이 홍해에 가로막히고, 이집트 기병과 전차 부대가 바짝 뒤를 쫓는 절체절명의 순간. 모세가 바다에 지팡이를 꽂자 바다가 갈라지고 길을 터준다. 할리우드 고전영화 〈십계〉(1956)에서부터 드림웍스의 애니메이션 〈이집트의 왕자〉(1996)까지 많은 영화들이 이 장면을 바다 한가운데가 쫙 갈라지면서 마치 협곡 사이로 길이 열린 것처럼 재연했다. 하지만 바다가 실제로 그런 식으로 갈라진다는 건 말이 안 된다. 그보다는 달의 인력이 얕은 바다나 강어귀의 수위 변동에 영향을 주었을 것이라는 주장이 가장 설득력이 있다. 구약성서가 당시 상황을 묘사한 대목을 보면, 물길이 단숨에 열리거나 닫힌 게 아니다. "모세가 팔을 바다로 뻗치자, 야훼께서는 밤새도록 거센 바람을 일으켜 바닷물을 뒤로 밀어 붙여 바다를 말리셨다." 또 히브리인들이 바다를 다 건넌 뒤 이집트 군사들이 바다로 들어서자 "모세는 팔을 바다 위로 뻗쳤다. 날이 밝자 바닷물이 제자리로 돌아왔다."[12] 바다가 열렸다가 다시 닫히는 데 꼬박 하루 밤이 걸렸다는 이야기다. 우리나라에서도 매년 음력 3월께면 진도에서 건너편 작은 섬까지 바닷길이 열리고 닫힌다.

독일 신학자 알프레드 래플레Alfred Läpple는 이른바 '모세의 기적'을 이렇게 해석했다. 우선 모세Moses라는 이름은 이집트의 작명 풍습과 관계가 있다. 당시 이집트에선 이 이름이 유행했던 것 같다. 투트모세Thut-mose처럼 이집트의 신들의 이름에 붙여 쓰인 '모세'라는 말은 특히 제18왕조(기원전 1580~1310) 파라오들의 이름에 자주 나타난다. 성서 저자는 모세라는 이름이 히브리어 동사 '마사maschah'(=잡아끌다)에서 온 것으로 풀이하고 있으니, 모세라는 이름은 '끌어내어진 자'란 뜻이 될 것이다.[13] 구약성서는 "(파라오의 딸인) 공주는 그 아기를 자기의 아들로 삼고, 물에서 건져냈다고 하여 모세라는 이름을 지어주었다"[14]고 기록하고 있다.

히브리인들이 바다를 건넜다는 곳의 지명도 오역 의혹이 있다. 성서에 기록된 히브리 낱말 '얌 수프Jam Suph'를 성서 번역자들이 '홍해'로 오해한 까닭에 히브리인들이 바다를 건넌 지점을 추정하는 데 오랜 세월 혼란을 겪었다. 비교적 최근에 와서야 그 낱말의 올바른 번역이 '갈대 바다'라는 걸알게 됐다. 그런데 홍해에는 갈대가 자라지 않는다. 그렇다면 갈대 바다는어디에 있었을까? 수에즈 운하의 건설로 지형이 많이 바뀌긴 했지만 팀사호Lake Timsah 지역이 한때 갈대 바다였다는 것은 확인할 수 있었다. 더구나그곳에서 걸어서 건널 수 있는 여울 몇 군데도 찾아낼 수 있었다.[15] 팀사 호수는 나일 강 하구 삼각주 지역에 있는 호수로, 악어 호Crocodile Lake라고도불린다. 아마도 당시 이스라엘 사람들은 갈대 습지를 건너, 시나이 반도를지나, 가나안 땅까지 갔을 것이다. 이들의 뒤를 쫓아온 이집트 기병과 무거운 전차들은 바닥이 진창인 갈대 바다에 빠져 허우적댔을 것이다. 모세는달이 차고 기우는 것에 따라 물때가 바뀌는 이치를 이용했을지도 모른다.어쨌거나 히브리인들은 출애굽의 극적인 경험을 유일신 야훼의 기적으로설명했다. 집단기억은 그렇게 기록되고 전승된다.

지중해 패권 세력들

기원전 8세기부터 6세기는 지중해 연안 지역에서 도시가 온전하게 형태를 잡아가던 시기였다. 이는 두 가지 현상과 관련이 있다. 하나는 그리스와 이탈리아 세계에 도시가 탄생한 것이고, 다른 하나는 지중해 연안 전역에 걸쳐 식민지 건설이 활성화한 것이다. 지중해의 여러 지역에 도시가 탄생하면서 그리스는 급속히 팽창했다. 그리스인들은 원정군 대장의 지휘 아래 조국을 떠나, 그리스어를 할 줄 모르는 '야만인'들이 살고 있는 외국 영토를 식민지로 삼고 거기에 새로운 도시를 건설한다. 이런 도시를 '아포이키아'라고 하는데, 이는 원래 거주지 오이코스를 떠남을 의미한다. 식민지에 대한 이런 표현들은 이들의 진출에 원정 이상의 의미가 있었다는 것을 말해준다.[16]

그리스인들이 본국을 떠나 해외에 식민 도시를 건설하게 된 이유는 각 도시와 시대 상황에 따라 다양하다. 고대 기록에 따르면 원정의 주된 원인은 농작지인 스테노코리아가 부족해졌기 때문이라고 한다. 정치적 경쟁과 내부 갈등에서도 원인을 찾을 수 있다. 또 한 가지 새롭게 부상한 품목인 철을 놓고 벌인 교역 마찰도 동기로 작용했다. 이러한 이주의 움직임은 두 시기로 구분된다. 기원전 750~650년 사이의 첫 번째 시기에는 발칸 반도와 이탈리아의 시칠리아 남부에서 주로 교역이 이뤄졌다. 두 번째 시기에는 흑해, 아프리카 연안, 극서 지역으로 교역이 확장됐다. 그러나 결국에는 모든 지중해 연안 지역이 이런 움직임의 영향으로 지각변동을 하게 된다.[17]

그리스 도시국가들의 팽창은 이내 중대한 시련에 부닥친다. 동쪽으로 아라비아 반도 건너편에서 세력을 키운 페르시아는 기원전 6세기 무렵부터 지중해 세계를 넘보기 시작했다. 기원전 550년 페르시아의 키루스 왕이 이오니아를 정복한 것은 그리스 세계와 페르시아제국의 본격 충돌을 알리는 신호탄이었다. 키루스의 뒤를 이은 다리우스 왕은 에게 해와 흑해에 눈독을 들이고 유럽과 아시아의 스키타이인들을 장악하려 했다. 그래서 트라키아(현재 발칸 반도의 남동쪽 끝 지역으로, 흑해와 에게 해를 양 옆에 낀 전략적 요충지)에 총독을 상주시키고, 비잔티움에서처럼 해협 주변의 그리스계 도시를 통치하게 했다. 이런 상황이 계속되자 기원전 498년 소아시아의 이오니아계 도시에서 반란이 일어났고, 곧 그리스-페르시아 전쟁이 시작됐다.[18] 다리우스 1세가 소아시아의 점령지 반란을 원천 봉쇄하기 위해 그리스의 도서 지역과 본토까지 정벌하려 마음먹은 것이다.

해군을 앞세운 다리우스의 1차 원정은 아테네로 향하던 대함대가 사나운 태풍을 만나면서 실패로 돌아갔다. 2년 뒤인 기원전 490년 9월, 페르시아는 육·해군 연합군을 조직해 다시 아테네로 출정했다. 페르시아 대군은 에게 해의 섬들인 로도스, 사모스, 낙소스를 거침없이 점령하고 일주일 만에 그리스 본토의 최남단 마라톤 평원에 상륙했다. 아테네까지는 불과 40킬로미터 정도의 거리였다. 아테네 연합군은 마라톤 평원에서 격전 끝에 페르시아의 경기병 군단을 물리쳤다. 올림픽 경기의 꽃인 마라톤 경주는 바로 이 전쟁의 승전보를 알리고 숨을 거둔 전령을 기념한 데서 유래했다. 다리우스 1세는 두 차례의 그리스 원정에 실패하고 5년 뒤 세상을 떠났다. 페르시아제국은 자존심이 많이 상했다. 기원전 485년, 다리우스 1세의 아들인 크세르크세스 1세가 왕위를 이었다. 앞서 바빌로니아를 정복하고 포로생활을 하던 히브리인들을 고향으로 돌려보낸 키루스 2세의 딸이 바로 다리우스 1세의 왕비, 그러니까 크세르크세스 1세의 어머니다. 크세르크세스는 선대 왕들의 명예와 제국의 영광을 되찾으려 벼르고 별렀다.

기원전 480년, 그리스와 페르시아의 최후의 결판이 벌어졌다. 크세르크세스 1세는 마라톤 전투의 패배를 앙갚음하기 위해 100만 대군을 이끌고 다시 그리스를 침공했다. 페르시아군은 테르모필레 고개 전투와 아르테미시온 해전에서 아테네와 스파르타 연합군을 괴멸시키고 아테네까지 장악했다. 테르모필레 전투에서 스파르타의 정예군 300명과 수백 명의 노예들로 편성된 저항군은 페르시아의 압도적 군사력에 결사항전으로 최후를 맞았다. 당시 크세르크세스는 스파르타 쪽에 "무기를 내려놓으면 목숨을 살려주겠다"고 제안했으나, 스파르타 왕 레오니다스는 눈도 꿈쩍 않고 "네가 와서 가져가라"고 대꾸했다는 일화가 전해진다. 만화가 원작인 할리우드 영화 〈300〉(2007)은 바로 이 전투를 다소 과장된 영웅 서사로 그려 흥행했다. 크세르크세스는 이 전투의 승기를 몰아 그리스 전역을 손에 넣으려 했다. 페르시아군은 살라미스 해전에서 1000척 이상의 대함대를 투입했으나 그리스 해군의 유인 전술에 휘말려 좁은 수로에서 전멸했다. 페르시아는 이듬해인 기원전 479년 플라타이아이 전투에서도 그리스 연합군에게 굴욕적인 패배를 맛본 뒤 결국 병력을 철수한다. 반세기에 걸친 그리스–페르시아 전쟁은 이렇게 끝을 맺는다.

페르시아의 침략을 막아낸 뒤 찾아온 평화와 자신감, 팽창한 식민지 도시들과 경제력을 바탕으로 그리스는 본격적으로 화려한 고대문명을 꽃피우기 시작했다. 그리스 문명은 철학, 문학, 자연과학, 정치, 예술 등 광범위한 분야에서 인간 인식의 지평을 활짝 열어놓았다. 비슷한 시기, 이탈리아 반도에서는 로마가 대제국 건설의 기틀을 다지며 세력을 키우고 있었다. 그리스가 폴리스, 즉 소규모의 도시공동체 단위로 존속하며 싸우거나 연합했다면, 로마제국은 강력한 군사력과 법치 위에서 지중해 세계의 다양한 인종과 사상과 문화를 아우른 용광로였다.

한편, 유대 지역이 그리스의 지배 아래 놓인 뒤, 알렉산더 대왕의 후계자들은 자신들이 통치하는 지역에 그리스 문화를 강요하는 이른바 헬라화(그리스화) 정책을 펴나갔다. 종교적인 면에서 보면 이 정책은 정복당한 자들에게 그리스 판테온, 즉 만신전의 신들을 섬기도록 하는 일도 포함됐다. 이로써 유대인 사회는 헬라화를 옹호하며 개방적이고 관대한 태도로 받아들일 것을 주장하는 헬레니스트와, 헬라화를 유대교의 배타적인 유일신 사상에 유해한 것으로 간주하는 경건주의자로 갈라졌다. 경건주의자들은 성직자 마타티아스와 그의 아들 유대 마카비가 주도한 반란에 성공하여 유대의 자치권을 되찾았다. 그런데 아이러니하게도 이 반란자들이 건립한 하스몬왕조는 그리스 문화의 강력한 옹호자가 되었다. 이 왕조가 부패로 멸망함으로써 결국 유대왕국은 기원전 63년에 로마의 손에 들어갔다. 오늘날까지 전해지고 있는 유대교의 관습들은 로마가 지배하던 초기 팔레스타인의 격변기에 뿌리를 내린 것이다.[19]

켈트족, 고대 유럽의 지배자

고대 유럽 민족들의 이주와 패권 경쟁사에서 켈트족Celts을 빼놓을 수 없다. 로마인보다 앞서 유럽 대륙의 대부분을 지배한 첫 민족이기 때문이다. 켈트족은 알프스 산맥 주변에서 출현한 인도유럽어족(아리안족)의 분파로, 원주지는 흑해 북쪽 어디쯤으로 짐작될 뿐 아직 확실히 밝혀진 것은 없다. 기원전 7세기경까지는 도나우 지방에서 이동해 온 켈트족이 현재의 프랑스에 해당하는 갈리아 지방에 씨족사회를 형성했다. 갈리아Gallia라는 명칭은 그리스어 켈타이Celtae를 라틴어로 옮긴 것이다. 영어로는 골Gaul족이다.

약 7000년 전에 인도유럽어의 방언을 쓰는 사람들이 흑해 언저리에서 남쪽의 인도와 서쪽의 유럽을 향해 이동하기 시작했다. 여러 집단의 이주민이 따로따로 이동하면서 집단 간의 거리가 멀어졌기 때문에 그들의 언어는 수많은 방언으로 갈라졌다. 그 방언들이 오늘날 유럽과 인도에서 쓰이는 대다수 언어들의 조상이 됐다. 이 초기 켈트족은 야금술을 유럽에 처음 도입했고 바퀴나 재갈 같은 철기만이 아니라 쟁깃날과 낫 같은 농기구도 쇠로 만들어 농업에 큰 발전을 가져왔다. 그들은 또한 숙달된 전사들이었다. 쟁깃날을 만든 기술로 칼과 창과 활을 만들었고, 무엇보다 강한 경외심을 불러일으키는 쇠바퀴 전차도 만들었다. 켈트족은 기원전 6세기에는 이미 오늘날의 체코와 슬로바키아, 오스트리아, 벨기에, 네덜란드, 그리고 노르망디에서 알프스에 이르는 프랑스 북동부 지역으로 세력을 확장했다. 3세기 뒤에는 프랑스의 나머지 지역을 차지하고 영국해협을 건너 브리튼과 아일랜드로 들어갔다.[20] 기원전 387년 켈트족은 신흥세력인 로마를 무려 일곱 달 동안이나 점령하고 약탈과 방화를 자행하다가 전염병의 공격을 받고서야 물러갔다. 이 사건은 로마인들에게 큰 충격을 주며 켈트족에 대한 두려운 기억을 새겨놓았다. 약 300여 년 뒤 율리우스 카이사르Iulius Caesar('줄리어스 시저'는 영어식 발음이다)가 철저하게 복수하기까지 그랬다.

거의 한 세기 뒤인 기원전 297년에는 켈트족이 그리스를 침략해 신탁의 도시 델포이를 약탈했다. 켈트족에 대한 지중해 세력의 최초의 반응은 공포였다. 그리스인과 로마인들은 그들을 키가 크고 금발에 안색이 불그레하다고 묘사했다. 석회로 머리를 하얗게 물들였고, 머리카락을 땋아서 대못처럼 삐죽삐죽하게 만들었다. 때로는 살갗을 푸른색으로 물들이기도 했다. 싸울 때는 알몸으로 싸웠는데, 전쟁터에 알몸으로 나선 모습은 상대를 압도할 만큼 색달라 보였을 게 분명하다. 어느 로마 작가는 켈트족 남자를 "엄격한 눈빛 때문에 무섭고, 싸우기를 좋아하고, 오만방자하기 짝이 없다"고 묘사했다. 그리스 역사가 스트라보Strabo의 평가는 훨씬 더 무뚝뚝해서

"켈트족은 민족 전체가 전쟁 미치광이다"라고 결론지었다.[21]

지중해 민족은 켈트족을 미개한 야만인으로 단정했다. 하지만 그들의 판단은 공정하지 않았다. 사실 켈트족은 고도로 문명이 발달한 문화민족이었다. 그들은 숙련된 농부이고 대장장이였다. 유럽과 지중해 전역에 잘 발달한 교역망을 갖추고 철과 소금 같은 필수품을 포도주나 귀금속 같은 사치품과 교환했다. 켈트족의 염장 식품은 로마의 미식가들에게 높은 평판을 받고 있었다. 교역로를 따라 흐른 것은 물품만이 아니었다. 사상도 흘러왔다. 이탈리아와 그리스, 페르시아와 인도에서 생겨난 디자인이 교역로를 따라 켈트족의 영역으로 흘러들었다. 켈트족 장인들은 그 디자인을 제품에 채택했고, 오래지 않아 새로운 디자인을 만들어내기 시작했다. '라텐 양식'으로 불리는 그것은 표현주의적이고 때로는 초현실적이며 항상 독특했다. 이 예술을 떠받치는 밑바탕은 자연에 뿌리박은 신앙체계였다. 그러나 켈트족 문명에는 글로 쓴 문헌이 전혀 존재하지 않았다. 드루이드(켈트족의 종교인 드루이드교의 사제)들은 자신들의 지혜가 글로 씌어져 대중의 손에 넘어가는 것을 우려했는지도 모른다.[22]

켈트족은 기원전 수백 년 동안이나 유럽 중부와 남서부가 제 집 안마당인 것처럼 세력을 떨쳤다. 그러나 오르막길 뒤엔 내리막길이 있는 법, 기원전 1세기에 이르러 켈트족은 급속히 쇠락하기 시작했다. 로마제국의 성장과 동전의 양면이었다. 켈트족은 그러나 명운을 다하는 마지막 순간까지도 로마에게 두려움의 대상이었고 강렬한 인상을 남겼다. 카이사르가 7년에 걸친 갈리아 원정의 대단원을 장식한 알레시아 전투Battle of Alesia의 현장으로 가보자.

기원전 51년, 알레시아에 포위된 5만 명의 갈리아인에게는 벗어날 가망이 전혀 없었다. 로마군은 갈리아의 본거지를 포위하고 그 주위에 5미터 깊이의 참호를 두 개나 파놓았다. 참호 너머에는 철조망이 펼쳐져 있고, 그 너머에는 뾰족한 말뚝이 숨겨진 함정들이 고리 모양으로 늘어서 있고, 다시 그 너머에는 나뭇가지들이 덤불을 이루고 있었다. 그 너머 세 번째 참호에는 물줄기를 돌려 끌어온 강물이 가득 차 있었다. 그리고 누벽에는 총안이 뚫려 있는 나무 울타리가 세워졌고, 8미터 간격으로 망루가 배치됐다. 울타리 너머에는 10만 명이 넘는 로마군이 있었다. 기원전 50년에 로마 군단병이 겨우 6주 만에 완성한 이 포위망은 율리우스 카이사르가 적을 얼마나 만만치 않은 상대로 여겼는지를 보여준다.[23]

알레시아 포위전은 갈리아 족장 베르킨게토릭스의 굴욕적인 항복으로 끝났다. 이로써 로마인들은 마침내 300여 년 전에 갈리아인에게 당했던 수모를 철저히 앙갚음했다. 베르킨게토릭스는 6년 동안 포로로 갇혀 있다가 카이사르의 개선식 때 짐승처럼 로마 군중 앞을 끌려 다닌 뒤 처형됐다. 알레시아가 함락된 뒤 켈트족은 유럽 본토에서 사회적 세력으로는 존재하지 않게 되었다.[24] 켈트족 부족들은 로마인 또는 마케도니아의 알렉산더에 비견될 만한 독자적인 국가를 만들지는 못했다. 그러나 유럽의 서부, 중부, 남동부는 수백 년에 걸쳐 한때 켈트족의 지배를 받았다. 오늘날 수많은 유럽 민족들의 발생과 성장 과정에서 켈트족은 지대한 영향을 주었다.[25]

모든 길은 로마로 통한다

로마의 건국 설화는 기원전 753년 쌍둥이 형제 로물루스와 레무스에서 시작한다. 동생을 물리치고 로마를 창건한 로물루스는 고대 그리스의 트로이 전쟁의 영웅인 아이네아스Aeneas의 손자라고 전해진다. 로마왕국은 기원전 509년 공화정이 시작되면서 급격하게 세력을 키우며 새로운 강자로 떠오르기 시작했다. 당시 북아프리카 서부의 지중해 연안에선 도시국가 카르타고가 해상 교역을 장악하며 번성했다. 오늘날 튀니지 땅이다.

기원전 3세기 중엽, 지중해 최고의 실력자는 카르타고였다. 카르타고는 항해라는 특기를 잘 살려 지중해 지역에서 가장 부유하고 가장 앞선 문화를 지닌 도시로 성장했다. 에스파냐와 프랑스 연안에서 시칠리아를 거쳐 남쪽으로 북아프리카 전역에 카르타고의 교역항이 포진해 있었다. 앞서 카르타고와 로마는 기원전 509년과 기원전 348년에 카르타고의 교역로를 보호한다는 조약을 맺었다. 그러나 기원전 265년이 되면, 비록 처음에는 아무도 그런 줄 몰랐지만, 모든 것이 바뀌게 된다.[26] 지중해의 패권국인 카르타고와 새롭게 떠오르는 로마의 이해관계가 충돌한 것이다. 이듬해인 기원전 264년부터 거의 80년 동안 두 세력은 지중해 세계의 진짜 실력자가 누구인지를 놓고 숙명의 대결을 벌였다. 세 차례에 걸친 포에니 전쟁에서 승리의 여신은 로마의 손을 들어주었다. 먼 훗날 20세기의 독일 극작가 베르톨트 브레히트Bertolt Brecht는 포에니 전쟁을 다음과 같이 간명하게 정리했다.

위대한 카르타고는 세 번의 전쟁을 치렀다.
첫 번째 전쟁 뒤에는 강성했고
두 번째 전쟁 뒤에는 아직 살 만 했으며
세 번째 전쟁 뒤에는 흔적도 찾을 수 없었다.

기원전 264~241년 로마와 카르타고는 카르타고의 핵심 무역거점인 시칠리아의 지배권을 놓고 충돌했다. 제1차 포에니 전쟁이다. 로마는 육군이 강하고 카르타고는 해군이 강했던 까닭에 초기 전황은 한동안 교착 상태였다. 그러나 로마는 전쟁의 마지막 7년 사이에 해군력을 집중적으로 보강했고, 아이가테스 섬 전투에서 카르타고 해군을 대파했다. 그로부터 20여 년 동안 로마에 맞설 적수는 없었다.

카르타고의 힘은 에스파냐에서 되살아나기 시작했다. 기원전 218년, 29살의 카르타고 장군 한니발은 여러 민족의 용병들로 구성된 4만 명의 군대와 37마리의 코끼리를 이끌고 에스파냐에서 피레네 산맥을 넘었다. 세계 역사상 그 영향력으로 보나 양쪽의 뛰어난 장군들로 보나 제2차 포에니 전쟁(기원전 218~201)은 연구할 만한 가치가 있다. 로마와 카르타고는 막상막하였고, 이기지 않으면 멸망한다는 것을 서로가 잘 알고 있었다. 한니발의 전략은 로마를 파괴하는 것이 아니라, 자신이 이탈리아에 승자로 등장해 이탈리아연합에 대한 로마의 지배력을 와해시킴으로써 로마와 카르타고의 공존에 동의를 얻자는 것이었다.[27] 전쟁 초기 한니발의 허를 찌르는 기습 작전은 대성공이었다. 한니발은 지중해를 돌며 신속하게 진격했고, 그해 가을 마침내 알프스 산맥을 넘었다. 그러나 때 이른 추위와 험악한 지형 탓에 행군은 참혹했다. 천신만고 끝에 알프스를 빠져나와 북부 이탈리아에 이르렀을 때는 병력의 3분의 1을 잃은 뒤였다. 그럼에도 한니발은 로마군과의 첫 접전에서 대승을 거뒀다. 그 기세를 몰아 칸나이 평원 전투를 포함한 크고 작은 전투에서 연승을 거두며 1년 만에 이탈리아 남부까지 진격해 갔다.

그러나 로마 영토의 핵심 지역은 군건히 버티고 있었고, 지중해 제해권은 여전히 로마가 장악하고 있었다. 그 뒤로 10년 가까이 지루한 소모전과 교착 상태가 이어졌다. 그러는 사이 이탈리아에서 운명의 수레바퀴는 점차 카르타고에서 로마 편으로 돌아섰다. 기원전 210~205년 사이, 역시 20대 후반의 패기 넘치는 로마 장군 스키피오 아프리카누스Scipio Africanus는 에스파냐 지방에서 카르타고 군의 존재를 없애버렸다. 한니발은 이탈리아 반도에서 발이 묶인 신세가 됐다가 기원전 203년 어깨가 늘어진 채 지중해를 건너 북아프리카의 고국 카르타고로 돌아왔다. 그러나 스키피오는 기원전 204년부터 아프리카 원정에 나서, 로마에 연이은 승전보를 날렸다. 기원전 202년, 제2차 포에니 전쟁의 마지막 격전장인 자마Zama에서 로마군은 한니발의 군대에 궁극적인 승리를 거뒀다.[28]

승자와 패자의 운명은 극명하게 갈렸다. 스키피오는 이때의 전공으로 이름에 '아프리카누스'라는 칭호를 달았다. 카르타고는 군대 해체, 로마군 병역 의무, 지중해 서부의 이권 양도, 천문학적인 배상금 지불을 뼈대로 한 굴욕적인 평화협약을 맺었다. 승자가 패자를 거의 파멸시킬 만큼 가혹한 조건을 부과하는 종전협약을 일컫는 '카르타고식 평화Carthaginian peace'라는 말이 여기서 생겨났다. 한니발은 소아시아로 망명했다가 끝내 독약을 마시고 자결했다.

카르타고는 두 차례의 패전 이후 정치·군사적으로는 식물국가로 전락했다. 그러나 풍부한 농산물과 교역망 덕분에 경제적으로는 여전히 풍요로운 땅이었다. 그것이 화근이었다. 카르타고의 바로 옆에 붙어 있던 누미디아가 카르타고에 눈독을 들이고 자꾸 침범하자, 카르타고는 로마와의 조약을 어기고 용병을 모집해 전투를 벌였다. 마침 대외 강경파가 장악한 로마 원로원은 이를 구실삼아 지나친 요구를 했고, 카르타고가 거부하자 군대를 보냈다. 제3차 포에니 전쟁(기원전 149~146)이 시작된 것이다. 카르타고는 완강히 저항했지만 결국 3년 만에 로마에 무릎을 꿇었다. 로마는 무자비한 파괴와 살육, 대규모 추방으로 보복한 뒤 아프리카 속주의 일부로 삼았다. 그해 로마는 코린토스 전쟁으로 코린트를 정복하고 그리스까지 손에 넣었다. 이제 로마는 남쪽으로 북아프리카, 동쪽으로 소아시아, 서쪽으로 브리타니아, 북쪽으로 게르마니아까지 아울렀다. 로마는 일찍이 없었던 절대 강자로 우뚝 섰고, 지중해는 로마제국의 영토로 둘러싸인 내해가 됐다. 로마는 지중해를 '마레 노스트룸Mare Nostrum'(우리의 바다)라고 부르기 시작했다.

앞에서 살핀 것처럼 기원전 51년에는 카이사르가 로마의 골머리를 썩이던 켈트족을 제압하고 갈리아 지방을 완전히 정복했다. 이어 기원전 31년, 집정관 옥타비아누스는 악티움 해전에서 정적인 안토니우스와 이집트 여왕 클레오파트라의 연합함대를 격파하고 로마의 패권을 장악했다. 이미 실권을 잃은 원로원은 그에게 '아우구스투스Augustus'(존엄한 자)라는 칭호를 수여했다. 기원전 27년 아우구스투스는 황제가 됐다. 로마는 공화정시대의 막을 내리고 제정시대로 접어들었다. 로마제국이 탄생한 것이다. 지중해 세계의 유일 초강대국으로 떠오른 로마제국은 약 200년 동안 최고의 태평성대를 누렸다. 로마 군단의 독수리 휘장은 힘과 위엄의 상징이었고, 모든 길은 로마로 통했다. '팍스 로마나Pax Romana' 시대가 열린 것이다. 이런 평화는 압도적인 군사력의 우위, 반란 지역을 초토화하고 피의 강으로 만들어버리는 무자비한 진압, 전쟁포로로 붙들려온 노예들의 희생, 속주들에 대한 경제적 착취라는 바탕 위에 세워지고 유지됐다.

서기 14년—이 책에서 연대 표기가 처음으로 기원전B.C에서 기원후A.D로 막 바뀌었다!—로마제국의 첫 황제 아우구스투스가 죽자, 아들 티베리우스가 황제에 올랐다. 탄생한 해가 오늘날 세계 공통의 연대 표기의 기준이 된 예수가 팔레스타인 땅에서 소년기를 지나고 있을 때다. 로마제국은 아무 탈 없이 잘 굴러가고 있었다. 재정에서 치안과 안보까지 모든 게 완벽해 보였다. 점령지 속주들도 숨을 죽였다. 서기 21년, 티베리우스는 폰티우스 필라투스Pontius Pilatus를 시리아 속주에 속한 팔레스타인 유대 지방의 총독에 임명했다. 우리말 기독교 성서에 본시오 빌라도라는 이름으로 나오는 바로 그 인물이다. 12년 뒤, 필라투스는 "예수를 십자가에 못 박으라"는 유대인 군중의 거센 요구를 승낙하면서 "나는 이 사람의 피에 대한 책임이 없다"며 물로 손을 씻는다.

예수는 십자가에서 처형됐지만 죽은 게 아니었다. 시간이 흐를수록 로마제국 곳곳에서는 비밀리에 예수의 가르침을 따르는 집단이 성장하고 있었다. 이들은 로마의 황제와 국가 신에게 고개 숙이기를 거부했다. 로마제국이 볼 때는 일종의 반역이었다. 64년 네로를 시작으로 모든 황제가 그리스도교를 금지했고, 신도들은 가혹한 박해를 받았다. 그러나 순교자가 늘어날수록 교세는 더 확장됐다. 로마 황실은 당혹스러웠다. 결국 110년 무렵 트라야누스 황제는 '그리스도교인임을 밝히지도 캐지도 말라'는 명령과 함께 그리스도교 탄압을 중단했다. 트라야누스의 치세(98~117) 동안 로마제국은 도나우 강을 넘어 다키아(지금의 루마니아)까지 뻗었다.[29]

유라시아 민족 대이동

로마제국이 번성하던 시기, 동쪽 중국 땅에서는 한漢나라가 제국의 위용을 떨치고 있었다. 유라시아 대륙의 양쪽 끝을 로마제국과 한나라가 동시대에 점유한 시대였다. 두 거대한 문명 제국이 물자와 사상, 심지어 병균까지 전파하면서, 사상 최초의 대륙 내 동서 교류가 이루어졌다.

로마와 한나라 사이에 가로놓인 땅에서는 다음과 같은 일들이 벌어지고 있었다. 우선 유럽과 중앙아시아 서쪽부터 보면, 라인 강 너머 삼림지대에는 게르만인이 살고 있었다. 로마의 영향을 받았음에도 일부 부족은 아직도 사람을 변소에 산 채로 담그는 등 제물로 바쳤다. 페르시아에선 파르티아왕조가 전쟁에 갑옷을 도입했다. 안티오크(오늘날 터키-시리아 국경지대에 있던 고대 도시)는 국제교역로 실크로드Silk Road의 서쪽 종착점으로 번성했다. 알렉산드리아는 로마제국의 인종적 도가니였다. 그리스인, 유대인, 시리아인, 이집트인, 힌두인이 대체로 평화롭게 공존했다. 로마 세력에 밀려난 북아프리카인이 가나왕국을 세운 것도 이 무렵이다.[30]

아시아 대륙에선 기원전 150년경 중국에서 쫓겨난 훈족의 일파인 대월지가 기나긴 장정 끝에 힌두쿠시 산맥까지 이른 뒤, 북인도를 점령해 쿠샨왕조를 세웠다. 토착 왕족은 남쪽으로 밀려났는데, 당시 남인도의 번성한 무역항들에는 70년 예루살렘이 붕괴한 뒤로 유대인 난민들도 몰려들었다. 앞서 25년 한나라의 왕족인 유수가 세운 후한 왕조는 200년 가까이 지속된다. 또 동남아시아 곳곳에는 힌두 무역상의 식민지가 있었는데, 로마의 주화가 그곳까지 흘러들어왔다.[31]

로마제국 초기에 쓰인 역사서들에는 중국을 비롯한 다른 나라에서 온 사절들에 대한 기록이 남아 있다. 예컨대 로마 역사가 플로루스는 아우구스투스 황제의 재임 때 방문했던 다수의 외국 사절들을 다소 낮춰보는 시선으로 언급했는데, 그중에는 중국 사신들도 등장한다. 당시 로마인들은 중국을 세리카Serica, 중국인을 세레스Seres라고 불렀다. "제국에 복속되지 않은 나머지 세계의 국가들조차 제국의 위엄을 알아차렸으며, 위대한 정복자인 로마인들을 경외감으로 바라보았다. 심지어 스키타이인이나 사르마티아인(고대 이란인들)들도 로마와의 친교를 모색하려 사절을 보내왔다. 세레스인들도 같은 이유로 찾아왔으며, 태양 바로 아래에 사는 인도인들 또한 값비싼 보석과 진주, 코끼리 같은 선물을 들고 왔다. 이들은 무려 4년이 걸렸다는 그들의 긴 여정에 견줘 짧기만 한 그 순간에 온 정신이 팔렸다. 이들이 우리와는 다른 세상의 사람들이라는 걸 알기 위해서는 이들의 복잡한 심경을 들여다볼 필요가 있다."[32]

한편 중국 대륙에서는 161년 괴질이 북중국을 휩쓸어 인구의 30퍼센트가 죽어갔다. 수탈과 질병으로 민심이 극도로 흉흉해진 이때, 장각이라는 인물이 나타나 의술과 주술로 백성의 마음을 사로잡고, 음양오행설 등 잡다한 민간신앙을 윤색해 새 시대의 도래를 예언한 태평도太平道의 교주가 됐다. 태평도 추종자들은 184년 노란 두건을 두르고 봉기를 일으킨다. 황건적의 난이다. 관군이 제대로 싸우지도 못하고 패퇴하자, 조정은 전국의 군벌을 대상으로 토벌군을 편성해 진압에 나섰다. 이때 토벌군의 지휘관으로 황보숭, 조조, 손견, 유비, 관우, 장비 같은 장수들이 등장한다.《삼국지》에 나오는 주요 인물들이다. 치명적인 역병과 반란으로 후한이 급속하게 기울면서, 중국 땅에선 군웅할거시대가 열렸다. 중국 대륙의 세력 재편기는 265년 서진이 통일 왕국을 세우기까지 100년 정도 이어졌다.

208년 조조와 유비가 맞붙은 적벽대전은 중국의 운명을 바꿨다. 이후 40년 동안 중국은 세 나라로 쪼개졌다. 조조가 북부를 장악하고, 제갈량의 지원 아래 유비가 서부를 통치하고, 손권이 남부를 다스렸다(그 지역을 근거로 각각 위, 촉, 오, 세 나라가 세워졌다). 265년 이후 피폐해진 화북 땅으로 티베트족, 훈족을 필두로 오랑캐의 침입이 시작됐다. 316년에는 수수께끼의 선비족이, 386년에는 중앙아시아의 유목민족인 탁발씨가 쳐들어왔다. 수많은 중국인이 남쪽으로 밀려가 고온다습한 새로운 환경에 적응해야 했다.[33]

한과 흉노라는 두 제국이 분열, 약화되면서 민족들의 대이동이 시작됐다. 북흉노는 서쪽으로 이주하여 유럽의 민족 대이동을 촉발했으나, 남흉노와 선비, 오환은 한 제국 붕괴 이후 중국 북방으로 이주하여 독자적인 국가들을 건설했다. 중국사에서는 한인 왕조인 서진이 수도 낙양을 잃고 남쪽으로 쫓겨 간 316년부터 수나라가 통일을 이룩한 581년까지 3세기 동안 남북 분열의 시대가 지속된 것으로 본다. 한족의 영역은 화이수이(귤이 회수를 건너면 탱자가 된다는 그 회수) 이남으로 축소된 반면, 중앙 유라시아 유목민들

의 무대가 북중국으로 넓어진 시대였다. 북중국으로 이동하여 거주한 이민족의 숫자도 엄청났다.[34]

게르만족의 도미노 이동

4세기 무렵, 유라시아 대륙 서쪽에서는 인류 이주 역사의 굵은 획을 긋는 연쇄 대이동이 일어났다. 오늘날 유럽과 서아시아, 나아가 북남미 지역의 국가와 문화 지도의 밑그림이 이때 그려졌다. 유럽 쪽에선 '게르만 대이동'이라고도 불리는 연쇄 이동이 뭇 세력의 판도를 근본적으로 재편했다. 이 거대한 흐름은 고대 서양 세계의 붕괴로 이어진 로마제국의 균열과 동서 분할에서 싹텄다. 비대해진 제국, 정치적 분열과 권력 다툼, 귀족계급의 사치와 방탕, 변방 이민족의 잦은 출몰과 내부의 불만이 위기를 불러오는 것은 로마라고 다르지 않았다.

팍스 로마나 시대에 로마제국은 자신들의 사회제도와 정치제도를 사방으로 전파했고, 지중해 일대의 모든 산물은 로마와 이탈리아 반도의 수요를 충족시키는 데 이용됐다. 로마제국은 그리스-라틴 문명을 전 세계에 전파한다는 소명의식으로 세력을 확장했다. 지중해로 이주해온 동방인들과 북유럽인들을 매료시킨 제국의 풍요로움은 이주민들의 탐욕스런 갈망을 자극했다. 수세기 동안 로마제국 안으로 침투해 들어오려 했던 민족들은 조상이나 문화나 전통 면에서 지중해 세계와는 다른 이질적인 민족들이었다.[35]

앞서 3세기 중반부터 로마 세계에는 위기의 조짐이 닥쳤다. 235년부터 285년까지 50년 동안 20명이 넘는 황제가 바뀌었는데, 모두 정치적 암살이나 전쟁터에서의 죽음으로 순식간에 제위를 잃었다. 불안정한 것은 정부만이 아니었다. 제국 전체가 항상 위태로웠다. 251년에는 고트족이 흑해 북쪽 지역으로부터 도나우 강변을 따라 설치돼 있던 요새와 보루들을 뚫고 쳐들어왔다. 259년에는 게르만족의 두 부족인 알라마니족과 유퉁기족이 역시 같은 국경선을 넘어 쳐들어와 이탈리아를 공격했다. 거의 15년에 걸쳐 브리타니아와 갈리아, 에스파냐 속주는 제국에서 분리됐고, 272년에는 로마인들이 다키아 속주를 영구적으로 포기했다.[36] 팍스 로마나는 빛이 바래기 시작했고, 로마제국에는 분열의 기운이 드리웠다.

흔히 게르만족으로 통칭하는 이들은 부족마다 부르는 이름이 제각각이었다. 단지 로마인들이 접촉했던 부족 명칭이 게르만이었으므로 게르만 전체를 표현하는 말이 된 것이다. 참고로, 프랑스 지역에 살고 있던 갈리아인들이 만난 게르만족은 알레마니Alemani족이었다. 게르만족은 원래 거주했던 지역에 따라 서부 게르만족과 동부 게르만족으로 나눌 수 있다. 서부 게르만족은 색슨Saxon족, 수에비Suevi족, 프랑크Frank족, 알레마니족이 있다. 이들은 북유럽에서 동질적인 자연환경으로 남하했고, 대체적으로 영구 정착하여 농경생활을 영유했다. 동부 게르만족은 유목생활을 했던 롬바르드Rombard족, 반달Vandal족, 고트Gothe족인데, 이들은 먼 지역에서 이동했다.[37] 게르만족은 생활수준이 매우 낮았다. 5세기경부터 게르만족은 로마문명을 흠모하여 로마화하는 현상이 있었다. 로마인들은 이러한 게르만족을 속주에 배치함으로써 속주의 게르만화가 진행되고 있었다. 속주에 정착한 게르만 용병대는 로마 군대에서 대단히 중요한 역할을 했고, 로마 정부는 이들에게 토지를 주었다. 일종의 봉토다. 이렇듯 게르만족은 상당히 오랫동안 로마제국의 영내로 이동했다.[38]

이미 1세기 무렵, 오늘날 폴란드 북부인 발트 해 연안의 추운 지역에 살던 고트족이 비스와 강을 따라 동남쪽으로 이주해, 도나우 강을 지나 흑해 연안에까지 이르렀다. 비스와 강은 폴란드 남부에서 북쪽으로 가로질러 발트 해로 나가는 강이다. 도나우 강은 독일 남부에서 발원해 남서쪽으로 오스트리아와 헝가리의 평원을 적신 뒤 루마니아를 지나 흑해로 흘러드는, 유럽에서 두 번째로 긴 강이다. 농경과 유목을 병행하던 이들 고트족은 4세기 중엽 아리우스Arius파 그리스도교로 개종하고 자신들의 왕국을 세웠다. 게르만족의 일부는 로마제국으로 들어오기 전에 이미 그리스도교 신앙을 가지고 있었던 셈이다.

유럽을 발칵 헤집어놓은 민족 대이동은 4세기 말에 막이 올랐다. 유럽의 동쪽 경계 지역에서 느닷없이 낯설고 무시무시한 세력이 몰려오기 시작한 것이다. 저돌적인 용맹함과 야만적인 잔혹함으로 역사에 이름을 떨친 훈Huns족이었다. 훈족의 등장으로 촉발된 게르만 민족 대이동은 그 뒤로 수백 년에 걸친 남하 압박으로 눈덩이처럼 규모와 속도가 커졌다.

이 타고난 전사 부족들은 볼가 강(러시아 서남부에서 카스피 해로 흘러드는 강) 동쪽에서부터 초원을 지나 거침없이 도나우 강 유역까지 진출했다. 훈족은 고트족의 몇몇 소국들을 쳐부쉈고, 이는 다른 고트족들이 도나우 강 건너편의 로마제국에게 훈족의 침탈을 피해 제국 영내에서 살게 해달라고 청원하는 결과로 이어졌다. 엄청난 기세로 들어온 훈족은 마침내 지금의 헝가리 땅에 훈제국Hunnish Empire을 건설했다. 훈족의 가장 강력한 왕이자 최후의 왕인 아틸라Attila는 434년부터 453년까지 도나우 강 북쪽과 라인 강 동쪽 지역 대부분의 광활한 땅을 다스렸다.[39] 헝가리Hungary라는 국명 자체가 '훈족의 나라'라는 뜻이다. 그런데 오늘날 헝가리인의 주류 혈통은 훈족과는 상관이 없는 마자르족이다. 훈족의 정확한 기원은 지금도 논란거리다. 흉노족과 훈족의 혈연적 연관성에 대한 확고한 증거도 없다. 어쨌든, 당시 서유럽인들이 호전적인 훈족을 워낙 무서워하다보니, 북방에서 내려왔으나 훈족과는 외모가 많이 다른 마자르족마저 훈족으로 오해한 데서 형

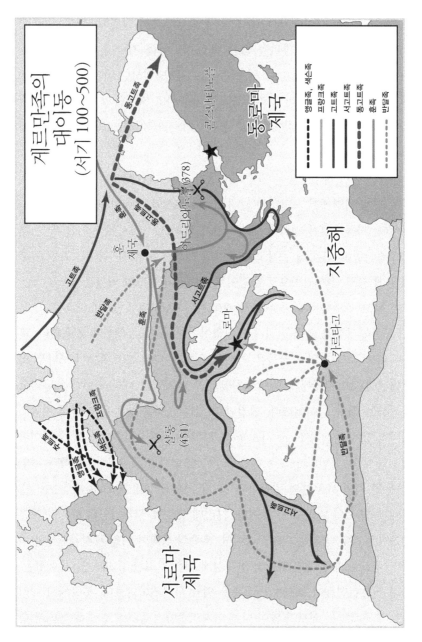

[그림 3] 게르만족의 대이동 경로(100~500년)

게르만족의 대이동
(서기 100~500)

범례:
- 앵글족, 색슨족
- 프랑크족
- 고트족
- 서고트족
- 동고트족
- 훈족
- 반달족

동로마 제국

서로마 제국

지중해

로마

카르타고

콘스탄티노플

아드리아노플(378)

훈 제국

샬롱(451)

동고트족

서고트족

고트족

반달족

훈족

프랑크족

앵글족

색슨족

반달족

가리라는 지명이 유래했다고 한다.

훈족은 452년에 이탈리아를 침략했지만 나중에 로마인과 비시고트Visi-goths(서고트족), 기타 게르만의 연합군에 패배하여 동쪽으로 물러난다. 프랑크족은 갈리아, 즉 오늘날 프랑스의 일부 지역을 점령한다. 오스트로고트Ostrogoths(동고트)족은 이탈리아의 통치자로 군림하고자 했고, 앵글로색슨족은 로마군이 철수한 브리튼 속주로 이동해서 원래 살고 있었던 켈트족 원주민을 몰아냈다. 켈트족 원주민들은 서쪽으로 이동하여 아일랜드에 주로 정착한다. 이처럼 급격한 로마제국의 와해는 로마인들이 게르만을 호의적으로 본 데에도 원인이 있었다.[40]

지중해 서쪽에 이민족 왕국들이 세워진 것은 오래전부터 분열되어온 로마 세계의 정치적 단일성이 깨어졌음을 보여주는 하나의 예에 불과했다. 이미 3세기 말경, 로마제국의 디오클레티아누스 황제는 이민족들에 대한 방어의 필요성을 느끼고 강력한 네 개의 수도들—트리어, 메디올라눔, 시르미움, 니코메디아—을 마련했다. 사분통치라 일컬어지는 이 체제는 디오클레티아누스 황제 이후에는 존속하지 않았다. 그러나 330년 로마제국의 두 번째 수도인 콘스탄티노플의 시대가 열리면서, 이 도시가 장차 로마를 대신할 새로운 황제 권력의 중추가 된다.[41]

콘스탄티노플은 오늘날 터키 최대의 도시인 이스탄불의 옛 이름으로, 로마제국의 콘스탄티누스 대제가 자신의 이름을 따 도시 이름을 바꾸기 전까지는 비잔티움으로 불렸다. 콘스탄티노플은 지리적으로 지중해 세계의 동쪽 바깥으로 벗어나 있었다. 또 그리스 동부 지역의 문화가 지배적이었던 까닭에 언어도 라틴어가 아닌 헬라어가 쓰였다. 그러나 지중해 전체를 내해로 감싼 로마제국의 광대한 영토의 방어라는 관점에서 보면, 흑해와 에게 해의 관문이자 발칸 반도와 소아시아의 중심지로 지정학적 요충지였다.

그러다보니 콘스탄티노플을 중심으로 한 동로마와 로마를 중심으로 한 서로마로 제국을 나눠 경영할 전략적 필요성이 생겼다.

395년 로마 황제 테오도시우스 1세는 두 아들에게 각각 동로마와 서로마를 분리해 제위를 넘겨주었다. 이제 로마제국은 공식적으로 2명의 황제가 각각 자기 영토를 통치하는 양분됐다. 그런데 앞서 설명한 것처럼, 때마침 일어난 훈족의 서진과 정복은 범 게르만족이 연쇄적으로 남서쪽으로 밀려 내려오는 연쇄 이동을 촉발했다. 그렇게 도나우 강을 건너 로마제국의 영토로 들어온 서고트족이 410년 알라리크의 지휘 아래 서로마제국의 수도인 로마를 함락시킨다.

역사를 기억하고 서술하는 것에 여러 방식이 있다. 집단의 명멸과 권력의 부침을 연대기적 통사로 기록하는 것은 역사의 큰 흐름을 한 눈에 파악하기 쉽다는 장점이 있다. 그러나 역사의 인과 관계를 단순화하고 큰 사건과 주요 인물들만 도드라지게 하는 맹점도 있다. 큰 강의 물방울들을 이룬 동시대 사람들의 미세한 숨결은 잘 드러나지 않는다. 기록이 남아 있지 않다면, 나머지 빈 공간은 상상력으로 채워보는 것도 방법이다.

독일 공영방송 체데에프ZDF에서 다수의 역사물을 기획한 한스 크리스티안 후프 등은 "역사 서술의 초점이 단 한 번만이라도 개체의 운명에 맞춰질 수 있다면, 민족의 대이동은 개인들의 피눈물로 얼룩지고 고통과 한이 어린 대하드라마였을 것"이라고 말한다.[42] 4~6세기 동북아시아와 중앙아시아, 유럽의 민족 대이동은 수많은 혈족과 종족들이 생계와 미래를 보장하는 삶을 찾아 나선 모색의 길이었다는 것이다. 이 시기 민족 대이동은 수많은 우연적 요소들의 독특한 상호작용으로 촉발됐을 것이다. 이렇게 가정해볼 수도 있다. 어떤 이유에서든 갑자기 기후가 나빠졌다. 북해 연안의 대홍수가 사람들을 남쪽으로 내몰았다. 게르만 부족들은 출생률의 증가로 고향의 숲과 경작지에서 수확하는 양식으로는 더 이상 가족들을 먹여 살릴 수 없게 됐다. 그러던 중에 남쪽 어딘가에 있다는 따뜻하고 비옥한 지역에 대한 이야기가 굶주린 사람들의 입을 타고 퍼졌다. 로마의 우월한 문화와 풍요로운 땅에 대한 복음을 국경수비대 병사들의 입을 통해 세계 방방곡곡으로 전한 것은 로마인들 자신이었다. 그것이 장차 로마에 어떤 결과를 불러올지도 모르고 달콤한 꿈과 동경을 이민족들에게 심어준 셈이다.[43]

뒤이어 때를 맞춰 4세기 중엽 동쪽에서부터 이례적으로 무수한 인파가 유럽의 중심부를 향해 맹렬한 기세로 밀려들었다. 머나먼 동쪽으로부터 가해지는 더욱 강한 압박을 피해 찾아든 민족들이었다. 미지의 세계에서 찾아온 두렵고 낯선 얼굴들은 곧 신이 내린 재앙으로 간주되기 시작했다. 유럽의 중심부에 뿌리를 내리고 살던 사람들은 느닷없이 쳐들어온 적들에 대한 무력감과 두려움을 이런 식으로 설명할 수밖에 없었을 것이다. 서쪽에서 밀고 들어온 훈족의 아틸라 군이 저지른 약탈과 살인은 신의 재앙이 아니라면 도저히 이해할 수 없을 정도로 끔찍했기 때문이다.[44]

■ 타키투스의 《게르마니아》

게르만족이 로마 문헌에 자세한 기록으로 묘사된 것은 역사가 타키투스 Publius Cornelius Tacitus가 98년경 쓴 《게르마니아》에서다. 라틴어 원제는 '게르만족의 기원과 현황에 관하여De Origine et situ Germanorum'이다. 타키투스의 기록에는 게르만족을 야만인으로 무시하는 제국의 우월감과 편견, 경계심이 뒤섞여 있다. 최신 연구 성과로 밝혀진 것과는 조금 다른 서술이 있을 수 있으나 그 자체로 의미 있는 기록이다. 일부 대목은 이렇다.[45]

"분리되지 않았던 게르마니아가 라인 강과 다뉴브 강을 경계로 갈리아인, 라이티아인, 판노니아인들로 나누어졌다. 사르마티아인과 다키아인들도 분리되었는데, 그 원인은 상대방에 대한 두려움과 가로막힌 산들 때문이다. …… 게르만족에 관해 말하자면, 나는 그들이 그 지역의 원주민이고 다른 종족이나 지역에서 온 신참자들과 아주 조금 섞였다고 가정해야만 한다. 왜냐하면 옛 시절에 이주하려는 사람들은 육지가 아니라 바다를 통해 목적지에 도달했기 때문이다.

게르만족이 지닌 유일한 역사 기록인 옛날 찬가들은 투이스토Tuisto 신을 찬양하고 있는데, 이는 땅의 자식이며 그의 아들인 만누스Mannus와 더불어 게르만 종족의 창설자이다. 그들은 만누스에게서 세 아들이 나온 것으로 간주한다. 어떤 저자들은 그 신에게 세 아들이 있었고 부족의 이름이 더 많았다고 주장한다. 첫 번째 부족들은 라인 강을 건너오는 갈리아인들을 몰아냈는데, …… 애초 '게르만'이란 인위적인 이름은 갈리아인들을 위축키기 위해서 승리한 부족이 처음 도입한 것이었으나 후에는 그들 스스로도 사용하게 됐다.

게르만족은 엄청난 인구에도 불구하고 겉모습—파란 눈, 빨간 머리카락, 큰 골격 등—이 대부분 비슷하다. 그들은 또한 힘이 세나, 그 강인함은 지속적이지 못하고 발작적이다. 그들은 인내의 공적도 고된 일도 좋아하지 않으며, 갈증과 더위에도 약하다. 대신 척박한 기후와 토양 덕에 추위와 굶주림에는 익숙하다. 게르마니아 지방은 전체적으로 삼림이 밀집되어 있고 건강에 나쁜 습지가 많은 땅이다.

신들은 그들에게 금과 은을 허락하지 않았는데, 그것이 자비에서인지 분노에서인지 나는 말하기 어렵다. …… 그들은 단창을 휴대하는데, 이것은 그들 말로 프라메아Framea라고 한다. 좁고 작은 화살촉이 달려 있고, 매우 날카롭고 사용하기 간편해서 근접전이나 원거리 전투 모두 같은 무기를 갖고 싸운다. 기마병은 방패와 프라메아로 만족하며, 보병들은 창을 던지는데 소나기처럼 발사하며 먼 거리에서도 거침이 없다. 이것이 가능한 까닭은 그들이 기껏해야 가벼운 외투만을 걸치기 때문이다.”

서로마의 멸망과 비잔틴제국

서기 476년은 로마제국의 서쪽 절반이 공식적으로 멸망한 해다. 그 제국은 무슨 거창하고 드라마틱한 팡파르라든가, 우상파괴주의나 불과 전쟁과 혁명 등의 충돌로 멸망한 것이 아니었다. 달리는 말의 발굽 소리와 단 한 대의 황실 마차에서 나는 덜커덩거리는 바퀴 소리와 함께 종말을 맞았다. 그 소리는 콘스탄티노폴리스를 향해 동쪽으로 달리는 전령이 내는 소리였다. 그는 로마제국의 도로를 따라 황제의 예복인 서로마 황제의 왕관과 자줏빛 망토를 운반하고 있었다. 이탈리아를 차지한 게르만족의 왕인 오도아케르의 지시로 물건들을 동로마 황제에게 보내는 임무였다. 그러나 그 물건들은 더 이상 필요가 없어졌다.[46]

오도아케르는 게르만족인 스키리족 출신으로, 5세기 중반에 로마 군대에서 크게 성공한 장군이었다. 476년 이탈리아 내의 로마 병사와 지주들 사이에서 든든한 세력 기반을 확보한 그는 쿠데타를 일으켜 반도 전체의 실질적인 지배자가 되었다. 하지만 그가 이탈리아 전역을 완전히 장악하는 데는 한 가지 걸림돌이 있었다. 아직도 서로마 황제가 존재한다는 사실이었다. 로물루스 아우구스툴루스라는 16살 어린 황제는 이름뿐인 황제였다. 오도아케르는 동로마 황제인 제노에게 서신을 보내 서로마 황제를 폐위시키겠다고 알렸다. 후임 황제를 임명할 생각이 전혀 없음도 분명히 했다. 제노 역시 이에 암묵적으로 동의했다. 사실상 오도아케르의 권력 장악을 인정한 것이다.[47]

이민족의 대이동의 결과, 서로마제국은 역사의 무대에서 허탈하게 사라졌다. 이제 이탈리아 반도와 갈리아, 게르마니아, 브리타니아까지 지금의 북서 유럽의 거의 전역이 게르만족의 손에 넘어갔다. 그러나 동로마제국은 아직 건재했다. 1453년 오스만튀르크제국에 멸망하기까지 1000년을 더 지속했다. 17세기 유럽의 역사가들이 기존의 로마제국과 구별해 비잔틴제국으로 명명한 바로 그 제국이다. 유럽 역사학에선 서로마제국이 멸망한 476년부터 14세기 이탈리아에서 르네상스가 일어나기까지 1000년 가까운 시기를 중세Middle Ages로 분류한다.

서로마제국을 초토화시킨 게르만족은 3개 부족으로 갈라졌다. 프랑크, 반달, 고트였다. 반달족이 스페인 안달루시아 지방에 이름을 남기고 북아프리카로 진출하자, 유럽은 프랑크족과 고트족이 나눠먹게 됐다. 유럽에선 문명 하면 로마를 뜻했고, 로마 하면 가톨릭을 뜻했다. 496년 클로비스Clovis라는 한 프랑크 부족장이 가톨릭으로 개종해 세례를 받더니 교회를 등에 업고 갈리아 지방을 정복했다. 프랑크족도 덩달아 가톨릭으로 돌아섰다. 이때부터 갈리아 지방은 프랑키아 또는 프랑스로 불렸다.[48] 프랑크왕국이 탄생한 것이다.

느슨한 족장 연합체를 게르만족 최초의 강력한 1인 왕국으로 통일한 클로비스의 혈통은 그의 할아버지 메로비치의 이름을 따 메로빙거왕조라고 한다. 클로비스 1세는 가톨릭을 국교로 삼아 로마 교황과 우호적인 관계를 쌓으면서 신생 왕국의 토대를 닦았다. 메로빙거왕조는 8세기 중반까지 300년 동안 존속하다가 힘을 잃고 카롤링거왕조에 왕권을 넘겨주었다. 프랑크왕국은 8세기 후반 카를 대제(샤를마뉴 대제) 치세에 유럽 중·서부 대부분을 차지하는 제국으로 세력을 떨쳤다. 카를 대제는 서기 800년 교황 레오 3세로부터 로마 황제의 관을 수여받고 신성로마제국의 건국을 선포했다. 이때부터 프랑크왕국의 왕은 신성로마제국의 황제를 겸했다. 프랑크왕국은 그러나 카를 대제의 손자 대에 이르러 내분과 상속권 분쟁 끝에 서프랑크, 동프랑크, 이탈리아 등 3개의 왕국으로 분열됐다. 이들 세 나라는 각각 오늘날 프랑스, 독일, 이탈리아의 뿌리가 됐다.

다시 5세기 말 유럽으로 돌아가자. 서로마제국이 멸망한 뒤, 변경에서 호시탐탐 비잔틴제국을 넘보던 이민족들은 더 이상 변방의 야만족이 아니라 유럽의 강력한 세력으로 로마와 겨뤘다. 비잔틴제국이 가장 빛났던 시기로 꼽히는 유스티니아누스 대제(재위 527~565) 치세에도 프랑크왕국은 유럽에서 거의 유일하게 건재한 왕국이었다. 프랑크왕국이 가톨릭으로 개종하자 스페인의 고트족도 고민 끝에 6세기 말에 가톨릭이라는 시대적 힘의 질서에 합류했다. 그런데 스페인에 많이 모여 살던 유대인 집단만 유일하게 개종을 거부했다. 유대인은 유럽 사회 내부의 천덕꾸러기 취급을 받으며 멸시와 차별의 대상이 됐다.

한편 유스티니아누스 대제는 변방의 게르만족의 잦은 침입을 애써 무시했거나 심지어 적당히 구슬리는 방식으로 타협을 시도하기도 했다. 유스티니아누스는 비잔틴 건축 양식의 걸작인 소피아 대성당을 재건하고, 제국의 법령을 집대성한 《로마법 대전》을 편찬했으며, 북아프리카와 이탈리아 원정으로 로마의 과거 전성기에 버금가는 영토를 회복하는 등 대단한 치적을 쌓은 인물이다. 또 동방교회와 서방교회의 화합과 종교 발전에 힘써 동방교회로부터 대제와 성인의 칭호를 받기도 했다. 그러나 그의 화려한 면모에 가려진 무법자이자 폭군의 모습을 비밀리에 남긴 역사 기록도 전한다.

그중에는 변방의 이민족들에 대한 동로마제국의 안이한 외교안보 전략뿐 아니라 왕실과 관리들의 부패를 엿볼 수 있는 대목도 있다. 유스티니아누스의 유일한 황실 사관이었던 프로코피우스Procopius는 틈틈이 공식 역사서에 쓸 수 없는 이야기들을 몰래 쓴 《비사Historia Arcana》에서 이렇게 기록하고 있다.

> 호전적인 훈족 부대들이 로마제국 주민들을 몇 번이나 약탈하고 노예로 삼기 위해 납치해간 후, 트라키아와 일리리아의 장군들은 그들이 철수할 때 공격하려는 계획을 세웠다. 하지만 그들은 곧 계획을 접을 수밖에 없었다. 유스티니아누스 황제로부터 로마제국이 고트족 등 다른 적들에 대항하기 위해 훈족과의 동맹이 필요하니 그들을 공격하지 말라는 명령이 도착했기 때문이다. 하지만 이후 야만인들은 자신들이야말로 그 '적'이라는 듯이 로마에 침입해서 주민들을 노예처럼 대접했다. 이 로마의 '동맹군'들은 약탈품과 포로들을 잔뜩 데리고 자기들 고향으로 돌아갔다. 종종 이 지역에 사는 농부들이 아내와 자식을 지키기 위해 힘을 합쳐 부대를 결성하고 훈족을 공격할 때가 있었다. 그들은 훈족을 살해하고 약탈물을 잔뜩 실은 말들을 사로잡았다. 하지만 이들이 이룩한 성과의 결말은 불행했다. 콘스탄티노플에서 보낸 관리들이 농부들을 고문하여 그들이 야만인들로부터 빼앗은 말들을 도로 빼앗아갔기 때문이다.[49]

프로코피우스의 내밀한 역사서에 묘사된 유스티니아누스는 그 자신이 법이면서 동시에 무법의 화신이었다. 제국 시민들의 재산을 닥치는 대로 강탈했고, 로마를 침략하는 훈족은 돈으로 구슬렸다. 돈맛을 본 훈족은 잊을 만하면 변경에 출몰했다. 반면 로마는 제국에 저항하다 정복당한 땅의 사람들은 거의 몰살해버렸고 살아남은 소수는 노예로 삼았다.

이슬람제국과 유라시아시대

서로마제국은 사라졌지만 비잔틴제국은 여전히 강성했다. 5~6세기 비잔틴제국은 사산조 페르시아와 패권 경쟁을 벌였다. 사산왕조는 아라비아 반도 북부와 카스피 해, 흑해 연안에까지 세력을 떨치며 비잔틴제국과 부딪쳤다. 두 거대 제국의 세력권이 겹친 것이다. 그즈음 아라비아 반도의 메카에서는 무함마드(?~632)라는 건실한 남성이 사업가로 성공하고 있었다. 610년 어느 날 무함마드는 메카 주변의 한 동굴에서 명상에 잠겼다가 천사 지브릴(가브리엘)의 계시를 받았다. 무함마드의 환청, 천사의 음성은 시도 때도 없이 계속됐다. 유일신 알라Allah가 보내는 메시지였다. 알라는 아랍어로 '신The God'이라는 뜻이다. 상인 무함마드는 예언자 무함마드로 거듭났고, 이슬람교의 창시자가 됐다. 무함마드가 전한 가르침은 당시 사회통념으로는 혁명에 가까울 만큼 신앙과 일상생활의 급진적 변화를 요구했다. 이슬람교는 메카와 메디나 지역을 중심으로 한 아랍 세계의 여러 부족들을 하나로 강력하게 묶어주는 구심이 됐다. 무함마드가 사망한 뒤부터 4대 칼리프까지 칼리프를 선출하던 이른바 '정통 칼리파 시대'(632~661)를 거치면서, 앞으로 1000년이 넘게 세계사를 좌지우지할 거대 제국이 토대를 다져 갔다. 이슬람제국이 탄생한 것이다!

인류 역사상 처음으로, 사람들이 종교적인 이유로 주기적인 이동을 하는 관행도 이때 생겨났다. 하즈Hajj, 즉 메카 순례가 무슬림(이슬람교도)들의 신행 의무의 하나가 됐기 때문이다. 무함마드의 시대부터 지금까지 모든 무슬림은 평생 동안 최소 한 번은 예언자 무함마드가 성소로 지정한 메카로 성지 순례를 하는 의무가 있다. 이란 출신의 미국 종교학자인 레자 아슬란 Reza Aslan은 하즈가 이슬람 최고의 집단적 이벤트이자 이슬람에서 남자와 여자의 구분 없이 참여하는 유일한 의식이라고 말한다. "청정한 상태에서 모든 순례객이 똑같은 복장을 입을 때 계급, 지위, 신분은 존재하지 않는다. 남녀도, 인종도, 국적도 없으며, 오직 무슬림이라는 동질성만 존재한다. 이런 공동체 정신은 맬컴 엑스Malcom X가 자신이 행한 순례에 대해 쓰면서 '나는 이제껏 모든 인종이 이렇게 진지하고 진실한 형제애를 보여주는 것을 경험해본 적이 없다'라고 했던 바로 그것이다."[50]

이슬람교가 선포된 지 한 세기만에 서쪽으로는 모로코와 이베리아 반도, 동쪽으로는 중앙아시아의 투르키스탄과 인도에서까지 메카 순례객이 모여들었다. 또 1400년 무렵에는 멀리 시베리아와 서아프리카, 필리핀까지 구대륙의 거의 전역에 있는 무슬림이 순례길에 올랐다. 이런 순례 여행은 때로 수년이 걸리기도 했으며, 상당수는 귀향하지 못하고 도중에 눌러 앉았다. 이처럼 거대한 메카 순례 행렬은 아프리카와 유라시아 전역에 걸쳐 질병의 전파에도 한몫을 했다.[51] 이슬람교는 무슬림의 순례길과 아랍 상인의 교역 행렬과 제왕들의 정복전쟁을 따라 빠른 속도로 아라비아 반도 밖으로 퍼져나갔다.

이슬람제국의 확장과 함께, 말과 낙타를 탄 아랍의 기병 전사들이 고대 페르시아제국의 아케메네스왕조와 마케도니아제국의 알렉산더 대왕이 정복했던 그 길을 따라 광대한 영토를 정복해나갔다. 아랍 세계의 신흥 엘리트 계급이 칼리프 국가의 주요 도시들에 정착하기 시작했다. 뿐만 아니라 아랍어가 점차 시리아와 메소포타미아 등지에서 다른 샘족 계통의 언어들을, 더 나아가 고대 이집트어까지 차츰 대체해버렸다. 이슬람제국의 통치 아래 있던 인도-유럽어족 지역(오늘날의 이란과 아프가니스탄)에서는 아랍어가 일상 언어는 아니었지만, 대신 종교, 법률, 때로는 정부의 통치 용어로 쓰였다.[52]

이슬람제국은 동쪽으로는 중앙아시아와 인도, 중국, 그리고 멀리 한반도에까지 발길을 내딛었다. 중세 서구의 기독교 세력이 무슬림을 비방하는 뜻으로 '한 손에 칼, 한 손에 꾸란'이라는 말을 퍼뜨렸다지만, 이슬람 세력의 확산과 포교에 더 크게 기여한 것은 왕성한 교역이었다. 특히 유라시아 대륙을 관통해 동–서를 잇는 비단길, 실크로드는 이슬람 대상 행렬을 포함한 광범위한 지역의 상인들에게 매우 유용한 교역로였고, 중국과 비잔틴제국, 아랍 국가들의 외교 사절들이 오간 문명 교류의 통로였다. 비단길은 그 주변의 수많은 민족과 세력이 흥망성쇠를 거듭한 정복로이기도 했다.

기원후 1000년 무렵에는 지구상의 웬만한 지역은 인간의 발길이 닿지 않은 채 빈 곳으로 남아 있지 않았다. 이제 이주는 전인미답의 땅을 개척하는 것이 아니라 이미 누군가 살고 있는 공동체에 외부 이주자들이 정착하는 과정으로 바뀌었다. 이주자들이 새로운 환경에 적응하고 만족스러우면 나머지 가족이나 친지들을 불렀다. 신입 이주민들은 새로운 환경과 언어를 배우며 적응해갔다. 앞서 '호모 사피엔스, 이주를 시작하다'에서 설명했던 '집단 너머 이주'(35쪽)가 더욱 보편화했다. 더 많은 이주자들이 다른 사회에 합류하면서, 고유한 정체성이 보존되고 전승되는 소수민족 거주지가 점차 커졌다. 때로는 이주자 집단이 선주민들을 대체하거나 흡수해버리는 경우도 있었다.

이슬람제국은 9~11세기에 영토 확장, 상업과 문명, 과학기술과 지식 등 모든 면에서 최고의 전성기를 누렸다. 이슬람 국가들은 아라비아 반도뿐 아니라 대서양과 지중해에 접한 에스파냐에서부터 마그레브—사하라 사막 이북의 북아프리카 지역—를 지나 인도양에 이르는 해안 지대를 따라 폭넓게 형성됐다. 영토가 넓은 만큼이나 기후와 자연환경, 인종과 민족, 삶의 모양새도 지역마다 달랐다.

10세기 말엽 이슬람 세계는 아랍어를 매개로 한 공통된 종교문화와 무역, 이민, 순례를 매개로 한 인적 유대에 의해 하나로 통합돼 있었다. 그럼에도 정치적 측면에서 이슬람 세계는 더 이상 단일한 사회가 아니었다. 스스로 칼리파임을 주장하는 통치자들이 바그다드, 카이로, 코르도반 등 세 지역에서 난립했으며, 그 밖에도 지방 군주들이 실질적으로 독립적인 지위를 누리고 있었다.[53]

　이슬람 이전 시기부터 중동과 마그레브 지역은 자연 조건에 따라 여러 경작지로 나뉘었다. 최적의 자연환경을 갖춘 지역에서는 사시사철 경작이 가능했다. 올리브가 자라는 긴 해안 지대, 곡물이 경작되는 평원과 하천 유역, 야자나무가 자라는 오아시스에선 과일이나 채소도 생산 가능했다. 반면 최악의 지역에선 물과 초목이 부족해, 낙타와 같은 동물들을 사육하기 위해 계절마다 장거리를 이동해야 했다. 아라비아 사막과 그 북쪽 연장 지역인 시리아 사막에선 사람들이 겨울을 난 뒤 여름철에는 북서쪽의 시리아나 북동쪽의 이라크로 이동했다. 또 사하라 사막 주민들은 고지대의 평원이나 아틀라스 산맥의 남쪽 언저리로 이동하곤 했다.[54]

　정주생활을 하는 경작민과 유목생활을 하는 목축민은 각자의 물건을 팔아 필요한 일용품으로 교환해야 했으므로 서로가 필요한 존재였다. 순전히 목축업에만 매달렸던 유목민은 곡물이나 대추야자 열매 같은 양식을 생산할 능력이 없었다. 반면, 정주민은 목축민이 기른 동물들로부터 육류, 가죽, 양털 등을 얻어야 했으며, 낙타, 당나귀, 노새 같은 운송수단들도 필요했다. 그러나 경작민과 목축민 간의 공생관계는 취약해서 어느 한쪽에게 유리한 형태로 변질되기 마련이었다. 유목생활자들이 기동성과 무력으로 우위를 차지하는 경우가 대표적이었다. 이런 사례는 사막에서 낙타를 방목했던 이들과 오아시스에 거주했던 이들 사이에서 특히 많았다. 대부분의 오아시스 지역은 목축민의 관할 아래 있었다. 아랍 목축민 문화에서 나타나는 이런 불평등 관계는 농촌 지역에서 일종의 위계 개념으로 비춰졌다. 목축민들은 농민, 상인, 장인 등이 갖지 못한 자유와 고귀함, 명예를 자신들이 가지고 있다고 여겼다. 그러나 다른 한편으론, 일단 목축민들이 평원이나 스텝(초원) 지역의 국가 안으로 들어오면 자유와 힘을 잃어버리고 정주생활양식을 받아들이게 됐다.[55]

목축민과 경작민의 공존 관계가 심각하게 악화될 때도 있었는데, 갈등의 씨앗은 주로 환경과 사회구조적 요인에서 비롯했다. 이를테면, 수세기에 걸친 사하라 사막 지역의 건조화, 농경민과 유목민의 생산물 수요의 변화, 어느 한쪽 또는 양쪽 모두의 급격한 인구 팽창이 그렇다. 때로는 세력이 강성해진 군주들이 도시에서 소비되는 식량과 군대 유지에 필요한 세금을 확보하기 위해 정주 농경 지대를 확장하기도 했다.[56]

비단길, 동서 교류의 통로

실크로드, 즉 비단길은 수천 년 전부터 뚫려 인류 문명의 교류가 진행된 통로다. 좀 더 시대를 거슬러 올라가면 초기 인류의 이주와 확산시대까지 그 뿌리가 닿는다. 약 1만 년 전경 충적세(홀로세)가 시작되면서 인류의 이동이 늘어나 유라시아 대륙에 몇 갈래의 길이 생겼다. 이슬람 문명 연구에 천착해온 역사학자 정수일은 이것이 넓은 의미로 본 실크로드의 시작이라고 해석했다.

이 최초의 교류 통로를 따라 기원전 7000년경에는 메소포타미아의 농경 문명, 기원전 6000년경에는 채색 도자기가 동-서로 퍼져나갔다. 이 시기 문명 이동은 다분히 일방적이고 단방향적이었는데, 이런 상태는 수천 년 지속됐다. 기원전 8~7세기에 스키타이가 이른바 동방교역로를 개척해 초원길을 통한 동—서 무역을 시작하고, 인도인과 그리스인들은 남쪽 바다로 진출했다. 기원전 6~5세기에는 페르시아인들이 파미르 고원 서쪽의 오아시스 육로를 개척했다. 이로써 실크로드는 명실상부한 동—서 문명 교류의 통로 역할을 하기 시작했다. 정수일은 양상이나 기능에서 획기적 전환을 맞은 이때부터의 실크로드를 넓은 의미에서의 실크로드와 구별해 좁은 의미의 실크로드라고 정의했다.[57]

고대 동서문화의 교류는 상당히 빠른 속도로 광범위하게 이뤄졌다. 한반도와 이슬람 세계의 교류는 통일신라 때 첫 만남이 이뤄진 이래 고려시대에 들어 더욱 활발해졌다. 신라가요 〈처용가〉에 나오는 처용, 고려시대의 색목인, 만두 가게에서 여인의 손목을 잡은 고려가요 〈쌍화점〉의 '회회아비'는 모두 이슬람 세계에서 온 외국인들이다.

아랍—페르시아 상인들의 신라 진출이 본격화된 8~9세기경에는 비잔틴 제국의 수도 콘스탄티노플, 이슬람제국의 수도 바그다드, 당나라 수도 장안, 신라 수도 경주 간에 문화적으로 거의 동시 패션시대가 열리고 있었다. 콘스탄티노플 왕족들이 사용하던 장식품, 공작새 꼬리털, 보석류, 여성 소품과 장신구, 바그다드 일대에서 전해진 다양한 페르시아 카펫과 모직 말안장, 아라비아 남부의 유향과 몰약, 옥 빗, 에메럴드와 유리 제품, 금속 수공예품 등이 중국 장안을 거치거나 이슬람 상인들의 직거래를 통해 경주까지 활발하게 전달됐다. 화려하고 진귀한 수입품들은 신라 귀족사회의 고급문화를 일구었다. 콘스탄티노플에서 경주에 이르는 1만2000킬로미터의 실크로드를 타고 전달되는 교역품의 수송 기간은 6~8개월 정도였다. 그래서 동시 패션이 가능했다.[58]

바닷길 역시 서아시아 문화가 한반도에 들어오는 데 육로 못지않게 결정적 통로 역할을 했다. 걸프 해에서 출발한 아랍선단은 6개월 후 중국 동남

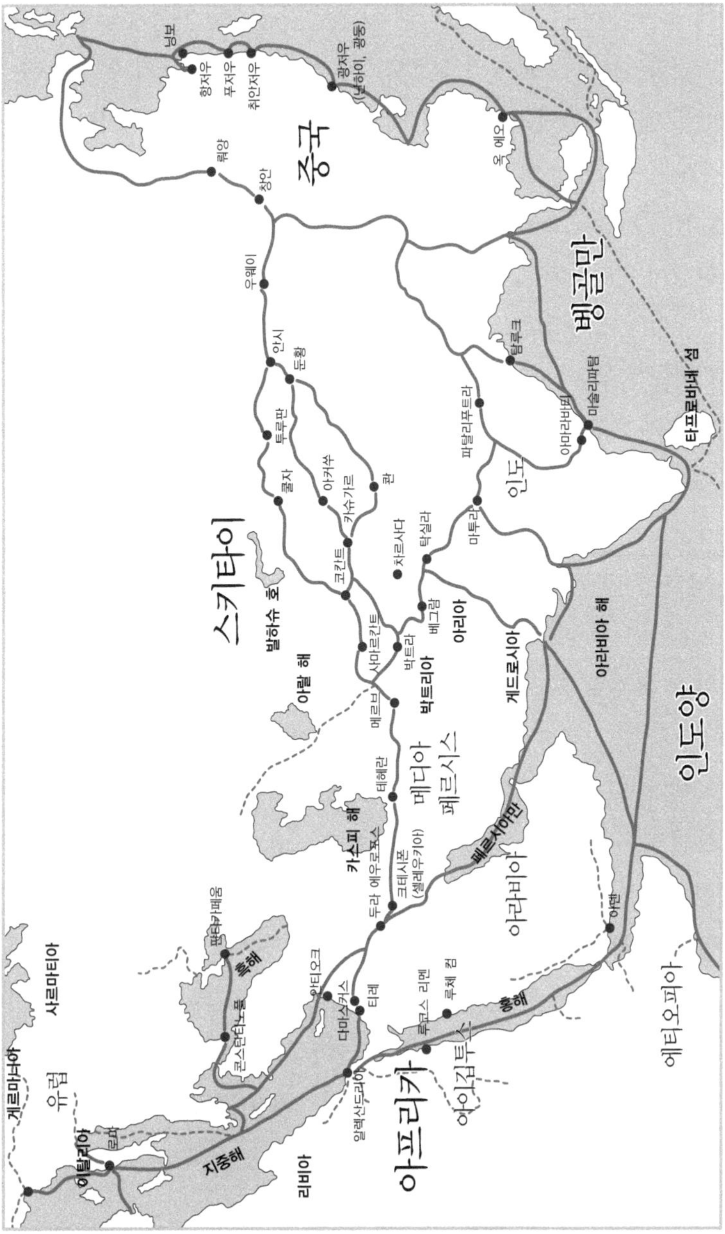

[그림 4] 이슬람 상인들의 교역 경로

부 해안에 도착했는데, 그곳에 정착해 살면서 공동체를 이루기도 했다. 통일신라 이전까지는 주로 육상의 실크로드가 선호됐지만, 8세기 후반부터는 중국 동남부 해안과 한반도 간의 직간접 해상교역이 활발해진 것으로 보인다. 9세기에 들어서면서 아랍–페르시아 상인들의 한반도 왕래는 매우 잦았다. 845년경에 편찬된 아랍 지리서《왕국과 도로 총람》에 따르면, 아랍인들은 자연환경이 뛰어나고 금이 많이 나는 신라를 동경하여 많은 아랍인들이 한반도로 건너와 정착했다고 한다.[59]

이슬람 상인들과 한반도의 해상교류는 통일신라 때 전성기를 이뤘고 고려 중기까지 계속됐다. 그들은 고려 초에 '대식大食'이라는 이름으로 교역을 위해 서해 앞바다를 드나들었다. 그러나 1259년 고려가 몽골의 간섭을 받으면서 바닷길을 통한 교류는 잠잠해진 대신 육상 실크로드의 전성기가 열렸다. 그리고 중앙아시아의 무슬림들이 한반도로 몰려오는 새로운 국면을 맞았다. 중앙아시아 위구르–튀르크 계로 짐작되는 무슬림들은 몽골이 고려를 침략할 때는 몽골군의 일원으로, 뒷날 원나라가 고려를 지배할 때는 관리, 역관, 서기, 시종무관 등의 직책을 가진 준지배세력으로 한반도에 유입돼 정착했다. 그들은 고려 조정에서 벼슬을 얻거나 몽골 공주의 후원을 배경으로 권세를 누리다가 점차 고려 여인과 결혼하면서 동화됐다.[60] 고려에 정착한 무슬림들은 자신들의 고유한 풍속과 언어, 종교를 보존하면서 개성과 인근 도시에 자치공동체를 형성했다. 그들은 고려가 망한 후 조선 초기까지도 집단생활을 하며, 전통 복장 차림으로 종교의식을 계속했던 것으로 보인다. 특히 무슬림 지도자들은 궁중 하례의식에도 정례적으로 참석해《꾸란》 낭송이나 이슬람식 기도를 통해 국가의 안녕과 임금의 만수무강을 축원하기도 했다.[61]

바이킹이 나타났다!

뭇 민족들의 유라시아 대륙 내 이주와 별개로, 해양 세력의 바닷길을 통한 이동과 팽창도 구대륙 전체에서 활발했다. 기원후 1000년 즈음엔 세계의 주요 군도와 바다에 뱃사람들이 닿았다. 유럽의 지중해와 북해뿐 아니라 인도양과 아시아 대륙의 동부 전역의 바다, 인도네시아 군도, 남태평양의 군도, 나아가 북중미의 카리브 해 군도까지 항해자들이 나타났다. 이 시기에 뱃길이 뻗지 않은 지역은 뭍에서 너무 멀리 떨어진 대서양과 태평양, 그리고 남극해 정도였다. 대략 500년부터 1400년 무렵까지 중세시대의 바닷길은 새로운 미답지를 개척하기보다는 기존 개척지와의 연계를 강화하는 성격이 컸다.[62]

이 시기 지구상에서 가장 규모가 크고 역동적인 해상 이주자들은 범 게르만족의 북방계인 바이킹Vikings족이었다. 8세기가 끝나갈 즈음, 스칸디나비아 반도에 살던 노르인norsemen — '북쪽에서 온 사람들'이라는 뜻이다 — 들이 갑자기 동남쪽 바다 건너 잉글랜드와 아일랜드에 출몰하기 시작했다. 바이킹은 이들 해양 민족을 통칭하는 말이다. 바이킹족의 이동은 5세기 유럽에서 훈족의 침입으로 촉발된 게르만족의 연쇄 이동에 이어 두 번째로 나타난 대규모 이주 물결이었다. 야만적인 해적을 떠올리게 만드는 바이킹족은 같은 게르만족 계통의 다른 혈통까지 포함한 유럽의 대다수 민족에게 훈족만큼이나 두려운 존재였다.

789년 어느 날, 잉글랜드 남부 웨섹스왕국의 해안에 바이킹의 날렵한 갤리선 3척이 상륙했다. 지역의 하급 관리가 낯선 방문객들을 영접하러 나갔다가 그 자리에서 목이 달아났다. 그러나 이것은 더 나쁜 일의 전조에 불과했다. 4년 뒤인 793년 바이킹은 앵글로색슨족의 가장 중요한 성소가 있던 잉글랜드 린디스판Lindisfarne 섬을 노략질했다. 바이킹족에 대한 으스스한 소문이 유럽 전역으로 퍼져나갔다. 바이킹족의 초기 습격은 '치고 빠지기' 방식이었다. 정교한 협업이나 전략적 계획 따윈 없었다. 사실 이런 종류의 습격은 지방의 시시콜콜한 싸움질에서 대규모 전투까지 전쟁에 익숙했던 당시 유럽 사회에서 새삼스러운 위험은 아니었다. 바이킹의 진짜 '죄악'은 기독교 세계에서 불가침의 성소로 여겨지던 수도원까지도 공격해 약탈한 것이었다.[63] 유럽 역사학계에선 793년 영국 북해안의 린디스판 수도원의 약탈을 바이킹시대의 시작으로 보고 있다.

바이킹시대는 노르웨이에서 선사시대의 마감을 알리는 계기였다. 유럽 남서부 지역에서는 오늘날까지도 바이킹들을 불과 칼로 쑥밭을 만들어놓은 잔인한 약탈자로 여기고 있지만 이것이 사실의 전부는 아니다. 바이킹들은 무역, 식민지 건설 등 평화로운 용건으로 접근했으며 새 땅의 개척자이기도 했다. 노르웨이 바이킹들은 아이슬란드와 그린란드에서도 사람이 살지 않는 땅을 발견했고, 그곳에 정착하여 공동체를 형성했다. 지금의 아이슬란드는 바이킹 정착지를 그대로 이어나간 형태다. 바이킹들은 빠르고 조종이 가능한 선박을 제작하여 수많은 원정을 떠났으며, 바다에서는 뛰어난 항해사들이었다.[64]

그때부터 11세기까지 300년 가까운 세월 동안 바이킹과 잉글랜드 선주민들 사이에는 전쟁과 교역과 이주가 뒤섞였고, 바이킹은 동쪽과 남쪽으로 정착촌을 만들어갔다. 고고학적 유적과 문헌 기록들을 보면, 스칸디나비아인들은 그들이 남하하기 전부터 이미 존재가 알려져 있었다. 오늘날 덴마크, 스웨덴, 노르웨이 지역에 살았던 그들은 일찍부터 말을 타고 철을 다룰 줄 알았으며, 멀리 로마제국과도 물품을 교역하고 문명의 영향을 받았다. 스칸디나비아인들은 비스와 강을 따라 유럽 동부까지, 드네프르 강을 통해 흑해까지 진출했으며, 그들의 무덤에선 로마풍의 장식품들과 주화가 출토됐다. 바이킹족의 일용품 중에는 멋지게 장식된 뿔잔, 은화, 은의 무게를 재는 데 쓰인 청동 저울, 금제 공예품뿐 아니라 견고하고 우아한 철제 투구, 창과 방패 같은 무기류도 있었다.[65]

이 노르인 침략자들은 800년께부터 아일랜드를 공격하기 시작했는데, 오늘날 아일랜드의 수도인 더블린은 당시 바이킹이 아예 이주해서 정착한 곳 중 하나다. 9세기 중반까지는 스칸디나비아 반도에서 온 침략자들과 상인들, 그리고 정착민들이 영국 제도 전역에서 급증했다. 바이킹의 상인들은 유럽 내륙까지 진출했다. 남쪽으로는 다뉴브 강을 경유해 흑해까지 나가는 수송로를 이용했고, 북쪽으로는 핀란드 만을 통해 볼가 강 상류까지 들어갔다.[66]

바이킹족의 팽창은 상당히 빠른 속도로 이뤄졌다. 886년에 잉글랜드 지역의 절반을 차지했고, 890년 북쪽의 아이슬란드에 왕국을 건설했으며, 911년에는 오늘날 프랑스 북부 해안 지역에 노르망디공국을 세웠다. 1016년에는 이미 덴마크와 노르웨이 왕을 겸하고 있던 크누트 1세가 잉글랜드 왕위까지 꿰차면서 북유럽에 거대 왕국이 탄생할 가능성을 열어놓았다. 그러나 바이킹 왕국의 통합은 오래가지 못했다. 50년 뒤인 1066년, 프랑스 땅에 터를 잡고 있던 바이킹의 한 갈래인 노르만족이 도버 해협을 건너와 잉글랜드를 정복하고 노르만왕조를 세운 것이다. 노르망디 공작 윌리엄이 이끈 정복자들은 한동안 앵글로색슨족과 대립했지만 시간이 흐르면서 잉글랜드 언어와 문화로 융합됐다.

바이킹의 전성시대에는 수백 척의 함대가 비잔틴제국의 수도 콘스탄티노플, 파리, 런던, 나아가 카스피 해 연안의 페르시아제국 북부까지 출몰하면서 물물 교역과 정복전쟁을 병행했다. 바이킹족은 흉포한 공격으로 악명이 높았고 재화도 쌓았지만, 대부분 정복지에서 현지인들과 결혼하고 동화하면서 점차 다른 민족과 구별되는 고유의 특성이 엷어졌다. 바이킹이 최초로 점령했던 아이슬란드에서조차 스칸디나비아 언어는 사라졌다. 바이킹 정착민들이 노브고로드와 키예프에 세운 공국들도 이내 슬라브어를 쓰는 신흥국 러시아의 정치적 중심지가 됐다.[67] 바이킹족이 기독교로 개종한 것도 이처럼 유럽 전역으로 뻗어나가던 시기에 이뤄졌다. 노르망디 공국에 이어 덴마크(960), 키예프(989), 아이슬란드(1008), 노르웨이(1004)가 잇따라 기독교의 세례를 받았다. 바이킹족의 팽창과 이주 물결은 11세기 중반에 정점에 이른 뒤 급속히 퇴조했다.

팍스 몽골리카, 유라시아 세계 제국

유럽과 중국의 이주 역사는 풍부한 기록 유산 덕분에 그 흐름을 세세한 부분까지 그려볼 수 있다. 그러나 유라시아 대륙의 한복판, 끝없이 펼쳐진 초원과 산악 지대의 유목민 집단들이 어디에서 어떻게 살아갔는지를 문자 기록으로 파악하기는 쉽지 않다. 수시로 옮겨 다니고 싸울 일이 많았던 유목생활의 특성상 차분히 기록을 남기기 힘들어서였을까. 자신들의 문자가 없거나 주변 세력에 복속돼 제대로 된 역사를 남기지 못해서였을 수도 있다. 아무튼 이들은 강대국의 역사 서술의 단편들로만 등장하는 경우가 많다. 그러나 조금씩 퍼즐 조각을 맞춰가다 보면 부분들이 만들어지고, 다른 부분과 이어지는 조각이 나오면서 전체의 그림을 그려볼 수 있다.

9세기 중반 위구르제국이 키르기스의 침공으로 무너지고 다수의 위구르 유목민들이 초원을 떠나 남쪽과 서쪽으로 이주했다. 그러나 정작 키르기스인들은 초원에 국가를 건설하지 못하고 자신들이 살던 예니세이 강 유역으로 돌아가버렸다. 이 때문에 몽골 초원에 힘의 공백이 생겨나자 새로운 주민들이 대거 몽골 초원으로 유입하기 시작했다. 특히 위구르제국의 동북 변경지역에 살던 타타르 부족을 비롯한 몽골계 집단들이 다양한 시차를 두고 들어왔다. 이들은 당대의 한문 기록에 '실위室韋'라는 이름으로 알려졌는데, 그중에는 '몽올실위蒙兀室韋'라는 집단도 포함돼 있었다.[68] 몽골Mongol이라는 이름이 세상에 처음으로 알려진 기원이다. 중앙아시아에서도 수많은 이민족 사람들이 싸우고 교역하고 뒤섞이며 살았다.

1206년 봄, 바이칼 호수 남쪽의 초원 지대. 한 유목민 무리의 젊은 족장이던 테무친이 몽골 고원의 모든 부족들을 제압한 뒤 사자후를 토했다. "이제 우리는 형제의 의리와 충성의 맹약으로 하나의 나라를 세운다. 내가 왕중의 왕, 칸이다!" 칭기즈칸Genghis Khan(成吉思汗, 재위 1206~1227)이었다. 세계 역사상 가장 넓은 땅을 정복했던 몽골제국이 탄생했다. 이때부터 유라시아 대륙 전역에서 몽골 기마군대의 함성과 말발굽 소리가 울려퍼졌다. 신생제국 몽골은 중국 북부 지역에서 뒷날 만주족의 뿌리가 되는 여진족을 정복한 뒤, 기세를 몰아 남쪽과 서쪽으로 거침없이 말을 달렸다.

1218년 몽골은 처음으로 이슬람 세계와 마주쳤다. 지금의 우즈베키스탄과 투르크메니스탄, 아프가니스탄과 이란 등 중앙아시아 대부분 지역을 장악하고 동서 교역의 실크로드를 지배하던 호라즘제국Khwarezm이었다. 칭기즈칸은 호라즘의 국경 도시 오트라르 성에 동방의 진귀한 물품을 가득 실은 대상을 편성해 사절단으로 보냈다. 그러나 성주는 무슨 생각에서였는지 사절단을 몰살하고 물건들을 모조리 빼앗아버렸다. 칭기즈칸은 분을 삭이며 사과를 받으려 또 사절단을 보냈지만 그들마저 살아 돌아오지 못했다. 칭기즈칸은 격노했다. 피의 보복이 뒤따랐다. 몽골 군대는 곧장 산맥을 넘어 국경 도시를 점령하고, 오트라르의 성주는 눈과 귀에 녹인 은을 부어 처형해버렸다.

몽골 군대는 서쪽으로 계속 진격했다. 점령지마다 쑥대밭이 됐다. 몽골군은 엄격한 규율과 탄탄한 조직 편성, 칸에 대한 충성심으로 무장한 정예군단이었다. 몽골 전사들의 전투력은 뛰어난 기마술과 마상 궁술, 들판에서 다져진 용맹함에서 나왔다. 뿐만 아니라 전투 경험이 쌓이면서 정찰과 첩보, 심리전, 투석기와 파벽기를 동원한 공성전에도 능해졌다. 몽골군은 적의 용기에는 경의를 보였지만 자비를 베푸는 법은 없었다. 몽골은 전술적으로 잔인한 살육과 철저한 파괴를 일삼아 적들에게 공포 효과를 극대화했다. 정복할 성을 공격할 때 치명적인 전염병균으로 오염된 전사자의 주검을 투석기로 날려 보내 적을 질리게 하기도 했다. 몽골이 초토화 전술을 펼친 이유에 대해서는 여러 추론이 나온다. 애초에 초원살이가 익숙한 유목민족인데다 정복전쟁을 벌이고 있던 참이라 도시 문명에 무지하거나 관심이 없었을 것이라는 주장, 본국에서 너무 멀리 떨어져 나온 터라 후환을 없애려 했다는 설, 심지어 테무친의 불우한 성장 과정이 심리적 영향을 주었을 것이라는 추측도 있다. 어쨌든 칭기즈칸에게는 학살자, 파괴자라는 별칭이 붙었다.

칭기즈칸 사후 몽골의 세계 정복은 2대 칸 우구데이窩闊台(몽골식 발음은 오고타이)가 즉위한 1229년부터 5대 칸 쿠빌라이忽必烈가 남송을 멸망시킨 1279년까지 반세기에 걸쳐 부단히 추진됐다. 1236년 우구데이는 자신의 조카이자 칭기즈칸의 손자인 바투拔都에게 15만 명의 군대를 주어 러시아 원정을 단행했다. 바투의 몽골군은 먼저 우랄산맥을 넘어 불가리아족의 고대 왕국인 볼가 불가리아를 침공했다. 1237~1238년 사이에는 볼가 강 유역의 여러 공국들과 도시들이 잇따라 몽골 기마군의 말발굽에 초토화됐다. 1240년에는 키예프를 점령했고, 내친 김에 폴란드와 헝가리까지 쳐들어갔다. 1241년 봄, 바투가 지휘한 몽골군은 부랴부랴 급조된 폴란드–보헤미아 연합군을 레그니차에서 격파했다. 유럽의 동쪽 경계가 무너지자, 온 유럽이 진격해오는 몽골군의 기세와 피점령지의 처절한 파괴와 살육의 소문에 몸을 떨었다. 문자 그대로 전 유럽이 풍전등화의 위기였다. 지금이나 그때나 폴란드에서 독일과 오스트리아까지는 한달음에 내달릴 수 있는 평원 지대다.

그러던 차에 몽골의 서진에 제동이 걸리는 사건이 발생한다. 1241년 몽골 본국에서 우구데이 칸이 사망했다는 기별이 온 것이다. 우구데이의 장남 귀위크貴由가 몽골제국의 3대 칸이 되자, 바투는 러시아 땅에 남아 킵차크 칸국을 세우고 몽골 본국과의 직접적인 관계는 끊어버린다. 덕분에 유럽 중서부 지역은 몽골의 침략을 피할 수 있었지만, 이때부터 1480년까지 러시아는 몽골의 지배를 받게 된다. 러시아에선 240년에 걸친 몽골의 식민 통치를 '타타르의 멍에'라고 부른다.

4대 칸 몽케蒙哥(칭기즈칸의 손자)는 서아시아의 칼리프 정권과 '암살자들'로 악명이 높았던 시아파 세력을 견제하기 위해 훌라구(몽케의 친동생)의 원정군을 파견했다. 훌라구는 1258년 아바스왕조의 수도 바그다드를 함락했다. 이듬해 여름 몽케가 남송 원정 도중 급사하자 역시 몽케의 동생인 쿠빌라이가 5대 칸에 올랐다. 1273년 몽골군은 여문환 휘하의 남송 수군을 접수하고 양쯔 강을 따라 내려가 마침내 1276년 수도 항주에 무혈 입성했다. 이로써 몽골의 세계정복전은 끝났다. 역사상 가장 넓은 육상제국이 된 몽골의 면적은 오늘날 미국이나 중국의 거의 3배 규모였다.[69] 앞서 1271년 쿠빌라이 칸은 몽골제국의 국호를 대원대몽고국大元大蒙古國으로 개칭하고 제국의 수도를 카라코룸에서 대도大都(오늘날의 베이징)로 옮겼다. 중국 역사에서 송이 사라지고 원나라의 시대가 열렸다.

몽골제국은 우리 역사와도 관계가 깊다. 몽골과 우리 민족이 처음 접촉한 때는 13세기 초 고려시대였다. 몽골군이 거란족을 쫓아 한반도 북부로 들어왔다. 1219년 고려군은 몽골군과 연합해 거란의 잔여 세력이 남아 있던 강동성(현재 평양시 강동성)을 함락했다. 이때 양쪽은 형제의 맹약을 맺었으나 몽골의 과도한 공납 요구와 몽골 사신의 피살 사건으로 관계가 급속히 악화됐다.[70] 칭기즈칸의 셋째 아들인 우구데이는 아버지의 뒤를 이어 몽골제국의 황제에 오른 지 2년 만인 1231년 고려를 침공했다. 고려는 전력을 다해 대몽 항쟁에 나섰으나 28년 만인 1259년 굴욕적인 항복을 해야 했다. 고려는 왕이 원나라의 공주와 결혼하고 막대한 조공을 바치는 부마국 내지 속국으로 전락했다. 고려는 14세기 후반 들어 원나라의 세력이 약해지자 공민왕이 독립운동을 벌이면서 비로소 한 세기에 걸친 원나라의 간섭에서 벗어났다. 그동안 고려에는 몽골의 문물과 풍습, 낱말들이 많이 유입됐다.

몽골군 병사 중 상당수는 투르크계였다. 이 때문에, 몽골이 거의 한 세기에 걸쳐 투르크족이 살던 지역을 정복해 통치하는 동안 점차 투르크 인구가 몽골인 정착민들의 수를 압도하게 됐다. 특히 칭기즈칸의 사후인 1240년대에 볼가 강 유역에 별개의 칸국을 건설한 킵차크 칸국에서는 투르크인들이 초원 지대를 넘어 서쪽으로 퍼지면서 코카서스족에 속하는 수많은 소수민족들을 아우르면서 슬라브족들을 지배하거나 대체했다. 킵차크 칸국이 이슬람으로 개종하자 아랍 문자가 공용문자로 쓰이기 시작했다. 당시 키예프대공국의 변방에 지나지 않았던 모스크바공국은 킵차크 칸국의 형제국으로 시작해 차츰 세력을 넓혀나갔다.[71]

13~14세기 유라시아 대륙 대부분의 지역이 몽골제국에 편입되면서, 정치·경제·문화적인 교류가 전례 없이 활발해졌다. 대제국의 치세 아래 비교적 평화로웠던 이 시기를 일컬어 '팍스 몽골리카Pax Mongolica'라고 한다. 이

제 몽골은 기술과 야채 같은 문명의 결실에 맛을 들였다. 이 평화로운 시기에 아시아와 유럽은 수많은 문물을 교류했다. 종이, 시계, 화약과 대포, 나침반, 선박용 키가 서양으로 전파됐다. 복숭아, 장미, 오렌지, 육두구, 계피, 생강도 소개됐다.[72] 이 시기에 인간과 물자의 광역 교류를 가능케 한 것은 역참제도였다. 역참제도가 제국의 교통네트워크로 체계적인 모습을 갖춘 것은 2대 칸 우구데이 때부터였다. 몽골의 역참 네트워크는 대체로 원활하게 이뤄졌으며 유라시아를 관통하는 내륙 교통의 활성화에 크게 기여했다. 또 울루스 간 외교가 활발하게 이뤄져, 사신 왕래는 물론이고 군인, 종교인, 학자, 기술자들의 교류도 가능해졌다.[73]

몽골제국시대의 문화 대교류는 유럽에서부터 중앙아시아와 동방의 한반도까지 유라시아 사람들에게 세계에 대한 새로운 인식의 지평을 넓혀주었다. 그것은 세계지도의 출현, 세계지리와 세계사에 대한 서적의 저술로 표출됐다. 이 시기를 배경으로 한 가장 대표적 저술 중 하나가 마르코 폴로의 《동방견문록》이다. 역사상 최초의 '세계사'가 탄생한 것도 이때였다. 이란의 재상 라시드 앗 딘은 울제이투 칸으로부터 세계 각 민족들의 역사를 찬술하라는 지시를 받고 3부로 이뤄진 《집사集史》를 펴냈다.[74] 라시드 앗 딘은 1310년경에 집필을 마친 《집사》에서, "오직 몽골의 통치 아래서만 세계 전역의 모든 사람들과 갖가지 계층의 인류에 대한 정황과 설명이 가능해졌다"고 썼다.[75] 《집사》의 페르시아어 원제는 'Jami' al−tawarikh', '연대기의 집성'이라는 뜻이다.

이렇듯, 몽골의 정복 전쟁과 대제국 건설은 광범위한 유라시아 대륙에 산재한 수많은 부족과 종교와 문화가 서로 접촉하고 교류할 수 있도록 문을 활짝 열어놓았다. 특히 몽골제국의 칸국들 대다수가 이슬람을 받아들임으로써, 이슬람은 중앙아시아에서부터 유럽까지 구대륙의 절반 이상을 아우르는 세계 종교로 확고하게 자리 잡았다. 그러나 몽골의 세계 정복과 통합은 14세기 중반 중국에서부터 중앙아시아를 거쳐 유럽과 북아프리카까지 휩쓴 흑사병으로 해당 지역 인구의 30~50퍼센트까지 인구가 절멸하는 원인의 하나가 되기도 했다. 몽골제국은 흑사병의 확산, 제위 상속을 둘러싼 살벌한 권력 다툼, 비대해진 제국의 변방에서 지속된 반란이 겹치면서 14세기 중반부터 급속히 쇠락해졌다. 세상은 어지러웠고, 민심이 흉흉했다. 1368년, 미륵신앙을 가진 백련교도의 지도자 주원장이 난을 일으켜 화남을 통일했다. 그는 난징에서 황제에 올라 새 나라의 건국을 선포했다. 국호는 '명明'이었다. 중국과 중앙아시아 대륙에서 몽골제국의 시대가 저물고 새 시대가 열렸다. 유럽도 이즈음부터 중세의 칙칙한 티를 벗고 화려한 르네상스시대를 맞았다.

■ 원 제국의 멸망과 조선의 건국

장대한 유라시아 대륙에 '팍스 몽골리카'를 구현했던 원 제국은 14세기 말 신흥국 명나라에 자리를 내어주었지만, 그렇다고 갑자기 한꺼번에 사멸한 것은 아니었다. 원의 11대 칸이자 마지막 황제 토곤 테무르Togon Temur는 명 태조(홍무제)가 된 주원장에게 베이징을 빼앗긴 뒤 만리장성 북쪽 너머 초원 지역으로 패주했으나 잔존세력을 규합해 북원을 세웠다. 토곤 테무르의 둘째 부인이 바로 고려 여인 기황후다. 둘 사이에서 태어나 북원의 2대 황제가 된 아유시리다라Khan Ayushiridara는 대제국의 영예를 되찾으려 베이징 탈환을 준비했다. 담대한 구상은 3대 황제 토구스 테무르까지 10년 이상 대를 이어 추진됐다. 그러나 북원의 장수 나하추가 20만 대군을 이끌고 명나라에 항복하면서 북원의 구상은 물거품이 됐다. 명은 이 틈을 놓치지 않고 북원을 급습해 최후의 저항의 싹마저 잘라버렸다. 1388년 4월의 일이다.

당시 고려에선 신흥국 명나라가 무리한 세공을 요구하고 만주 지역 철령 이북의 고려 영토를 원나라 영토였다는 이유로 반환하라고 압박하자 명과 실력대결을 해서라도 국가의 위신과 이익을 지켜야 한다는 목소리가 터져나왔다. 최영 장군이 앞장선 북벌파의 요동정벌이 추진된 배경이다. 그러나 북원의 장수 나하추가 대군을 이끌고 명에 투항하고 명이 북원을 정벌한 직후인 1388년 4월, 요동정벌을 반대해온 이성계는 압록강 어귀의 섬 위화도에서 개경으로 군을 돌려 세우는 쿠데타, 즉 위화도 회군을 감행했다. 이미 국운이 기운 고려왕조에 대한 결정적 일격이었다. 그로부터 4년 뒤인 1392년 이성계는 조선을 건국한다.

4장

근대 이후의 이동,
신대륙 탐험에서 국민국가의 형성까지

1492년 10월, 카리브 해 바하마 제도의 과나아니 섬.
콜럼버스는 눈물을 글썽이며 무릎을 꿇고 땅에 입을 맞춘다.
– 에두아르도 갈레아노, 《불의 기억》 중에서

탐험과 정복의 시대

유라시아 대륙에서 몽골제국의 거대한 그림자가 걷히자 신생 제국들의 무대가 열렸다. 많은 나라들이 생겨나고 사라지면서 지역 내 이주와 대륙 간 이주가 뒤섞였다. 제국들의 정복과 추방은 새로운 이주를 촉발했다. 제국들은 그러나 인구의 적정수준 유지를 위해 이주를 통제하기도 했다. 1400년부터 1600년 무렵까지 국제 이주의 새로운 흐름은 기존의 역내 이주에 더해 대양횡단 이주자의 급증이었다. 15~16세기 활발한 지리상의 발견과 지도 제작은 궁극적으로 세계 인구의 지역적 분포를 크게 바꿔놓는 결과를 낳았다. 이 시기에 전 지구적 범위에서 발전하기 시작한 대단위 플랜테이션 농장과 광산, 제국 열강들의 식민지 개척은 대규모 인간 이주와 상품 교역으로 이어졌다.

1469년 유럽에선 아라곤 연합왕국의 페르난도 왕과 카스티야 연합왕국의 이사벨 여왕이 결혼하면서 두 왕국이 통합한 에스파냐 연합왕국이 탄생했다. 스페인 제국이 출범한 것이다. 무슬림 지배에 맞선 가톨릭 세력의 복권이라는 가치는 두 군주, 두 왕국을 하나로 묶은 강력한 접착제가 됐다. 제인 버뱅크 등은 《세계제국사》에서, "뒷날 레콩키스타Reconquista라는 별칭이 붙은 무슬림 통치자들과의 싸움이 가톨릭교도들에게 공동체 의식을 고무했고, 페르난도와 이사벨이 의기양양하게 그라나다에 입성한 이후 연합왕국의 정통성은 굳건해졌다"고 평가했다. 1494년 교황은 왕조 권력의 원칙과 기독교를 혼합하여 페르난도와 이사벨을 '가톨릭 공동 왕'으로 선언했다. 승리와 더불어 에스파냐 정치체에는 비非가톨릭적 요소를 제거하려는 바람이 불었다. 개종 아니면 축출이라는 선택에 직면한 유대인 20만 명이 에스파냐를 떠났다. 그중 다수는 종교적 다양성을 포용한 오스만제국에 정착했다. 그라나다의 무슬림들은 처음에는 신앙을 지킬 수 있었으나 1502년 이후 개종하지 않을 거면 그라나다를 떠나라는 명령을 받았다. 유대인들은 먼저 그라나다에서, 그로부터 한 세기 뒤인 1609년에는 에스파냐의 모든 왕국에서 추방당했다. 에스파냐 인구의 30만 명 정도를 상실한 이 사건은 에스파냐의 경제성장에 거의 보탬이 되지 않았다.[1]

앞서 15세기 말, 이탈리아 제노바 출신의 탐험가 크리스토퍼 콜럼버스는 대서양을 경유하는 인도 항로를 개척할 생각에 봄이 달아 있었다. 귀한 향신료와 금, 부와 명예가 눈앞에 어른거렸다. 포르투갈 왕실에 몇 년씩이고 지원을 요청했지만 힘만 뺐을 뿐 소득은 없었다. 당시 포르투갈은 아프리카 항로 개척에 정신이 팔려 있었다. 결국 콜럼버스는 1492년 에스파냐 제국의 한 축이었던 카스티야의 여왕 이사벨의 지원을 끌어내는 데 성공해, 3척의 배를 이끌고 항해에 나섰다. 1519년부터 1522년까지는 포르투갈 사람 페르디난드 마젤란이 아프리카 남단 희망봉을 돌아 인도양-필리핀-태평양-남미 대륙 남단의 마젤란 해협-대서양-유럽까지 지구를 한 바퀴 도는 최초의 세계일주 항해를 했다. 당시 유럽의 신흥 강국이던 스페인과 포르투갈은 바닷길을 개척해 자국의 금고를 채우는 중계무역과 식민지 개척에 불꽃 튀는 경쟁을 벌이고 있었다. 인도 항로와 동남아 지역에서도 두 세력의 충돌과 분쟁은 끊이지 않았다. 이 시기 유럽인으로는 처음으로 필리핀 제도philippines에 깃발을 꽂은 사람이 마젤란이었다. 그러나 정작 필리핀이라는 지명은 당시 스페인의 멕시코 총독이던 빌라로보스가 1592년 이 섬에 함대를 이끌고 온 뒤 스페인 황태자 필리페 2세의 이름을 붙이고 자국의 식민지로 삼으면서 생겼다.

지리상의 발견, 또는 대항해시대라는 개념은 유럽 중심의 시대 구분이라는 비판을 받는다. 유라시아 대륙 남쪽의 큰 바다에서도 명나라의 무슬림 색목인 출신 환관이자 외교관인 정화鄭和가 영락제의 명으로 1403년부터 1435년까지 모두 7차례에 걸쳐 대규모 해상 탐사를 벌였다. 스페인과 포르투갈이 본격적으로 바다로 나서기 시작한 때보다도 몇 십 년 이른 시점이었다. 정화는 수십 척에서 많게는 350척에 수천 명의 선원과 상인으로 꾸려진 대선단을 이끌고 바다를 주름 잡았다. 정화의 함대는 해상 실크로드로 불릴 만한 이슬람 상인들의 바닷길을 따라 인도, 아라비아, 더 멀리는 아프리카 동부의 아덴 지역까지 닿았다. 정화의 대원정은 어떤 의미에선 무슬림 네트워크의 확장 내지 재확인의 성격이 강했다. 실제로 정화는 마지막 원정길에 아라비아 반도에 들려 무슬림의 의무인 메카 순례를 수행했다.

15~16세기 이슬람 세계의 대부분 지역은 3개의 대제국, 즉 오스만제국Ottomans, 사파비제국Safavids, 무굴제국Mughals으로 통합됐다. 아랍어를 사용하는 지역 가운데 아라비아 반도의 일부, 아프리카의 수단과 모로코를 제외한 나머지 지역은 이스탄불을 수도로 한 오스만제국에 포함됐다. 오스만제국은 아나톨리아와 남동부 유럽도 포함했다. 투르크어는 통치 가문, 군대와 행정 엘리트의 언어였다. 이들은 대체로 이슬람으로 개종한 발칸 반도와 카프카스 출신들이었다. 한편, 사파비왕조(1501~1722)는 이란 지역에 위

치한 시아파 무슬림의 투르크인 왕조다. 사파비왕조가 시아 이슬람을 공식 종교로 채택하면서, 이 지역은 수니 무슬림 다수에서 시아 무슬림 다수로 바뀌었다. 또 무굴제국은 16세기 전반부터 인도 반란이 일어난 1857년까지 인도 지역을 통치한 수니파 무슬림 왕조다. 무굴제국의 황제들은 투르크 몽골계인 티무르의 후손들이었다.[2] 1453년, 오스만제국은 비잔틴제국을 무너뜨리고 콘스탄티노플을 접수했다. 서로마제국이 멸망한 뒤로도 1000년을 더 지속해온 로마제국이 역사에서 완전히 사라졌다. 오스만제국은 16세기 들어 국력이 최전성기에 이르면서 지중해 주변의 대부분과 남유럽을 장악했고, 서남아시아에서 신생 제국인 사파비왕조의 이란과 부딪쳤다.

제국의 탄생과 대량 이주는 항상 붙어 다닌다. 새로운 제국의 탄생은 정복자들의 진입, 선주민의 피난과 추방 같은 대량 이주를 낳는다. 반대로 이주가 새로운 제국을 탄생시키기도 한다. 인도의 무굴제국도 그렇게 생겨났다. 1526년 아프가니스탄 카불왕국의 자히르 알딘 무함마드 바부르Babur는 투르크계 병사들을 끌어 모아 인도를 침공한 뒤 델리를 장악하고 무굴제국을 세웠다. 수많은 행정 관료들과 상인, 정착민들이 아프가니스탄에서 새로 정복한 영토로 이주했다.[3]

콜럼버스의 아메리카 상륙, 대양 이주 시대를 열다

1492년 10월, 카리브 해 바하마 제도의 과나아니 섬.

콜럼버스는 눈물을 글썽이며 무릎을 꿇고 땅에 입을 맞춘다. 한 달이 넘도록 깊은 잠을 이루지 못한 탓에 비틀거리며 앞으로 나아간다. 휘두르는 칼날에 나뭇가지가 뭉텅뭉텅 잘린다.

이윽고 깃발을 세운다. 콜럼버스는 한 무릎을 꿇은 채 하늘을 쳐다보며 이사벨

[그림 5] 콜럼버스의 신대륙 발견

여왕과 페르난도 왕의 이름을 세 번 부른다. 옆에서는 굼뜬 에스코베도 서기가 문서를 꾸미고 있다.

오늘부터 이 모든 것은 저 먼 곳의 군주에게 귀속된다. 산호의 바다와 해변, 새파란 이끼가 뒤덮인 바위, 숲, 앵무새, 매끄러운 담황색 피부의 원주민들까지 전부 그의 소유다. 아직은 옷도 죄악도 돈도 모르는 원주민들은 멍하니 콜럼버스 무리를 바라볼 뿐이다.

루이스 데 토레스가 콜럼버스의 말을 히브리어로 옮긴다.

－위대한 칸의 왕국을 알고 있는가? 너의 코와 귀에 달린 금은 어디서 났는가?

벌거벗은 자들은 입을 벌린 채 쳐다본다. 통역관은 칼데아 말로 묻는다.

－신전? 궁전? 왕 중의 왕? 금?

이어 몇 마디 밖에 알지 못하는 아라비아어로 말을 건넨다.

－일본? 중국? 금?

통역관은 스페인어로 콜럼버스에게 죄송하다고 말한다. 콜럼버스는 제노바어로 투덜거리며 신임장을 땅바닥에 내동댕이친다. 동방의 위대한 칸 앞에 내어놓으려 했던 라틴어 신임장이다. 벌거벗은 자들은 이방인의 화내는 모습을 지켜보고 있다. 거친 살갗과 붉은 머리칼, 번쩍이는 옷 위에 벨벳 망토를 걸친 사람들이다. 이곳 섬들에서는 곧 이런 말이 울려 퍼질 것이다.

－이리 와서 하늘에서 내려온 사람들을 보세요. 먹을 것과 마실 것도 갖다 주세요.[4]

1492년 가을 아침, 카리브 해의 한 섬에 3척의 범선이 나타났다. 원주민들은 일찍이 본 적이 없는 모양이었다. 커다란 돛에 그려진 붉은색 십자가, 배에서 내려온 사람들의 얼굴 생김새, 그들이 입은 치렁치렁하고 화려한 색깔의 옷, 햇빛을 받아 번쩍거리는 막대기—총과 칼—까지 모든 것이 낯설기만 했다. 선단을 이끈 크리스토퍼 콜럼버스는 이제부터 자신이 신대륙을 '발견'했다는 공로로 유럽 백인 중심의 세계사에 이름을 남기게 되리라고는 상상도 할 수 없었다.

콜럼버스는 에스파냐의 이사벨 여왕에게 겨우 후원을 얻어 필사의 인도 항로 개척에 나선 참이었다(앞서 설명한 것처럼, 당시 신생 에스파냐 제국은 그라나다를 정복한 뒤 유대인과 무슬림을 대거 추방하기 시작했다). 콜럼버스는 죽을 때까지 인도의 일부라고 굳게 믿었던 이 섬을 산살바도르San Salvador라고 명명했다. 스페인어로 '구세주'라는 뜻이다. 그러나 원주민들이 '하늘에서 내려온 사람들'로 믿었던 이들이 구세주가 아니라 침략자라는 사실을 알게 되기까지는 그리 오랜 시일이 걸리지 않았다. 살짝 긴장감이 돌면서도 생뚱맞은 분위기의 이 만남은 앞으로 수백 년 동안 이어질 유럽인들과 아프리카 흑인 노예들의 대규모 이주의 예고편이었다. 상상을 뛰어넘는 수탈과 학살, 폭력적 정복의 서곡이었다. 콜럼버스는 이날 '인디언'들과 첫 만

남을 일지에 남겼다.

내가 본 남자들 중 상당수는 몸에 상처가 있었다. 어쩌다 그랬는지 알아보려고 손짓발짓을 했다. 근처의 다른 섬에 사는 사람들이 산살바도르 섬으로 와서 자신들을 잡아가려 했으며 자신들은 최선을 다해 방어했다고 하는 것 같았다. 본토의 주민들이 이들을 노예로 잡아가려고 오는 게 분명하다. 우리가 무슨 말을 걸든 재빨리 따라하는 것으로 봐서, 이들을 고분고분하고 재주 좋은 시종으로 부릴 수 있을 것이다. 이들은 또 종교가 없는 것 같으니, 아주 빨리 기독교인으로 만들 수 있다는 생각이 든다. 우리 주님을 기쁘게 하는 일이라면, 이곳을 떠나 돌아갈 때 6명을 여왕 폐하께 데리고 가서 우리말을 배우게 할 작정이다.[5]

콜럼버스는 또 원주민들이 총과 금속제 칼 같은 근대적 무기가 없는 것을 확인하고 "병사 50명만 있으면 이들을 다 정복해 통치할 수 있겠다"고 썼다.

콜럼버스는 석 달 동안 쿠바를 비롯해 인근 섬들을 탐사한 뒤 스페인으로 돌아갔다. 엉뚱한 곳에서 인도 본토와 아시아 항로를 찾으려 했던 콜럼버스의 대서양 횡단 항해는 그 뒤로도 12년 동안 세 차례나 더 이어졌다. 기껏해야 남아메리카 동북단의 해안만 더듬었을 뿐이지만, 이전까지 유럽인이 모르던 새로운 땅을 찾은 건 분명했다. 콜럼버스의 대서양 항로 발견 이후 유럽의 신대륙 탐험과 이주는 봇물이 터졌다. 몽골의 유라시아 제패가 광활한 대륙 안에서의 교류와 융합을 낳았다면, 유럽의 아메리카 상륙은 대항해시대의 개막과 함께 대륙과 대륙을 잇는 대양 이주 시대를 열었다. 수백 년 동안 이주자가 유입되는 땅이었던 유럽은 갑자기 수많은 이주자가 떠나가는 출발지로 바뀌었다. 지금까지 인류사에서 마지막으로 기록되고 있는 구세계와 신세계의 갑작스런 충돌, 대규모 정복 이주의 격랑이 이제

막 출렁이기 시작됐다.

잉카제국 1438~1572

　신대륙의 존재를 알게 된 유럽인들은 바로 그곳이 '황금이 넘치는 땅'이라고 확신했다. 누구랄 것도 없이 '엘도라도El Dorado'를 이야기했다. 인생역전, 대박을 꿈꾸며 험한 길 마다하지 않고 황금향을 찾아가려는 이들이 줄을 섰다. 한몫을 챙기려는 국왕의 대리인, 혈기왕성한 군인과 탐험가, 신앙심 깊은 선교사, 그 밖에 야심에 찬 자들이 신세계 이주 행렬을 이끌었다. 욕망과 수완이 넘치나 자기 땅에선 별 볼일 없는 사내들이 가세했다. 콜럼버스의 마지막 항해(1502~1504) 때 배에 탔던 프란시스코 피사로Francisco Pizarro도 그런 사람이었다. 피사로는 사생아로 태어나 문맹으로 자란 하급군인이었으나 신세계로 건너온 뒤 이름을 떨쳤다. 신대륙 원주민들을 학살하고 쥐어짜서 강탈한 금과 은을 구대륙 국왕에게 바친 대가로 작위를 받고 총독의 지위를 누렸다.

　유럽인과 아메리카 원주민의 관계에서 가장 극적인 순간은 1532년 11월 16일 잉카의 황제 아타우알파Atahualpa와 피사로가 페루의 고지대 도시인 카하마르카에서 최초로 마주친 사건이었다. 아타우알파는 신세계에서 가장 크고 발전된 국가의 절대군주였고, 피사로는 유럽에서 가장 강력한 신성로마제국의 황제 카를 5세—스페인의 카를로스 1세이기도 하다—를 대신하고 있었다. 피사로는 168명의 오합지졸을 거느리고 낯선 땅에 들어왔다. 그는 그 지역 주민들을 잘 몰랐고, 가장 가까운 곳—북쪽으로 1600킬로미터나 떨어진 파나마—에 있던 스페인인들과도 연락이 완전히 끊긴 상태였다.[6] 반면 아타우알파는 제위를 둘러싼 형제 간의 피비린내 나는 전쟁에서 막 승리를 거둔 뒤 수만 명의 대군을 거느리고 수도 쿠스코로 개선하던 참이었다. 피사로는 잉카의 황금이 몹시 탐났지만 제국의 위용이 만만치 않았다. 중과부적이라고 판단한 피사로는 아타우알파에게 거짓 협상을 제안하는 사절을 보냈다. 틈을 노려 생포한 뒤 인질로 잡고 잉카를 통째로 접수할 생각이었다. 피사로는 아타우알파의 행렬을 기습하는 계략을 짰다. 도로 곳곳에 복병도 심어 놓았다. 황제의 행차가 광장에 이르자 도미니크회 신부가 다가갔다. 한 손에 성경, 한 손에 십자가를 들고 "성경 말씀이 진리"라며 개종을 권유했다. 아타우알파는 문자는커녕 책이라는 걸 처음 봤다. 성경이 말을 한다고? 귀에 대보기도 하고 흔들어보기도 했으나 아무 소리가 안 나자 성경을 내동댕이쳤다. 싸늘한 기운이 돌았다. 이때가 신호라는 듯, 매복했던 스페인 군인들이 갑자기 총을 쏘며 뛰쳐나왔다. 잉카의 황제는 사로잡혔고, 정복자들의 재판정에 섰다. 반역죄, 우상 숭배죄, 살인죄 등으로 화형이 선고됐다. 아타우알파는 경악했다. 사형도 영문을 모르겠는데, 화형이라니. 잉카인은 몸이 불타 죽으면 내세로 갈 수 없다고 믿었다. 누군가가 "기독교로 개종하면 감형될 수 있을 것"이라고 일러주었다. 아타우알파는 고개를 끄덕였다. 자신이 감금된 커다란 방을 금과 은으로 가득 채워주겠노라 약속도 했다. 피사로는 그때부터 8개월 동안이나 잉카의 황제를 인질로 잡고 사상 최대의 몸값을 뜯어냈다.

아타우알파 황제의 목숨을 구하기 위해 곳곳에서 금과 은이 밀어닥쳤다. 야마와 등짐 진 자들의 끝없는 행렬이 개미 떼의 행진 같이 잉카의 도로를 메웠다. 가장 찬란한 보물은 쿠스코에서 보내온 정원이었다. 순금과 보석으로 나무와 꽃은 물론 정원 전체를 꾸몄고, 새와 동물은 순은과 터키석과 청금석으로 만들었다. 용광로는 신상과 장신구를 받아먹고 금괴와 은괴를 토해냈다. 장교들과 병사들은 전리품을 분배하라고 아우성이었다. 피사로는 다섯 덩이에 한 덩이 정도를 스페인 국왕 몫으로 떼어놓았다. 피사로는 이제 세계에서 제일가는 부자였다. 그의 몫은 시종 600명을 거느린 카를 5세 궁전의 한 해 지출의 곱절이 넘었다. 사령관으로서 챙긴 잉카 황제의 가마—순금 83킬로그램—는 제외하고 그랬다.[7] 그러나 아타우알파는 지금 무슨 일이 일어나고 있는지, 자신과 자신이 다스리는 잉카제국에 무슨 일이 닥칠지 조금도 눈치를 채지 못하고 있었다.

피사로의 포로가 되어서도 그는 말했다. "나는 지상의 가장 위대한 군주이다." 황제의 몸값은 방 하나를 금으로, 방 두 개를 은으로 가득 채울 정도였다. 정복자들은 황제가 그에게 바치는 노래를 처음 들었던 황금 요람까지 불에 녹였다. 황제의 옥좌에 앉은 피사로가 그의 사형이 확정됐다고 알려주자 황제는 그에게 말했다. "실없는 소리는 그만하시오." 희뿌연 새벽, 쇠사슬을 끌며 계단을 올라가는 바로 그 순간에도 황제는 현실을 받아들이지 않았다. 황제는 손과 발과 목을 묶인 채 생각했다. '내가 죽을 만한 짓을 했던가?' 교수대 앞에서도 황제는 자신이 인간에게 패배했다는 사실을 인정하지 않았다. 신들만이 그를 이길 수 있었다. 황제의 아버지, 태양이 그를 저버린 것이었다. 쇠줄이 목을 조이기 직전, 황제는 눈물을 떨구고 십자가에 입을 맞추고 세례를 받았다. 세례명은 프란시스코. 바로 그에게 패배를 안겨준 인간의 이름이었다. 그렇게 황제는 '유럽인들의 천국'의 문을 두드렸지만, 그곳에 그의 자리는 없었다.[8]

피사로는 아타우알파의 형제인 투팍우알파와 망고 잉카를 잇달아 꼭두각시 황제로 세우고, 고산 지대인 쿠스코 대신 태평양 연안에 새 도시를 건설하는 데 힘을 쏟았다. 오늘날 페루의 수도가 된 리마는 피사로가 식민지 통치 수도이자 잉카의 황금을 스페인으로 운반하기 위한 수탈 항구로 처음 만들어졌다. 그러나 잉카의 영혼은 스페인의 점령과 지배를 순순히 받아들

이지 않았다. 그 뒤로도 40년이나 목숨을 건 반란과 잔혹한 진압이 되풀이
됐다. 1572년 잉카의 마지막 황제 투팍 아마루가 스페인군에 붙잡혔다. 밧
줄에 목이 묶인 채 당나귀를 타고 쿠스코의 처형장으로 끌려온 황제는 망
나니의 칼에 목이 잘렸다. 원주민들의 충격과 분노와 기겁을 뒤로 한 채,
300년이 넘는 역사와 문명을 자랑하던 잉카제국이 유럽인과 마주친 지 반
세기 만에 몰락했다.

남아메리카에서 잉카제국이 번영하던 시절, 멕시코 남부 지역에선 아즈
텍족이 또 다른 문명을 꽃피우고 있었다. 두 제국은 비슷한 시기에 멸망했
다. 이유도 똑같았다. 피사로가 잉카 황제 아타우알파를 처형하기 9년 전인
1521년, 아즈텍족의 마지막 황제 쿠아우테목이 이끄는 전사들은 역시 스페
인의 하급귀족 출신인 에르난 코르테스가 지휘한 스페인-이민족 동맹군과
의 테노치티틀란 전투에서 무참하게 학살당한다. 아즈텍 문명을 멸망시킨
에르난 코르테스와 잉카를 역사에서 지운 프란시스코 피사로는 당숙-조카
사이였다. 역사의 얄궂은 풍경이다.

유럽인들, 신대륙으로

유럽인의 신세계 이주의 첫 흐름은 스페인, 포르투갈, 영국, 프랑스, 네덜
란드 등 대서양 연안의 유럽 국가들이 주도했다. 크리스토퍼 콜럼버스가 아
메리카 대륙에 첫 발을 내려놓은 지 꼭 10년 뒤인 1502년, 그의 동생인 바
르톨로메우 콜럼버스가 카리브 해의 섬에 건설한 산토도밍고(오늘날 도미니
카 공화국의 수도)에는 한 해 동안만 32척의 스페인 선박이 2500여 명의 사
람을 실어 날랐다. 배에는 식민지 개척과 정착에 필요한 온갖 보급품과 물,
식량, 도구, 원자재뿐 아니라 유럽 원산지의 작물과 씨앗, 가축도 실려 있었

다. 이즈음 산토도밍고에는 이미 1만 여 명의 스페인 사람들이 들어왔는데, 그중에는 여성들도 상당수 있었다. 1506~1515년 사이 스페인에서 신대륙으로 출항한 배는 한 해 평균 30척 수준이었다. 그러나 시간이 흐를수록 이주자들의 수는 불어났고 그 속도와 규모에도 탄력이 붙었다. 콜럼버스가 아메리카에 상륙한 지 100년이 지난 1590~1620년에는 해마다 수천 명을 태운 100여 척의 배가 대서양을 건넜다. 1500년부터 1650년까지 150년 사이에 약 45만 명의 스페인 이주자가 신세계로 떠나 돌아오지 않았다.[9]

유럽 이주자들의 신대륙 이주 열풍은 영국인의 북아메리카와 카리브 해섬 이주, 포르투갈인들의 브라질 이주도 마찬가지였다. 영국에서만 1541~1600년 사이에 27만 명, 17세기에는 71만3000명, 18세기에는 51만 7000명이 북아메리카로 옮겨갔다.[10] 17세기 말 잉글랜드와 웨일스를 합친 인구가 약 550만 명, 런던 인구가 약 60만 명, 18세기 중반 영국의 전체 인구가 650만 명 정도였던 것에 견줘보면 실로 엄청난 수가 신대륙으로 빠져나간 셈이다.

유럽인들이 북아메리카에 처음으로 건설한 정착촌은 1565년 스페인 군대가 지금의 플로리다 지역에 건설한 세인트오거스틴St. Augustine이라는 마을이었다. 이어 1607년에는 영국인들이 지금의 미국 버지니아 주 동부 대서양 연안에서 강을 따라 올라가 닿은 땅에 당시 잉글랜드 왕 제임스 1세의 이름을 딴 첫 식민지 제임스타운Jamestown을 건설했다. 스페인과 포르투갈이 이미 남아메리카와 중앙아메리카에서 터를 잡고 있던 까닭에 영국인 이주자들은 주로 북아메리카 동부로 밀려들었다. 영국인이 북미 대륙에 본격 진출하는 신호탄은 청교도Pilgrim Fathers들이 쏘아 올렸다. 1620년 영국 성공회의 권력 지향성에 맞서 순수 복음주의를 주창하다 박해를 받은 청교도들이 종교의 자유를 찾아 대서양을 건넜다. 길이 27.4미터, 최대 폭 7.9미터의 작은 삼돛대 범선인 메이플라워May Flower호에 탄 120명의 남녀노소 청교도는 67일간의 험한 항해 끝에 지금의 미국 매사추세츠 주 플리머스에 정착했다. 이때부터 유럽에서 남미뿐 아니라 북미 대륙으로 건너오는 이들도 급증하기 시작했다.

포르투갈에선 16~17세기 동안 연평균 4000명, 브라질에서 귀금속이 발견된 18세기에는 연평균 9000명이 이주해 나갔다. 이는 당시 포르투갈의 인구 규모에 견줘봤을 때 결코 적다고 할 수 없는 수준이었다. 프랑스는 유럽 최대 인구에 비해 상대적으로 신대륙 이주 규모가 작았는데, 1600~1730년 사이 지금의 캐나다 동부로 약 2만7000명이 건너간 것으로 추산된다. 독일도 신대륙 이주 행렬에서 빠지지 않았다. 18세기에만 최대 20만 명의 독일인이 북미 대륙으로 건너갔다. 17~18세기 유럽인의 이주가 꼭 아메리카 대륙에만 국한된 것은 아니었다. 예컨대 네덜란드는 1602년 식민지 개척 회사인 동인도회사가 설립된 이래 18세기 말까지 거의 100만 명이 인도와 동남아시아와 아프리카로 진출했는데, 그 가운데 다시 귀국한 사람은 절반도 되지 않았다.[11]

근대 기술문명과 종교적 신념을 앞세운 유럽인들의 해외 식민지 개척과 정착 과정은 지배의 당위성과 인종적 우월감의 표출이었다. 대량 살육과 추방만 있었던 게 아니다. 유럽인들이 신대륙에 가져온 온갖 질병이 원주민들을 괴롭히고 집단 절멸 수준의 죽음으로 몰아갔다. 원주민 인구가 급감했고, 풍성한 문화유산도 역사 속으로 사라져갔다. 신대륙은 원주민들의 삶의 터전에서 유럽 이주자들의 정복 영토로 바뀌어갔다.

북아메리카에는 원래 수백 개의 아메리카 원주민 언어가 있었지만 지금은 187개만 남아 있고 나머지는 사용되지 않는다. 그나마 이 187개 중에서도 149개는 노인들만 사용할 뿐이고 어린이들이 새로 배우지 않아 사어에 가깝다. 신세계라는 남북 아메리카에는 약 40개국이 있지만 오늘날 그 모두가 인도유럽어계 언어를 공용어로 사용하고 있다. 아메리카 원주민 인구는 크게 감소했다. 비율에 대해서는 아직도 논쟁이 계속되고 있지만 북아메리카 일대에서는 최고 95퍼센트까지 감소한 것으로 추산된다. 그 대신 구세계 사람들(유럽인, 아프리카인, 아시아인)이 들어왔기 때문에 오늘날 남북아메리카의 전체 인구는 1492년 당시의 약 10배에 이른다. 현재 남북아메리카의 인구 구성은 오스트레일리아를 제외한 모든 대륙의 인종들이 뒤섞여 있는 상태다.[12]

아프리카 흑인 노예, 가장 비인간적인 강제 이주

아메리카에서 절멸에 가까울 만큼 사라져간 원주민들의 빈자리를 백인과 흑인 이주민들이 빠르게 채워나갔다. 백인은 유럽에서 온 정복자들이었고, 흑인은 대부분 아프리카에서 납치돼 팔려온 노예들이었다. 흑인 노예는 모든 인격을 거세당하고 노동력과 성적 착취의 대상으로만 상품화됐다. 가장 비인간적이고 비참한 형태의 강제 이주이자 인신매매의 전형이었다.

노예제는 역사적으로 뿌리가 깊다. 중동과 유럽 지역에 나타난 최초의 노예는 백인이었다. 그리스의 노예는 전쟁 포로나 채무를 갚지 못해 재판을 받고 노예로 전락한 시민, 그리스 말을 할 줄 모르는 주변의 '야만인'들이었다. 로마제국 절정기에는 제국의 수도 로마에 2만 시민을 먹여 살리는 노예가 40만 명이나 있었으나 모두 백인이었다. 서구 사회에서 흑인이 노예로 등장한 것은 기원전 4세기 알렉산드로스 대왕의 이집트 원정과 기원전 3~2세기 로마와 카르타고의 포에니 전쟁 시기에 문물이 교류되는 과정에서 들어온 정도다. 지중해 무역이 활발해진 12세기 이후 갤리선의 노 젓는 인력을 노예로 충당하려 아프리카의 이슬람 국가에서 흑인을 잡아오기도 했지만 그 수는 여전히 소수였다.[13] 아프리카 흑인 노예가 본격적으로 등장한 것은 포르투갈이 대항해시대를 연 시기와 일치한다. 1415년 북아프리카의 상업 도시 세우타 점령을 시작으로 아프리카 서부 해안을 타고 내려가던 포르투갈 탐험가들은 얼마 지나지 않아 흑인 노예가 황금만큼이나 돈이 된다는 사실을 깨닫고 흑인 사냥을 시작했다. 포르투갈인들은 1444년 라고스(지금의 나이지리아 수도)에 노예 시장을 열고 본격적으로 노예 장사에 나섰다.[14]

1482년 아프리카 황금 해안에 노예 거래소를 설치한 포르투갈의 노예무역 독점은 1528년 에스파냐가 개인 기업에 노예무역을 허용한 뒤에도 상당 기간 이어졌다. 에스파냐가 노예무역에 끼어든 이유는 수요가 워낙 많았기 때문이다. 에스파냐가 서인도제도와 라틴아메리카에 건설한 요새와 광산 부근의 원주민들이 가혹한 노동환경과 백인들이 들여온 질병을 이기지 못하고 사망하면서 노동인력이 급감하자 대체인력이 필요했다.[15]

당시 아프리카는 부유한 대륙이었다. 풍부한 천연자원, 특히 금과 구리 같은 광물자원은 아프리카 대륙 여러 지역에 번영을 가져다주었다. 1324년 말리의 황제 칸칸 무사는 메카 순례에 나서면서 수만 명의 수행원을 동반했다. 사치스럽기로 이름난 그는 카이로에 도착한 후 엄청난 돈을 쓰고 재물을 여기저기 마구 뿌려댔다. 그 바람에 이후 12년 동안 금의 유통 시세가 하락할 정도였다. 정치적 측면을 봐도, 많은 지역이 국가 형태로 구조화되어 있었으며, 강력한 정치권력, 행정조직, 조세 및 군사 체계가 갖춰져 있었다. 오늘날 전문가들은 당시 아프리카가 다른 대륙과 비슷한 정도로 발전해 있었다고 진단한다. 그러나 르네상스시대를 거치며 유럽에 새로운 의지가 생성되면서 이런 유사성의 균형이 깨지고 말았다. 그것은 세계를 발견하려는(그리고 정복하려는) 의지였다.[16] 대서양을 통한 노예무역의 규모가 실질적으로 확대되기 시작한 것은 1540~1550년께부터다. 19세기까지 해마다 무수히 많은 아프리카 남자와 여자들이 아프리카 내륙에서 해안으로, 그리고 다시 아메리카 대륙으로 최악의 여건에서 이동했다. 그들에 대한 착취가 얼마나 참혹했으면, (끌려온 지) 6년 뒤 사망률이 100퍼센트일 정도였다.[17]

노예제도는 1400년부터 1800년대 중반까지 세계의 여러 지역에서 발견된다. 그중에도 가장 이윤이 많이 남고 규모가 컸던 지역이 신세계, 즉 아메리카 대륙이었다. 브라질, 카리브 해의 여러 섬들, 그리고 북미에서 노예들이 생산한 금과 은, 설탕, 담배, 목화, 커피 같은 생산품이 세계의 시장으로 공급됐다. 1600년까지만 해도 노예는 주로 지중해 주변 지역과 중앙아시아, 유럽 안에서 조달됐던 까닭에 아프리카 흑인 노예는 소수에 지나지 않았다. 그러나 17세기 들어 아메리카에 식민지를 세운 유럽인들의 흑인 노예에 대한 수요가 급증하면서, 1700년경에는 아프리카 흑인들이 노예의 압도적 다수를 차지했다. 포르투갈, 스페인, 네덜란드, 영국, 프랑스의 노예상들이 광산과 플랜테이션 농장에 팔아넘길 흑인 노예 공급에 혈안이 되면서 노예 가격도 크게 올랐다. 아프리카에서 붙잡혀간 노예들은 도시를 건설하고, 농장 작물을 재배해 수확하고, 주인을 위해 집안일을 하는 등 각종 노동에 시달렸다.[18] 노예는 값나가고 귀중한 재산이었으나 인격과는 아무런 관련이 없었다.

노예는 나이와 성별, 지역에 따라 다른 쓰임새를 보였다. 아메리카 대륙에서는 남성 노예의 수요가 많았다. 체격이 건장하고 젊을수록 가격도 비쌌다. 대서양을 건너는 노예선에 탄 흑인의 60퍼센트 이상이 남성이었다. 이 때문에 더 많은 노예가 붙잡혀올수록 흑인 여성 부족 현상이 심해졌다. 반면 유럽인들이 아프리카에 개척한 식민지들에서는 여성 노예의 수요가 더 많았고 가격도 더 비쌌다. 아프리카에 머무른 흑인 노예의 60퍼센트는 여성이었는데, 이들은 대부분 잡다한 가사 노동에 동원됐다. 성 노리개나 첩으로 전락하는 여성들도 많았다. 이들과 백인 남성 노예주와의 사이에서 태어난 혼혈아는 주인의 소유물이 됐다.[19]

1619년 8월, 네덜란드 해적선 한 척이 북아메리카 동부 대서양 연안 버지니아에 흑인 20여 명을 떨궜다. 영국 최초의 아메리카 식민지 제임스타운이 사들인 계약제 하인들이었다. 북미 대륙에 흑인이 첫 발을 내딛는 순간이었다. 40여 년 뒤 본격화될 미국 흑인 노예사의 서막이 오른 것이다. 1662년 버지니아 주는 처음으로 노예 관련법을 도입했다. 이를 통해 백인과 흑인 노예 사이에 태어난 아이의 신분을 어머니에 귀속시키는 노예의 신분 세습이 공식화됐다. 그러나 엄밀히 말하면 이때까지만 해도 흑인들은 노예가 아니라 고용계약에 따라 노동을 제공하는 임노동자에 가까웠다. 17세기 중반까지 버지니아에는 약 300여 명의 흑인이 있었는데, 이는 영국과 유럽계 백인 인구의 1퍼센트 정도에 불과했다.

1705년 버지니아와 사우스캐롤라이나 주에서 잇따라 사실상 노예제를 인정하는 법률들이 만들어지면서, 아메리카 흑인들의 신분은 점차 계약노동자에서 종속 노예로 전락해갔다. 흑인 노동자들에 대한 백인 고용주들의 재산권과 거래권을 인정하고, 노예 관련 분규를 다루는 별도의 재판소를 설립하며, 흑인의 무기 소지와 백인 폭행을 엄금하는 것이 뼈대였다. 이런 조항들은 인종주의적 차별을 법으로 명문화함으로써 모든 사람들의 머릿속에 백인 우월주의를 새겨 넣는 효과를 낳았다.[20] 유럽인이 남북 아메리카에서 300년 가까운 긴 세월 동안 노예를 부리던 시기에 얼마나 많은 흑인이 아프리카 서부 해안에서 대서양을 건너 팔려왔는지 정확한 숫자는 아무도 모른다. 역사학자들은 적게는 930만 명에서 많게는 2천만 명에 이를 것으로 추정하는데, 통상 1000만 명으로 얘기한다.

유럽인의 아프리카 흑인 노예무역은 인류 역사상 유례를 찾아볼 수 없는 대규모 강제 이주이자 인신 매매였다. 노예들은 사람 취급을 못 받았다. 그들은 애초에 인격체가 아니라 값비싸게 거래돼 본전 이상을 뽑아야 하는 상품이었다. 주인은 자기 소유의 노예에 대해 체벌권은 물론 생사여탈권까지 갖고 있었다. 끝없이 펼쳐진 대농장에서 때론 채찍을 맞아가며 하루 종일 할당량을 채우기 위해 고된 노동에 시달리는 검은 피부의 슬픈 눈동자들……. 그러나 노예의 신체를 너무 가혹하게 다루는 것은 상품 가치를 훼손하는 일이기도 했으며, 노예가 도망가거나 죽는 것은 값비싼 상품을 잃는 것과 마찬가지였다. 모든 노예들의 신분과 노동이 획일적인 것도 아니었다. 미국의 경우, 농장 일이 많은 남부에 비해 상공업이 발달한 북부의 노예들은 상대적으로 처지가 나은 편이었다. 미국에 '수입'된 흑인 노예의 수는 아메리카 대륙의 다른 지역으로 끌려온 흑인들보다는 훨씬 적었다. 연구자들마다 제시하는 수치가 다른데, 대략 43만 명에서 59만 7000명 사이로 추정된다. 이는 대서양 노예무역으로 서반구에 팔려온 전체 흑인의 5퍼센트 안팎 수준이었다.

수입된 흑인 인구가 자연적으로 늘어난 곳은 미국뿐이다. 다른 곳의 노예들은 사망률이 출생률을 훨씬 초과해서, 흑인 인구를 유지하려면 또다시 흑인을 수입하는 길밖에 없었다. 미국 역사학자 커머 밴 우드워드에 따르면 "다른 노예사회에서는 노예제도가 종식될 무렵에 살아남은 흑인 수가 원래 수입한 수보다 훨씬 적었다"고 한다.[21] 흑인 노예들에 대한 가혹한 착취는 사탕수수, 담배, 인디고, 목화에 이르기까지 플랜테이션 농업 생산의 전성기를 지탱했다. 그러나 다른 한편으로 흑인 노예들의 헐값 노동력에 의존한 생산력 발달이 산업화를 진전시켜 노예 해방의 밑바탕이 된 것은

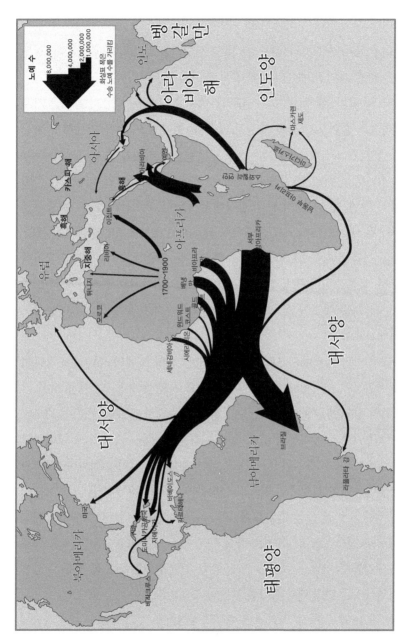

[그림 6] 1500~1900년 아프리카 노예무역 규모(출처: 유엔)

역설적이다. 예컨대 쿠바에선 18~19세기 플랜테이션 농장이 급속하게 성장하면서 증기 기관차와 철도, 그 밖의 산업기술을 적극 활용했는데, 철도부설은 주로 흑인 노예들의 피와 땀으로 이뤄진 것이었다.[22]

흑인 노예들의 강제 이주는 아프리카에서 붙잡힌 뒤 죽음의 항해를 거쳐 아메리카로 끌려오는 것에 그치지 않았다. 머나먼 이국 땅 안에서도 자신을 사들인 주인의 필요나 처분에 따라 또다시 먼 거리를 옮겨 다녔다. 1800년에서 1860년 사이 북미에서는 '올드사우스Old South'로 불리는 지금의 미국 동부 연안 농업지대의 담배 농장에서 일하던 흑인들이 조금 더 중남부 내륙의 '뉴사우스New South' 지역으로 팔려가거나 소유주와 함께 이주했다. 이 기간 동안만 대략 100만 명의 노예들이 이동했는데, 가족과 영영 생이별을 하는 경우도 허다했다. 같은 시기, 남미 브라질에서도 엄청난 수의 노예들이 사탕수수 농업이 시들자 상파울루와 리우데자네이루의 커피 농장으로 재배치됐다.[23]

18세기 중반 영국에서 시작된 산업혁명은 흑인 노예의 쓰임새를 근본적으로 바꿔놓기 시작했다. 이제 막 폭발적으로 팽창하기 시작한 공장제 기계공업의 산업현장에서 일할 단순 노동력의 수요가 급증한 것이다. 지극히 실용적인 이유에서 비롯한 노예 해방 논리는 사람을 야만적으로 학대하고 부리는 것에 대한 거부감이나 인도주의적 정서와도 맞아 떨어졌다. 1776년 영국에서 독립한 신생국인 미국도 사정은 마찬가지였다. 해방 노예는 값싸고 풍부한 저임금 노동력의 토대였다. 기독교 근본주의 전통의 남부 개신교 세력과 진보적 신학 전통을 가진 북부 개신교 신자들 사이에서 노예제 존속/폐지를 둘러싼 논란이 일기도 했다. 자본주의의 도도한 흐름은 풍부한 저임금 노동력의 대량 공급을 요구하고 있었다.

마침내 1807년 영국 의회는 노예무역폐지법을 통과시켰다. 대영제국에

속하는 모든 영토에서 노예의 매매가 금지됐다. 이어 1833년에는 영연방 영토에서 아예 노예제도 자체를 인정하지 않는 노예제 폐지법이 발효됐다. 영국의 노예제 폐지는 이후 스페인 포르투갈, 미국 등 다른 나라의 노예제 폐지에도 결정적 영향을 미쳤다. 미국에서는 북부와 남부의 이해관계가 정면으로 충돌했다. 근대적 기계공업화가 진전된 북부에선 언제든 자유롭게 고용하고 해고할 수 있는 값싼 노동력이 절실했다. 이런 자본의 논리에 따라 비교적 빠른 속도로 종속적 노예 노동이 계약제 임금 노동으로 대체되어갔다. 반면 남부는 노동집약적 산업인 플랜테이션 농장이 여전히 경제의 핵심이었다. 농장주들로서는 노예 노동을 포기할 수 없었다. 그러나 시대의 큰 흐름은 노예 해방 쪽이었다. 1852년에는 미국 여류 작가 해리엇 비처 스토가 노예제의 비참함을 생생하게 묘사한 《엉클 톰스 캐빈》을 2년 가까운 신문 연재 끝에 단행본으로 내면서 노예제에 대한 격렬한 찬반 논쟁에 기름을 끼얹었었다. 노예제를 둘러싼 첨예한 갈등은 결국 남부 7개주가 연방 탈퇴와 독립을 선언하면서 남북전쟁(1861~1865)이라는 내전으로 표출되었다.

1863년 미국 연방정부 대통령 에이브러햄 링컨은 남부 연합군과의 전쟁 와중에 전격적으로 노예 해방을 선언했다. 미국 연방의회 하원은 1865년 1월 수정헌법 제13조에 "어떠한 노예제도나 강제 노역도, 해당자가 정식으로 기소되어 판결로서 확정된 형벌이 아닌 이상, 미합중국과 그 사법권이 관할하는 영역 내에서 존재할 수 없다"고 명문화한 규정을 통과시켰다. 그해 12월 미국 국무부는 이 헌법 조항의 발효를 정식 공표했다. 이로써 미국의 노예제도는 200여 년 만에 공식적으로 폐지됐다. 마르크스 경제학의 표현을 빌리면 생산력의 발달이 생산관계의 변화를 압박했다. 그러나 흑인들이 미국 사회에서 참정권을 비롯해 '시민'으로서의 최소한의 법적 지위를 얻기까지는 최소 100년을 더 기다려야 했다. 1960년대에 드디어 흑인 민권운동이 본격화하기 시작했으며, 2008년에는 버락 오바마가 미국사상 첫 흑인 대통령으로 당선했다.

러시아의 동진, 시베리아를 넘다

아메리카 신대륙에서 유럽인의 식민지 이주가 본격화한 16세기 말, 유라시아 대륙에서는 얼마 지나지 않아 새로운 대제국으로 등장할 세력이 기지개를 켰다. 러시아가 '타타르의 멍에'(1240~1480년 몽골의 식민통치)에서 벗어나 100년 동안 힘을 기른 뒤, 중앙아시아의 광활한 스텝 지대와 시베리아 쪽으로 동진하기 시작한 것이다. 앞서 밝힌 것처럼, 몽골이 점령하기 전인 13세기까지만 해도 러시아는 현재 우크라이나 수도인 키예프를 중심으로 번성했던 키예프대공국(키예프 루스Kievan Rus)의 북쪽 변방에 있는 모스크바공국에 지나지 않았다. 남쪽 유럽에는 별다른 존재감도 없었다. 그러다가 몽골의 침략으로 키예프공국이 종말을 고하면서 킵차크 칸국에 복속됐다. 그러나 14세기 후반 킵차크 칸국의 내분을 틈타 제국의 통치에 도전장을 던지기 시작했다. 몽골과의 몇 차례 전투에서 승리를 거두기도 했다.

모스크바공국이 몽골에서 독립할 당시 통치자는 이반 3세(재위 1462~1505)였다. 뒷날 러시아제국Russian Empire(제정러시아)이 될 모스크바 대공국의 기초를 닦아 '이반 대제Ivan the Great'라는 칭호를 얻은 인물이다. 이반 3세는 비잔틴제국 최후의 황제인 콘스탄티누스 11세의 조카딸 소피아 공주를 두 번째 왕비로 맞아들이고 '비잔틴제국의 후계자'를 자처했다. 이반과 소피아의 결혼은 당시 교황 바오로 2세가 로마가톨릭과 동방정교회의 일치를 위해 적극 다리를 놓은 결과였다. 소피아 왕비는 모스크바공국이 몽골에 조공을 바치는 굴욕적 외교관계를 끝내는 이반 3세의 결정에 큰 영

향을 주었다.[24]

모스크바공국은 이반 4세(재위 1533~1584) 치세에 볼가 강 유역의 몽골 잔존 세력인 카잔 칸국과 아스트라한 칸국을 합병하면서 동방 진출의 신호 탄을 쏘아 올렸다. 이반 4세는 러시아 역사상 처음으로 차르Tsar라는 호칭을 사용한 통치자다. 법전 편찬, 신분제 의회 구성, 상비군 창설, 영국과 긴밀한 외교통상 관계 구축 등 국가 부흥의 토대를 닦았다. 하지만 그는 성정이 벼락같고, 편집증에 시달리며, 광기를 내뿜던, 냉혹한 군주이기도 했다. '이반 뇌제' 혹은 '폭군 이반Ivan the Terrible'이라는 별칭으로 더 유명하다. 그는 겨우 3살 때 모스크바 대공에 즉위해 어머니의 섭정을 받으며 자랐다. 어린 시절부터 왕권을 둘러싼 음모와 살해를 목격하며 냉혹한 권력의 세계에 적응해야 했다. 왕권을 장악한 뒤에는 그것을 다지고 지키느라 수많은 정적과 시민을 잔혹하게 처형했다. 노년에는 임신 중인 며느리의 느슨한 옷차림을 나무라며 지팡이로 때렸다가 돌이킬 수 없는 비극을 불렀다. 아내의 비명을 듣고 달려온 황태자가 거세게 항의하자, 격분을 참지 못하고 머리를 마구 내려쳤는데 그만 숨지고 만 것이다. 순식간에 벌어진 참사였다. 이반이 피투성이 아들의 주검을 안고 실성한 듯 울부짖는 장면은 러시아의 사실주의 화가 일리야 레핀(1844~1930)의 그림으로 고스란히 옮겨졌다.

이반 4세의 재위 말년이던 1582년, 예르마크Yermak Timofeyevich가 코사크Don Cossacks인 800명을 이끌고 우랄 산맥 부근의 시비르 강을 건너면서 러시아의 시베리아 진출이 시작된다. 시베리아Siberia라는 지명은 시비르 강과 그 유역에 자리 잡았던 시비르 칸국의 이름에서 나왔다. 러시아는 이때부터 1649년 오호츠크Okhotsk 해에 이를 때까지 동진을 계속해, 현재 러시아 영토의 4분의 3에 해당하는 1300만 평방킬로미터의 시베리아를 차지했다. 60~70년간 매년 한반도 면적의 영토를 하나씩 추가한 셈이었다. 러시

[그림 7] 일리야 레핀의 〈이반 4세와 아들〉(1885년작).

아의 동진 목적은 무엇보다 담비, 수달, 밍크 등의 모피를 얻는 것이었다. 모피를 통한 수입은 1605년 국가 재정수입의 11퍼센트에 이를 정도였다.[25]

러시아인들은 시베리아의 독특한 수로 체계를 이용해 신속하게 이동했다. 시베리아를 관통하는 오비 강, 이르티시 강, 예니세이 강과 같은 대형 하천들은 남쪽에서 북쪽으로 흐르지만, 그 사이로 수많은 작은 강들이 동서를 잇는다. 따라서 여름에는 수로를 적절히 활용하고 겨울에는 썰매를 이용해 매우 빠른 속도로 이동할 수 있었다. 강들이 교차하는 지점에 사람들이 모여 살면서, 처음에는 목책으로 된 조그만 성채들이 지어졌다. 이어 러시아 본토에서 가난한 농민, 범법자, 모험가 등 다양한 사람들이 이주하

여 정착했다. 그러자 러시아 정부는 군관을 파견해 성채를 거점으로 시베리아 전역을 장악해나갔다.[26]

1649년, 러시아는 마침내 유라시아 대륙의 거의 동쪽 끝인 오호츠크에 다다랐다. 이는 러시아가 우리나라(조선)과 최초로 군사 대결을 벌이는 사건으로 이어졌다. 러시아가 식량 확보와 자원 조사를 위해 청나라 국경 지대인 아무르 강 유역으로 수차례 탐사대를 보낸 것이 발단이었다. 코사크인을 앞세운 러시아가 그 곳에서 약탈을 일삼기 시작하자, 원주민들은 청나라에 도움을 요청했다. 러시아는 아무르 강 유역에서 더 남하해 우수리강 일대까지 진격하면서 청나라의 예민한 신경을 건드렸다. 청은 러시아의 남하를 저지하고 그 곳의 지배권을 유지하기 위해 군대를 보내면서 조선에도 원병을 요구했다. 하여, 조선의 효종이 1654년과 1658년 두 차례에 걸쳐 소총수들로 편제된 원군을 파병해 조-청 연합군이 러시아군을 격파한 것이 바로 '나선 정벌'이다. 나선羅禪은 루스Rus, 즉 러시아를 한자로 옮긴 말이다. 이후 소련과 중국의 국경 분쟁지역 된 우수리 강에선 1969년까지도 두 나라가 무력 충돌을 벌였다.

원주민 강제 이주와 '눈물의 길'

미국의 역사, 특히 건국 초기에서부터 어느 정도 기틀을 잡기까지 과정의 한 축은 원주민과 이주민의 갈등으로 점철됐다. 유럽인들은 수천 년 동안 터를 잡고 살아온 원주민들을 '아메리칸 인디언'이라는 정체성이 불분명한 명칭으로 불렀다. 총포로 무장하고 식민지 개척에 나선 유럽인은 전근대적 무기로 저항하는 원주민의 땅을 빼앗거나 헐값으로 사들이고 그들을 쫓아내며 영토를 넓혀갔다. 물론 유럽 이주민들도 극도로 열악하고 척박한 새

환경과 원주민들의 적대적 태도를 극복하고 살아남아야 했고, 그 과정에서 적지 않은 희생을 치렀다. 그러나 집단이 겪은 희생의 규모와 충격에서 둘은 비교가 되지 않는다. 백인의 총과 대포, 그리고 이전까지 한 번도 겪어보지 못한 병균 앞에서 아메리카 원주민은 속절없이 죽어나갔다. 이런 사정은 남미 대륙도 마찬가지였다. 백인 이주민들에 대한 원주민의 저항은 무자비하게 진압됐다. 원주민들은 미개하며 포악하다는 식의 이미지 조작도 병행됐다.

아메리카 선주민들에 대한 유럽 이주민들의 대응 정책은 두 축으로 이뤄졌다. 전쟁과 정복, 병합, 추방 같은 '강압적 배제'가 그 하나였다. 다른 한 축은 타협과 상생, 동화, 보호 같은 '포용적 공존'이었다. 포용적 공존은 원주민 정체성을 인정하는 범위와 수준에 따라, 서로 동등한 지위에서의 접근과 우월적 지위에서의 접근으로 나눠볼 수 있다. 화해와 공존의 약속으로 영국 장교와 결혼해 영국으로 건너갔다가 22살의 꽃다운 나이에 병으로 숨진 인디언 추장의 딸 '포카혼타스Pocahontas'의 이야기가 전해오기도 한다. 그러나 이런 식의 타협 시도는 드물었고 성공적이지 못했다. 유럽의 아메리카 신대륙 발견 당시 약 5000만 명 정도로 추산되던 원주민들은 학살과 질병, 강제 이주에 따른 굶주림 등으로 20세기 초에는 불과 수십만 명으로 줄었다. 이쯤 되면 무력충돌에 따른 희생을 넘어 인종절멸에 가깝다.

미국의 대규모 원주민 강제 이주와 재정착은 1830년 당시 앤드류 잭슨 대통령이 인디언 이주법Indian Removal Act에 서명하면서 추진됐다. 애초 동부 해안 지역부터 터를 잡았던 백인 정착민의 수가 갈수록 늘어나면서 남서쪽으로 영토 팽창 압박이 커진 참이었다. 이때부터 1850년까지 20년 동안 수만 명의 아메리카 원주민들이 강제 이주를 당했다. 미국 연방정부는 원주민들의 땅을 수용하는 대신 미시시피 강 서쪽에 땅을 내어준다는 일종의 토지 교환 협상의 형식을 내세웠다. 그러나 누가 봐도 반강제적이고 불공정한 거래였다. 백인 정부가 내세운 '원주민 보호'라는 명분은 정작 원주민 당사자들에겐 전혀 설득력이 없었다. 반면 미국 정부는 원주민 강제 이주와 재정착을 집행할 법적 근거를 마련하게 됐다.

백인들이 '문명화한 5대 부족'으로 여겼던 촉토족Choctaw, 체로키족 Cherokee, 세미놀족Seminole, 크리크족Creek, 칙소족Chickasaw 등 원주민 6만여 명은 졸지에 조상 대대로 살던 고향땅에서 쫓겨나 오클라호마 주에 마련된 '인디언 보호구역'으로 내몰렸다.

백인 정부는 총칼로 무장한 군인과 민병대를 동원해 원주민의 이주를 강제 집행했다. 많은 원주민이 이에 격렬하게 저항했다. 플로리다에 살던 세미놀족은 1835년부터 1842년까지 7년간이나 미국 육군 및 민병대와 전쟁을 벌였다. 1836년에는 백인 정부와 체로키족 대표들이 서로의 토지를 교환한다는 뉴 에코타 협약Treaty of New Echota을 맺었고, 1838년부터는 이들에 대한 강제 이주가 시작됐다. 물론 체로키족 가운데 저항하는 세력은 무참히 진압됐다. 원주민들이 떠나간 빈 땅에는 목화밭을 비롯해 광대한 농장들이 들어서기 시작했다.

강제 이주에 내몰린 원주민들은 수개월 동안 황량한 들판과 험한 계곡을 지나고 거센 물살의 미시시피 강을 넘어야 했다. 미군 기마병들이 감시 및 안내자로 나서 호송했지만, 대다수 원주민들은 걸어가야 했다. 낮에는 하염없이 걸었고, 밤에는 별을 보며 고단한 몸을 뉘었다. 그 과정에서 많게는 1만5000여 명이 추위와 굶주림, 질병으로 길에서 목숨을 잃었다. 1300~2000킬로미터에 이르는 그 여정엔 '눈물의 길Trail of Tears'이라는 서러운 이름이 붙었다. 체로키족은 그렇게 쫓겨 가는 길에서 〈어메이징 그레이스 Amazing Grace〉를 부르며 핍박을 견디고 서로를 위로했다. 이 노래가 원주민

[그림 8] 체로키족의 강제 이주를 묘사한 그림 〈눈물의 길〉

토속곡이 아니라 백인이 만든 기독교 찬송가라는 사실은 역설적이다. '놀라운 은총'이라는 제목과 달리 그들이 부르는 선율은 애처롭기만 했다. 알렉시 드 토크빌Alexis de Tocqueville은 1831년 멤피스와 테네시에서 지켜본 촉토족 이주의 음울한 풍경을 뒷날 《미국의 민주주의》에 이렇게 기록했다.

전반적으로 폐허와 파괴의 분위기, 돌이킬 수 없는 최후의 이별을 드러내는 무언가가 있었다. 마음이 짓눌리는 슬픔 없이는 볼 수 없는 광경이었다. 인디언들은 조용했지만 침울했고 말이 없었다. 영어를 할 줄 아는 한 사람에게 '촉토족은 왜 자신들의 나라를 떠납니까' 하고 물었다. 그는 "자유롭기 위해서요"라고 대답했다. 더 이상 다른 이유는 들을 수 없었다. 우리는 가장 축복받고 가장 오래된 아

메리카 사람들의 추방을 지켜보았다.[27]

미국 정부가 형식적이나마 원주민 정책을 평화적인 방향으로 전향하기 시작한 것은 노예 해방 선언 이후인 1860년대 후반부터다. 당시 율리시스 그랜트 정부는 원주민들과의 갈등 해결책으로 '평화 정책Peace Policy'을 표방했다. 여기에는 원주민들의 자치권 인정, '인디언 보호구역' 설정과 이주, 정부 파견 관리를 종교 지도자로 대체하는 것 등이 포함돼 있었다. 현재 미국에는 326곳의 인디언 보호구역이 있다. 연면적은 대략 5620만 에이커로, 미국 전체영토의 2.3퍼센트를 차지한다. 지금은 관광객 유치를 위해 합법적으로 카지노를 세울 수 있고 면세상품을 판매할 수도 있다. 그러나 다양한 볼거리와 여가시설, 호텔과 쇼핑단지 등 제대로 된 충분한 관광 인프라가 갖춰지지 않은 원주민 보호구역까지 가서 카지노를 즐길 관광객이 얼마나 될지는 의문이다. 오히려 소수 원주민 부족은 '보호'라는 구실 아래 자신의 의지와 무관하게 삶의 터전을 일정 구역 안으로 제약받는 역설적 차별에 놓인 형국이다. 오늘날 보호구역 내 원주민의 절대 다수는 자생적 산업생산의 기반이 없이 시혜적 성격이 짙은 프로그램에 의존하면서 빈곤과 실업, 알코올 중독과 마약 중독, 무기력에 시달리고 있다. 이런 사정은 미국뿐 아니라 역시 원주민이 많고 부유한 나라인 캐나다와 오스트레일리아도 크게 다르지 않다. 남미와 아프리카 등 상대적으로 빈곤한 국가들의 사정은 훨씬 더 열악하다. 사회적 배제, 격리와 차별의 결과 원주민들은 정체성에 대한 위기감과 불만에 휩싸여 있다. 이는 원주민들이 여러 분야에서 자치권을 확대하려는 원주민 권리운동indigenous rights movement으로 이어진다. 이에 대해서는 이 책의 9장 〈우리와 그들, 함께 살아가기〉에서 좀 더 자세히 다루고 있다.

미국 워싱턴 연방의회 건물의 바로 건너편에는 국립 아메리칸인디언 박물관National Museum of the American Indian이 있다. 주요 원주민 부족들의 역사와 문화를 원주민의 관점에서 보존, 전시하고 있는 곳이다. 이 박물관에 가면 '역사 만들기Making History'라는 설명문이 눈길을 끈다.

원주민들에게 역사는 그 자체로 또 하나의 전쟁터이자 정복의 무기가 됐다. 공식적인 역사 기록은 인디언들을 완전히 무시했다. 다른 역사 기록들은 우리를 미개하고 잔인하게 묘사했다. 드물긴 하지만 가끔 어떤 역사적 설명들은 사려 깊고 복합적인데, 그것들은 인디언들도 전적으로 사람이며 다른 어떤 인간들처럼 지적 능력이 있다고 믿는 이들이 쓴 것이다. 그러나 인디언들은 그런 역사 기록의 저자가 결코 아니었다.

이 박물관에는 주요 아메리카 원주민들의 부족별 전시공간도 별도로 마련돼 있다. 그중 치리카후아 아파치족Chiricahua Apache의 전시실에는 영문으로 쓰인 부족명 아래 "We Are a Peaceful People"(우리는 평화로운 사람들입니다)이라는 글귀가 선명하게 붙어 있다. 아파치족은 미국인들뿐 아니라 전 세계 사람들에게 매우 용맹한, 또는 호전적인 부족으로 각인돼 있다. 미국 육군의 공격용 헬기인 AH-64시리즈 헬리콥터의 명칭도 이 부족의 이름에서 따왔다. 정작 아파치족 자신들은 평화로운 사람들이라고 말한다. 그러나 그런 주장, 해명, 호소는 박물관의 담벼락을 멀리 넘어서지 못한다.

아메리칸 드림을 찾아서

새로운 거상The New Colossus[28]
– 엠마 래저러스

정복자의 손발을 대지에서 대지로 내뻗는

저 그리스의 청동 거인은 아니지만

여기 우리의 바닷물에 씻긴 석양의 문 앞에

횃불을 든 강대한 여인이 서 있으니

그 불꽃은 투옥된 번개

그 이름은 망명자들의 어머니

횃불 든 그 손에서 세계만방으로 환영의 빛이 퍼지고

부드러운 눈은 공중에 다리로 이어진

쌍둥이 도시[29]의 항구를 굽어본다

"오랜 대지여 너의 화려했던 이야기를 간직하라"

여인의 입술이 조용히 울부짖는다

"나에게 다오, 지치고 가난한 너의 무리들을

자유롭게 숨 쉬고 싶은 이들을

너의 비옥한 해안가로 밀려온 가련하게 버려진 자들을

거처도 없이 폭풍우에 시달린 자들을 내게 보내다오

황금빛 문 옆에서 나의 횃불을 들어 올리리니"

미국 뉴욕 항구로 들어가다 보면 들머리의 작은 무인도 리버티 섬에 우뚝 선 '자유의 여신상Statue of Liberty'이 눈길을 잡아끈다. 1884년 미국 독립 100주년 기념으로 프랑스가 선물한 이 거대한 동상은 이후 뉴욕의 대표적인 관광 명물, 나아가 미국의 자유와 개방성을 상징하는 표상이 됐다. 맨 처음에는 구리 특유의 붉은 빛을 띠었지만, 차츰 해풍에 산화하면서 지금의 녹청색으로 바뀌었다.

그로부터 8년 뒤인 1892년 새해 첫 날, 리버티 섬에서 금방이라도 가닿을 것처럼 가까운 엘리스 섬 선착장에 대형 선박 3척이 옆구리를 댔다. 미국 정부가 이 섬에 최초로 개설한 연방이민국Federal immigration station이 공식 업무를 시작한 날이었다. 두터운 겨울옷 차림에 커다란 가방을 든 700여 명의 이주자들이 입국 심사를 받기 위해 길게 줄을 섰다. 이민자들의 미국 입성 첫 관문인 이곳에선 주로 질병과 범죄자 차단에 심사의 초점이 맞춰졌다. 특별한 문제가 없는 한 대부분 심사를 통과했다. 엘리스 섬 이민국의 입국 심사를 통과한 제1호 이민자에게 《뉴욕 타임스》는 '붉은 뺨의 아일랜드 소녀rosy-cheeked Irish girl'라는 별명을 붙였다. 애니 무어Annie Moore라는 이 15살 소녀는 먼저 뉴욕에 정착한 부모와 미국에서 함께 살기 위해 두 명의 남동생을 데리고 대서양을 건너왔다. 그해에만 약 45만 명의 신규 이주자가 엘리스 섬의 연방이민국을 거쳐 미국에 들어왔다.[30] 19세기 말부터 20세기 중반까지 미국으로 몰려온 유럽 이민자들은 뉴욕 항에서 맨 먼저 눈에 들어오는 자유의 여신상을 감격스럽게 바라보며 새롭게 펼쳐진 현실을 실감했다. 신생 미국의 독립과 번영은 유럽인들뿐 아니라 전 세계 사람들에게 '아메리칸 드림'의 강력한 유인으로 작용했다.

미국은 맨 처음 생겨날 때부터 '이주자의, 이주자에 의한, 이주자를 위한' 나라였다. 미국 이주사는 크게 네 차례의 '이주 대물결Great waves of immigration'로 나눠볼 수 있다.[31] 시기별 특징을 중심으로 정의하면, 식민지 개척기(17~18세기), 영토 확장 및 산업화 시기(19세기), 이주 부흥기(19세기 말~20세기 초), 그리고 정책적 이민 조절기(20세기 중반 이후)로 부를 수 있을 것이다.

첫 번째 물결(1609~1775)은 영국의 왕 제임스 1세의 칙허로 설립된 버지니아 회사가 첫 미국 식민지인 제임스타운을 건설한 때부터 13개 식민지가 영국과 독립전쟁을 벌여 미국 건국을 선포할 때까지다. 이주자는 대부분

[그림 9] 뉴욕 엘리스 섬에 도착하는 이주자 행렬(1900년대 초)

영국 청교도, 고용계약 노동자, 흑인 노예들이었으며, 프랑스, 독일, 이탈리아 등 유럽 백인들도 제법 있었다. 1775년 독립전쟁이 벌어질 당시 미국의 인구는 약 45만 명이었으며, 주요 입항 도시는 미국의 첫 수도였던 필라델피아였다.

두 번째 이주 물결(1820~1870)은 유럽에서 나폴레옹 전쟁이 프랑스의 패배로 끝나고 빈 체제Vienna Settlement—메테르니히 체제라고도 한다—라는 왕정복고 분위기가 팽배하던 때 일어났다. 당연히 이 시기 미국 이주자들도 대부분 영국을 비롯한 유럽인들이었다. 특히 1840년대 아일랜드의 대기근, 1848년 미국 서부 캘리포니아 주에서 금광이 발견된 이후 불어닥친 골드러시, 1862년 대륙횡단철도 건설 시작은 미국 이주와 서부 개척의 동력이 됐다. 많은 중국인들이 저임금의 철도 건설 노동자로 들어와 눌러앉았고, 샌프란시스코가 태평양 연안의 주요 항구로 발전했다.

세 번째 이주 물결(1881~1920)은 대형선박의 발달로 대서양 횡단이 훨씬 저렴해지고 편안해진 19세기 후반부터 제1차 세계대전 이후 국가 간 이주 장벽이 갑자기 높아지기 직전까지였다. 미국이 역사상 유례없는 물질문명의 풍요를 누리며 낙관주의가 넘치던 시기이기도 했다. 약 40년 사이에 세계 전역에서 2300만 명의 이주자들이 미국으로 밀려왔다. 이주 유입이 폭증하자 1917년 미국 의회는 이민자의 영어 독해 능력 검증과 아시아인 이주 통제를 뼈대로 한 이민법을 통과시켰다. 하지만 이처럼 싸늘해진 태도에도 이주 행렬이 줄어들 기미는 보이지 않았다. 1921년 미국 의회는 처음으로 국가별로 이주자 수 상한치를 둔 새로운 이민법을 통과시켰다. 아시아 국가들뿐 아니라 유럽에서 상대적으로 가난한 남유럽과 동유럽 출신 이주자들에 대한 통제까지 강화되면서, 미국 이민 허용자의 대다수는 북유럽과 서유럽에 편중됐다. 여기에다 1929년부터 세계를 덮친 미국발 대공황의 한파로 미국행 이민자는 급감했다.

네 번째 이주 물결(1965~현재)은 매우 직접적이고 구체적인 계기로 촉발됐다. 1965년 10월 3일, 뉴욕 맨해튼 항구 앞 리버티 섬의 자유의 여신상 아래에서 미국 이주 역사에 굵은 글자로 기록될 특별한 행사가 열렸다. 린든 존슨 대통령이 의회에서 통과된 새 이민국적법을 정식 발효시키는 서명식이었다. 새 국적법의 핵심은 이민자를 수용하는 국가별 쿼터제의 폐지였다. 존슨 대통령은 백악관 집무실이 아니라 자유의 여신상이 서 있는 리버티 공원에서 서명식을 함으로써 미국의 이주 정책이 개방적으로 전환하는 순간의 상징성을 극대화했다.

개정법이 시행되기 전까지 미국은 국가별 이민자 수를 이미 미국에 살고 있는 이민자 수의 3퍼센트 이하로 제한했다. 건국 때부터 200년 가까이 미국인의 대다수가 유럽 이주자와 그 후손이었던 점을 감안하면, 미국은 사실상 유럽인이 아닌 이민자는 거의 받아들이지 않고 있었던 셈이다. 1965년 이민국적법은 연간 이주자 허용 폭을 서반구 12만 명, 동반구 17만 명으로 설정하고, 특별한 재능이 있거나 가족 중 미국 시민권자가 있는 외국인을 우선순위에 올렸다. 난민에 대한 문호도 넓혔다. 이어 1978년 개정법에서는 출신지 구분에 따른 쿼터를 아예 폐지했다.

이후 미국은 한때 이주자 수용 기준을 연간 70만 명까지 크게 늘렸다가, 1995년에 연간 67만 5000명으로 소폭 줄였다. 그러나 이런 기준치에는 미국 시민권을 이미 획득한 이주자들이 가족을 불러들이는 초청 이주자 수가 포함돼 있지 않다. 뿐만 아니라 밀입국자, 비자 기간이 지난 체류자 등 불법 이주자 규모는 합법적 이주 허용자 수치를 웃돈다. 이 때문에 실제로 매년 미국에 들어오는 신규 이주자의 수는 미국 정부가 법령으로 정한 쿼터보다 훨씬 많다. 특히 남쪽 접경국 멕시코와 중앙아메리카 국가 출신의 히스패닉계 이주자들이 폭발적으로 늘어났다. 이는 미국 현대 이주의 가장 두드러진 특징이다. 미국의 히스패닉계 인구는 1990년 약 2240만 명에서 2000년에는 3530만 명, 2010년에는 5047만 명으로 급증했다. 2014년 미국의 히스패닉 인구는 5540만 명으로 전체 인구의 17.4퍼센트를 차지한다.

19~20세기, 산업과 제국의 팽창

산업화가 본격화한 19세기 들어 국제 이주의 규모와 속도는 이전과 비교할 수 없을 만큼 폭발적인 성장세를 보였다. 해운뿐 아니라 육상에서도 철도와 자동차 등 대중 교통수단과 전신과 우편 등 통신의 발달이 원거리 이동의 장벽을 완전히 무너뜨렸다. 지구촌은 서로 한층 가까워졌다. 1873년 프랑스의 공상과학 작가 쥘 베른Jules Verne이 쓴 《80일간의 세계일주》는 이미 전 세계를 한 눈에 담기 시작한 당대 사람들의 지리 지식과 자신감을 잘 보여준다. 하루 일과가 시계처럼 정확한 주인공인 필리어스 포그는 80일 만에 세계 일주를 할 수 있다고 장담하고 내기를 건다. 철도와 증기선을 타고 영국 런던에서 출발해 프랑스 파리, 이집트 수에즈, 인도 뭄바이와 콜카타를 거쳐, 영국령 홍콩, 일본 요코하마, 미국 샌프란시스코와 뉴욕, 영국의 리버풀을 지나 다시 런던으로 돌아오는 긴 여정에 걸리는 날짜와 시간까지 계산해 세계 일주에 성공한다는 줄거리다.

19세기 이후 근대의 대규모 국제 이주는 단연 유럽이 주도했다. 인구의 급격한 증가, 주권의 범위와 국경이 명확히 구획된 근대국가의 탄생, 그리고 두 차례에 걸친 세계대전과 그에 따른 민족 대이동이 가장 큰 원인이었다. 세계 경제가 원료 공급지와 상품 생산지, 상품 시장이라는 분업 체계로 긴밀하게 연관되기 시작한 것도 이주의 확산에 큰 몫을 했다. 특히 유럽의 인구 폭발은 유럽의 식민지 팽창과 밀접한 인과 관계가 있어 보인다. 러시아를 포함한 유럽의 인구는 1800년 1억8800만 명에서 1900년에는 4억3200만 명으로 불과 한 세기만에 2.3배나 급증했다. 갑자기 불어난 인구는 주거와 경작을 위한 땅에 대한 압박으로 작용했다. 먹고살기가 힘들어진 수많은 사람들이 일자리와 경제적 기회를 찾아 유럽 바깥으로 나갔다. 20세기 들어서는 에릭 홉스봄Eric Hobsbawm이 '폭력의 시대'라고 붙인 명칭에 걸맞게 전쟁과 추방에 따른 강제 이주의 규모가 역사상 어느 때보다도 커졌다.

19~20세기의 국제 이주는 유럽 열강 제국주의 국가들의 식민지 팽창, 경제적 이유에 따른 인적 자본의 이동, 신대륙 이주라는 3개의 축으로 촉진됐

다. 특히 1492년 콜럼버스의 첫 상륙 이래 300년 동안 꾸준히 이주자 유입이 이뤄져온 아메리카 대륙은 인디오의 땅에서 유럽 백인들의 영토로 빠르게 바뀌었다. 19세기 들어 이 거대한 땅은 유럽뿐 아니라 중국, 인도, 일본 등 아시아 국가들에 이르기까지 전 세계 사람들의 새 삶터로 확고하게 자리 잡았다. 미국이 가장 선호되는 이주지였지만 남미의 다른 나라들로 향하는 이들도 많았다.

구체적으로, 1815년부터 1840년까지 약 7천만 명의 사람들이 다른 대륙으로 떠났다. 그중 10분의 9가 유럽에서 이주한 사람들이었는데, 이 수는 1900년 유럽 인구의 약 15퍼센트에 해당된다. 1840년부터 제1차 세계대전이 발발하던 해인 1914년까지 족히 1억 명에 이르는 유럽인이 대륙을 건너간 것으로 추산된다. 이런 변화는 언어와 인종과 종교와 사회구조를 활발하게 혼합시켜버렸다. 이주했던 사람들 가운데 3분의 1가량이 다시 본국으로 되돌아온 사실을 감안하면, 이 기간 동안 이주자의 수는 4500만 명을 약간 웃도는 셈이다.[32] 유럽의 해외 이주자의 대다수는 자기 땅이 없는 농민들이거나 마을의 수공예 장인들이었다. 인구 폭발에 따른 토지의 부족, 대단위 농업생산, 값싼 공장제 상품의 양산에 밀려 더 이상 전통적인 방식의 삶을 유지할 수 없게 된 사람들이었다.

19세기 원거리 이주를 더 잘 이해하기 위해선 이 시기 이주가 이전 시기와 어떻게 다른지를 인구학적·사회적·경제적 변화의 관점에서 비교해볼 필요가 있다. 첫 번째는 인구의 급속한 증가다. 의학과 위생의 발달에 힘입어 삶의 질이 개선되면서 수명이 길어지고 사망률이 크게 떨어졌다. 특히 농업생산력의 발달에 힘입어 농촌 인구가 빠르게 늘었는데, 이는 인구 배출의 압박 요인으로 작용했다. 이들은 언제든지 도회지에서 싼값에 노동력을 팔 준비가 돼 있는 산업 예비군 집단을 형성했다. 둘째, 근대 산업이 급

성장하면서 노동력 수요가 부쩍 커졌다. 이는 농촌에서 밀려난 사람들을 저임금 노동자로 끌어들였다. 셋째, 이 시기부터 세계경제의 통합이 가속화했다. 자본은 국경에 구애받지 않고 최대치의 이윤을 추구했다. 자본의 논리에 따른 노동력 이동이 필연적으로 뒤따랐다.

19~20세기 국제 이주의 가장 큰 흐름은 단연 유럽에서 남북 아메리카로 향하는 대서양 횡단 이주였다. 이 흐름은 이주자의 수와 출신지, 각 집단의 특징을 고려해 네 시기로 나눠볼 수 있다. 이를 요약하면 다음과 같다.[33]

첫 번째 시기는 프랑스대혁명 이후 22년간 지속된 유럽 전쟁이 끝난 다음인 1815년경부터 시작돼 30년가량 이어졌다. 이주자들의 출신지는 이베리아 지역을 제외하면 주로 대서양 연안에 위치한 영국과 스코틀랜드였으며, 간혹 스칸디나비아와 프랑스인도 있었다. 초기 이주자들은 주로 농민이나 장인匠人들이었다.

두 번째 시기는 아일랜드에 극심한 기근이 닥쳤던 1846년부터 1880년에 이르는 때로, 적당한 일자리를 찾지 못한 사람들이 대규모로 이주했다. 1846~1847년 사이에만 연간 40만에서 50만 명이, 1848년 이후에도 연간 30만 명이 유럽을 떠났다. 특히 아일랜드에선 감자조차 구하기 힘들었던 1845~1852년 사이에 수백만 명의 아일랜드 사람들이 살 길을 찾아 고국을 등지고 미국으로 향했다. 영국과 스코틀랜드 이주자들도 여전히 이주 행렬의 주류를 이뤘다.

1880년부터 제1차 세계대전이 발발한 1914년까지의 세 번째 기간 동안에는 이주자 수가 폭증해 연평균 80만 명에 이르렀다. 특히 1910년에는 사상 최대인 200만 명을 기록했다. 이주 인구 중 유럽인이 130만 명으로 가장 큰 비중을 차지했다. 처음엔 앵글로–색슨계가 다수였으나, 점차 우크라이나, 폴란드, 체코, 러시아, 오스트리아–헝가리의 유대인, 그리고 이탈리아

[표 1] 19~20세기 유럽의 대서양 횡단 이민[34]

나라, 민족	시기	이민 지역	이주자 수
영국·아일랜드	1825~1940	미국, 캐나다, 호주, 남아프리카	2100만
독일	1820~1930	미국, 캐나다, 칠레, 브라질 등	650만
스칸디나비아	1850~1930	주로 미국, 기타	250만
프랑스	1801~1939	브라질, 멕시코, 아르헨티나, 미국, 모로코, 알제리 등	190만
이탈리아 (통일 이후 빈민자 이민)	1860~1930	미국, 아르헨티나, 브라질 등	527만
체코, 슬로바키아, 크로아티아, 보스니아, 폴란드, 헝가리, 루마니아, 오스트리아, 스웨덴, 티롤 주민 등	1875~1914	주로 미국, 기타	–
폴란드인	1919~1939	미국, 유럽(주로 프랑스)	100만
러시아	1861~1914	시베리아	42만
	1971~	국외 추방	200만
	1890~1940	러시아령 아시아	700만

인과 같은 동부와 남유럽 출신이 그 수를 앞지르기 시작했다. 여기에 일본
인, 그리고 미주대륙 횡단 철도 부설에 투입된 중국인이 가세했다. 이주자
들은 대부분 특정한 기술이나 재산이 없는 단순 노동자들이었으며, 저임금
과 낮은 생활수준에 익숙한 사람들이었다.

　네 번째 시기는 제1차 세계대전이 끝난 이듬해인 1919년부터 제2차 세계
대전이 본격화한 1940년까지다. 이 시기에는 자의에 의한 이주뿐 아니라
강제 이주가 급격히 증가한 특징을 보인다. 소수 민족에 대한 박해, 정치
적·종교적 박해의 결과로 유럽에서만 수백만 명이 길거리로 내몰리거나
이민선에 올랐다.

국민국가의 형성: 이주, 추방, 제국주의

오늘날 한 사람의 정체성을 분류하는 가장 큰 기준은 국가(국적)와 민족이다. 전자는 역사와 문화를 공유하는 생활공동체의 특성이, 후자는 언어와 핏줄로 맺어진 혈연공동체의 성격이 강하다. 그런데 이런 개념들은, 적어도 서구에서는 19세기 근대 민족국가의 성립 이후 '이주'에 대한 대응 개념으로 나타났다. 어느 때보다 균질한, 혹은 균질해졌다고 믿는, 국민국가 혹은 영토국가 안에서 소속 국가를 기준으로 '우리'와 '타자'의 존재를 구별하기 시작한 것이다. 마을 공동체의 '이웃'에서 주권국가의 '국민'으로 분류되고 호명된 사람들은 하나의 국기를 흔들고 같은 국가를 부르며 공동운명체로서의 정체성과 소속감, 유대 의식을 확인했다. 깃발이 다르면 사람도 달랐다. 서구와 달리 강력한 중앙집권적 왕권국가의 전통을 유지해온 아시아와 아프리카, 남미 등 다른 대륙에서도 근대적 의미의 국민국가가 형성된 것은 19세기 말 이후의 일이었다.

이런 현상은 20세기 들어 대제국들이 해체되거나 축소되고 국가 연방이나 국민국가 단위로 재편되면서 더욱 확고해졌다. 제1차 세계대전은 그 결정적 분기점이었다. 예컨대 오스만제국은 전쟁에서 연합국에 패배한 뒤 터키로 축소됐고, 제국이 거느렸던 아랍 지역의 방대한 영토는 영국령과 프랑스령으로 찢겨졌다. 오늘날까지도 세계의 화약고가 되고 있는 아랍권 여러 나라들의 분쟁과 갈등의 비극은 여기서 싹이 텄다. 오스트리아-헝가리 제국도 철저하게 해체돼 오스트리아, 헝가리, 체코슬로바키아, 유고슬라비아 등 신생독립국을 탄생시켰고, 나머지 영토는 세르비아, 루마니아, 이탈리아, 폴란드, 우크라이나 등에 할양됐다. 중국, 독일, 러시아 등은 공화국으로 재탄생했지만 그 과정에서 제국 영토의 상당 부분을 잃었다. 이 과정에서 수천만 명의 소수자 집단이 추방되거나 정치적·경제적 난민이 돼 국가의 바깥을 떠돌았다. 제1차 세계대전 이전에는 대다수 이민자들이 개인적 이익을 기대하고 개인적으로 이주를 결정했다. 그러나 전쟁 시기와 종전 이후의 이주자들은 특정 집단의 일원으로 추방되거나 박해를 피해 이주하는 경우가 압도적이었다. 두 차례의 세계대전 이후 유럽과 아시아에서 국가들의 경계는 민족, 혹은 국민적 정체성에 훨씬 가깝게 새로 구획됐다.

20세기에도 세계는 많은 사회적 분열과 문화적 충돌을 겪었다. 자본가(고용주)와 임노동자(피고용자), 지주와 소작농 간의 계급갈등, 인종, 내셔널리티(민족/국가), 종교, 성별의 차이에 따른 갈등이 대표적이다. 그중에서도 민족/국가라는 소속 집단의 다름에서 비롯한 충돌은 앞선 시기에서 유례를 찾아보기 힘들 만큼 근본적이고 격렬한 양상을 띠었다.[35] 인류 역사에서 집단 살해는 흔한 일이지만, 국민국가 건설과 유지 과정에서 인종청소에 가까운 대량 학살은 20세기 이후에 생겨난 현상이다. 오랜 세월 이웃으로 지내온 집단이 민족적 순수성을 내세우면서 한순간 갑자기 공포의 살육자로 돌변했다.

근대 이후 대규모 추방과 학살의 첫 사례로는 터키의 전신인 오스만제국의 아르메니아인 대학살이 꼽힌다. 이 문제는 정치적으로나 역사적으로 매우 민감해서, 터키는 지금도 자신들이 학살을 저지른 게 아니라 대규모 강제 이주 과정에서 일어난 인명 손실이라고 강하게 반박한다. 그러나 학계에서는 의도적이고 조직적인 인종 청소가 자행됐다고 보는 게 통설이다. 오스만제국 시절 터키인들은 수많은 소수민족들의 분리독립운동을 억압하며 제국을 유지해왔다.

제1차 세계대전 당시 오스만제국은 독일, 오스트리아와 함께 동맹국 진영에서 연합국에 맞서 싸웠다. 그런데 전세가 불리해지자, 이슬람 국가인 오스만은 기독교계 소수민족인 아르메니아인을 안보에 대한 잠재적 위협으로 여겼다. 오스만제국 정부는 1915년부터 터키 전역에서 수백만 명의 아르메니아인을 남부의 산악 변방지대로 추방하기 시작했는데, 이 과정에서 집단적 저항과 대규모 학살이 자행됐다.[36] '죽음의 행진' 과정에서 온갖 처참한 방법으로 목숨을 잃은 아르메니아인이 적게는 20만 명(터키 정부의 공식 견해)에서 많게는 200만 명(아르메니아 쪽의 주장)에 이르는 것으로 추산된다. 이와 별개로 100만 명의 아르메니아인들이 평생 살던 곳에서 추방됐거나 박해와 학살을 피해 고향을 떠났다.

20세기 이후, 아니 인류 역사를 통틀어 최대 규모의 강제 이주와 대량 학살은 제2차 세계대전 중 나치 독일이 저지른 홀로코스트Holocaust였다. 홀로코스트는 아리안족Aryans 혈통의 순수성 보존을 구실로 세운 인종주의적 광기의 극단이었다. 독일은 자국은 물론 점령지의 유대인을 학살하기에 앞서, 이들을 유럽 밖으로 내쫓는 강제 이주와 재정착 프로그램을 먼저 가동했다. 팔레스타인, 에티오피아, 마다가스카르 등이 목적지였으며 심지어 시베리아까지 후보지에 올랐다. 1938년 시작된 나치의 소수자 강제 이주 정책은 1941년부터 대규모 인종 절멸 정책으로 바뀌었다. 1945년 초 독일의 전세가 기울면서 아우슈비츠 수용소 등 주요 집단수용시설이 소련군과 연합군에 해방되기까지 4년 동안 유대인을 비롯해 슬라브족, 집시, 동성애자, 장애인, 정치범과 공산주의자, 전쟁 포로 등 무려 1100만 명이 넘는 목숨이 총살되거나 굶어죽거나 가스실에서 비극적인 최후를 맞았다. 전쟁 시기에 미국으로 망명한 독일 유대인 출신의 정치학자 한나 아렌트Hannah Arendt는 1960년 이스라엘 예루살렘에서 열린 나치 전범 아돌프 아이히만에 대한 재판을 지켜본 뒤 쓴 저서 《예루살렘의 아이히만》에서 '악의 평범성Banality of Evil'에 주목했다. 누구든 자신이 하는 행위의 의미를 생각하는 능력을 결여했을 때 단순한 직업의식만으로 끔찍한 악을 저지를 수 있다는 통찰이었다.

제2차 세계대전의 종전은 유럽 열강의 제국주의시대의 종말이기도 했다. 20세기 후반 들어 식민지 종속에서 해방된 신생 독립국들이 우후죽순 생겨났다. 국제질서의 재편, 그리고 지배 권력의 급작스러운 공백과 교체에 따른 혼란으로 인해 특히 아시아와 아프리카의 신생독립국들에서 수많은 난민이 양산됐다. 민족국가, 영토국가 단위 안에서 이질적인 소수민족에 대한 배제와 격리, 강제 추방도 이어졌다. 이때 소수민족은 반드시 구성원의 수가 기준이 되는 건 아니다. 그보다는 주변 국가와 강대국을 중심으로 한 국제사회가 인정하는 주권과 그것을 지탱할 물리적 힘을 가지고 있는지 여부가 더 중요했다. 터키의 쿠르드 난민과 아랍의 팔레스타인 난민이 대표적이다. 1948년 5월 14일 이스라엘이 팔레스타인 영토에 시오니즘에 기반한 독립국가 건설을 선포했다. 그러자 바로 다음날 이집트와 시리아 등 인근 아랍권 국가들이 이스라엘을 침공했다. 제1차 중동전쟁이다. 이스라엘과 아랍 국가들은 그 뒤로도 1956년, 1967년, 1973년까지 모두 4차례에 걸쳐 중동전쟁을 벌였다. 1948년 이스라엘의 건국과 제1차 중동전쟁으로만 팔레스타인에선 당시 인구의 70퍼센트 이상(72만6000명)의 주민들이 조상 대대로 발붙이고 살던 고향에서 축출됐다. 요르단, 시리아, 레바논, 이라크 등 팔레스타인 주변 국가들의 접경 지역에는 갑자기 밀려들어온 난민들이 거처할 임시 수용소가 우후죽순 생겨났다. 그 임시 수용소들은 70년이 지난 2016년 현재까지도 해체되기는커녕 상설 난민촌이 되어버렸고 규모도 급속히 커져버렸다. 그 사이 2세, 3세가 태어나면서 팔레스타인 난민이 약 500만 명으로 불어났기 때문이다. 팔레스타인 난민 문제는 이 책의 8장 〈난민, 가장 비참한 강제 이주〉 부분에서 좀 더 자세히 다루고 있다.

20세기 들어 달라진 많은 것들에도 불구하고, 인간의 이주에서 전통적인 면모가 유지되고 있는 부분도 있다. 무엇보다 전례 없이 인구가 폭증했음에도 대다수 사람들은 여전히 강과 바닷가를 중심으로 모여들고 그곳에서 삶을 꾸린다는 점이다. 산업화와 도시화, 인구 집중으로 환경오염이 갈수록 심각하지만 인간은 새로운 대안을 끊임없이 모색하고 있다. 이전 시기와 한 가지 다른 점이 있다면, 항공교통이 장거리 이주의 주된 수단으로 자리 잡았다는 정도다. 육로와 해로는 옛날만큼 인간의 장거리 이주에 활용되진 않지만, 여전히 상품과 자원이 이동하는 핵심 기능을 수행하고 있다.

지금까지 우리는 수백만 년에 걸친 인류의 오랜 이주 역사를 살펴봤다. 오늘날 인류의 삶은 선뜻 미지의 땅으로 떠나 새로운 삶을 개척해온 선구자들의 용기와 결단에 빚진 바 크다.

– 제2부 –

국제 이주,
여전한 문제들

한 나라를 평가하는 간단한 방법은 얼마나 많은 사람이 그 나라에 가고 싶어 하는지,
그리고 떠나고 싶어 하는지를 보는 것이다.

– 토니 블레어

5장

국제 이주,
어떻게 흘러가고 있는가

행운과 권력이 있는 자들은 추방당하지 않는다.
가난과 불운보다 더 확실하게 평등을 보장해주는 것은 없다.
– 알렉시 드 토크빌, 《미국의 민주주의》 중에서

이주 유형의 변천

제1부에서는 '이주'라는 열쇳말로 아주 먼 옛날부터 최근까지 인류의 역사를 훑어보았다. 제2부에서는 비교적 익숙한 근대 이후부터 현 시대까지 이주의 특성과 국제사회가 직면하고 있는 이주의 여러 현안들을 살펴본다.

익숙한 환경을 떠나 낯선 환경에 뿌리를 내리는 데에는 엄청난 정신적 스트레스와 육체적 수고가 따르기 마련이다. 종종 예측하지 못한 위험에 맞닥뜨리기도 한다. 그럼에도 까마득한 선사시대부터 인류가 고향 아프리카를 떠나 세계 전역으로 퍼져나간 것은 더 나은 생존환경이 필요했기 때문이다. 이런 사정은 오늘날도 마찬가지다. 열매를 따먹고 사냥감을 쫓아 떠돌던 시절이나 디지털 노마드라는 신인류가 탄생한 오늘날까지 인간 이주의 본질적 이유에는 큰 차이가 없다.

특히 20세기 이후 급속한 세계화와 다문화 환경, 교통과 통신의 급속한 발달과 대중화, 정보와 지식의 확산, 삶의 질 향상 욕구 등은 과거보다 훨씬 더 국제 이주 수요를 만들고 확대 재생산한다. 유고슬라비아 내전, 이라크 전쟁, 시리아 내전 같은 분쟁에서 발생한 이주자와 난민도 국제 이주 증가에 큰 몫을 한다. 유엔의 집계에 따르면 2015년 전 세계의 이주자는 2억

4400만 명으로, 21세기가 시작된 15년 사이에만 41퍼센트나 늘었다.

이주의 근본 이유는 예나 지금이나 차이가 없지만, 이주의 양상은 그렇지 않다. 아프리카 탈출에서부터 오늘날까지 최소 100만 년의 시간을 큰 틀에서 보면, 인간의 이주는 이동과 적응→확산과 충돌→국가의 관리와 통제→네트워크 형성까지 크게 네 단계로 변화해왔다. 단, 이런 흐름은 시기와 지역이 명징하게 구별되는 분절적 변화가 아니라, 그전 시기와 달라진 새로운 특징들이 중첩되어가는 과정이다. 특히 국가 관리와 네트워크 형성은 인류의 장구한 이주 역사에서 봤을 때 극히 최근에 나타난 현상이다.

첫째, 이동과 적응이다. 선사시대 수렵·채취인들의 이주는 순전히 개인과 집단의 생명을 보전하기 위한 행위였다. 이주를 결행하게 하는 결정적 요인은 주변의 생활환경이었다. 식량과 거처의 확보, 기후와 식생 등 자연환경에의 적응, 포식자와 적들로부터의 안전이 최우선이었다. 이 시기의 이주는 소규모 집단이 애초 살던 곳에서 다른 곳으로 옮겨가면 그뿐이었다. 떠난 자는 돌아오지 않았고, 남은 자는 기다리지 않았다. 문자 그대로 한 지역에서 다른 지역으로 삶의 터전을 옮기는 것이었다. 적자생존의 이주생활에서 개인이나 가족 단위의 이주는 드물었다. 이는 집단으로부터 낙오와 고립을 자초하는 위험천만한 일이었다. 떠나온 곳과 새로 정착한 곳 사이에는 아무런 연계가 없었다. 유목민들이 계절의 변화에 따라 일정한 지역 안에서 주기적인 순환 이동을 했지만, 이것도 집단 전체가 옮겨 다니는 생활이었다. 적응하거나 이주하거나, 둘 중 하나에도 성공하지 못하면 도태였다.

둘째, 확산과 충돌이다. 농경문화가 일반화한 뒤부터 인구가 늘고 생활공동체의 규모가 커지기 시작했다. 인류의 이주는 집단 이동이 아니라 거주 지역의 확산 양상을 띠기 시작했다. 이주자들의 출향은 언제든 다시 귀향할 여지를 남겨둔 것이었다. 떠난 이들의 공간에는 여전히 거기에 뿌리 내린 사람들이 살았고, 떠난 이들이 도착한 땅에는 새로운 공동체가 만들 어졌다. 그러다가 남은 자들까지 옮겨와 출향한 가족 내지 집단과 재결합 하기도 했다. 선주민이 있든 없든 관계없었다. 힘이 더 강한 집단의 정복전 쟁과 식민지 개척은 이런 흐름을 더욱 부추겼다. 결과적으로 인간의 영토 가 급격하게 넓어졌고, 서로 다른 사람과 문화가 뒤섞였다. 이 과정에서 정 복자, 강한 자들의 소수자 박해는 사회적 배제와 추방, 집단난민 사태로 이 어졌다. 그렇게 쫓겨난 이들이 세계 곳곳에서 디아스포라로 불리는 이산 공동체를 형성했다.

셋째, 국가의 이주 통제다. 지금처럼 국가 간 이동이 신분을 확인하는 온 갖 증명 서류와 엄격한 통관 절차를 요구하는 게 보편화한 것은 인류 역사 를 통틀어 불과 100년밖에 되지 않았다. 이전까지는 국경을 넘나드는 이동 과 이주가 상당히 자유로웠다. 19세기까지만 해도 여권passport은 국가 또는 왕실이 특별한 지위나 임무를 띤 사람의 여행 허가와 신분 증명의 성격이 강했다. 심지어 출국자의 납세 증명서로 쓰이기도 했다. 여권은 여행자가 그 여권을 발행한 나라로 되돌아올 수 있는 권리를 보증할 뿐, 여행 목적국 의 입국을 보장하는 법적 효력은 없는 것이었다.

그러나 19세기 이후 유럽에서 철도가 보급되고 빠른 속도로 국경을 넘는 여행객이 급증하자 사정이 바뀌었다. 더욱이 1914년 유럽에서 제1차 세계 대전이 발발하면서 각국은 안보와 병력 확보를 포함한 인력 관리를 이유로 출입국 통제를 강화하기 시작했다. 국가가 외국 여행객의 입국과 체류 기 간을 사전에 허락하는 비자visa가 일반화하기 시작한 것도 바로 이즈음부터 다. 여권이 자국민의 출국을 관리하는 수단이라면, 비자는 외국인의 입국 을 통제하는 수단으로 자리 잡았다. 국내 여행과 달리 국경을 넘는 여행에는 '합법적인 여행'과 '불법 여행'의 구분이 생겨난 것이다. 국가 간 여행과 이주를 위해선 자기 나라 밖으로 나갈 때든, 다른 나라에 들어갈 때든 모두 해당 국가가 정한 기준과 요건을 충족하고 통제에 복종하는 '국민 증명'을 해야 했다. 국적이 없거나 국적을 상실한 사람은 합법적인 외국 여행이 사실상 불가능한 시대가 됐다.

넷째, 네트워크 형성이다. 빠르고 대량 운송이 가능한 교통수단, 세계를 촘촘하게 잇는 통신망, 정보 접근성 향상과 지식의 보급 등에 힘입어, 산업혁명 이후 국제 이주는 이주자 네트워크를 형성하기 시작했다. 20세기 이후 항공여행의 보편화와 정보통신 기술혁명은 이주의 국제화를 더욱 가속화했다. 그만큼 이주자 네트워크도 확고해졌다. 떠난 자는 남은 이들에게 새로운 지역에 대한 정보와 그곳에서의 삶을 이야기했고, 일부의 성공 신화는 동반 이주를 자극했다. 디아스포라는 고립된 더부살이가 아니라 고향과 타향을 연결해 시너지 효과를 내는 집단으로 새롭게 자리 잡았다. 세계화시대로 불리는 오늘날의 이주는 단일국가의 문제가 아니라 세계의 거의 모든 나라가 함께 영향을 받는다.

현대 국제 이주, 이렇게 진행되고 있다

이주 문제는 오늘날 국제사회의 가장 뜨거운 현안 가운데 하나다. 유럽과 미국, 중동과 아프리카, 아시아와 오스트레일리아 대륙, 태평양 한 가운데의 섬나라에 이르기까지 등 지구촌 어느 한 곳도 이주 문제에서 자유롭지 않다. 세계 인구와 자원과 부의 구조적 불평등이 개선되지 않는 한 계속 그럴 게 틀림없다. 대다수 지역과 국가들에서 경제적 이주자와 난민의 양산에 따른 이해관계가 실타래처럼 엉켜 있고, 문제의 복잡성도 중첩되고 있다.

서유럽은 동유럽과 북아프리카, 아시아 등 전통적인 경제적 이주자에 더해 2014년부터 중동의 전쟁 난민 유입이 급증해 비상이 걸렸다. 아프리카에선 뿌리 깊은 부족 간 분쟁과 환경 재앙, 정치적 불안정성이 최대의 도전이다. 미국은 주로 경제적 기회와 정치적 자유를 찾는 이주자들이 많으며, 중남미에서 넘어오는 불법 밀입국자 문제는 미국 대통령 선거에서도 주요 논쟁거리일 만큼 민감한 뇌관이 된 지 오래다. 중동, 아랍권은 70년째 해결의 실마리가 풀리지 않고 있는 팔레스타인-이스라엘 분쟁과 2011년 '아랍의 봄' 이후 대량 난민 사태가 세계의 골칫거리다. 이와 별개로, 산유부국 모임인 걸프협력회의GCC(Gulf Cooperation Council) 국가들에서는 이주 노동자에 대한 인권 침해 시비가 끊이지 않는다. 아시아의 많은 나라들에서도 이주 노동자 문제와 민족 갈등이 개별 국가 차원의 도전을 넘어서고 있다.

21세기 들어서도 부유한 나라로의 이주 편중은 갈수록 심해지고 있다. 2000년부터 2015년까지 유럽, 북미, 오세아니아 등 3개 지역으로만 한 해 평균 280만 명이 이주했다. 이주 목적국을 지리적 구분이 아닌 소득 수준으로 묶어보면 이주자들의 고소득 국가 선호도는 더욱 뚜렷해진다. 이 기간 동안 고소득 국가들이 중·저소득 국가들로부터 받아들인 이주자 순유입 Net migration의 수는 연평균 410만 명에 이르렀다. 세계 전체 이주자의 68.3퍼센트가 남→북 이동, 즉 빈곤국에서 부유국으로 이동한 것이다.[1] 국가 간 경제력과 인구의 불균형은 앞으로도 한동안 국제 이주의 강력한 동인이 될 전망이다.[2] 경제적 이유에서의 이주뿐 아니라 시리아 난민 사태 같은 대규모 난민 이동도 일부 국가의 이주자 순유입에 심대한 영향을 미치고 있다.

이주 문제를 둘러싼 논쟁의 맨 밑바닥을 관통하는 것은 크게 두 가지다. 하나는 선주민과 이주민의 자원 배분, 즉 정치·경제적 이해관계다. 다른 하나는 혈연, 풍습, 언어, 종교, 문화적 차이에서 비롯한 집단 정체성과 사회

[표 2] 이주를 보는 찬반 논리

긍정적 시각	부정적 시각
부족한 노동력 확충	일자리 잠식과 실업자 증가
신규 일자리 창출	임금 수준 저하 압박
저임금 노동력 전담	복지부담 증대
저출산·고령화 사회의 인구 유지	집단 정체성 약화
문화적 다양성 증대	테러, 범죄 등 안보 위협
선진 문물과 지식의 전파	저개발국의 두뇌 유출
이주 노동자 송금으로 부의 재분배	이주 수용국의 국부 유출

통합의 문제다. 이주에 대한 찬반과 호오의 논리가 시대와 환경에 따라 갈리는 건 당연하다. 현대 세계에서 이주를 긍정적으로 보는 이들은 이주자들의 노동력 보충, 일자리 창출, 저임금 노동 전담, 저출산 고령화 사회의 인구 유지, 문화적 다양성, 국제적 부의 재분배 효과 등에 주목한다. 반면 이주에 부정적인 입장을 가진 쪽에서는 일자리 잠식과 실업자 증가, 평균 임금 수준 저하, 복지 부담, 사회적 갈등과 안보 위협, 저개발국의 우수한 두뇌의 유출 등을 강조한다.

그러나 오늘날 이주를 한 나라 안의 시각에서만 보면 그 실태와 의미를 온전히 파악할 수 없다. 스티븐 카슬과 마크 밀러는 "국제 이주는 전 세계의 사회와 정치를 재편하는 초국가적 혁명의 한 부분"이라고 말한다. 국가를 이주자 송출국과 유입국으로 나누던 예전의 이분법은 이에 의미가 없어졌기 때문이다. 현재 대부분의 국가는 이주민 유입immmgration과 이주민 유출emiration을 동시에 겪고 있으며(물론 둘 중 어느 하나가 더 지배적인 경우가 많지만), 일부 국가는 이주자가 잠시 머무르는 경유지 역할을 맡고 있다. 지금 세계는, 오래된 이민 유형과 경제적·정치적·문화적 변화 및 폭력적 갈등에 대한 대응으로서 발달한 새로운 이민 흐름이 함께 지속되고 있다.[3]

카슬과 밀러는 이러한 다양성 속에서도 발견되는 현대 국제 이주의 일반적인 경향을 여섯 가지로 정리하고 있다. 1) 이주의 글로벌화; 점점 더 많은 나라들이 이주 흐름에 동시에 영향을 받으며 이주자들의 배경도 다양해지고 있다. 2) 이주의 가속화; 거의 모든 지역에서 국제 이주의 규모가 커지고 있다. 3) 이주의 차별화; 이주 유형이 다양해지면서 대다수 국가들은 노동 이주, 난민 이주, 영주 이주 등 여러 유형을 동시에 겪고 있다. 4) 이주의 여성화; 과거 이주에서는 여성의 이주가 주로 가족 재결합에 머물렀으나, 근대 이후에는 여성이 노동 이주의 중요한 주체가 되고 있을 뿐 아니라 규모도 늘고 있다. 5) 이주의 정치화; 한 나라의 국내정치, 국제관계, 안보 정책에 끼치는 국제 이주의 영향이 점점 더 커지면서 정치 논쟁의 중심 주제로 떠올랐다. 6) 이주 변천의 확산; 과거에 이민 송출국이던 나라들이 이주 경유국 또는 이민을 받아들이는 나라로 바뀌고 있다.[4]

유럽, 미국, 한국의 국제 이주

현대 국제 이주의 경향을 먼저 유럽과 미국, 그리고 우리나라까지 세 군데만 간추려 개괄해보자. 중동 산유부국들의 노동 이주를 빼면, 유럽과 미국은 여전히 지구촌 최대의 이주 유입 지역이다. 우리나라도 경제력이 비약적으로 성장한 1990년대가 이주 송출국에서 이주 수용국으로 탈바꿈하는 변곡점이었다.

유럽, 최대 현안으로 떠오른 이주 문제

경제 통합을 넘어 정치 통합을 추구하는 유럽에선 지난 1985년 셍겐조약이 발효된 이래 이주 문제로 인해 역내뿐 아니라 아프리카와 아시아 등 역외 국가들과도 갈등이 빚어지고 있다. 현재 26개국이 가입한 솅겐조약은 회원국 간 개방과 통합을 추구하는 유럽 공통의 출입국 관리 정책이다. 국경 통과 절차와 요건을 간소화한 공통의 표준 시스템을 갖춰 국가 간 통행의 제한을 최소화하는 게 뼈대다. 유럽은 세계의 다른 어느 지역보다도 역사적으로 인간의 역내외 이동이 활발했던 지역이다. 사실 대륙이라고 칭하기도 모호한 좁은 땅에서 국경은 애초부터 이주의 절대적인 장벽이 될 수 없었다. 한정된 자원과 영토를 둘러싼 왕실과 정권의 분쟁과 정복전쟁이 끊이지 않았다. 그 과정에서 자의든 강제든 대규모 이주가 빈번했다. 1993년 11월 유럽연합EU(European Union) 출범으로 유럽의 정치·경제적 통합이 가속화하면서 이주 문제는 유럽의 최대 현안으로 떠올랐다. 많은 영역에서 국가 간 장벽은 갈수록 낮아지고 있으나, 이주 문제는 이런 흐름에 뒤처지거나 오히려 역행하는 조짐이 짙다. 특히 최근 몇 년 새 유럽 전반의 보수화 흐름과 경제 위기 국면에서 소수 이주 집단이나 난민에 대한 인종주의적 편견과 사회적 배제와 차별, 그에 대한 거친 저항과 거부 심리의 악순환은 더욱 심각해지고 있다. 유럽의 극우파와 보수주의의 밑바닥에 흐르는 이슬람 혐오주의Islamophobia와 외국인 혐오증Xenophobia, 몇 해 전 프랑스에서 아랍계 이민자들이 사회적 차별에 항의하며 벌인 폭력시위 사태, 서유럽 몇몇 나라의 사회 밑바닥에 깔려 있는 집시Gypsy 등 소수민족 배제와 추방 정책은 대표적 사례. 집시는 유럽의 유랑민족으로, 이집트 출신이라는 오해 탓에 '집시'로 불렸으나 유럽에선 로마Roma로 불린다.

그러나 다른 한편으로 유럽연합, 특히 그중에도 선두그룹 경제 선진국들의 경우 적극적으로 이주를 받아들여야 할 필요성이 커지고 있다. 인구감소에 따른 노동력 부족 때문이다. 현재 유럽연합이 적정 수준의 노동인구를 유지하고 숙련노동자를 확보하기 위해선 역외로부터 상당 규모의 이민자 유입이 불가피하다. 1950년부터 1975년까지 4반세기 동안 유럽의 출생률은 1000명당 8.4명이었으나, 1976년부터 2000년까지 같은 기간에는 1000명당 2.9명으로 급격하게 줄었다. 2000년 현재 유럽 국가 중에서 절대 인구가 감소한 지역도 17곳에 이르렀다. 이런 추세라면, 2050년에는 유럽 인구의 절반 이상이 50살을 넘어서고, 65살 이상 노년층이 30퍼센트에 이를 전망이다. 이에 따라 유럽연합 집행위원회European Commission는 회원국들에게 이주 문제 해결에 대한 인도주의적 기준을 마련하고 공동으로 대응할 것을 촉구하고 있다. 유럽연합 경제사회이사회도 2008년부터 매년 한 차례 유럽통합 포럼을 열어, 현안 진단과 대안 모색에 적극 나서고 있다.

미국, 이주 수용국으로서 정책 과제의 증가

미국은 이주로 탄생하고 이주로 번성한 이주자들의 나라다. 그러나 전 세계 이주민들에게 새로운 기회의 상징인 미국도 이주 문제로 골치를 앓긴 마찬가지다. 앞서 살폈듯이, 미국의 이주는 역사적으로 유럽과 밀접한 연관이 있다. 건국 초기뿐 아니라 20세기 중반까지도 유럽에서 미국으로의 대량 이주는 계속됐다. 1492년 콜럼버스가 아메리카 대륙에 첫발을 내딛은 이후 유럽인들의 남북 아메리카 이주는 인류 역사상 가장 오랜 기간 동안 대규모로 특정 지역에 집중된 이주로 꼽힌다. 미국은 오늘날에도 전 세계 이주민이 가장 선호하는 국가다. 2015년 말 현재 세계 전체 이주민 2억 4370만 명 중 약 4660만 명이 미국에서 살고 있다. 미국 전체 인구의 14.5 퍼센트가 이주민과 그 2~3세들이다.[5]

이주민의 선호와 유입 압력이 크면 클수록 이주 수용국은 신경을 써야 할 일거리들이 늘어나게 마련이다. 자격 심사, 입국 절차, 안보 유지, 사회통합 등 손봐야 할 정책 과제가 한둘이 아니다. 이주 정책이 정권에 대한 중간평

가나 교체의 구실이 되기도 한다. 어떤 정권이든 보편적인 인도주의 정신에서 이주자 인권을 보장해야 하지만, 이주자들에 대한 국민들의 생각과 정서의 풍향에 더 촉각을 곤두세울 수밖에 없다. 버락 오바마 미국 대통령이 2012년 선거에서 재선에 성공한 것은 공화당에 견줘 포용적인 이민 정책과 개혁 의지에 대한 중남미계(히스패닉) 유권자들의 압도적인 지지에 힘입은 바 컸다.

한국, 이주 문제에 따른 심각한 현안 증가

유럽과 미국이 처한 이주 문제의 현실은 우리나라의 가까운 미래이기도 하다. 이들 국가들의 이주 문제의 다양성, 복잡성, 격렬함, 정치적으로 좌에서 우까지 이주 문제에 대한 폭넓은 논의 스펙트럼, 여러 정책의 배경과 성공/실패 사례 등은 그 자체로 우리에게도 의미 있는 시사점을 준다.

우리나라도 이미 노동(외국인 노동자)과 결혼(다문화 가정)을 중심으로 이주 문제가 심각한 사회 현안이 되고 있다. 특히 조선족 이주 동포들과 동남아 국가들에서 온 이주 노동자들은 한국 사회 최하층 노동력과 단순 서비스업 노동의 주력군으로 자리 잡았다. 법무부 출입국·외국인정책본부의 최신 통계자료를 보면, 2016년 2월말 현재 우리나라의 등록외국인은 113만2693명이다.

국내거소신고 외국 국적 동포와 단기체류 외국인을 합치면 국내 체류 외국인은 185만6656명에 이른다.[6] 우리나라 인구 5157만 명의 3.6퍼센트에 해당하는 수치다. 국내 체류 외국인 10명 중 6명은 이주 노동자다. 국민의 배우자, 즉 결혼 이민도 15만1874명으로 13퍼센트가 넘는다. 또 2014년 말 현재 전국의 초·중·고등학교에 재학 중인 다문화 가정 자녀들은 6만7806명으로 전체 취학생의 1퍼센트를 넘어섰다. 우리나라의 출산율이 세계에서 가장 낮고 취학 어린이가 해마다 줄어드는 것을 감안하면 앞으로 초·중·고 등학교에서 이주자 2세들의 비율은 더 빠른 속도로 늘어날 게 분명하다. 2015년 말 현재 718만여 명에 이르는 재외동포와 2300만 북한동포 중 상당수도 남북한이 통일이 되거나 최소한 평화공존 체제가 정착해 한반도 분단장벽이 낮아질 경우 잠재적인 이주자 집단이다. 그러나 이주자들에 대한 우리 사회의 포용과 사회통합 능력은 아직 턱없이 미숙한 실정이다.

전후 유럽, 국제 이주도 황금기

19세기 이후 유럽에서는 산업혁명과 인구 급증,[7] 대중교통 수단의 발달 등에 힘입어, 이주의 규모와 속도가 이전과는 비교할 수 없이 가파르게 늘었다. 북유럽인과 서유럽인, 특히 영국인과 독일인이 19세기 대륙 간 이민을 주도했다. 이후 1880~90년대에 남유럽인, 슬라브인, 중동부 유럽 유대인들의 이주 러시가 있었다. 영국 출신 이민자들은 대부분 미국에 정착했고, 캐나다와 오스트레일리아 같은 영연방 국가를 선택하기도 했다.

물론 19세기와 20세기 초 이민자들이 모두 유럽 출신인 것은 아니다. 이 시기 이주자가 가장 많이 몰린 미국에는 중국과 일본 등 아시아계 이민자들도 많았다. 그러나 다른 어떤 지역보다 유럽인들이 이민이라는 모험을 가장 많이 선택했다. 실제로 1800년에서 1930년까지 4천만 명의 유럽인이 고국을 떠나 타국에 정착했다. 이민의 주요 동기는 유럽 인구의 급격한 증가와 경제적 어려움 때문이었다. 특히 19세기 말 유럽을 덮친 대공황은 1881년부터 1900년까지 1460만 명이라는 유럽 이민자를 양산했다.[8] 이어 20세기 전반 유럽 대륙을 초토화한 두 차례의 세계대전은 대규모 인구 이동을 부채질했다. 약 140만 명의 무슬림이 소아시아로 돌아왔고, 제1차 세계대전 종전 후 120만 명의 그리스인이 터키를 떠났으며, 1945년 중부유럽과 동유럽에서도 260만 명이 이동했다.

유럽에선 특히 프랑스가 이민자들의 나라였다. 1851년 프랑스 인구의 1퍼센트를 차지하던 외국인의 수가 1886년에는 2.9퍼센트로 늘었다. 또 산업이 본격적으로 발달하면서 노동력이 부족해진데다, 제1차 세계대전 뒤에는 전쟁으로 인한 인명 손실을 메우고 폐허가 된 지역을 재건하기 위해선 이민자들의 유입에 의존할 수밖에 없었다. 전후 1919년에서 1931년까지 프랑스에서 외국인은 3.7퍼센트에서 7.1퍼센트로 치솟았다. 이민자들은 유입국 인구 증가 요인의 상당 부분을 차지한다. 일단 이민자 유입으로 그만큼 인구가 증가한다. 또한 이민자들이 보통 젊은 나이에 오기 때문에 사망률이 낮고 출산율이 높아 인구 증가 요인이 된다. 해마다 조금씩 차이는 있지만 1880~1910년 미국 인구 증가의 31~43퍼센트는 이민자들의 유입에 기인했다.[9]

20세기 초까지 주로 미국과 서유럽 국가들을 중심으로 이민자들이 급증하자 사람들 사이에 '우리'와 '타자'라는 정체성 구별이 뚜렷해지기 시작했다. 이주 유입국과 선주민들의 경계심과 배타적인 태도가 커져갔다. 국민국가 개념이 더욱 확고해지면서 국가가 이주를 본격적으로 통제하기 시작한 것도 이즈음부터다. 이민자들에게는 선주민의 일자리를 빼앗고, 임금을 낮추며, 문화적 동질성을 어지럽히며, 범죄 발생률을 높인다는 혐의가 씌워졌다. 이는 100년이 지난 지금까지도 외국인 이주에 반대하는 가장 강력한 논리로 통용된다. 이런 주장이 어느 정도나 사실인지에 대해선 여러 논란이 있다. 이에 대해서는 6장 〈이주민은 안보에 위협적인가〉, 7장 〈이주가 경제에 끼치는 영향〉에서 더 자세히 다루고 있다.

제1차 세계대전이 터지자 유럽 국가들은 반세기 동안 국경을 봉쇄했다.

세계대전과 대공황으로 인해 이주는 사실상 힘들어졌고 이주자는 환영받지 못했다. 1960년대가 되자 자기가 태어난 지역에 그대로 살고 있는 사람이 압도적으로 많았다. 그렇지만 반세기 동안 이동이 가로막히면서 세계경제에 극적인 변화가 있었다. 나라 간 소득격차가 벌어진 것이다.[10] 현대의 국제 이주 흐름을 이해하기 위한 핵심은 부유국이 제2차 세계대전 종전 이후 30년의 황금기 동안 이룬 성장과 빈곤국의 경기 침체다. 전례 없는 번영이 이루어지던 이 시기에 이주의 문이 다시 열렸다(프랑스에서는 이 시기를 '영광의 30년Les Trente Glorieuses'이라고 한다). 고용주들은 완전고용 상황에서 노동력을 구하는 데 필사적이었다. 정부 역시 노동력 부족을 겪었다. 좌파 정치세력은 공공서비스와 사회기반시설 확대를 위한 인력이 필요했다. 우파 정치세력은 생산요소 부족에 시달리는 지역에 보낼 이주자들이 필요했고, 이를 통해 성장의 박차를 가하면서 노조의 호전성에 재갈을 물리려고 했다. 각 나라 정부는 이주 문호를 다시 개방할 경우 이주 인력이 쇄도할 것이라 확신할 만한 근거를 가지고 있었다. 큰 소득격차는 빈곤국 국민들을 부유국으로 이동시키는 강력한 경제적 동기였기 때문이다.[11]

특히 서유럽에서 히틀러의 패망에 뒤이은 30년은 실로 '영광스러웠다.' 엄청나게 빠른 경제성장에 미증유의 번영의 시대가 동반됐다. 한 세대 만에 서유럽의 경제는 40년간의 전쟁과 대공황으로 잃어버렸던 터전을 회복했다. 유럽의 경제적 성취와 소비는 미국을 닮아갔다. 유럽인들은 잡석 더미의 폐허에서 자신 없이 비틀거리며 벗어난 지 10년도 채 못 되어 풍요의 시대로 접어들었다. 유럽인들 스스로도 깜짝 놀랐고 약간 당황하기도 했다.[12] 여기에는 유럽에 대한 미국의 대규모 원조 프로그램인 마셜 플랜 Marshall Plan이 한 몫을 했다. 마셜 플랜은 전후 미국과 소련을 주축으로 한 자본주의 대 사회주의 진영의 동서 냉전 구도 속에서 유럽을 전략적 파트

너로 부흥시켜야 한다는 미국의 필요에 의해 만들어졌다. 이 프로그램의 정식 명칭은 '유럽 부흥 계획European Recovery Program'이었지만, 당시 이 프로그램을 주창한 미국 국무장관 조지 마셜의 이름을 따서 흔히 마셜 플랜으로 불린다. 이 프로그램이 '밑 빠진 독에 물 붓기'가 아니라 유럽 경제 회복의 성공적인 토대가 될 수 있었던 것은 대규모 원조뿐 아니라 국제 무역의 획기적인 증가와 풍부한 노동력 공급에 힘입은 바 컸다.

우선 1950년 이후 45년 동안 전 세계 수출 규모는 16배가 늘었다. 이 시기 세계 무역에서 차지하는 비중이 10퍼센트 안팎에서 고정됐던 프랑스 같은 나라조차 국제무역의 엄청난 증가로 큰 이익을 얻었다. 실제로, 산업화된 모든 나라는 이 시기에 이득을 보았다. 제2차 세계대전 이후 비서구 세계로부터 수입되는 원료와 식량의 가격이 꾸준히 하락한 데 반해 공산품 가격은 지속적으로 인상됐다. 이 때문에 교역 조건이 산업화한 국가들에 현저히 유리하게 바뀌었다. 서구와 제3세계 사이의 30년에 걸친 불평등 교역을 통해 서구는 특혜를 입었고, 돈을 찍어내는 일종의 면허를 얻었다.[13]

그러나 무엇보다도 전후 유럽이 성취한 눈부신 경제발전은 역내의 대규모 노동력 이주를 빼놓고는 설명할 수 없다. 19~20세기 100년 동안 이탈리아에서만 1500만 명의 이주자가 있었다. 프랑스의 경우 '영광의 30년'으로 불리는 1945~1973년 고도 경제성장 시기에 1인당 소득이 세 배로 뛰었다. 장 카르팡티에는 특히 이 시기 지중해 지역, 즉 유럽 안에서 상대적으로 농업 비중이 높았던 남유럽 국가와 북아프리카 국가들로부터의 노동력 유입에 주목했다. "공업화한 유럽에서 부족한 인력은 주로 이탈리아와 에스파냐처럼 오래 전부터 이민이 시작된 나라들에 의해 충족될 수 있었다. 그 외에도 마그레브 지방(북아프리카)과 터키와 함께 유럽에서는 포르투갈과 유고슬라비아를 덧붙일 수 있다. 이들 국가 출신의 이민자들은 프랑스와 독일과 베네룩스 3국과 스위스에 있는 외국인 인구 가운데 75~85퍼센트를 차지하고 있다. 유럽연합이 거둔 비약적인 경제 발전이 부분적으로는 지중해의 빈민 지역에서 공급된 노동력을 바탕으로 이뤄진 것이라는 점은 의심의 여지가 없다."[14]

경제학자들은 이 새로운 현상의 원동력을 알아내기 위해 성장이론Growth Theory을 내세웠다. 그렇지만 가난한 세계는 성장할 기회를 놓쳤고, 계속 그 상태에 머물렀다. 경제학자들은 발전경제학Development Economics을 통해 세상이 왜 양분되었으며 이런 현상이 어째서 지속되는지 그 이유를 이해하려고 했다.[15]

국가 간 불균등 발전의 이유에 대해서는 수많은 이론과 주장이 있다. 예컨대 안토니오 네그리Antonio Negri와 마이클 하트Michael Hart 같은 좌파 정치 철학자들은 국민국가를 매개로 한 초국적 자본과 제국주의의 속성에 주목한다. 이매뉴얼 월러스틴Immanuel Wallerstein은 세계체제론World System Theory에서, 세계를 중심부와 주변부로 나뉜 국제적 노동분업 구조로 보고 각 국가군 사이의 비대칭적 관계와 불평등한 교역이 불균등 발전의 원인이라고 진단한다. 반면 시장을 확신하는 자유주의 경제학은 노동자의 교육, 노동숙련도, 과학기술 발달과 자본축적의 정도 등 경제주체의 경쟁력과 환경에 더 주목하는 경향이 있다. 한 가지 분명한 것은 20세기 후반 이후 세계는 국가 간 부의 격차가 인류 역사상 어느 때보다 뚜렷하게 벌어지기 시작했고, 이는 세계적 차원에서 대량 이주의 핵심적 동력이 되었다는 사실이다.

도시로 몰려드는 사람들

인류는 농업혁명 이후 약 1만 년이 넘게 일정한 범위의 땅에서 정착생활을 하며 흙을 일궈왔다. 대다수가 들과 강, 초원과 바닷가의 촌락에서 먹거리를 생산하거나 의류와 도구 등 기본적인 생활용품을 만들며 살았다. 인구가 늘고 다른 집단과의 교류 및 교역이 많아지면서 공동체는 훨씬 복잡해졌다. 식량 생산이 아닌 다른 기능을 전담하는 도시가 발달했다. 도시들은 정치와 교역, 교육과 문화의 중심지로 번성했다. 그러나 도시를 실질적으로 지배한 사람은 부와 권력을 독점한 소수의 선택받은 계층이었다. 정치적 야망, 종교적 신념, 영웅심에 불타는 귀족과 성직자와 무사들도 도시의 주인공이었다. 그리고 그들의 경제생활을 뒷받침할 노예와 시종들이 나머지 공간을 채웠다. 도시는 권력과 돈과 문화를 탐닉하는 소수의 사람들로 활기에 넘쳤다. 중세까지도 도시는 그들의 것이었다. 대다수 사람들은 들과 바다에서 고된 노동으로 하루를 보냈다.

1800년 당시만 해도 인구 100만 명이 넘는 도시는 전 세계에서 단 두 곳, 도쿄와 이스탄불뿐이었다. 그러나 오늘날 세계에는 인구가 1000만 명이 넘는 대도시Megacity가 서울을 비롯해 상하이, 베이징, 도쿄, 뉴욕, 멕시코시티, 봄베이, 이스탄불, 상파울루, 자카르타, 뭄바이, 모스크바 등 15곳에 이른다. 실질적 생활권을 포함하는 메트로폴리탄으로 범위를 넓히면 그 수는 수십 개로 늘어난다. 18세기 중반 이후 산업혁명과 물질문명의 발달에 힘입어, 세계는 급속히 도시화하고 있다. 도시 거주 인구도 하루가 다르게 늘고 있다. 근대적 의미에서 도시 집중의 역사는 길게 잡아도 100년 정도에 불과하다.

유엔 경제사회국의 《도시화 전망 보고서》를 보면, 1950년 당시 전 세계에서 도시에 거주한 사람은 약 7억4600만 명으로 전체 인구의 30퍼센트 정도였다. 그러나 2008년 세계의 도시 거주자가 전체 인구가 절반을 넘어서면서, 인류 역사상 처음으로 도시–농촌 인구비가 역전됐다. 2014년 현재 세계 인구의 54퍼센트(약 39억 명)가 도시 지역에서 살고 있으며, 2050년에는 도시 인구 비율이 66퍼센트에 이를 것으로 예측된다. 반면 농촌 인구는 1950년을 기점으로 조금씩, 그러나 꾸준히 줄고 있다.[16] 인간의 사회, 경제적 활동이 도시로 집중되면서, 이주자들도 대부분 도시로 몰린다. 특히 경제적 이주자들과 자기나라를 떠날 수밖에 없는 난민들은 산업기반이 갖춰지고 복지 여건이 더 나은 나라들의 도시를 선호한다.

중동과 아프리카 지역 출신이 대다수를 차지하는 분쟁 난민도 유엔 또는 인접국이 제공한 난민촌에 입주할 기회를 얻지 못할 경우 도시 외곽으로 몰려들었다. 난민촌 입주를 거부하는 난민들도 농촌보다는 도시를 선호한다. 상수도, 에너지, 구호품 등 생존에 필요한 인프라에 접근하기가 더 쉽기 때문이다. 대규모 난민이 발생하는 곳도 농촌보다 도시 지역일 가능성이 크다. 많은 인구가 모여 사는 만큼, 전쟁(분쟁)이나 자연재해의 피해도 더 집중되기 때문이다.

난민들에게 긴급한 인도주의적 지원을 제공하기 위한 난민촌들은 뾰족한 후속 대책을 마련할 틈도 없이 급팽창하고 있다. 규율과 질서가 흔들리고, 특히 여성과 어린이, 노약자 등 취약계층이 인권사각 지대에 놓이면서 생존의 새로운 위협 요인으로 떠오르고 있다. '도시 지역 난민' 또는 '난민의 도시빈민화'라는 새로운 문제를 낳기 시작한 것이다. 실제 난민촌에서 빈번한 성폭행, 인신 납치, 구호자원 빼돌리기 등의 사례는 소말리아 인접국의 유엔 난민촌, 시리아 국경지대 난민촌 등에서 끊임없이 보고되고 있다.

도시 난민 문제는 지구촌의 급속한 도시화 현상과 맞물려 더욱 복잡한 사태를 빚어낸다. 유엔난민기구UNHCR(United Nations High Commissioner for Refugees)가 2009년 발간한 《도시 지역의 난민 보호와 문제 해결 정책》 보고서를 보면, 당시 공식적으로 난민 지위를 인정받았거나 사실상 난민 상태

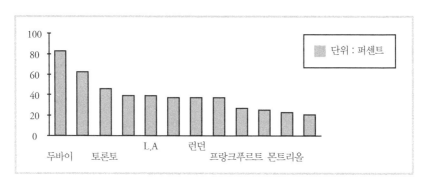

[그림 10] 세계 주요 도시의 외국 출생자 비율(출처: 유엔 인구보고서, 2015)

에 있는 인구 1050만 명 중 절반 가까이가 도시 지역에 몰려 있었다. 정식 난민촌에 수용된 난민 수는 전체의 3분의 1 수준이며, 나머지는 도시 외곽과 농촌 지역, 또는 외국에서 망명처를 구하고 있었다.[17]

도시 난민의 수가 급증하면서 인구 구성에도 변화가 생겼다. 우선 연령과 성별, 가구 구성이 다양해졌다. 과거 개발도상국이나 중진국의 도시 난민들은 도시에서 일자리를 구하며 살아갈 의지와 능력이 있는 젊은층이 대부분이었다. 그러나 오늘날에는 도시 난민에서 여성, 어린이, 노인 등 사회적 취약계층의 수가 크게 늘고 있다. 특히 별도의 난민 수용시설이 없는 나라들에선 이들의 비중이 더욱 높다. 이들은 종종 체포·구금, 강제 이주나 송환, 착취와 차별, 과밀 수용, 성폭력, 에이즈를 비롯한 질병, 인신매매의 위험에 무방비로 노출된다.

유엔난민기구는 도시 난민 정책에서 두 가지 원칙적 목표를 제시하고 있다. 첫째, 도시가 난민들이 거주하면서 자신들에게 부여된 권리를 행사할 수 있는 적법한 장소라는 것을 분명하게 인정하는 것, 둘째는 도시 난민들과 그들을 지원하는 인도주의적 단체들이 사용할 수 있는 보호 공간을 최대화하는 것이다. 이를 위한 포괄적 실행 전략으로는 다음과 같은 12가지를 제시했다. ① 수용시설 제공, ② 신분 등록 및 정보자료 수합, ③ 개인의 신분을 증명할 문서 작성, ④ 난민 지위 결정, ⑤ 지역공동체와 연결, ⑥ 도시 난민들과의 건설적 관계 구축, ⑦ 안보 및 치안 유지, ⑧ 자급적 생계 증진, ⑨ 보건, 교육 등 서비스 보장, ⑩ 물질적 수요 충족, ⑪ 지속가능한 해법 촉진, ⑫ 이동권 문제 대응 등이 그것이다.[18]

도시 지역은 꼭 난민이 아니라도 외지에서 온 이주자들로 붐빈다. 도시가 크고 교역과 일자리가 많을수록, 외국 출신의 이주자가 많다. 예컨대 영국의 경우 1993년부터 2013년까지 불과 20년 사이에 외국 출신 이주자들이 380만 명에서 780만 명으로 급증했는데, 그중 38퍼센트가 런던에서 거주한다. 유럽, 북미, 오스트레일리아 등 부유한 선진국들은 자국의 대도시로 오는 외국인 이주자들, 특히 전문직이나 기술력을 보유한 이주자들을 도시 경쟁력 강화를 위한 개발 전략 차원에서 받아들이는 경향도 있다.[19]

현대인은 왜 이주할까, 이론으로 본 국제 이주

국제 이주는 왜 생길까. 국제 이주가 끊이지 않고 지속되는 이유는 뭘까. 그에 앞서, 우리는 자기 나라를 떠나 다른 나라를 찾는 사람들에 대해 얼마나 알고 있을까? 오늘날 197개에 이르는 나라들의 국경을 넘는 상품의 종류와 수량을, 마찬가지로 똑같은 국경을 넘는 인간 이주의 규모와 성격보다 더 자세히 알고 있는 것은 역설적이다.

국제 이주의 원인과 동력을 사회구조적 맥락에서 설명하려는 노력은 사회학과 경제학 분야가 먼저 시작하고 주도해왔다. 지금까지 많은 연구자들이 국제 이주가 왜 발생하는지를 설명하는 다양한 이론적 모델들을 제시했다. 각각의 이론들은 모두 궁극적으로는 같은 현상을 설명하려 하지만, 이주 현상의 개념, 가정, 설명의 틀은 전혀 다르다. 예컨대 신고전학파 경제학Neoclassical Economics은 국가 간의 임금 및 고용 조건의 차이에 주목하며, 따라서 이주의 동기를 경제적 수입의 극대화를 위한 개인적 결정으로 본다. 반면, 미국에서 발달한 이주의 신경제학New Economics Of Migration은 노동시장뿐 아니라 다양한 산업 분야의 시장 변수들까지 고려해, 이주를 개인의 결정이 아닌 가계 차원의 결정으로 해석한다. 또 이중노동시장이론Dual Labour Market Theory과 세계체제론은 국제 이주가 생기는 이유를 경제 행위자의 미시적 의사 결정이 아니라 현대 자본주의 세계경제의 구조적 수요와 역사적 맥락에서 찾는다. 일찍이 더글러스 매시를 비롯한 일군의 학자들은 〈국제이주이론: 검토와 평가〉[20]라는 논문에서 국제 이주의 발생과 지속 원인을 분석하는 이론 체계들을 일목요연하게 정리한 바 있다.

신고전파 경제학, 국제 이주는 경제적 수입의 극대화를 위한 결정

신고전파 경제학적 설명은 분석의 범위에 따라 다시 거시경제 이론과 미시경제 이론으로 나눠볼 수 있다. 거시경제 분석에 따르면, 국제 이주는 국내 이주와 마찬가지로 노동의 수요와 공급에 대한 지리적 차이에서 기인한다. 자본주의 시장경제에서 생산의 양대 요소는 자본과 노동이다. 자본에 견줘 상대적으로 노동력이 풍부한 나라에선 시장 평균임금이 낮고, 그 반대인 경우는 평균임금이 높을 것이다. 이 같은 임금 수준의 격차는 당연히 저임금 국가에서 고임금 국가로 노동력의 이동을 유발한다. 반대로 자본은 생산비 절감을 위해 고임금 국가에서 저임금 국가로 이동한다. 이때 자본에는 전문지식인과 경영인, 고숙련 노동자 등 인적 자본도 포함된다.

신고전파 경제학의 미시적 분석은 고전경제학의 대전제인 합리적 선택 가설에 뿌리를 두고 있다. 즉 경제주체로서 합리적 판단을 하는 개인들이 이주에 대한 비용–편익을 분석한 뒤, 순익이 생긴다고 결론을 내리면 이주를 결행한다는 것이다. 이런 모델에서는 국제 이주가 '인적 자원들의 투자'라는 형태로 개념화된다. 임금 수준과 고용율의 국가별 격차가 국제 이주를 낳으며, 이주에 따른 비용이 적고 기대 효용(수익)이 클수록 국제 이주의 규모도 커진다. 노동시장의 불균형이 이주의 직접적이고 유일한 원인이며 다른 요인들은 이주 결정에 직접적인 영향을 미치지 않는다. 다시 말해, 고용과 임금 격차가 없으면 이주는 일어나지 않는다. 따라서 이주 노동자 송출국이든 유입국이든 상관없이, 이주 노동자의 출입국 조절과 통제 정책은 이주 노동이 해당국 경제에 가져다줄 기대수익이 그 기준이 된다. 그러나 신고전학파 경제학은 정치, 사회, 문화 등 국제 이주의 다층적 요인들을 외면한 한계가 뚜렷했다.

이주의 신경제학, 국제 이주는 개인이 아닌 가계의 결정

1980년대 들어 신고전경제학 모델이 설정한 기본 가정들에 비판적인 이론이 등장했다. 이주의 신경제학으로 분류된 이 이론 체계는 이주를 선택하는 주체가 고립된 개인들이 아니라 주로 가족을 중심으로 한 더 넓은 범위의 관련자들이라고 본다. 이 이론에 따르면, 이주는 집단의 기대수익을 극대화하고, 위험을 최소화하며, 시장 실패에 따른 변수들로부터 오는 경제적 제약을 완화하려는 방책이다.

일반적으로 경제 선진국의 가계소득 구조는 국가의 사회복지 프로그램이나 민간의 실업보험 등 경제적 위험을 최소화하는 다양한 장치들이 마련돼 있다. 반면, 개발도상국이나 저개발 국가들에선 이 같은 사회적·경제적 위험관리 체계가 미비한 편이다. 개인 또는 가계가 보험료를 내가며 위험관리를 할 만한 여유가 없는 경우가 훨씬 많다. 이처럼 공공영역 또는 민간 부문에서의 시장 실패는 국제 이주의 강력한 압박을 만들어낸다. 이주자들이 외국으로 이주 노동을 결정하는 것은 수입이 끊기거나 급감할 경우를 대비해 수입원을 다변화하려는 것이다.

시장 기능이 실패할 경우 개인과 집단의 국제 이주 압박을 낳는 대표적인 부문으로 곡물보험 시장, 선물 시장, 실업보험 시장, 자본 시장 등 네 가지를 들 수 있다. 자연재해나 기상 이변으로 수확량이 폭락하는데도 곡물보험으로 손실을 보완할 여력이 없는 가계는 구성원 중 일부를 외국의 이주 노동자로 내보내 송금 수입을 기대할 수 있다. 또 금융이 발달한 선진국의 경우엔 미래의 한 시점의 가격으로 미리 생산물을 판매하는 선물시장이 발달돼 있다. 이 같은 선물시장은 미래 수확량이 불확실한 농수산물 생산자에게 상당한 위험회피 수단이 될 수 있다. 반면 선물시장이 없거나 실패할 경우엔 다른 수입원을 미리 확보해두는 게 최선의 방책일 것이다. 실업보험은 임금 수입에 의존하는 개인과 가계가 일자리를 잃을 경우 최소한의 생계를 보장해주지만, 이런 혜택에서 배제된 노동자 가구는 국내 노동시장뿐 아니라 이주 노동으로라도 생계를 유지하려 할 것이다. 따라서 국제 이주는 국가 간 임금 격차가 해소돼도 곡물보험 시장, 선물시장, 실업보험 시장, 자본시장 등 다양한 경제행위자들이 형성하는 시장 요인으로 지속될 수 있다.

국제 이주에 대한 신경제학의 이론적 접근과 정책 처방은 전형적인 수요-공급 모델에서 비롯한 고전경제학의 그것과는 사뭇 다른 함의를 갖는다. 우선 이주의 신경제학은 국제 이주 연구에서 적절한 분석 단위는 자율적인 개인이 아니라 가족, 가계, 또는 그 밖의 통념으로 정의된 생산 단위

여야 한다고 본다. 따라서 국제 이주는 굳이 국가 간의 임금과 실업률 격차가 아니라도 가계들이 위험의 관리와 분산 차원에서 강력한 이주 동기를 가질 수 있다. 이는 이주 노동자 송출 국가들의 경제가 발전한다고 해서 반드시 국제 이주의 압력이 낮아지는 건 아니라는 결론에 이른다. 또 정부는 노동시장뿐 아니라 보험시장, 자본시장, 선물시장 등에 대한 정책적 수단들을 통해서도 이주율에 영향을 미칠 수 있다.

이중노동시장이론 · 노동시장 분절론, 이주 원인은 배출과 흡입

신고전경제학 이론과 이주의 신경제학 이론이 국제 이주의 원인과 성격을 달리 설명했음에도 불구하고, 둘 다 기본적으로 경제주체들의 의사결정 모델이라는 점은 똑같다. 이중노동시장이론은 이런 합리적 선택 모델과 멀찌감치 거리를 둔다. 마이클 피오레는 국제 이주가 개별 경제주체들의 의사 결정이 아니라 현대산업사회에서 경제 선진국의 경제구조에 본질적으로 내재된 항구적인 노동 수요에서 비롯한다고 주장했다. 그에 따르면, 국제 이주가 생기는 이유는 이주자 출신국의 저임금, 고실업 같은 배출 요인 push factors 때문이 아니라, 이주자 유입국이 일상적이고 불가피하게 외국인 노동자를 필요로 하는 흡입 요인pull factors 때문이다.[21]

이중노동시장이론은 현대 산업 자본주의의 발달로 노동시장이 소수의 고숙련, 전문가, 고급인력으로 구성된 1차 노동시장Primary sector과, 다수의 저임금, 비숙련, 단순노동 인력과 산업예비군으로 구성된 2차 노동시장 Secondary sector으로 나뉜다고 본다. 내부노동시장으로도 불리는 1차 노동시장은 자본이 반드시 확보하고 싶어 하는 고급 인력으로, 고용이 안정적이며, 따라서 노동력의 정량적인 수요–공급 법칙에서 벗어나 있다. 반면 2차 노동시장은 일반적인 수요–공급 법칙이 작동하는 시장으로, 이른바 비정규직 고용 형태가 많다.

이중노동시장이론이 국제 이주를 설명하는 방식을 단순화하면 이렇다. 상대적 저개발국이나 빈곤국가에서 값싼 노동력은 늘 넘쳐나 풍부한 노동력 공급원을 창출한다. 반면 고도로 산업화한 국가의 자본은 이윤율 감소 경향을 저지하고 저비용 고수익 구조를 유지하기 위해 고용과 해고가 자유로운 저임금 노동력을 필요로 한다. 이처럼 맞아떨어지는 양쪽의 이해관계가 국제 이주를 낳는 근본 이유다.

한편, 경제 선진국에서 이중노동시장이 형성되고 항구적인 저임금 노동수요를 낳는 요인은 크게 네 가지다. 첫째, 일상적인 임금상승 압박에서 비롯한 구조적 인플레이션. 둘째, 노동자들의 사회·경제적 지위 향상 욕구에 따른 저임금 비숙련 노동력의 공백. 셋째, 자본집약적 산업과 노동집약적 산업의 분화에 따른 노동시장 분절. 넷째, 열악한 노동조건, 저임금, 고용 불안정, 희박한 승진 가능성 등 온갖 불리한 조건을 감수해가며 기꺼이 노동시장의 맨 밑바닥을 채우는 노동력이 상존하는 노동력 공급의 인구 구조가 그것이다.[22]

이 네 가지를 종합하면 이렇게 설명할 수 있다. 경제학 원론의 세계와 달리, 현실에서 임금은 반드시 노동력의 수요—공급 원리로만 결정되지 않는다. 사람들은 자신의 사회적 지위에 걸맞은 임금을 받는 게 당연하다고 믿으며, 따라서 고용주는 수요—공급의 균형값으로만 임금을 책정하는 건 불가능하다. 직업 위계구조의 맨 밑바닥에 있는 노동자들조차도 자기 임금을 자신과 비슷한 처지의 다른 노동자들의 임금과 비교하게 된다. 만일 고용주가 이들의 임금을 올려준다면 임금 인상 요구가 연쇄적으로 파급될 것이다. 그러므로 고용주들은 항상 최저 수준의 임금을 받고도 일할 노동자들을 구할 것이다. 한편 고용주(기업가)는 생산 과정에서 자본과 노동을 투입한다. 기업가에게 자본은 생산의 고정요소이고, 노동은 가변요소다. 그런데 고도의 자본집약적 산업 부문은 소수의 고숙련 전문 기술자들을 안정적으로 확보하려 애쓸 것이다. 반면 노동집약적 산업은 언제든 고용과 해고가 가능한 저임금 비숙련 노동예비군 집단이 필수적이다.

　그러나 이주의 요인을 배출과 흡인 요인에만 주목하는 것은 너무 단순하며, 사실을 오도할 우려도 있다. 국가 간 이주를 결정하는 조건들은 정태적이지 않고 항상 변화하며, 전 지구적 요인 및 이러한 요인들이 현지의 역사적, 문화적 패턴과 상호작용하는 방식과도 연계되기 때문이다. 졸버그 등은 노동 이주를 "배출과 흡인 요인 모두를 동시에 결정하는 초국가적 자본주의 경제의 역동성에 추동되는 노동자들의 이동"으로서 분석하는 것이 중요하다고 제안했다.[23] 이주는 전 지구화가 급속히 진전되고 있는 경제적·정치적 체계의 하위체계로서 검토되어야 하는 집단적 현상이다.[24]

세계체제론, 이주의 원인은 세계시장의 분업 구조

　1970년대와 1980년대에 등장한 역사제도적 접근은 국제 이주를 다른 관점에서 설명했다. 세계경제에서 경제력과 정치력의 불균등한 분배라는 맥락에서 볼 때, 이주는 주로 자본을 위해 값싼 노동력을 동원하는 방식 중 하나로 간주되었다. 이주는 빈곤국들의 자원을 착취해 부유한 국가들을 더욱 부유하게 만듦으로써 불평등한 발전을 영속화해왔다.[25] 경제학 이론들은 1914년 이전에 유럽에서 미국으로 이주한 것 같은 개인들의 자발적 이주에 주목했다. 그러나 역사구조적 설명은 독일의 공장이든, 캘리포니아의 기업 농이든, 호주의 수력발전계획 같은 사회간접자본 프로젝트이든 종류에 상관없이 대규모의 노동력 모집에 주목했다.[26]

　이러한 분석의 지적 뿌리는 마르크스주의 정치경제학, 특히 1960년대에 라틴아메리카에서 영향력을 떨친 종속이론이다. 이는 제3세계 국가들이 저발전은 강대국이 식민 지배를 통해 이 국가들의 자원(노동력 포함)을 착취한 결과이며, 식민 지배 이후에는 불공정한 무역조건 아래 강력한 선진국 경제체제에 종속되는 현상이 더욱 심화되었다고 설명한다. 이보다 포괄적인 세계체제론은 1970년대와 1980년대에 발전했다. 사미르 아민과 이매뉴얼 월러스틴이 대표적인 이론가다.[27]

월러스틴은 세계를 하나의 사회체계로 파악하여 중심부core countries와 주변부periphery countries의 비대칭적 관계를 설명하는 세계체제론을 내놨다. 조금 더 세분하면 중심부 주변에서 마치 마름 같은 지위를 갖는 후발자본주의 국가들인 반주변부semi-periphery countries까지 3중 구조다. 중심부에서 바깥으로 나갈수록 중심부에 대해 피착취와 예속의 관계를 형성한다. 이때 중심부는 16세기 이후 자본주의가 본격 발달하며 제국주의 경쟁을 벌였던 경제선진국들이 주축이며, 주변부는 이들 나라로부터 식민 지배를 받은 나라가 대다수인 경제후진국과 제3세계 국가들로 구성된다. 그러므로 국제 이주는 한 나라 안에 형성된 이중노동시장이나 노동시장 분절 때문이 아니라, 중심부와 주변부로 구성된 세계시장의 분업 구조에서 비롯한다고 파악한다.

세계체제론에 따르면 국제 이주는 자본주의 발달 과정에서 필연적으로 일어나는 균열disruption과 전위dislocation의 자연스런 파생물이다. 자본주의가 서유럽, 북미, 오세아니아, 일본 등 중심부에서 외부로 팽창함에 따라, 역사상 어느 때보다도 넓은 지역과 많은 인구가 세계 시장경제 체제로 편입돼왔다. 주변부의 토지, 천연자원, 노동력은 중심부 중심으로 체계화한 시장의 영향과 통제 아래 놓이게 되면서 불가피하게 노동력 이주의 흐름이 발생하며, 그 일부는 항상 나라 바깥으로 향하게 된다는 것이다.[28]

세계체제론은 또 중심부와 주변부가 토지, 자원, 노동력이라는 전통적인 3대 생산 요소 말고도, 물자와 인력 이동의 산업적 기반인 '물리적 연계', 문화적 유사성에서 비롯한 '이념적 연계', 그리고 글로벌 대도시를 중심으로 한 노동력 재배치로도 묶여 있다고 본다.[29] 이는 앞서 밝혔듯이, 중심부의 대부분이 과거 수십 년 동안 중심부의 제국주의 국가들로부터 식민통치를 받았던 역사적 경험 때문이다. 중심부 국가들은 식민통치의 편의와 효율성을 위해, 행정과 교육 체계를 비롯한 이른바 근대적 제도와 문물을 주변부 식민국가에 통째로 이식했다. 주변부 국가들은 식민 종주국이 물러가고 독립을 이룬 뒤에도 사회 밑바닥에 뿌리박은 중심부 국가의 언어와 풍습 등 식민지 잔재의 영향이 오래도록 강하게 남아 있을 수밖에 없다. 이 같은 연계는 왜 프랑스에는 알제리 출신 이주자들이 많고 독일에는 터키 출신 이주자들이 많은지를 잘 설명해준다.

그러나 종속이론과 세계체제론 같은 역사구조적 접근은 1980년대 들어 이주를 연구하는 일부 학자들에게 비판받기 시작했다. 만일 자본의 논리와 서구 국가들의 이해관계가 그렇게 압도적이라면, 일부 국가에서 나타나는 일시적 노동 이주가 영구적 이주로 바뀌는 것 같은 예기치 않은 변화, 그리고 이로 인한 이주 정책의 붕괴는 어떻게 설명할 것인가? 카슬과 밀러 같은 학자는 신고전학파의 접근과 역사구조적 접근은 모두 현대의 이루 말할 수 없이 복잡한 이주를 충분히 분석하기엔 너무 단편적 관점이라고 지적했다.[30]

이주체계이론과 이주네트워크이론, 이주 공간과 관계에 주목

주로 경제학과 정치학을 중심으로 논의됐던 이주 이론과 그에 대한 비판적 논의들 속에서, 1990년대 이후 학계에서는 새로운 접근이 나타나기 시작했다. 이주체계이론Migration system Theory은 이주가 이뤄지는 공간의 역학에 주목해 지리학과 국제지정학의 분석틀을 적용한다. 또 이주 연구에 사회학과 인류학을 도입한 이주네트워크이론Migration Network Theory은 이주가 이뤄지고 유지되는 관계에 주목한다.

이주체계이론은 이주의 흐름이 일반적으로 식민 지배, 정치적 영향, 무역, 투자, 또는 문화적 유대 등에 기초한 이민 송출국과 이민 수용국 사이에 이전부터 존재하던 연계에서 비롯한다고 주장한다. 이에 따르면, 멕시코인의 미국 이주는 19세기 미국의 남서쪽으로의 팽창과 20세기 미국 사용자(기업인)들의 멕시코 노동자 모집에서 연유한다. 도미니카 공화국에서 미국으로의 이주는 1960년대 미국이 도미니카를 군사적으로 점령한 데서 시작됐다. 이와 마찬가지로, 한국인과 베트남인의 미국 이주는 미국의 군사적 개입이 낳은 장기적 결과였다. 인도, 파키스탄, 방글라데시에서 영국으로의 이주는 영국의 인도 아대륙 식민 지배와 연계돼 있다. 똑같은 카리브해 지역 사람들이라도 자메이카에서는 영국으로, 마르티니크에선 프랑스로, 수리남에선 네덜란드로, 각기 과거에 자신을 지배했던 식민 종주국으로 이주하는 경향이 있다.[31] 이런 현상은 특정한 국가들 사이에서 상품과 자본과 인력의 이동이 상대적으로 더 집중되는 반면, 다른 나라들 사이에선 그런 교류가 더 적은 것으로 특징지어지는 국제 이주의 한 단면을 잘 설명해준다.[32]

이주네트워크이론은 이주를 둘러싼 인적 관계의 연결망에 주목한다. 이주 네트워크란 가족·친인척·동족 같은 혈연관계와 교우관계 등을 통해 새로운 이주자와 기존의 이주자, 그리고 이주자의 출신지에 남아 있는 사람들과 이주 목적지를 이어주는 개인적 연계들의 총체를 말한다. 이주 네트워크는 국제 이주를 촉진하는 경향이 있다. 이주자 또는 이주 희망자들의 이주 비용과 위험이 낮아지는 반면, 이주에서 기대할 수 있는 편익은 증대되기 때문이다. 이주자들이 네트워크로 연결되면, 그다음부터는 후속 이주자들이 이주 수용국에서 외국인 노동자로 고용될 수 있는 사회적 자본이 형성된다. 이는 추가적인 이주를 유발하며, 이주자 수가 늘어날수록 네트워크는 더욱 탄탄해진다.[33]

이주 네트워크는 이민 지역의 정주 및 공동체 형성 과정을 촉진한다. 이주자 집단은 그들의 고유한 사회적, 경제적 하부구조, 즉 종교기관, 결사체, 상점, 카페, 전문가(변호사 및 의사 등), 기타 서비스를 발전시킨다. 이는 가족의 재결합과도 연계된다. 체류 기간이 길어질수록, 노동자로 왔든 난민으로 왔든 이주자들은 점차 배우자와 아이들을 데려오거나 새로운 가족을 일구기 시작한다. 이주의 지속에 강력한 이해관계를 가진 이주 산업의 등장은 이주를 통제하거나 중지시키려는 정부의 노력을 종종 좌절시킨다.[34] 이전 시기에도 부분적으로 이런 네트워크가 없었던 건 아니다. 그러나 20세기 이후 인류는 정보통신 기술의 발달 덕분에 빛의 속도로 연결된다. 어느 때보다 멀리, 빠른 속도로 여행할 수도 있다. 다른 나라 사람들이 어떻게 사는지, 그 나라의 정치와 경제 상황이 어떤지도 거의 실시간으로 전파된다. 이처럼 글로벌화한 시대에서 이주자들도 이전 시기와는 비교할 수 없을 만큼 공고하고 밀접한 네트워크를 형성한다.

초국가주의 이론, 이주에서 인간이라는 행위자 강조

최근 들어 관심을 끈 것은 초국가주의와 초국가적 공동체에 관한 일련의 새로운 이론들이다. 일상의 삶과 사유방식을 국민국가의 경계에 얽매이지 않으려는 의식적 지향성, 일국 단위의 내셔널리즘—국가주의와 민족주의를 아우르는 뜻을 강조하기 위해 내셔널리즘nationalism이라는 영어 단어를 썼다—을 넘어서서 지역과 지역, 지역과 세계의 연결을 파악하려는 시도다. 세계가 더욱 가까이 연결될수록 사람들은 자기가 태어난 국가에 대한 절대적 소속감과 충성심, 평생 고향 땅에 살다가 뼈를 묻겠다는 관념은 상대적으로 엷어진다. 그렇다고 이주자들이 마음속에서 고향을 완전히 등지는 것도 아니다. 오히려 그와는 반대로, 교통·통신의 발달과 소득수준의 향상에 힘입어, 모국과 이주국의 정체성을 동시에 갖는 게 가능해진다. 이주자들이 출신국과 정착국 모두에, 그러니까 둘 이상의 민족적·언어적 집단에 연대감과 소속감을 갖는 다중적 정체성multiple identity이 일반화하고 뚜렷해지는 추세다. 페이스북, 텔레그램, 카카오톡 같은 소셜 미디어와 모바일 메신저는 대륙 너머 떨어진 사람들끼리도 온라인 공간에서 동시에 하나로 묶는다. 초국가주의 이론은 이런 현상을 설명하는 데 유용하다.

초국가적 공동체이론Trans-nationalism Theory은 인간이라는 행위자를 강조한다. 전 지구화라는 맥락에서 초국가주의는 친족관계, 이웃관계, 또는 작업장에 기반을 둔 과거의 면대면 공동체들을 훨씬 더 규모가 크고 원거리에 떨어져서도 의사소통이 가능한 광범위한 가상공동체로 확장할 수 있다. 그 원형은 멀리는 고대 그리스의 도시국가에서 식민 관행을 지칭하는 디아스포라까지 거슬러 올라간다.[35] 미국 지리학자 마이클 새머스는 "초국가주의 이론의 분석 단위는 기원국과 정착국의 로컬 커뮤니티(지역공동체)에 기반을 두지만 전 지구에 걸친, 경계를 넘나드는 후기 식민주의적 디아스포라 네트워크의 혼합"이라고 봤다. 여기서 디아스포라 네트워크는 이주 커뮤니티가 국경을 가로지르면서 유지하는 사회적·문화적·정치적·경제적 관계를 의미한다. 이런 관계는 기원지의 사람(들)이나 장소(들)에 대한 감정 및 애착과 같은 심리적 요소를 포괄한다.[36] 결론적으로, 이주자 유입국에 형성된 디아스포라는 동질 집단의 지속적인 이주 유입과 정착에 결정적 영향을 미친다. 이주는 디아스포라를 만들고, 디아스포라는 다시 이주를 부른다!

이주에서 정주로

이주란 말뜻 그대로 '옮겨 사는 것'이다. 이주자는 '삶터를 옮긴 사람'이다. 영어를 비롯한 서유럽어권에서 '이주'를 뜻하는 단어 migrant는 '옮기다', '거처를 바꾸다'라는 뜻의 라틴어 migrans가 어원이다. 대다수 보통사람에게 이주의 정확한 정의는 전혀 관심사가 아니다. 이주의 기회와 위험, 방법, 비용, 다른 이주자의 경험담 같은 구체적 정보가 훨씬 유용하다. 그러나 이주가 개인이나 소규모 공동체가 아니라 국가, 혹은 초국가적 문제가 되는 현대 세계에서는 개별 국가나 국제기구가 이주 및 안보 정책을 펴고 이주민 권리를 보호하기 위한 현실적 이유로 구속력이 있는 개념을 규정할 필요가 있다.

국제이주기구IOM는 '이주'를 "국경을 넘었거나 혹은 특정 국가 내에서 사람이나 집단이 이동하는 것. 그 기간과 구성, 원인에 상관없이 어떤 형태의 인구 이동이든 포괄하는 개념으로, 난민, 이재민, 경제적 이주자, 그리고 가족 재결합 등의 목적을 위해 이동하는 사람들을 포함한다"고 설명한다.[37] 또 이주자migrant는 "이주한 이유가 자발적이든 자발적이지 않든, 그리고 이주 방법이 일반적이든 일반적이지 않든 관계없이 외국에서 1년 이상 거주한 사람"이라고 정의한다.[38] 이 개념은 "자신이나 혹은 가족의 더 나은 물질적 사회적 조건과 더 나은 삶을 위해 다른 국가 혹은 다른 지역으로 이동하는 사람들과 가족구성원 모두에게 적용"될 수 있다. 또 1년 미만의 단기 이주자라 하더라도 농장에서 일하거나 농작물의 수확을 위해 짧은 기간을 여행하는 계절 농장 노동자는 이주자의 범주에 포함된다. 그러나 사업이나 관광을 목적으로 비교적 짧은 기간 외국을 여행하거나 체류하는 사람은 이주자로 보지 않는다.

이주는 이처럼 주거와 생존을 위한 모든 이동을 폭넓게 아우른다. 이주는 더 나은 삶의 질을 기대하며 인생을 걸고 새로운 생존의 보금자리를 찾아 나서는 결단이라는 점에서 단순한 여행이나 일시적 체류와는 구별된다. 그러므로 인간의 이주는 기본적으로 정주를 기대하는 이주, 정주를 전제로 한 이주다. 사람들이 개인적으로 혹은 가족 단위로 이주하는 것을 개별 이주individual migration, 많은 사람이 한꺼번에 이주하는 것을 집단 이주mass/collective migration라고 한다. 개별 이주는 특정 목적을 위해 자발적이고 계획적으로 이뤄지는 경우가 많으며, 스스로 비용을 부담하거나 개인, 기관, 또는 정부의 지원을 받기도 한다. 반면 집단 이주는 분쟁, 자연재해, 환경 변화, 강제 추방, 지역 개발, 인구 재배치 등 비자발적 이주인 경우가 대부분이다.

인간의 이주와 그에 따른 여러 갈등은 전혀 새로운 현상이 아니다. 오히려 인류 역사는 이주로 점철된 역사다. 이주는 때로 비약적인 생산력 발전과 풍성한 문화를 꽃피우는 밑거름이 됐고, 때로는 뿌리 깊은 갈등과 분쟁의 씨앗이 됐다. 국제사회의 이주 문제가 공동체의 사회적·경제적 맥락을 넘어 정치적 측면에서 본격적으로 조명되기 시작한 것은 아주 최근인 20세기 후반에 이르러서다. 이는 길게는 400만 년에 이르는 인류 역사에서 중앙 집권적인 국민국가nation state가 형성되고 일반화한 것이 채 200년도 안 된다는 역사적 배경과 관련이 있다.

기본적으로 국민국가는 '정주'라는 원칙에 기반을 둔다. 국가는 배타적 주권이 미치는 고정된 영토 안에서 사는 개인들을 집단적 권리와 의무를

[표 3] 숫자로 본 국제 이주(2015년)

2억4400만 명	전 세계 이주민(세계인구의 3.3퍼센트)
5830억 달러	전 세계 이주민의 본국 송금액(추산)
4360억 달러	전 세계 이주민의 개발도상금 송금액(추산)
3820만 명	전 세계 국내 이재민 수
1950만 명	전 세계 난민 수

* 출처: 국제이주기구.

지닌 주체이자 객체로 파악한다. 개인은 태어나면서부터 비자발적으로 국가에 소속된다. 근대국가가 형성되기 전에는 개인은 주인master-노비servant라는 양자관계에 속해 있었다. 국가가 등장하면서 개인은 이 관계로부터 자유로워짐과 동시에 국가 영토 내에서는 아무런 규제 없이 이동할 수 있게 되었다. 그러나 국경을 넘어서는 이주는 더욱 심하게 통제되었다. 단순한 거주가 아니라 '소속됨belonging'을 보증하는 멤버십membership 형태의 '국민' 개념이 등장했다. 이는 정주의 원칙에 기반한 국가가 '국민'을 또 다른 근간으로 삼게 되었음을 의미한다.[39] 물론 아시아와 중동 지역의 일부 왕국들은 이미 수천 년 전부터 강력한 중앙집권 국가체제를 형성, 유지해왔다. 그러나 이들 나라에서도 평시에 수많은 구성원이 국경을 넘어 이주하는 경우는 드물었다. 근대적 의미의 '국민국가'가 전 세계의 표준모델이 된 것은 19세기 유럽을 휩쓴 프랑스혁명 이후부터다. 이전 시기 강대국의 정복전쟁을 통한 강제 이주는 지속적인 흐름이라기보다 한시적이고 돌발적인 사태였다.

20세기는 인간이 국민국가의 국경을 넘는 이주가 인류 역사상 최초로 전 지구적 범위에서 광범위하게 진행된 시대다. 동시에 국제 이주가 국제 안보위기로 인식되기 시작한 때다. 두 차례에 걸친 세계대전과 대규모 난민 발생, 식민지 국가들의 잇따른 독립과 신생국 탄생, 교통과 정보통신 기술의 발달, 냉전과 이념 대립, 종교 및 민족 갈등에 따른 극심한 분쟁과 내전, 신자유주의 경제와 빈부격차 심화 현상 등이 이주 흐름을 더욱 가속화했다.

지그문트 바우만은 19세기 이후 근대 이주의 역사를 시기별로 세 국면으로 분류했다.[40] 첫 번째 물결은 '문명화된' 중심부가 '비어 있는' 주변부의 영토로 진출하는 이주였다. 시기적으로는 비약적인 산업생산력 증대와 근대 제국주의 팽창이 본격화해 절정을 이룬 19세기에서 20세기 전반에 해당한다. 이때 문명화된 중심부는 일찍이 산업혁명과 근대 물질문명을 이룬 유럽 강대국을 가리킨다. 바우만은 이런 이주가 통치 주권이 미치는 영토적 배타성territoriality of sovereignty, 확고하게 뿌리내린 정체성rooted identity, 이주와 정착의 양태gardening posture 등으로 구성된 '3대 요소'로 이뤄졌다고 말한다. 인력 수출과 강제 퇴거에 따른 이주까지 포함한 이 흐름의 규모는 최대 6000만 명에 이르렀다. 19세기 유럽 인구 규모를 감안하면 엄청난 수치다. 한마디로 '제국의 확장 신드롬'이라 할 만하다. 백인 제국의 눈에는 자신들이 진출하지 않았던 지역은 먼저 깃발을 꼽고 선언만 하면 '내 땅'이 되는, 주인 없는 땅이나 다름없었다. 이 같은 식민주의 팽창은 '백인들에 의한 문명 전파'라는 논리로 정당화됐다.

두 번째 이주 물결은 '제국 이주자들의 귀환'이다. 제2차 세계대전 종전 이후 열강들의 세력 재편과 제3세계 식민지 독립운동으로 식민지시대가 차츰 막을 내리게 됐다. '비어 있는 영토'로 진출해 식민지를 개척했던 서구 강대국의 이주자들도 식민제국의 몰락과 함께 자국으로 대거 귀향했다. 중심부로 돌아온 이들은 그들만이 아니었다. 식민통치를 받았던 지역의 원주민들 중 '문화적 진보' 단계에 들어선 상당수가 식민 통치자들을 따라 식민지 종주국으로 흘러들어왔다. 이들이 제국의 중심부에서 자기 핏줄과 문화의 정체성을 지키고 유지하는 건 허용되지 않았다. 모든 문화적 차이를 거세당하고 종주국 사회의 약자이자 소수자로 내던져지기 일쑤였다. 주변부 피식민지 국가에선 엘리트 집단이었을 그들도 세계의 중심부에선 그 사회에 철저하게 동화assimilation되어야 할 이방인일 뿐이었다. 이와 달리 오늘날 이주자 적응 프로그램의 개념은 기존의 동화나 귀화, 흡수 같은 일방적 방식이 아닌, 이주자의 과거 삶의 경험과 정체성을 존중하면서 새 사회의 규범에 맞게 어울리며 함께 살아가는 '사회통합'이라는 개념으로 발전했다.

끝으로, 오늘날까지 이어지고 있는 세 번째 물결은 '디아스포라의 시대'로 정의된다. 디아스포라는 특정 동족 집단이 자의든 타의든 기존에 살던 땅을 떠나 다른 지역으로 이동하는 현상, 또는 그 사람들을 말한다. 오늘날 인종, 종교, 언어가 다른 이주자들은 세계 곳곳에 산재한다. 그들이 모여 사는 정착지는 명목상의 주권과 영토로 단일하게 규정되지 않는다. 이들은 이중(다중) 국적을 갖고 이중(다중) 충성에 묶여 있다는 점에서, 대개는 하나의 출신국 국적을 갖고 모국에만 충성해야 했던 이전의 두 시기와 구별된다. 뿐만 아니라 오늘날 디아스포라는, 기존 이주자들이 새 정착지에 적응하기 위해 '뿌리를 내리는' 적극적 현지화 전략을 취했던 것과 달리, 정체성 변화에 얽매이지 않고 '닻을 내리는' 개념에 더 가깝다. 이주와 정착 개념이 착근roots이 아니라 정박anchors으로 바뀌었다는 얘기다.

앞서 밝힌 것처럼 이주는 "자신이 살고 있던 지역을 떠나 1년 이상 다른 특정한 지역에 머무르는 것"이다. 오늘날 지속적이고 대규모로 나타나는 이주와 그로부터 비롯한 주권과 안보 문제는 개별국가가 조절하고 통제할 수 있는 수준을 뛰어넘는 국제 문제로 떠올랐다. 이때 이주는 그 동기에서부터 시도, 실행, 결과의 전 과정을 아우른다.

세계 이주민들이 가장 선호하는 이주 희망국은 미국이다. 미국은 실제로 세계 최대의 이주민 수용국이기도 하다. 이어 캐나다, 서유럽과 북유럽, 오스트레일리아 등 서구의 부유한 나라들과, 중동의 걸프협력회의GCC 국가들도 노동 이주자들의 주요 수용국이다. 우리나라도 2000년대 이후 이주 노동자 유입이 급증하기 시작했다.

2015년 현재 세계의 이주자는 2억4400만 명, 세계 인구의 3.3퍼센트를 차지한다. 자국의 인구에서 이주민이 차지하는 비율은 아랍에미리트연합(71퍼센트), 쿠웨이트(62퍼센트), 사우디아라비아(26퍼센트) 등 걸프 국가들이 단연 높다. 오일달러와 건설 붐 등으로 경제적으로 풍족한 이들 나라로 이주 노동자들이 몰리기 때문이다. 이어 오스트레일리아(20퍼센트), 캐나다(19퍼센트), 미국(13퍼센트), 독일(12퍼센트), 프랑스와 스페인(각각 11퍼센트), 영국(9퍼센트) 등도 이주민이 전체 인구의 10~20퍼센트에 이른다.

그렇다고 무턱대고 국경 문턱을 낮추고 모든 이주민들을 받아들일 수도 없는 노릇이다. 경제적 기여 가능성, 안보, 사회통합 등 이주민 수용에 따른 비용과 효용을 따지는 손익계산이 필요하기 때문이다. 특히 2001년 9·11 동시테러와 2008년 유럽과 미국발 경제 위기는 그렇잖아도 복잡한 이주 문제를 더욱 어렵게 만들고 있다. 이주민들이 주로 몰리는 선진국들일수록 이주 문제에 대한 연구가 활발하고 다양한 정책이 개발되는 것은 우연이 아니다.

유럽은 이미 1950년대 초부터 이주 노동자와 난민들에게 적극적으로 문호를 개방했다. 이는 20세기 전반 두 차례에 걸친 세계대전으로 양산된 전쟁 난민들이 대거 귀환하거나 이주하기 시작한데다, 전후 복구와 경제 재건을 위해 노동력을 보충해야 했던 유럽 국가들의 필연적 선택이었다. 아프리카와 중동, 아시아 등 제3세계에서 이주민들이 대량 들어온 한편, 유럽인들 상당수는 미국과 캐나다로 이주길에 올랐다. 인구 구성비뿐 아니라 사회문화적으로 급격한 변화가 뒤따랐다. 오래지 않아 1970년대에 유럽 정치학계와 사회학계에선 이주 문제가 뜨거운 쟁점으로 떠올랐다.

1973년 스티븐 카슬과 고둘라 코사크는 선진 자본주의 사회가 살아남기 위해선 '산업예비군'으로서 이주자와 이주 노동자들이 반드시 필요하다고 주장한 바 있다. 상대적으로 저개발국 출신의 이주민들이 값싼 노동력의 공급원이 될 뿐 아니라 저임금 구조를 통한 자본의 이윤 극대화에도 도움이 된다는 것이다.[41] 이는 세계화, 국제 분업구조, 나아가 세계체제론의 중심부와 주변부 이론과도 맥이 닿는다.

이주 문제는 정치학계에서도 큰 관심을 끌기 시작했다. 게리 프리먼(1979), 마크 밀러(1981) 같은 정치학자들은 인종과 민족 문제들의 관계에 초점을 맞췄다. 이들은 국제 이주와 관련해 주요 이슈로 떠오른 세 가지 주제를 다뤘다. 첫째, 이주에 대한 국가의 통제다. 즉 출입국에 대한 국민국가의 규제와 역할, 국가가 국경을 통제할 수 있는 수준과 범위, 국가의 국경통제 역량과 한계를 결정하는 요인 등에 관한 고찰이다. 둘째, 이주와 안보의 관계다. 특히 이주가 개별국가의 주권과 안보, 그리고 국제관계에 미치는 영향은 2001년 9·11테러 이후 각국의 최대 관심사로 떠올랐다. 개별국가 차원을 넘어 국제사회에서 이주를 통제하고 관리할 수 있는가, 이주-안보-외교 정책은 어떤 관계가 있는가 등이 핵심이다. 셋째, 체제 내 통합이다. 시민권 또는 국적과 관련해 이주 문제를 어떻게 다룰 것인가, 이주가 선주민(토착민)과 이주자 개개인의 정치적 행동에 어떤 영향을 미치는가, 국가는 이주자들을 사회·경제적으로 통합하기 위해 어떤 역할을 해야 하는가, 사회적 시민권과 정치적 시민권은 어떤 관계가 있는가 등이 그 뼈대다.[42]

이런 모든 질문들은 필연적으로 국가(국민/민족) 정체성, 시민권(국적), 인간의 기본권 등에 관한 논의로 이어질 수밖에 없다. 특히 초국가적 범위에서 이동과 거주이전의 자유, 행복추구권과 같은 기본적 인권 보장, 난민과 정치적 망명자에 대한 국제적 보호 같은 의무규범은 종종 개별 국가의 이해관계에 따른 현실적 제약과 충돌한다. 이는 일국 차원의 정책적·행정적 접근으로 해결할 수 있는 범주를 넘어선다. 국제 이주는 어느 한 나라가 국제법상 의무를 어길 경우 반드시 다른 나라에 영향을 미칠 수밖에 없기 때문이다. 국가 간 협력과 조율, 의무 사항의 이행 강제성이 중요한 이유다.

20세기 이후 국제사회는 인간의 이동권과 국가의 안보주권이 상충되는 범위를 최소화하고 인권을 보장하기 위한 여러 국제법적 장치를 마련하고 보완해오고 있다. 국가와 이주자가 각각 보장받아야 할 권한과 지켜야 할 의무에 대해서도 논의와 합의의 폭이 커지고 있다. 어느 한쪽만을 강조하는 이분법적 접근으로는 이주 문제를 바람직한 방향으로 풀어갈 수 없다는 인식에서다.

중동과 유럽의 난민 문제가 한참 심각하던 2000~2015년 유엔난민기구의 부副고등판무관을 지낸 알렉산더 알레이니코프Alexander Aleinikoff는 〈국제법규와 이주〉라는 논문에서 이렇게 지적했다. "국가는 사람의 이동과 국경 출입을 통제할 절대적 권한을 갖고 있다는 주장이 있는 반면, 이주자들은 국가의 이주규제가 제한할 수 없는 기본적 인권을 갖고 있다는 주장도 나온다. 이런 논쟁은 오늘날 국제법규의 중대한 측면을 놓치는 것이며, 국가와 이주자 양쪽 모두의 이해관계를 조정하도록 협력하는 노력의 가능성을 충분히 평가하지 않는 것이다."[43] 그렇다면 오늘날 이주와 관련한 여러 국제법과 협약에서 합의된 것으로 간주되는 국가의 권한과 책임은 어떤 것일까? 먼저 개별 국가는 외국인의 입국 허용과 거주에 대한 관리, 국경 보호의 권리, 국적을 부여하거나 거부할 권리, 국가 안보의 권리, 공해상에서 불법입국을 통제할 권리 등을 갖는다. 반면 국가는 다음과 같은 책임도 있다. 국제법규 준수, 국제인권 규범 존중, (난민이 생명 또는 자유를 위협받을 우려가 있는 지역으로의) 강제송환 금지, 자국민의 돌아올 권리 보장, 불법 이주자들의 자국 영사 접근권 보장 등이 그것이다.

국제규범들은 이주자 역시 인간으로서의 기본권을 모두 보장받아야 한다고 명시한다. 체류국의 시민권이나 국적이 없는 이주자들도 해당국가의 국민(시민권 보유자)들과 마찬가지로 차별받지 않을 권리가 있다. 이주자들의 기본적 인권은 어떠한 경우에도 제약되거나 유보되지 않아야 한다는 게 국제 이주규범들의 기본 정신이다.

이주자, 특히 인권 침해와 신변 위협에 더 심각하게 노출된 강제 이주자들에 대한 국제사회의 법적 보호책임을 명확히 한 첫 협약이 1951년 채택된 '난민의 지위에 관한 국제협약'(유엔난민협약)이다. '이주와 난민'에 대해서는 뒤에서 다시 살펴보겠지만, 협약의 큰 틀은 난민에 대한 개별 주권국가의 원칙적인 의무와 이주 난민의 기본권 보호에 관한 것이다. 우선, 국가는 난민을 탈출국으로 재송환하거나 위험에 빠뜨릴 수 있는 나라로 추방하지 못한다. 안전하다고 인정되는 제3국으로의 송환은 허용된다. 그러나 국가가 난민에게 영구 정착지나 피난처를 제공할 의무는 없다. 또 난민 지위를 인정받고 새로운 삶터를 구한 난민들은 해당국에서 재판을 받을 권리, 기본적인 교육을 받을 권리, 종교·인종·출신국 등을 이유로 차별받지 않을 권리 등을 보장받아야 한다고 규정하고 있다.

그러나 세상사에서 이상과 현실이 꼭 맞아 떨어지는 경우는 드물다. 당위와 형편은 서로 겉도는 경우가 많다. 다만 그 시차와 간극이 좁은 사회, 더 좁혀질 것이라는 기대가 있는 시절이 이상향에 가까울 뿐이다. 한정된 자원과 공간에도 그 간격을 좁히는 근본적 힘이 바로 보편적 인도주의다. 그러나 현실에서 인도주의의 실현은 '내 코가 석 자' 논리를 넘기가 쉽지 않

다. 인도주의는 개인/집단의 이기적 본능과 이타적 선택의 최대공약수로만
작동한다.

오늘날 국제 이주에 대한 세계인의 시각과 태도를 보여주는 흥미로운 자
료가 있다. 국제이주기구가 2015년 초에 내놓은《세계는 이주를 어떻게 보
는가》라는 조사 보고서다.[44] 갤럽이 2012년부터 2014년까지 140여개국 18
만3772명의 성인을 대상으로 한 설문조사 결과와 의미를 분석했다. 설문
표본 수는 각 나라의 인구 규모에 맞게 비중을 달리해서 정확성을 높였다.

우선 외국인 이주자의 자국 수용 규모에 대한 물음에, "현재 수준 유지"
또는 "지금보다 늘려야 한다"는 의견이 전체 응답자의 43.1퍼센트로, "줄여
야 한다"(34.5퍼센트)는 의견보다 많았다. 이를 6개 대륙별로 자세히 들여다
보면 조금씩 차이가 있었는데, 유럽에선 "줄여야 한다"(52.1퍼센트)는 의견
이 유일하게 전체의 절반을 넘으면서 "늘려야 한다"(7.5퍼센트)를 압도했다.
이주 수용폭에 대한 의견은 그러나 유럽 안에서도 지역별로 차이가 있었다.
스웨덴, 덴마크, 핀란드 같은 북유럽 국가들은 이주자 수용을 늘려야 한다
는 응답이 더 많았지만, 유럽 유입의 관문인 지중해 국가들에선 정반대의
입장을 보였다. 특히 최근 몇 년 새 유럽행 난민이 급증한 그리스에선 응답
자의 84퍼센트가 난민 수용 감축을 원했다.

유럽과 함께 이주자의 대규모 수용국인 북미에선 "늘려야 한다"(22.8퍼센
트)는 의견이 유럽보다 3배나 많았다. 이는 지리적 특성의 차이로 해석할 수
있다. 유럽은 좁은 땅에 부유한 경제선진국들이 밀집해 있으며, 셍겐조약
으로 회원국 간 국경 통과의 장벽을 사실상 철폐했다. 바로 이웃에 있는 아
프리카와 중동의 넘쳐나는 이주 희망자와 난민들이 모여들 수밖에 없는 조
건이다. 특히 2011년 아랍 민주화운동으로 촉발된 리비아 내전과 시리아
내전 이후 난민들이 급증하면서, 이주자 유입 문제가 정치적, 사회적으로

[표 4] 이주자 수용 규모 관련 설문조사

Q. 당신 나라의 외국인 이주자 수용 규모는 어떠해야 한다고 보는가?

(응답률, 단위: 퍼센트)

	세계 평균	유럽	아프리카	북미	남미	아시아	오세아니아
현재 수준 유지	21.8	30.2	21.3	34.2	29.8	17.7	41.3
더 늘어야 한다	21.3	7.5	26.0	22.8	18.5	23.5	28.0
더 줄어야 한다	34.5	52.1	40.3	39.3	39.1	28.7	25.5
모르겠다/무응답	22.4	10.1	12.4	3.7	12.7	30.1	5.2

* 출처: 국제이주기구IOM, 2015.

심각한 갈등 현안으로 떠올랐다. 반면, 북미 대륙, 즉 캐나다와 미국에 들어
가려면 항공기나 선박을 이용할 수밖에 없는데다 입국 심사가 매우 까다롭
다. 미국의 멕시코 쪽 국경 통제는 삼엄하기 짝이 없다. 미국과 캐나다가 대
량 이주 유입의 우려에서 상대적으로 느긋한 이유다.

6장

이주민은 안보에
위협적인가

인간은 자유롭게 태어났으나 모든 곳에서 사슬에 매여 있다.
– 장 자크 루소

9·11테러의 후폭풍

2001년 9월 11일 화요일, 미국 동부 지역에 아침이 밝기 시작했다. 구름이라곤 거의 없이 맑은 날씨였다. 수백만 명의 남녀 시민들은 출근 채비를 서둘렀다. 일부는 뉴욕의 상징적 건축물인 세계무역센터 쌍둥이 빌딩으로 향했고, 다른 일부는 버지니아 주 알링턴에 있는 국방부로 출근했다. 포토맥 강 건너편 워싱턴 D.C.에 있는 미국 연방의회 상원은 회기 중이었다. 백악관 앞에는 관광객들이 줄을 서기 시작했다. 그 시각, 플로리다 주 새러소타에서는 조지 부시 대통령이 아침 달리기를 하고 있었다. 비행기 여행을 하기에 더없이 쾌적한 날씨였다.

이날 여행객들 중에는 미국에서 가장 북동부에 있는 메인 주의 포틀랜드 공항에 도착한 모하메드 아타, 압둘라 아지즈 알 오마리 등도 있었다. 새벽 6시, 아타와 오마리는 매사추세츠 주 보스턴의 로건 국제공항으로 가는 비행기에 올랐다. 아타가 포틀랜드 공항에서 탑승 수속을 할 때, 컴퓨터 승객 검색 시스템CAPPS은 그를 특별 보안대책 대상자로 분류했다. 그러나 당시 항공보안 규정으로 할 수 있었던 조처는 그 승객이 비행기에 탑승한 사실을 확인하고 난 뒤에야 승객의 짐을 싣는 것이 전부였다. 아타의 항공여행에는 아무런 지장이 없었다.

아타와 오마리는 오전 6시45분 보스턴 로건 공항에 도착했다. 7분 뒤, 아타는 공항의 다른 탑승 터미널에 있던 오랜 동료인 마르완 알 세히의 전화를 받고 3분가량 통화했다. 그들이 생전에 나눈 마지막 대화였다.

오전 6시 45분에서 7시 40분 사이에 아타와 오마리는 사탐 알 수카미, 와일 알 세흐리, 왈리드 알 세흐리와 함께 로스앤젤레스로 가는 아메리칸항공 AA 11편에 탑승했다. 이 여객기의 출발예정 시각은 오전 7시 45분이었다.

로건 공항의 다른 터미널에서는 알 세히, 파예즈 바니하마드, 모한드 알 세흐리, 아메드 알 감디, 함자 알 감디가 역시 로스앤젤레스로 가는 유나이티드항공 175편의 탑승 수속을 마쳤다. 출발 시각은 오전 8시 정각이었다. 항공사 발권 담당자의 증언에 따르면, 세히의 동료 중 몇몇은 항공기 탑승 때 통상적으로 하는 질문도 알아듣지 못할 만큼 여행에 익숙하지 않은 게 분명했다.

아타가 포틀랜드 공항에서 컴퓨터 보안검색 대상자로 걸렸던 것처럼, 보스턴 공항 보안검색 과정에서도 수카미, 와일 알 세히리, 왈리드 알 세히리 등 아타 팀의 납치대원 3명이 '위협 가능 인물'로 판정되었다. 그러나 체크인한 짐만 검사를 받았을 뿐, 그들 자신은 수색을 받지 않았다. 5명 모두 검색대를 무사히 통과해 아메리칸항공 AA11편의 탑승 게이트로 갈 수 있었다. 2001년 9월 11일 오전 8시. 이들은 미국의 민간항공 납치를 막기 위해 마련한 여러 겹의 보안시스템을 무력화시켰다.

– 미국 의회 《9·11 보고서》 중에서[1]

2001년 9월 11일 미국 본토의 심장부를 강타한 동시다발테러는 미국뿐 아니라 전 세계를 엄청난 충격에 빠뜨렸다. 사람들은 평온한 이른 아침에 대형 여객기 2대가 잇따라 뉴욕의 초고층 쌍둥이 빌딩으로 돌진하는 초현실적인 장면이 반복되는 텔레비전 뉴스 화면 앞에서 말을 잃었다. 미국은 사건의 전모를 파악하기 위해 의회에 9·11위원회—정확한 명칭은 '미국에 대한 테러리스트 공격에 관한 국립 조사위원회'—를 구성했다. 이 위원회가 2014년 7월에 내놓은 《9·11 보고서》는 테러범들이 어떻게 미국 안의 여러 공항에서 자신들이 납치할 비행기에 아무런 문제가 없이 탑승했는지에 대한 서술로 시작한다.

미국 수사당국에 따르면, 9·11테러 혐의로 체포된 범인 19명은 모두 합법적인 입국 비자를 발급받아 미국에 들어왔다. 대부분 6개월짜리 관광 비자였다. 그중 4명은 미국 내 비행학교에서 비행술을 배웠지만, F-1 학생비자로 적법하게 입학한 범인은 단 한 명뿐이었다. 나머지 15명 중 14명은 테러를 저지르기 불과 3~5개월 전에 미국에 처음 들어왔다. 테러범들은 미국 국내편 항공기 탑승 때 필요한 신분증을 버지니아, 캘리포니아, 뉴저지 등에서 발급한 운전면허증으로 제시했다. 이들은 모두 63개나 되는 운전면허증을 신분증 용도로 갖고 있었다.[2] 4대의 민간 항공기를 납치한 테러범들은 뉴욕의 세계무역센터 쌍둥이 빌딩과 워싱턴 근교 버지니아 주에 있는 미국 국방부 펜타곤 건물로 각각 돌진했다. 미국 경제력의 상징인 110층짜리 쌍둥이 빌딩이 무너져 내렸고, 미국 군사력의 신경중추인 펜타곤 건물도 일부가 파손됐다. 이 동시다발테러로 2996명이 목숨을 잃었고 부상자는 6000명이 넘었다. 미국 대륙 본토가 외부 적대세력의 조직적인 공격에 무방비로 노출된 것은 독립 이후 처음이었다.

사상 최악의 연쇄테러는 이슬람 수니파 극단주의 무장세력 알 카에다al-Qaeda의 치밀한 기획 공격이었던 것으로 밝혀졌다. 미국의 조지 부시 정부는 즉각 '테러와의 전쟁War on Terror'을 선포하고 대대적인 보복 공격에 나섰다. 9·11테러 한 달 뒤인 2001년 10월 오사마 빈 라덴을 체포하겠다며 아프가니스탄 전쟁을 시작했다. 2003년 3월에는 대량 살상무기 제거를 구실로 이라크를 전격 침공했다. 테러와의 전쟁은 온 세계를 "미국 편이 아니면 적"으로 가르고 전쟁에 끌어들였다.

테러와의 전쟁은 미국인 스스로의 자유와 인권도 제약하는 부메랑이 됐다. 논란 끝에 애국자법Patriot Act이 통과되면서 시민적 기본권이 국가 안보라는 당면한 최고의 가치 앞에서 목소리를 잃거나 유보됐다. 시민들은 공항 보안검색에서부터 국가기관의 영장 없는 도청과 개인정보 열람 등 일상의 크고 작은 인권 침해와 불편함을 감수해야 했다. 애국자법의 정식 명칭은 '미국과 세계에서 테러 행위의 방지 및 처벌과 법집행 기관의 수사 수단 강화 등을 위한 법률'이다. 한마디로 테러방지법인데, 여러 독소조항을 둘러싼 논란 끝에 2015년 6월 폐지되고 미국자유법The USA Freedom Act으로 대체됐다. 미국은 맨 처음부터 이주자들로 건국되고 번성해왔지만, 미국 또는 유럽 혈통의 백인 중산층이 아닌 국외 이주자 집단—특히 비백인, 비기독교인—은 이전보다 더 숨을 죽이고 살게 됐다.

유럽에서는 백인 기독교 세력 대 아랍 이슬람 세력의 대결이라는 종교 갈등 담론이 노골적으로 만들어지고 유포됐다. 미국과 달리 국경 이동이 자유롭고 무슬림 이주자들이 많은 유럽에서는 이슬람 극단주의자들의 보복 테러가 잇따랐다. 2004년 3월 스페인 수도 마드리드에서는 아침 출근길에 지하철역 3곳에서 연쇄폭탄테러가 일어나 191명이 숨지고 1800여 명이 다쳤다. 2005년 7월에는 영국 런던 도심에서 역시 출근길 시내버스와 지하철을 노린 연쇄 자살폭탄테러로 52명이 숨지고 700여 명이 다쳤다. 가깝게는 2015년 1월 프랑스 파리에서 이슬람 창시자 무함마드를 조롱하는 만평을 그려왔다는 이유로 풍자만화 잡지《샤를리 에브도Charlie Hebdo》의 언론인들이 표적살해 습격을 받았다. 같은 해 11월에는 파리 한복판의 공연장과 레스토랑 등 6곳에서 연쇄총격테러가 발생해 130명이 목숨을 잃는 참사가 일어났다. 2016년 3월에는 유럽연합의 수도인 벨기에 브뤼셀에서 자살폭탄을 이용한 동시다발테러가 일어나 30여 명이 숨지고 수백 명이 다쳤다. 대부분 알 카에다 연계 세력이 범행을 자처했거나, 알 카에다의 수법을 모방한 이슬람 극단주의 단체, 또는 그들의 영향을 받은 무슬림 이주자 2세들이 벌인 테러였다. 많은 나라들에서 이슬람교와 무슬림에 대한 혐오와 경계, 적대를 일컫는 이슬라모포비아islamophobia가 독버섯처럼 기승을 부렸고, 극우세력이 이를 이용하여 목소리를 키웠다. 그럴수록 유럽 내 무슬림 이주자와 그 2세들은 잔뜩 움츠러들었다. 일부 젊은이들은 사회적 차별에 대한 억눌린 감정을 극단적인 일탈로 해소하려 했다. 적어도 20세기 이후 유럽의 무슬림들은 유럽에서 가장 흔한 타자들, 유럽 안의 바깥손님들이었다.

미국이 주도한 2003년 이라크 침공 이후 최소한 수백 명의 유럽 무슬림들이 이라크에서 미군에 저항하는 전투에 자원했고, 많은 사람이 죽거나 포로가 됐다. 수천 명의 유럽 무슬림들이 중동과 북아프리카에서 군사훈련을 받고 유럽으로 귀환했다. 북미와 유럽의 이슬람 인구의 특성과 역사는 상당히 다양하다. 북미에 사는 무슬림들은 일반적으로 비숙련 노동자로 고용된 유럽의 무슬림보다 더 부유하고 교육수준이 높다. 하지만 서유럽에서 무슬림 인구는 매우 이질적이다. 예컨대 터키계 무슬림의 구성은 쿠르드족과 터키족뿐 아니라 정통 무슬림인 수니파와 비정통인 시아파, 그리고 그 분파인 알라위파까지 다양하다. 유럽 내 이민 배경을 지닌 주민, 특히 무슬림의 편입에 관한 사회과학 연구의 핵심을 특징짓기는 어렵다. 편입 과정은 각 국가에 따라 매우 복잡하다. 9·11과 마드리드, 런던 테러는 유럽뿐만 아니라 북미와 호주에 이르기까지 서구에서 수십 년 내지 수백 년이 된 이민자 편입이라는 문제를 중요한 안보 문제로 전환시켰다.[3]

이주에 붙은 '안보 위협' 딱지

외국인 이주 노동자들이 자국의 일자리를 위협하고 복지에 무임승차한다는 경제 논리, 그리고 정치적·종교적 맹신에 빠진 일부 극단주의자들이 테러나 폭동으로 자국의 안보를 위협한다는 안보 논리는 이주자와 난민 수용에 반대하는 가장 강력한 논거다. 그런데 무슬림 이민자들은 출신국과 종교라는 두 가지 정체성만으로 이주자들에 대한 이중의 혐의에 시달린다. 특히 위 두 가지 명제, 즉 '이주 노동자가 일자리를 빼앗는다'와 '이슬람 극단주의자들이 안보를 위협한다'라는 단순화한 명제에서 맥락을 의도적으로 왜곡하거나 생략하면 곧바로 '무슬림 이주자들이 경제와 안보를 위협한다'는 선동적 구호로 비약하게 된다. 이런 논리가 인권 선진국을 지향하는 유럽과 미국의 극우 성향 정당과 미국의 극우 정치인 사이에서 공공연히 동원되고 대중적 설득력을 갖게 된 것은 역설적이다.

그러나 어떤 문제에 '안보 위협'이라는 딱지를 붙이는 것은 그 문제를 대하는 법과 규범, 정책, 행정적 처리 절차 등을 정당화하는 데 상당한 영향을 미친다. 이주 문제의 경우도 마찬가지다. 이주가 안보를 위협한다는 논리는 줄곧 이주자들에 대한 감시, 구금, 추방, 정책적 규제를 정당화해왔다. 이는 난민 신청자들이 안전한 국가를 찾아갈 기회를 차단하고, 더 많은 이주자들을 밀입국 브로커들과 인신매매업자들에게 떠넘기는 결과를 낳을 수 있다. 또 대중과 언론, 정치적 토론의 영역에서 이민 반대 정서를 부추길 수 있다. 그러므로 우리는 함부로 '이주자=안보 위협'이라는 딱지를 붙일 게 아니라 '이주가 실제로 국가안보에 위협이 되는가?', '만일 그렇다면 언제 그러는가?'라는 질문을 먼저 던져야 한다.[4]

이런 질문에 대한 가장 흔한 대답은 "이주가 테러의 유입 또는 확산 경로가 될 수 있다"는 주장일 것이다. 그러나 이주 안보 전문가 칼리드 코서 Khalid Koser는 이 같은 주장에 상당한 위험성이 드리워져 있다고 지적한다. 첫째, 어느 나라든 내국인보다 이주민 집단에 테러리스트가 집중돼 있다는 증거는 없으며, 예외적으로 그런 사례가 나오는 정도다. 둘째, 확고한 증거 없이 이주자들을 잠재적 테러집단으로 몰아가는 것은 이주자들에 대한 대중의 적대감을 심화한다. 셋째, 극단적인 가정에만 주목하는 것은 이주가 실제로 국가 안보에 위협이 될 수도 있는 상황으로부터 주의를 분산시키는 역효과를 낳는다. 예컨대 불법 이주가 국가 주권이나 국경 안보에 미치는 위험이나, 매우 다양한 사회적·문화적 배경을 지닌 사람들로 구성된 이주자들이 사회통합에 던지는 더 심각한 과제들을 간과할 수 있다는 이야기다.

국제 이주에 대한 각 나라들의 대응은 다양하며, 이주의 규모와 성격, 국제정세에 따라 수시로 바뀐다. 그렇다면 이주가 한 국가의 안정성을 해치고 안보에 위협이 된다고 여겨지는 것은 언제, 어떤 이유에서일까? 이는 한 사회가 안보를 어떻게 정의하는지에 따라, 그리고 사회의 다양한 집단과 계급이 이주를 어떻게 느끼는지에 달렸다. 안보를 단순히 외부의 무장공격으로부터 공동체를 보호한다는 소극적 개념이 아니라 핵심적인 사회적 가치를 위협하는 것이 없는 상태라는 폭넓은 개념으로 받아들인다면 안보는 각 사회마다 서로 다른 의미를 갖게 된다. 예컨대 순혈 전통이 강한 나라에서는 민족적 정체성의 보존이 다민족국가에서보다 훨씬 중요한 가치일 것이다. 또 어떤 나라에선 정치적 자유 같은 더 보편적 가치가 중요한 반면 그렇지 않은 나라들도 있다. 나아가, 한 나라 안에서도 사회적 계층에 처지에 따라 숭고하게 여기는 가치가 다를 수 있다. 전제군주국가의 배타적 권력집단은 외부 이주의 유입을 급진적 변화로 여겨 두려워하는 반면, 저항세력은 바깥의 물결을 반길 것이다. 또 외국의 저임금 노동자 유입은 기업인들이 일반 대중보다 더 환영할 것이다.[5]

이주와 안보의 연계

9·11 이전까지 국제관계와 국제 안보 연구자들은 국제 이주에 거의 관심을 보이지 않았다. 마찬가지로, 국제 이주 연구자들은 국제 이주의 안보 문제, 국제관계나 국제정치에 관한 함의를 분석한 적이 거의 없다. 9·11테러와 연이은 마드리드, 런던, 기타 지역에서의 폭탄 테러는 기존 상황을 크게 바꾸며 국제 이주와 안보 문제의 관련성을 부각시켰다. 스티븐 카슬과 마크 밀러는 이주와 안보의 연관성에 관한 새로운 고찰은 이주의 시대에 결정적으로 중요한 추세인 국제 이주의 정치화의 일부분이라고 말한다. 전후 시대에 안보 연구 분야에서는 주로 국가가 불러일으키는 위협을 평가했다. 비국가 행위자가 가하는 위협에는 많은 관심을 두지 않았다. 직역하면 아랍어로 '근본'이라는 의미를 가진 알 카에다와 그 협력자들은 그러한 비국가 행위자의 대표적 사례다. 그러나 정치, 안보 분석가들은 정치적 목적을 달성하기 위해 민간인 집단을 대상으로 한 테러리즘에 경도된 정치운동이 이민자와 실향민 집단 내에서 어떻게 팽창하는지를 재빨리 파악하지 못했다. 국제 인구이동은 기술적으로 더 발달하고 강력한 국민국가들이 반정부 집단들과 겨루는 비대칭 갈등의 핵심적 양상이 됐다.[6] 그중에서도 9·11테러는 국제관계에서 이주와 안보 문제가 전례 없이 중요한 쟁점으로 떠오르게 한 결정적 사건이었다.

이전까지 안보는 전통적으로 국가 안보의 시각에서 간주되어왔다. 따라서 학술적으로 이주와 안보의 연계를 묘사하려는 노력은 드물었다. 그러나 스티븐 카슬은 안보 문제의 범위를 훨씬 더 넓혀서 '인간 안보human security' 까지 포함시켜야 한다고 말한다. 국제 이주자들은 종종 위험에 노출돼 있으며, 사실상 그들의 위험한 처지야말로 안보 담론의 주요 초점 중 하나가 되어야 한다는 것이다. 빈곤국에서 이주하는 상당수는 빈곤, 폭력, 인권의 부재, 취약한 국가 등으로 표현되는 인간 안보의 결핍이 원인이다. 그러한 정치적, 사회적, 경제적 저발전은 식민주의의 역사와 현재의 전 지구적 불평등과 연결돼 있다. 국가가 법률에 근거한 이주제도를 만들어낼 수 없을 때 많은 이주자들은 상당한 위험을 안고 이주할 수밖에 없다. 밀입국, 인신매매, 노예계약, 노동자의 권리나 인권의 부재는 수백만 이주자들의 숙명이다. 빈곤국 국민들이 일상적으로 겪고 있는 인간 안보의 결핍은 국가 안보와도 긴밀하게 연결돼 있다. 국가 정체성과 문화적 동질성 유지에 위협은 국제 이주가 주권국가에 제기하는 중대한 도전으로 간주됐다.[7]

반면 이주가 국가 안보에 도움이 되며 오히려 안보를 강화한다는 주장도 있다. 적절히 잘 규제된 이주 시스템 아래 재능 있는 사람들의 이주를 받아들이면 강화된 인적 자원으로 국가 안보를 향상시킬 수 있다는 것이다. 미국 이민개혁위원회의 케네스 프란즈블로Kenneth Franzblau는 "제2차 세계대전 이전에 독일이나 이탈리아에서 온 과학자들을 수용한 것은 미국이 원자폭탄을 처음 만드는 데 중요한 역할을 했으며, 핵 연구에서 눈에 띄는 이익을 가져다주었다. 고숙련 이주자들은 미국이 세계적인 수준의 의료, 공학, 교육 분야의 성취를 이루는 데 재능 있는 노동력을 공급해주었다"고 평가했다. 이주자들은 다른 나라와 정치·경제적 결속을 강화하도록 하는 방식으로 국가 안보에 도움이 되기도 한다. 그들이 갖고 오는 지식과 본국과의 유대는 해당국가를 이해하는 데 도움이 된다.[8]

한 국가의 이민 정책은 그 국가가 군사적 또는 경제적 수단을 동원하지 않고 외교와 안보의 목표를 성취할 수 있는 소프트 파워soft power에 기여할 수도 있다. 조지프 나이Joseph Samuel Nye는 미국에서 공부하는 많은 외국 학생들을 소프트 파워의 중요한 자원으로 보았다. 마찬가지로 이주민에 대한 대우는 외교나 스마트 파워smart power의 중요한 요소인 한 국가의 대외적 평판에 영향을 미친다.[9]

미국의 국경 안보, 테러의 예방과 차단

미국이 주도한 테러와의 전쟁이 지루하게 이어지던 2008년, 세계 경제에 초대형 악재가 닥쳤다. 미국과 유럽에서 잇따라 금융위기와 재정위기가 터진 것이다. 세계적인 경제 불황은 이주자들에게도 직격탄을 날렸다. 유럽연합은 일단 역내에 들어오면 국경 통과가 비교적 자유롭지만, 경제적 이주자들에 대한 자격 규제가 부쩍 까다로워지기 시작했다. 미국은 금융업체들이 마구잡이 저금리 주택대출을 남발했다가 금융 거품이 터진 서브프라임 모기지 사태로 온 나라가 발칵 뒤집혔다. 정치적 자유, 경제적 기회 등을 찾아 선진국으로 이주를 희망하는 사람들은 높아지는 장벽과 걷어지는 사다리 앞에서 망연자실했다.

미국의 국경 안보 정책은 '본토에 대한 테러 위협과 불법 입국은 철저히 차단하되 자유로운 교역·통상과 여행은 촉진한다'는 것으로 요약된다. 이는 대다수 나라들의 국경 안보 원칙이기도 하다. 그러나 미국은 연간 출입국자 수가 세계에서 가장 많을 뿐 아니라, 테러 위협을 가장 많이 받는 나라라는 점에서 두 마리의 토끼를 잡아야 할 처지다. 미국의 국경 위협Border Threat에 대한 대응 개념은 크게 세 단계를 거쳐 왔다. 첫째, 국경 관리Border Control, 둘째, 국경 치안Border Safety, 셋째, 국경 안보Border Security다. 국경

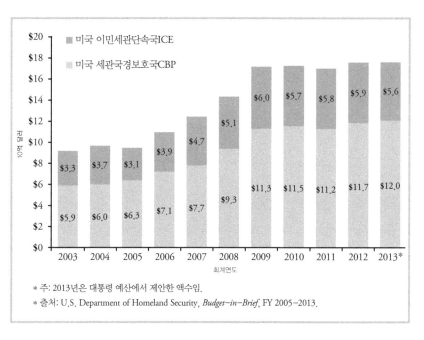

* 주: 2013년은 대통령 예산에서 제안한 액수임.

* 출처: U.S. Department of Homeland Security, *Budget-in-Brief*, FY 2005-2013.

[그림 11] CBP와 ICE의 연간 예산(회계연도 2003~2013)

관리는 사람과 물자의 불법 입국을 막는 것에 초점이 맞춰졌다. 국경 치안은 마약과 무기류, 인신매매 등 범죄의 유입을 국경에서부터 철저히 차단하는 것이 주요 목표다. 그리고 국경 안보는 다양한 유형의 테러리즘으로부터 자국민과 국토를 보호하는 것이 핵심이다.

미국은 국경 안보에 막대한 인적·물적 자원을 투입해왔다. 이때 '국경 안보'는 단순히 지리적 개념의 국경선 안보뿐 아니라 나라 바깥에서 안으로 들어오는 모든 잠재적 안보 위협 요인에 대한 감시, 통제, 관리를 포함한다. 미국의 민간 싱크탱크인 이주정책연구소Migration Policy Institute가 2013년 내놓은 보고서를 보면, 미국은 1986~2012년까지 26년 동안에만 1870억 달러, 우리 돈으로 200조 원이 훨씬 넘는 천문학적 돈을 이주자 유입 통제와 관리에 쏟아부었다. 2012년 미국 연방예산에서 이주 통제 부문에 할당된 금액은 180억 달러였는데, 이는 연방수사국FBI, 마약단속국DEA, 비밀경호국USSS, 연방보안관USMS, 주류·담배·화기·폭발물 단속국ATF 등 굵직한 치안 안보 기구 5곳의 예산을 모두 합친 것보다도 24퍼센트나 더 많은 것이었다.[10]

국경 안보 비용은 크게 기술적 비용, 경제적 비용, 정치적 비용으로 나눠 볼 수 있다. 첫째, 기술적 비용은 더 효율적인 국경 안보 프로그램과 장비들을 개발하고 유지하는 데 들어가는 돈이다. 둘째, 경제적 비용은 그런 프로그램을 운용하고 관련 인력을 고용하는 데 쓰인다. 셋째, 정치적 비용은 시민적 권리를 침해할 가능성이 있거나 정치적 논란이 예상되는 민감한 문제, 예컨대 출입국 통제 강화나 생체정보 수집 및 활용 등을 둘러싼 나라 안팎에서의 정치적 부담을 말한다. 고문 방지, 난민 보호 등 인권에 관한 여러 국제조약들도 지켜야 한다. 이런 가운데, 끊임없이 새로운 밀입국 수법을 개발하고 감시의 눈을 피해 다니는 불법입국자들을 계속해서 추적·대응하려면 그만큼 인력과 비용도 커질 수밖에 없다.

미국은 육로로 입국할 수 있는 접경국이 북쪽으로 캐나다, 남쪽으로 멕시코, 두 나라뿐이다. 이 세 나라는 북미자유무역협정NAFTA으로 한데 묶인 경제 블록이다. 캐나다는 미국인들이 가장 친근하게 여기는 우방국이다. 국경 안보 문제에 대한 우려가 거의 없는 나라다. 반면 미국-멕시코 접경지대는 마약, 총기, 인신매매, 불법 입국 노동자 등 국경 안보와 관련해선 미국의 골칫거리다.

조지 부시 정부 시절인 2006년, 미국 하원은 멕시코와의 접경지대에 길이 670마일(약 1000킬로미터)이 넘는 대장벽을 설치하는 안보방벽법Secure Fence Act을 통과시켰다. 두 나라의 국경을 물리적으로 가로막은 거대한 철근 콘크리트 담벽은 멕시코의 자존심에 상처를 입히는 것을 넘어 양국 간 외교 분쟁까지 낳았다. 또 버락 오바마 정부 시절인 2011년 한 해에만 미국 행정부는 국경 안보 프로그램에 5억7000만 달러, 생체정보 입국 프로그램에 3억3400만 달러의 예산을 의회에 요청했다. 1992년에 3555명 수준이던 멕시코 국경 경비인력의 수도 2011년에는 1만8506명으로 5배가 넘게 급증했다. 이 같은 강경책의 효과일까. 2011년 멕시코 국경에서 미국에 들어온 밀입국자 수는 32만7577명으로, 40년 전인 1972년 이래 최저치로 뚝 떨어졌다. 2005년 멕시코 국경 밀입국자가 100만 명이 넘었던 것에 견줘 3분의 1 수준으로 급감한 것이다.[11] 물론 이는 강경책뿐만 아니라 미국의 경기 침체 지속, 밀입국 비용 및 위험성 증가, 멕시코 경제 성장 등 여러 요인이 작용한 결과다.

그러나 미국의 국경 안보의 최대 관심은 테러리즘의 예방과 차단이다. 9·11테러를 감행한 자살 테러리스트 전원이 관광비자, 사업비자, 학생비자 등 합법적인 미국 입국 비자를 받아 미국행 비행기들에 탑승했다는 사실은 불법 밀입국이 아닌 합법적 입국 과정의 통제 필요성을 더욱 부각시켰다. 정부의 관련 부처뿐 아니라 국제 이주 문제를 연구하는 학계에서도 이주와 안보의 관계는 핵심 연구 분야 중 하나다. 미국은 테러 위협의 진단과 분석, 잠재적 테러리스트 파악과 추적, 테러 대응책 마련, 국제공조 체제 추진 등 실질적인 분야에서 놀라울 만큼 방대하고 체계적인 자료와 연구 성과를 축적해두고 있다.

이주할 권리와 안보의 충돌

제1차 세계대전이 발발한 1914년 이전까지만 해도 세계 대부분 지역에서 국가 간 이주는 정치적이든 사회적이든 전혀 문제가 아니었다. 실질적인 국경 통제가 없었다. 사람들은 타지에서 온 이방인들을 정중하게 대했다. 이유를 묻지 않는 환대였다. 국경을 넘나드는 데 필요한 공식 증명서 따위도 필요 없었다. 진정한 의미에서 자유로운 이동이 가능했던 시절이었다. 이 모든 것이 제1차 세계대전과 함께 바뀌었다. 주요 국가들은 새 삶터나 피난처를 찾아 자국 영토로 들어오는 외국인들에 대한 문호 좁히기 경쟁이라도 하는 것 같았다.

근대국가의 이주 정책은 국가가 이동의 자유권에 대한 제약을 강제 집행한다는 점에서 20세기 국가 면허 체계의 또 다른 형태다. 더 나은 삶의 기회이든, 사랑이든, 일자리든, 인위적으로 그어진 국가 경계선을 넘는 것은 사실상 불가능하다. 누구든지 국경을 넘으려면 반드시 국가가 발급한 허가증이 있어야 한다. 베를린 장벽은 무너졌지만, 국경 장벽의 기본 원칙은 여전히 존속하며 확장된다.[12]

제1차 세계대전은 유럽의 산업 국가들이 당대의 기계문명과 자원, 인력 등 모든 국력을 한꺼번에 전쟁에 쏟아부은 인류 최초의 총력전이었다. 이 전쟁은 인간의 자유로운 이주 관행과 권리를 근본적으로 바꿔놓았다. 국경을 넘는 이주는 이제 개인의 선택에서 국가의 관리 대상이 됐다. 국민은 국가가 언제든 호출하고 동원할 수 있는 배타적 자원이 됐다. 이를 위해 국가는 더욱 정교한 인구조사 방법을 개발하고, 시민권과 국적을 엄격히 관리하며, 국민(특히 병역이 가능한 남성)의 신체를 계량화해 등급을 매기는 등 '인적 자원'을 관리하는 데 다양한 과학적 기법을 적용했다. 국가가 인구의 질과 양을 따지기 시작한 것이다. 이제 국민은 국가에 완전히 속박됐다.

국가가 국민의 나라 안팎의 이동을 통제할 필요성도 시급한 문제가 됐다. 이는 확고한 국경의 구획과 안보라는 국가 존속의 근본 문제와도 맞물렸다. 뿐만 아니라 일국 단위 안에서 노동력과 임금 수준을 적정 수준으로 유지하는 것도 이주 통제의 결정적 구실이 됐다. 이를 위해서는 자국민의 외국 여행과 이주뿐 아니라 외국인의 자국 유입도 통제해야 했다. 여권passport과 비자visa는 그 핵심적 수단이었다. 지금은 여권 없이는 나라 밖으로 나갈 수 없고, 비자 없이는—비자면제 협정이 체결되지 않은—다른 나라에 들어 갈 수가 없다. 여권과 비자가 없는 국가 간 이주는 밀입국으로 규정돼 처벌을 받고 추방된다. 금지된 국경 넘기를 시도하다가 재산은 물론 목숨까지 잃을 수 있다.

원인/동기 ⇨ 이주/밀입국 ⇨ 수용/거부(퇴거) ⇨ 정착/송환(본국 또는 제3국) ⇨ 적응/통합

국제 이주 문제는 인간의 이동권, 행복추구권과 같은 기본적인 인권 보장과 개별 주권국가들의 주권과 정체성 및 안보 유지라는 상충되는 가치에서 합리적 균형을 찾는 방정식이다. 물론 현실적으로는 후자에 더 방점이 찍혀 있다. 단순한 경제학 논리로만 봐도, 이주 공급이 이주 수요보다 압도적으로 많은 현실에서 대다수 이주 희망자들이 이주 수용국들의 무조건 환대를 기대하기는 힘들다. 또 정치적 이유나 신념의 문제 등으로 조국을 등지려는 난민들은 자기 나라를 떠나는 데에도 목숨을 걸어야 한다. 옛 동독 주민들이나 지금의 탈북자들, 이슬람 극단주의 세력이 정권을 장악하고 있는 일부 나라들의 난민들이 대표적 사례다. 이주민들의 인권, 나아가 생존권

이 상시적인 위협에 놓여 있는 까닭이기도 하다.

그럼에도, 아니 바로 그런 이유로, 이주민의 인권 보호와 인도주의적 접근에 대한 요구도 커져왔다. 국제사회는 이주민 인권 보호를 위한 다양한 법적 제도적 장치를 마련하고 보완해왔다. 또 유엔은 지난 2007년부터 매년 회원국 정부 기구와 학계, 활동가 그룹들이 참가하는 '이주와 개발에 관한 글로벌 포럼'(www.gfmd.org)을 열어, 국제 이주 문제의 현주소를 점검하고 이주 문제를 개발 어젠다와 적극 연계해 공동 정책의 마련과 집행을 촉진하도록 하고 있다. 미국 조지타운대 국제이주연구소ISIM의 수장 마틴 교수는 "이주민들의 기본권 보호를 위한 국제법규는 이미 충분하며, 이주자 권리가 보호되지 않는 것은 개별 국가 차원에서 그런 국제 기준을 이행하지 않기 때문"이라고 지적한다.[13]

이주자 권리 보호를 위한 가장 기본적인 국제법적 틀은 유엔의 국제인권규약에 잘 명시돼 있다. 국제인권규약은 1948년 12월 10일 채택된 세계인권선언의 내용을 구속력 있게 만들기 위해 1966년 유엔UN이 채택한 국제협약으로, 1976년 9월 발효됐다. 규약은 크게 '경제적·사회적·문화적 권리에 관한 국제규약'(일명 A규약)과 '시민적·정치적 권리에 관한 국제규약'(일명 B규약), 그리고 '시민적·정치적 권리에 관한 국제규약 선택의정서' 등 3가지로 구성돼 있다.

특히 시민적·정치적 권리에 관한 국제규약은 조약 조인국들에게 법적 효력이 강제되는 근대적 자유권의 총결산으로, 이주자 권리와도 아주 밀접한 관련이 있다. 생명의 존중(제6조), 고문·비인도적 처우와 형벌의 금지(제7조), 노예·강제 노동의 금지(제8조), 자의적 체포·구금의 금지(제9조), 억류자의 인도적 처우(제10조), 이주·출국·귀국의 자유(제12조), 외국인 추방의 조건과 심사(제13조), 공정한 재판의 보장(제14조), 사상·양심·종교의 자유

(제18조), 가정과 결혼의 보호(제23조), 소수자의 보호(제27조) 등의 조항이 모두 그렇다.

국제인권규약은 매우 포괄적인 범위에서 인권의 가치를 선언하고 그 보호를 선언한 '정언명령'이다. 그 앞뒤로 잇따른 국제조약과 의정서들은 더 구체적으로 이주자 권리를 규정하고 있다.

▲ 난민의 지위에 관한 협약(1951), ▲ 모든 형태의 인종차별 철폐 협약(1965), ▲ 여성에 대한 모든 형태의 차별 철폐 협약(1979), ▲ 고문 및 비인도적 처벌 금지 협약(1984), ▲ 아동권리협약(1989), ▲ 모든 이주 노동자와 가족의 권리에 관한 협약(1990), ▲ 인신매매, 특히 여성과 아동 인신매매 예방과 억제, 처벌에 관한 의정서(2000), ▲ 육·해·공을 통한 불법 이주 방지 의정서(2000), ▲ 다국적 조직범죄에 대한 협약(2000) 등이 모두 직간접으로 이주자 권리 보호와 통제 가능한 이주 촉진에 관한 내용들을 명시하고 있다. 특히 유엔은 2000년 총회에서, 꼭 10년 전 '이주 노동자 및 가족의 권리에 관한 협약'이 의결된 날인 12월 18일을 '국제이주자의 날'로 제정해 기념하고 있다. 세계 각국의 정부와 비정부기구, 나아가 세계시민이 인도주의 정신과 국제협약을 바탕으로 이주자들의 자유권과 사회권을 보호하고 관련 정보와 경험을 나누자는 뜻이다.

그러나 이런 국제협약들이 개별 가입국들에서 모두 잘 지켜지고 있는 건 아니다. 우선 국제조약에 아예 가입하지 않고 있는 나라들이 많을 뿐 아니라, 조약에 가입하고도 비준을 하지 않는 나라들의 준수를 강제하고 위반국가를 제재할 강력한 수단이 마땅치 않다는 현실적인 이유가 있다. 이주민에 관한 협약들이 매우 포괄적이고 복잡해서 모든 국가들의 개별적 사정을 무시하고 일괄적으로 적용하기가 쉽지 않은 측면도 있다. 또 한편으로는 국제조약 가입 및 비준국들이 이주자를 선별적으로 거르거나 정치적 망명자들의 난민 신청을 제한하는 정책에 제동을 거는 것은 자칫 해당국의 주권을 침해한다는 논란에 휩싸일 수 있다. 게다가 상당수 국가들이 이주자 허용 규모와 이주자 권리 제공을 외교적 흥정 대상으로 삼는 경향이 있다는 점도 무시할 수 없다.

그러나 이주의 자유와 이주민 권리 보호가 완벽하게 보장되지 않는 가장 근본적이고 큰 장벽은 '국가 안보' 논리다. 국제 이주는 개별국가 단위의 문제가 아니라 국가 간 이해관계의 조정이 필요한 문제일 수밖에 없다. 국경이 낮아지고 이주자가 많아질수록 이주의 정치, 사회적 비용과 안보 압박이 커지는 것은 당연해 보인다. 외부로부터의 이주민 유입을 감시하고 통제하고 규제하려는 개별국가들의 노력은 실제로 여러 가지 근거와 논리가 있다. 테러 가능성, 국제정치적 요인, 경제적 이해관계, 사회문화적 갈등, 공동체의 정체성 논란 등은 이주의 자유를 제한하는 가장 전형적인 요소들이다.

미국 정치학자 마이어런 위너는 이주가 안보 위협으로 간주될 수 있는 유형을 다섯 가지로 들었다. 첫째, 이주민 또는 난민들이 이주 송출국과 이주 수용국의 관계를 위협하거나 골칫거리가 되는 경우, 둘째, 이주민·난민·망명자들이 이주 수용국, 또는 이들이 이주를 희망하는 국가의 정부에 정치적 위협이나 안보 위험 요인으로 여겨지는 경우, 셋째, 이주민들이 이주 수용국에 문화적 위협으로 느껴지는 경우, 넷째, 이주민들이 이주 수용국의 사회·경제적 문젯거리로 여겨지는 경우, 다섯째, 이주 수용국이 이주를 이주민 본국에 대한 위협과 압박의 도구로 사용하는 경우 등이다.[14]

여기에 한 가지를 더 든다면, 다섯째 유형의 반대로, 이주자 송출국이 이주 문제를 이주 수용국(또는 이주자의 이주 희망국)에 대한 압박 수단으로 활용하는 경우도 있다. 앞서 이 책의 이주와 경제 부문에서 언급한 마리엘 보트 난민은 그 대표적인 사례들 가운데 하나다. 1980년 쿠바 정부가 미국으로 망명한 자국민들을 미국이 정치적으로 활용하는 것에 반발해 오히려 대량 망명을 허용해서 몇 달 동안 12만 명이 넘는 해상 난민이 미국으로 몰려가게 한 것이다. 2011년 초 아랍의 봄으로 촉발된 리비아 내전 당시에는 서구의 사퇴 압박을 받던 리비아 지도자 무아마르 카다피가 자국에서 지중해를 건너 유럽으로 밀입국하려는 아프리카 난민들에 대한 통제를 중단하겠다고 경고하기도 했다. 위의 두 사례처럼 이주자 통제권을 활용한 인해 전술은 국가가 이주 문제를 어떻게 정치적·외교적 압박 수단으로 활용할 수 있는지를 잘 보여준다.

이주자와 난민 뒤에 숨은 테러의 그림자

2015년 11월 13일 금요일 저녁, 주말 연휴를 앞두고 활기가 넘치던 프랑스 파리의 도심 곳곳에서 갑자기 요란한 총성과 폭발음, 비명이 터져 나왔다. 사람들이 많이 모인 레스토랑과 카페 등 6곳에서 동시다발테러가 벌어진 것이다. 젊은이들이 미국 록 밴드의 공연을 즐기던 바타클랑 극장에서만 범인들의 총기 난사로 89명이 숨진 것을 포함해, 모두 129명의 무고한 시민이 목숨을 잃었다. 제2차 세계대전 이후 프랑스 역사상 최악의 테러로 기록된 이 사건은 프랑스뿐 아니라 전 세계를 큰 충격과 슬픔에 빠뜨렸다. 파리가 무력충돌과 테러가 잦은 분쟁지역이 아닌데다, 8명의 범인들 모두가 프랑스와 벨기에 등 유럽에서 태어난 이민자 2세들이었기 때문이다. 모두 20대 젊은 나이의 무슬림들로, 이라크와 시리아에 근거지를 둔 이슬람 수니파 조직인 이슬람국가IS(Islam State)의 극단주의 지하드 사상에 포섭되거나 영향을 받았던 것으로 확인됐다.

파리 테러는 오늘날 유럽 사회에서 가장 민감한 불씨에 기름을 끼얹었다.

바로 이주자 문제다. 특히 이슬람권 국가 출신의 모든 이주자들은 뜨거운 분노의 불길이나 싸늘한 경계의 시선에 몸이 움츠러들었다. 마침 온 유럽이 시리아 난민 수용 문제로 한참 몸살을 앓고 있을 때였다. 파리 테러의 범인들은 자생적 테러리스트들이었지만, 시리아 난민 행렬이나 외국인 이주자들에 섞여 테러리스트들이 잠입한다는 의심과 경고가 커지기 시작했다.

특히 파리 테러 때 자살폭탄을 터뜨린 범인의 주검 근처에서 시리아 여권이 발견된 것은 확인되지 않은 사실에 대한 물증처럼 여겨졌다. 프랑스 수사 당국은 여권에 부착된 사진과 범인의 얼굴이 다르다는 사실을 근거로 이 여권이 위조된 것이라는 결론을 냈지만 분출하는 반 난민 정서를 잠재울 수는 없었다. 파리 검찰은 자폭 범인에게서 채취한 지문이 그 즈음 그리스에서 시리아 난민들 틈에 섞여 유럽으로 들어온 용의자의 것과 일치한다는 사실을 확인하고, 그가 시리아 난민을 가장했을 수 있다고 밝혔다.[15] 그로부터 꼭 두 달 뒤인 2016년 1월 12일, 터키 이스탄불의 대표적 관광지인 술탄아흐메트 광장에서 시리아 국적의 이슬람국가IS 조직원이 자살폭탄을 터뜨려 10명의 목숨을 앗아간 사건이 발생했다. 터키 당국은 이 범인이 테러 용의자 명단에 없었던 인물로, 시리아에서 터키로 입국해 난민 신청 등록을 했던 것으로 확인됐다고 밝혔다.[16] 터키 당국의 발표대로라면, 불행하게도, 테러리스트들이 난민들에 대한 국제사회의 인도주의적 수용을 테러 공격의 통로로 악용한다는 게 확인된 셈이다.

이와 별개로, 파리 테러는 이민자 사회가 형성된 이주 수용국에서 한참 혈기왕성할 나이의 이민자 2~3세들이 충분히 공정한 사회적 기회를 얻지 못하거나 해당 사회에 편입되지 못할 때 매우 위험한 안보 위협이 될 수도 있다는 것을 보여준다. 필자는 파리 테러 소식이 전해진 다음날 곧바로 신문사에서 현지에 급파돼 열흘 가량 머물며 참사 현장을 둘러보고 파리 시민들의 다양한 목소리를 들어볼 수 있었다. 충격과 슬픔, 위로와 연대, 분노와 적대감이 복잡하게 뒤섞인 분위기였다. 그 현장으로 돌아가보자(당시 파리에서 송고한 르포 기사들에서 일부를 간추려 종합했다).

동시다발테러가 발생한 지 사흘째인 15일 일요일 저녁, 파리 시내 공화국 광장Place de la République 한가운데 우뚝 서 있는 마리안 동상 아래엔 수백 수천 송이의 꽃과 촛불이 놓였다. 마리안은 자유 · 평등 · 박애로 표상되는 프랑스의 가치를 의인화한 여성으로, 화가 들라크루아의 명화 〈민중을 이끄는 자유의 여신〉(1830) 속에서 한 손에는 삼색기, 한 손엔 총을 든 모습으로도 그려졌다. 마리안 동상에 프랑스어로 '두렵지 않다MEME PAS PEUR'라고 쓰인 펼침막이 걸렸다. 비인도적인 무차별 테러에 굴복하지 않겠다는 의지의 표현이었다.

추모객들은 마리안 동상을 중심으로 서로 손을 맞잡고 서서 '연대'의 뜻을 나타냈다. 제법 쌀쌀한 날씨에도 사람들은 밤늦게까지 촛불을 밝혔다. 촛불을 묵묵히 바라보던 파리 태생의 마르고 세보는 "너무 많은 사람들이 숨졌어요. 그들은 누군가의 가족, 친구, 연인일 수 있어요. 모든 시민들이 고통스러워하고 있어요. 고통과 슬픔을 나누고 싶어요"라고 말했다.

시민 크리스텔 카리아는 "나는 무슬림도 가톨릭 신자도 아니지만 이슬람 극단주의는 용서하기 힘들어요. 그러나 유럽 국가들이 아랍계 시민들의 사회통합에 실패하고, 시리아의 바샤르 아사드 정권이 수십만 명을 학살하고 있는 비극을 외면해온 것도 큰 문제라고 생각해요"라고 말했다. 프랑스는 1962년 식민지 알제리와 전쟁을 한 끝에 알제리를 독립시켜 준 뒤 알제리 시민들을 값싼 노동자로 활용하고도 2등 인간으로 차별해왔다며,

사람들은 섞여 사는 법을 배워야 한다고도 했다. 그는 "나는 파리에서 태어나 프랑스 시민으로 자랐지만, 어머니가 모로코 출신으로 알제리를 거쳐 프랑스에 온 이민자……"라고까지 말하다가, 더 이상 말을 잇지 못했고 왈칵 울음을 터뜨렸다.

가장 많은 희생자가 나온 바타클랑 콘서트홀을 비롯해 테러 공격을 받은 카페들은 '톨레랑스'를 강조한 18세기 계몽주의 사상가 볼테르(1694~1778)의 이름을 딴 볼테르 거리 주변에 몰려 있다. 이곳에서 타인의 존재를 인정하지 않는 극단적인 테러 행위가 벌어진 것은 역설이다.

연쇄테러 참사가 일주일을 넘긴 주말, 파리는 이틀 내내 비가 내렸다. 바람이 불면서 기온이 뚝 떨어졌다. 그러나 공화국광장과 바타클랑 콘서트홀 앞에는 테러 희생자들을 추모하는 발길이 끊이지 않았다. 가장 환한 얼굴의 희생자 사진들과 시민들이 쓴 수백 수천 개의 글귀들이 나란히 걸렸다. "그들은 우리를 파괴하려 했으나 뭉치게 했을 뿐", "빠른 치유와 사랑과 자유를", "평화를 위해 연대"…….

거리에서 만난 프랑스인들은 입이라도 맞춘 듯 하나같이 '프랑스의 가치'를 말했다. 바타클랑 콘서트홀 앞의 꽃무덤을 보던 마흔 살 회사원 라마몬지수아 온도는 "이번 테러 이전과 이후로 프랑스인들의 가치관이나 생활이 달라질 것 같으냐"는 물음에 망설임 없이 "아니다"라고 말했다. 온도는 프랑스의 옛 식민지였던 마다가스카르 출신으로, 25살 때 프랑스에 온 이주민이다. 피부색은 갈색이지만 지금 그의 정체성은 프랑스인이다. 그는 "프랑스가 테러 공격으로 위축되면 더 많은 공격이 있을 것이므로, 많은 프랑스인들은 이전처럼 지내려 한다"고 말했다. "이런 때에 우리에게 필요한 건 사랑, 연대, 박애 같은 프랑스의 가치이며, 그것이 시민들을 다시 일어서게 하고 자유와 일상적인 삶을 지속하게 만드는 힘입니다."

그러나 좀 더 깊이 들여다보면 프랑스 사회가 안고 있는 문제도 심각하다. 많은 시민들은 "이슬람국가IS 테러리스트와 프랑스의 무슬림을 한 묶음으로 보지 말라"고 말하지만, 무슬림 청년세대가 느끼는 현실은 이런 이상과는 사뭇 다르다. 프랑스는 제2차 세계대전 이후 30년간의 경제 호황기에 노동력이 부족해지자 옛 식민지 국가들에서 엄청난 수의 이민자를 받아들였다. 당시 프랑스인들은 실업을 몰랐다. 그러다 1980년대 이후 확산된 신자유주의 구조조정은 이민자들부터 내쳤고, 21세기 들어 이어진 금융위기 한파는 이들을 더 힘들게 만들었다. 대부분 아랍계인 이민자들의 2~3대는 프랑스에서 태어났으나 진정한 프랑스인이 아니었다.

알제리 출신 무슬림으로 파리사클레 대학원에 유학 중인 압딜라 밍퀼라티는 "무슬림 이민자 1세대는 대부분 세속주의자들이며 프랑스의 가치를 존중하지만, 2~3세대 젊은이들 상당수는 삶의 목표를 잃고 마약이나 범죄, 이슬람주의에 빠진다"고 지적했다. 프랑스 태생 무슬림 청년들이 이슬람 근본주의 성향을 갖게 되는 이유로는 사회적 차별과 이슬람주의자들의 영향, 그리고 이민자들에 대한 거부 정서를 자양분으로 삼는 극우세력을 꼽을 수 있다. 압딜라는 "프랑스의 경기 침체가 길어지면서, 아랍계 이름을 가진 청년들은 교육을 잘 받았어도 일자리를 구하기 힘들다. 보이지 않는 인종주의가 작동한다"고 말했다. 파리에 있는 여러 이슬람사원의 '이맘'(이슬람 지도자)들이 프랑스 태생이 아니라 모로코·알제리·튀니지 등에서 와서 프랑스 무슬림들을 가르치는 것도 문제로 꼽힌다. 정통 이슬람 교육을 받고 자란 그들이 세속주의 전통과 자유주의 성향이 어느 나라보다 강한 프랑스의 가치를 이해하기란 쉽지 않다.

외국에서 파리에 온 기자들이 보고 들은 반응이 프랑스 대중의 실제 속마음을 반영하지 못한 것일 수도 있다. 일부에선 무슬림과 비무슬림 사이의 골이 깊어진 조짐도 보인다. 〈프랑스 24〉 방송은 "파리 테러 뒤 일주일간 프랑스에서 반이슬람 증오 범죄가 평소의 6~8배로 급증했다"고 보도했다. 앞서 테러 직후인 17일 일간지 《르 파리지앵》이 보도한 긴급 설문조사 결과를 보면, 응답자(복수 응답)의 57퍼센트가 "분노"를 느꼈고, 40퍼센트는 "응징"을 원했으며, "연대"하자는 응답은 31퍼센트였다. 테러 다음달 프랑스가 시리아를 공습한 것에 대해 응답자의 81퍼센트가 지지했고, 지상군 파병 찬성 의견도 62퍼센트나 됐다.

이주민은 범죄자?

이주자 유입과 사회통합은 개별 국가의 안보와 외교뿐 아니라 국내 치안과 관련해서도 매우 중요한 문제다. 대개의 경우 이주 유입국에서 토박이 주민과 외국인 이주자 사이의 갈등은 주로 노동시장에서의 경쟁, 복지 배분의 문제, 정서와 문화의 이질감 등에서 비롯한다. 경제적인 문제들은 생산과 분배가 개선되면 해소되는 경향이 크다. 또 문화적 이질감은 공존이 주는 실익이 크고 서로에 대한 이해가 깊어질수록 엷어지게 마련이다. 그러나 이주자들이 저지르는 범죄의 경우 호감/비호감은 이야기가 달라진다. 유럽과 미국 등 과거 식민통치를 했던 국가들에선 식민지 출신 이주자들을 잠재적 범죄자나 테러리스트로 낙인찍는 경향이 짙다. 이주자와 2~3세 젊은이들이 그 나라에서 계층 상승의 기회를 충분히 누리지 못하고 사회적 박탈감이 큰 소수자 집단을 형성하는 현상, 특정 종교나 정치적 이념 등에 쉽게 휩쓸리는 경향이 그런 의심을 확신으로 바꿔놓기도 한다. 그러나 대다수 이주자들은 새로운 환경에 적응하며 먹고 사는 데 시간과 노력의 대부분을 들이는 평범한 이웃들이다.

유럽 난민 위기와 그에 따른 갈등이 깊어지던 2016년 초, 유럽에서 이주자 유입과 테러와는 상관관계가 없다는 연구 결과가 나와 눈길을 끌었다. 영국 워릭 대학교의 빈센조 보브Vincenzo Bove와 에섹스 대학교의 토비아스 뵈멜트Tobias Böhmelt는 〈이민이 테러를 유발하는가?〉라는 직설적 제목의 논문에서, "이주가 테러 공격을 늘이는 게 아니라 오히려 줄이는 데 도움이 될 수 있다"는 결론을 내놨다. "일부 테러 공격이 테러가 성행하는 나라들부터의 이주자 유입과 관련이 있을 수 있지만, 전반적으로 이주가 테러의 근원은 아니"라는 것이다.[17] 저자들은 1970년부터 2000년까지 145개국을 대상으로 테러 발생 건수와 이주민의 국적별 유입 규모의 상관관계를 분석했다. 그 결과 테러 조직이 활개 치는 나라들에서 다른 나라로의 이주 흐름이 테러리즘 전파의 주요 경로로 활용된다는 추론은 가능했다. 그러나 이런 사례조차도 극소수에 불과하며, 대부분은 간접적인 방식으로 이뤄졌다. 이주자 수용국에서의 테러 발생과 국적별 이주자 유입과의 관련성이 검증되지 않았을 뿐 아니라, 오히려 이주 유입이 결과적으로는 이주자 수용국에서 테러 공격의 정도를 낮추는 경향이 있다는 사실도 확인했다. 논문의 주저자인 보브는 "국가안보기구와 이민당국이 이주자 출신국에서 테러 조직의 실체를 확인하지 않는 한 차별적 이민법을 실행하는 것은 바람직하지 않으며, 정책 담당자들이 이민법을 차별적으로 적용해 이주의 긍정적 효과를 상쇄시키지 않기를 바란다"고 밝혔다. 그러나 이 연구는 앞서 밝힌 것처럼 1970~2000년이 분석 시기다. 2001년 9·11테러로 시작된 21세기 이후 15년 동안의 흐름은 연구에 반영되지 않았다. 저자들도 이런 한계를 유념한 것으로 보인다. 보브는 "테러 확산의 위험은 새로운 이주 흐름의 등장과 이주자 출신국의 상황에 따라 매년 나라마다 달라질 수 있다"고 덧붙였다.

그렇다면 이주자들과 일반적인 범죄율은 어느 정도나 연관성이 있을까? 일탈의 정도와 범죄 피해가 적더라도 유난히 이주자들의 범죄에 대해서는 색안경을 끼고 보는 경향이 강하다. 체류국의 법을 어긴 이주자들은 형사처분과 별개로, 단지 이방인이라는 이유만으로 강한 정서적 거부감이 개입된 여론재판의 도마에 오르기 십상이다. 여기에는 외국인 이주자들이 범죄를 저지를 개연성이 더 클 것이라는 전제가 깔려 있다. 이처럼 육감적인 믿음은 매우 강력한 이주 반대 논리의 근거로 곧잘 활용된다. 그런 주장이 사실인지 아닌지는 그 나라의 범죄 통계를 들여다보면 쉽게 알 수 있다.

그런데 이주자에 대한 통계를 살펴볼 때 유의할 점이 있다. 설령 이주자의 범죄율이 높다 하더라도 이것을 단순히 통계 그 자체로 곧이곧대로 해석해서는 안 된다는 것이다. 이주자가 처한 특유의 사회·경제적인 형편과 구조적인 문제를 살펴보지 않는다면, 통계는 인종주의나 민족주의적으로 잘못 해석될 수 있다. 아울러, 이주자의 범죄를 이야기할 때는 이주자를 어떻게 정의할 것인지에 대해서도 명확히 해야 한다. 어쨌거나 이주자가 원주민보다 범죄를 더 많이 저지른다는 가정에 대해서는 여러 반박이 있다.[18] 일부 실증적인 연구와 주요 이주자 유입국의 범죄 통계는 이주자의 범죄율이 높을 것이라는 선입견과는 정반대의 진실을 보여준다. 세계 최대의 이주자 국가이자 인구 대비 수감자 비율이 가장 높은 미국부터 그렇다.

미국 시카고 연방은행 경제학자인 크리스틴 버처Kristin Butcher 팀이 캘리포니아 주를 대상으로 수행한 연구(2008) 결과를 보면, 거주자 가운데 외국 출생은 성인 인구의 35퍼센트를 차지했지만 감옥에 수감된 성인 인구에서 차지하는 비율은 17퍼센트로 훨씬 적었다. 이런 경향은 조사 대상을 미국 전역으로 확대해도 다르지 않았다. 루벤 룸봇Ruben Rumbaut 얼바인 캘리포니아대 교수팀의 연구(2007)에 따르면 모든 인종 그룹에서 수감된 인원이 가장 낮은 집단은 이주자들이었다. 불법체류자들 중 상당수를 차지하는 멕시코, 엘살바도르, 과테말라 출신도 마찬가지였다. 2000년 기준으로, 감옥에 가는 인구 중 큰 비중을 차지하는 18~39살 남성만 놓고 봤을 때도 원주민의 수감율은 3.5퍼센트였지만 이주자 남성들은 0.7퍼센트로 5분의 1 수준에 지나지 않았다.[19]

그렇다면 왜 이런 현상이 발생할까? 학자들은 미국의 이민 정책이 이주자의 범죄행위를 감소시킬 몇 가지 메커니즘을 제공한다고 지적한다. 이는 미국뿐 아니라 다른 나라에도 해당될 수 있다. 먼저 이주자들은 출신국에서 무작위로 일부를 추출한 집단이 아니라 스스로 이주를 선택한 사람들이다. 성취와 성공에 대한 야망이 비교적 높은 만큼 범죄를 저지르려는 경향이 적다. 더군다나 합법적인 이주자들은 그들의 범죄 전력에 따라 심사를 받는다. 미국에선 미국 시민이 아닌 모든 사람은 합법적으로 체류하고 있다 하더라도 1년 이상 징역형을 받는 범죄를 저질렀을 경우 법적으로 추방당할 수 있다. 불법체류자는 사소한 위법행위를 저지르더라도 사법당국과 접촉하게 되므로 범죄를 피하려는 경향이 있다. 정부당국과 접촉하면 불법 체류가 드러나게 되고 지속적인 체류가 어렵게 되기 때문이다.[20]

이런 경향은 한국도 마찬가지다. 우리나라 역시 내국인보다는 외국인의 범죄율이, 외국인 중에서도 합법체류자보다는 불법체류자의 범죄율이 오히려 더 낮은 것으로 집계되고 있다. 2014년 우리나라의 내국인 범죄율은 3.49퍼센트였다. 행정자치부의 주민등록 인구 현황을 보면, 2014년 12월 현재 재외국민을 뺀 국내 거주자는 5086만 2589명이었다.[21] 한편 경찰청이 집계한 범죄 통계에 따르면, 2014년 국내에서 발생한 범죄는 총 178만 5404건이었다.[22] 2014년 한 해 동안 전 국민 100명 가운데 대략 3.5명은 크고 작은 범법행위로 최소한 형사 입건이 됐다는 뜻이다.

반면 국내 거주 외국인 범죄율은 1.58퍼센트로, 내국인의 절반이 되지 않았다. 2014년 법무부 집계를 보면 국내 체류 외국인은 179만7618명(불법체류 외국인 20만 8778명 포함)이었다.[23] 한편 같은 해 외국인 범죄는 모두 2만8456건이었다. 국내 거주 외국인 100명 중 범죄 피의자로 조사받은 사람은 1.6명 정도인 셈이다. 단순하게 말하면, 국내에 거주하는 시민이 외국인에게 범죄 피해를 입을 확률은 한국인 범죄자를 만날 확률의 절반에도 못 미친다.

외국인 범죄의 발생 건수는 적더라도 강력범죄는 외국인 이주자들이 더 많이 저지르는 게 아니냐는 것도 편견이었다. 2014년 범죄 유형 중에서 살인·강도·강간 등 강력범죄 발생률은 내국인의 경우 0.05퍼센트였던 것에 견줘, 국내 거주 외국인은 0.036퍼센트로 더 낮았다. 외국인 범죄는 비교적 가벼운 범죄로 분류되는 폭력과 교통법규 위반이 전체의 55퍼센트를 차지했고, 지능범죄(10.1퍼센트)와 절도(6.2퍼센트)가 뒤를 이었다.[24]

기후 변화에 내몰리는 사람들

2015년 7월 21일, 바티칸에선 일찍이 유례를 찾아보기 힘든 풍경이 펼쳐졌다. 세계 60개 도시(또는 주)의 행정 수장들이 교황청에 모인 것이다. 밀라노, 파리, 스톡홀름, 오슬로, 마드리드, 베를린, 바르샤바, 뉴욕, 시애틀, 밴쿠버, 상파울루, 보고타, 멕시코시티, 테헤란, 코치(인도), 요하네스버그, 소로티(우간다), 리브레빌(가봉) 등 5대양 6대주의 주요 도시에서 온 시장들의 손엔 프란치스코 교황의 초청장이 들려 있었다. 〈현대판 노예제도와 기후 변화: 도시들의 책무〉라는 주제로 프란치스코 교황이 직접 주재한 컨퍼런스였다. 이틀간의 토론이 끝난 뒤, 참가자들은 기후 변화 억제를 다짐한 '기후 선언'을 채택했다. 선언문에 한 사람씩 차례로 서명하는 의식에선 사뭇 숙연한 분위기가 감돌았다. 교황청 공식 방송사인 〈바티칸 라디오〉는 컨퍼런스의 취지를 이렇게 설명했다.

> 우리는 시장들이 가난한 이들과 도시 안팎 주거촌의 취약한 환경에서 살아가는 이들에게 살아갈 힘을 실어주고, 그들이 급격한 환경적·경제적·사회적 불안정으로 인한 극한의 피해에 노출되는 것을 줄이는 데 헌신하기를 바랍니다. 기후 변화에 따른 사회적 경제적 불안정이야말로 강제 이주와 인신매매의 비옥한 토양이 되기 때문입니다.[25]

바티칸이 종교나 윤리, 영성, 정의, 인도주의 문제가 아닌 '기후 변화'를 세계 정치 지도자들의 관심과 실천을 촉구하고 행정 수장들이 모이는 자리를 마련한 것은 극히 이례적인 일이었다. 그러나 2013년 3월 프란치스코 교황이 즉위한 이래 줄곧 강조해온 메시지와 행보를 보면 고개를 끄덕일 만하다. 이 컨퍼런스가 열리기 한 달 전인 2015년 6월, 프란치스코 교황은 바티칸 역사상 처음으로 기후 변화의 심각성을 경고하고 인간의 친환경적 삶을 촉구하는 장문의 '회칙Encyclical Letter'을 발표했다. 교황 회칙은 로마 가톨릭 교회에서 구속력이 가장 강한 공식 사목교서다. 프란치스코 교황은 〈찬미 받으소서〉[26]라는 제목의 회칙에서 "많은 과학적 연구들은 최근 수십 년간 지구온난화는 주로 인간의 활동으로 방출된 이산화탄소, 메탄, 산화질소 등 온실가스의 대량 누적에서 비롯한다는 걸 알려준다"는 점을 확인했다. 교황은 또 기후 변화에 따른 빈곤과 난민 문제에 대한 무관심을 반성하고 적극적인 관심과 지원을 호소했다. "환경 악화에서 비롯한 빈곤의 증대로 새로 살 곳을 찾는 이주자들이 늘고 있습니다. 그들은 국제법상 난민으로 인정받지 못하고 있으며, 어떠한 법적 보호도 누리지 못한 삶을 빼앗 깁니다. 슬프게도, 바로 지금 우리가 살고 있는 세상에서 일어나고 있는 그 런 고통에 대한 무관심이 만연해 있습니다. 우리 형제와 자매가 겪고 있는 이 같은 비극에 응답하지 않는다는 것은 모든 시민사회의 기초인 우리 이 웃 인간에 대한 책임감의 결여와도 같습니다."

바티칸이 이 컨퍼런스에 대통령이나 총리 등 국가 정상급 지도자들이 아 닌 도시 시장들을 초청한 데에는 현실적이고 과학적인 근거가 있다. 환경 전문가들은 도시 지역이 인류의 온실가스 방출량의 4분의 3을 차지하는 만 큼 대도시들이 지구온난화를 줄이는 핵심이 돼야 한다고 주장한다. 이 컨 퍼런스는 기후 변화가 인도주의적 위기와 직결돼 있다는 사실을 새삼 환기 하는 자리가 됐다. 환경 파괴로 농지와 일자리를 잃은 농촌 지역민들이 도 시로 몰려들면서 저임금 노동과 인신매매의 먹잇감이 되고 있어서다.

기후 변화는 안보와 아주 밀접한 관계가 있다. 기후 변화에 따른 환경 난 민이 앞서 언급한 '인간 안보'의 핵심 부문의 하나이기 때문이다. 안보, 즉 안전하게 지켜야 하는 것들 중에서 사람의 생명보다 다 소중한 것은 없다. 국가 안보가 중요한 것은 국가가 수많은 사람들의 집합체이기 때문이다. 국가 안보를 위협하는 것은 외부 세력의 적대행위만이 아니다. 대규모 자 연재해, 기후 변화가 가져오는 생태계 위협과 국토 파괴는 중대한 국가 안 보 사안이다. 더욱이 기후 변화의 영향에는 국경이 없다. 기후 변화가 개별 국가 단위의 문제가 아니라 국제사회가 공동으로 대응해야 할 안보 문제라 는 이야기다.

국제이주기구는《2013년 환경 이주 조사》보고서에서, 조사 대상 국가의 거의 3분의 1인 45개국에서 환경 이주가 발생했으며, 환경과 기후 변화와 관련한 이주는 지역에 상관없이 전 세계의 많은 나라들에서 이미 확고한 현실이라고 평가했다.[27] 기후 변화 때문에 생겨나는 이재민도 '난민'으로 인정해야 하는가, 라는 질문은 적어도 인도주의적 관점에서는 따져 묻는 것 자체가 이상할 만큼 의문의 여지가 없다. 그러나 현행 국제법 체계로만 보면 환경 이재민들은 난민 지위를 인정받을 근거가 없다. 이 문제가 논쟁의 여지를 남기는 것은 앞서 거듭 밝힌 것처럼 지금의 국제협약상 '난민' 지위가 정치, 종교적 신념과 전쟁 등에 따른 박해 위험을 받는 이들로 엄격하게 한정돼 있기 때문이다. 환경 이재민을 난민으로 인정할 경우 국가들은 국제법 절차에 따라 난민 지위 심사와 수용 여부를 결정하는 법적·도덕적 책임을 지게 된다. 그러나 당장 긴급하게 목숨의 위험이나 박해가 우려되지 않는 이재민들까지 난민으로 인정해 받아들일 나라는 없다. 피해 지역이 복구되면 언제든 되돌아가서 살 수 있다고 보기 때문이다. 엄청난 지진이나 해일로 마을이 쑥대밭이 되고 삶의 기반을 잃었더라도 인도주의적 지원의 대상일지언정 다른 나라에서 보호처를 구할 국제법적 권리가 보장돼 있지는 않다. 그러나 기후 변화나 사막화로 농경지가 사라지거나 물이 말라 사람이 살 수 없는 환경이 된 경우에는 사정이 다르다. 이런 이유 때문에, 환경 이재민을 난민으로 인정하고 수용할 수 있는 국제법적 근거를 새 협약으로 마련해야 한다는 목소리가 커지고 있다.

환경 이재민, 특히 기후 변화 이재민의 수는 엄청나다. 노르웨이에 본부를 둔 비정부 기구인 국제이재민모니터링센터IDMC가 2015년 7월 발간한 연례 보고서 《글로벌 평가 2015―재해 이재민》[28]을 보면, 2014년 한 해에만 세계 100개 나라에서 1930만 명이 넘는 사람이 지진, 화산 폭발, 홍수, 가뭄 같은 자연재해로 고향을 등졌다. 기간을 조금 넓혀 2008년부터 2014년까지 7년 동안 지구촌에서 어림잡아 1억8460만 명의 환경 이재민이 생겼다. 한 해 평균 2640만 명이다. 환경 이재민이 가장 많은 나라는 중국이었

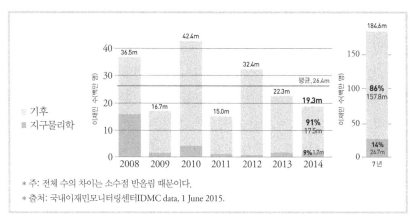

* 주: 전체 수의 차이는 소수점 반올림 때문이다.
* 출처: 국내이재민모니터링센터IDMC data, 1 June 2015.

[그림 12] 세계 재해 이재민 발생 수

으며, 인도, 필리핀 등이 뒤를 이었다. 이 가운데 지진, 해일, 화산 폭발 같은 지구의 지각운동에 따른 이재민은 전체의 14퍼센트에 불과했다. 홍수, 태풍, 가뭄 같은 기상재해가 낳은 이재민이 전체의 86퍼센트(1억5780만 명)을 차지했다. 기후 변화는 정치적·사회적·경제적 권력이 없는 약자들과 가난한 나라들일수록 더 큰 위협이 된다. 갈수록 고갈되는 수자원과 식량, 주거지와 방목지를 놓고 벌어지는 갈등과 분쟁은 필연적으로 삶터에서 밀려나는 강제 이주를 낳게 마련이다.

기후 변화는 지구온난화와 기상이변을 포괄한다. 지구온난화는 실제 관측의 결과로 뚜렷이 확인된다. 매년 여름마다 "갈수록 더워지는 것 같다", "올해는 유난히 덥다"고 말하는 사람들이 있다. 그런 말들은 단지 주관적인 느낌일 뿐일까? 그렇지 않다고, 그 느낌이 사실이라고 과학은 말해준다.

2015년 8월, 미국 국립환경정보센터NOAA는 그해 7월의 세계 평균기온이 16.61°C로, 1880년 1월 기상관측을 시작한 이래 136년 만에 최고치를 기록했다고 밝혔다.[29] 20세기 100년 동안의 7월 평균 기온 15.8°C보다 0.81° C 높았다. 2015년 1월부터 7월까지의 평균 기온도 14.7°C로, 관측이 시작된 이래 가장 높은 것으로 측정됐다. 기후 변화의 진행 속도가 더 빨라지고 있다는 징후는 다른 기록으로도 확인된다. 미국이 지구 온도를 측정하기 시작한 1880년 이후 135년 동안 가장 더웠던 7월로 꼽힌 상위 10개 기록 중 9개가 2005년 이후에 몰려 있다. 2015년 7월 바닷물 온도 역시 20세기 평균보다 1.35°C나 높아 최고치를 기록했다. 이런 현상은 지구를 식혀주는 구실을 하는 대양이 덩달아 따뜻해지는데다, 한번 데워진 바다는 대기보다 식는 데 더 오랜 시간이 걸리기 때문이다.

기후 변화는 이주와 난민에 직접적인 영향을 미친다. 20세기 이후 세계 최대의 난민 위기를 낳고 있는 시리아 내전이 악화된 것도 상당부분 기후 변화 때문이라는 분석이 있다. 시리아 내전은 2011년 초 아랍과 북아프리카 지역의 이슬람권 국가들에서 일어난 대규모 민주화운동인 '아랍의 봄'의 영향으로 시작됐다. 그런데 콜린 켈리Colin P. Kelley 미국 캘리포니아주립대 교수 등 5명은 "시리아 내전이 발발하기 전인 2007~2010년까지 비옥한 초승달 지역에서 지속된 가뭄이 시리아 내전 발발의 한 원인이 됐다는 증거가 있다"고 주장했다.[30] 이 시기 가뭄은 지금까지 인류가 기기로 측정한 기록 중 최악이었으며, 그 때문에 환경 난민이 된 농민들이 집단으로 도시 지역으로 이주하면서 사회적 갈등과 긴장이 더 커졌다는 것이다. 이는 종파 분쟁와 권력 배분 문제로 불거진 내전에 기름을 끼얹은 결과로 이어졌다. '비옥한 초승달' 지대는 아라비아 반도의 북쪽 지역에 있는 광활한 충적 평야지대로, 동쪽으로 페르시아 만 상류에서부터 서쪽으로는 지중해 연안까지 마치 초승달 모양으로 펼쳐져 있다. 티그리스 강과 유프라테스 강, 나일 강 등 큰 강들을 끼고 있어 인류 최초의 농경문화와 고대 문명이 탄생한 요람으로 알려져 있다. 그런데 최근 한 세기 동안 이 지역에서 관측된 기후 변화에 따른 강우량 감소, 기온 상승, 해수면 상승 추세는 앞으로도 심각한 가뭄이 지속될 가능성이 크다는 걸 암시한다.

비키니 섬 주민들

지구온난화는 어떤 지역에선 극심한 물 부족으로 생존을 위협하지만, 또 다른 지역은 정반대로 물에 잠길 위기로 몰아간다. 극지방의 빙하가 녹아 내리면서 해수면이 올라가고, 그에 따라 완만한 해안지대의 땅이 급속히 바다에 침식되기 때문이다. 해발고도가 낮은 해안 지역이나 섬의 주민들이 느끼는 해수면 상승의 위기감을 보여주는 한 사례가 비키니 환초다. 여름 해변 패션의 하나인 비키니 수영복의 어원이 된 비키니 섬 주민들은 70년 동안이나 강제 이주민 신세다. 한번은 핵실험 난민으로 고향을 등졌고, 지금은 기후 변화 난민으로 또다시 삶터를 떠나야 할 처지다. 1940년대에 미국령 마셜군도의 비키니 환초에서 키리 섬 등 인근의 다른 섬들로 강제 이주를 당했던 원주민과 후손들은 미국 정부에 본토 이주를 요청하고 있다. 기후 변화에 따른 해수면 상승으로 바닷물이 키리 섬 공항의 활주로까지 침범하고 토양이 침식돼 농작물 염해를 입는 등 사람이 거주할 수 없는 환경으로 바뀌고 있어서다.

2015년 10월, 마셜제도공화국의 토니 드브룸 외무장관은 영국 런던에서 열린 기후변화회의에서 "키리 섬에 거주하는 비키니 섬 출신 주민들은 미국이 지원하는 재정착 기금을 미국 본토에서 쓸 수 있기를 원한다"며 "이런 요청은 기후 변화 때문에 키리 섬이 살 수 없는 곳이 되고 있는 현실에 근거한다"고 말했다. 그는 마셜군도 주민들은 이미 미국 본토에 정착할 수 있는 권리가 있으므로 시민권은 장벽이 되지 않는다고 강조했다.[31] 앞서 1982년 미국은 비키니 섬 원주민들이 마셜군도 안에서만 쓰는 조건으로 재정착기금을 조성했다. 마셜군도는 1986년 미국의 신탁통치를 벗어나 자치공화국으로 독립하면서, 외교와 국방 등을 미국에 의존하는 '자유연합 협약Compact of Free Association'을 맺었다. 이 조약에 따라 양국 국민은 상대국을 무비자로 여행할 수 있으며, 거주와 노동에도 제약을 두지 않고 있다. 드브룸 장관이 언급한 "마셜제도공화국 시민들의 미국 본토 정착권"은 이런 협약 조항을 근거로 한 말이었다.

비키니 섬의 운명은 기구하다. 마셜군도 원주민들의 언어로 '코코넛 껍질piki ni'에서 유래한 이 산호섬은 탁 트인 에메랄드 빛 바다와 열대 나무가 우거진 풍광을 자랑한다. 비키니 섬이 문헌 기록에 처음 등장한 것은 1529년 초 스페인 함대가 지금은 멕시코 땅인 당시 식민지로 항해하던 중 이 섬을 발견해, 스페인어로 '멋진 정원Buenos Jardines'이라는 이름을 붙이고 해도에 표시하면서다.[32] 1899년 스페인은 이 섬을 독일에 팔았고, 제1차 세계대전이 터진 1914년에는 일본이 마셜군도를 점령해 태평양 방어선의 전초기지로 삼았다. 마셜군도는 그러나 1941년 12월 일본이 미국 하와이의 진주만을 기습하면서 태평양 전쟁이 발발하기 전까지는 비교적 평온을 유지했다. 태평양 전쟁이 막바지로 치닫던 1944년 2월, 미군 해병은 일본군이 점령하고 있던 마셜군도의 콰잘레인 환초Kwajalein Atoll에서 치열한 전투 끝에 섬을 함락하면서 마셜군도 전체를 장악한다. 당시 비키니 환초에 있던 일본군 장병은 모두 5명뿐이었다. 이들은 미군이 상륙하자 여우 굴에 숨어 있다가 항복 권고를 무시하고 수류탄으로 자폭했다고 한다.[33]

미국은 1945년 8월 인류 역사상 최초로 일본에 원자폭탄 2발을 투하해 일본의 항복을 받아냈다. 그 다음해부터 미국은 지속적인 핵실험을 위해 비키니 섬 주민 167명을 인근의 다른 섬으로 강제 이주시킨 뒤 1958년까지 23번이나 비키니 환초에서 원자폭탄과 수소폭탄 실험을 했다. 비키니 섬 주민들은 마지막 핵실험이 끝난 뒤로도 11년이 지난 1969년에야 귀향이 허용됐다. 그러나 아름다운 섬은 이미 방사능 오염이 심각한 수준이었다. 주민들은 몸에서 방사성 물질이 다량 검출되는 등 부작용에 시달리다 1978년 다시 섬을 떠나야 했다. 그리고 지금은 기후 변화의 직접적인 위협에 노출됐다. 마셜군도의 섬들은 평균 해발고도가 3미터에 불과해 해수면 상승의 위협에 극히 취약하다.

비키니 섬 주민들이 느끼는 위기감과 청원 압박이 커지자, 미국 내무부는 2015년 10월 20일 마셜군도 주민들이 정착지원금을 미국 본토를 비롯한 섬 바깥 어디에든 재정착을 하는 데 쓸 수 있도록 관련법 개정을 추진하겠다고 발표했다.[34] 기후 변화에 따른 해수면 상승이 섬 주민들의 삶을 실질적으로 위협하고 있다는 것을 미국 정부가 인정하고 행정과 입법 조처로 대안을 마련한 사례다.

2013년 기후 변화에 관한 정부 간 패널IPCC(Inter-Governmental Panel on Climate Change) 실무그룹에 제출된 연구보고서에 따르면, 지구 해수면의 평균높이는 1901년부터 2010년 사이에 약 19센티미터나 상승했다. 20세기 동안의 해수면 상승의 가장 큰 원인은 대양의 열팽창과 빙하의 해빙 때문이다. 보고서는 21세기 초의 해수면 상승에 힘입어, 일부 지역에서는 2100년까지 해수면이 현저하게 높아질 가능성이 매우 크다고 내다봤다.[35] 2015년 8월에는 미국 항공우주국NASA이 "위성 관측 결과로 보면 세계 해수면 평균 높이가 1992년 이후로만 거의 3인치(약 7.6센티미터) 높아졌으며 앞으로도 수 피트(1피트는 약 30센티미터) 상승을 피할 수 없을 것"이라고 경고했다.[36]

7장

이주가 경제에 끼치는
영향

많은 사람들이 말하는 '불법 이주자'라는 표현에 이의를 제기합니다.
내가 아는 한 '불법' 인간'은 없습니다.
– 데니스 쿠시니치

누가 왜 이주하는가

자발적 이주의 가장 큰 동기는 경제적 삶의 질 향상이다. 지금도 수많은 이주자들이 자기 나라보다 더 부유하고, 일자리가 있으며, 임금 수준이 높은 나라를 찾아 나선다. 노동력과 임금의 교환이 국가 간 경계를 넘어 초국가 차원에서 이뤄지는 것이다. 이주 노동자들이 찾아가는 나라들은 상대적인 비교 우위만 있으면 되므로, 반드시 경제협력개발기구OECD 회원국들처럼 최상위권 부자 나라일 이유는 없다. 조금이라도 나은 일자리가 있다면 이주 노동의 충분한 유인이 된다. 예컨대 동남아시아의 개발도상국인 말레이시아에는 인도네시아, 방글라데시, 필리핀, 태국, 인도 등 남아시아의 저개발국이나 개발도상국 출신의 이주 노동자들이 건설업, 고무농장, 야자유 공장에서 일한다. 말레이시아의 외국인 이주 노동자들은 약 300만 명에 이르는 것으로 추산된다. 이들 중에는 정식 고용허가를 받지 않은 불법체류자나 밀입국자들도 상당수다. 남아프리카공화국에선 짐바브웨, 소말리아, 케냐 같은 인접국에서 노동자들이 찾아온다. 특정한 계절이나 경기에 상관없는 제조업이나 서비스업 부문의 일자리도 있고, 농수산물 수확이나 대규모 건설 등 특정 시기에 노동력 수요가 급증하는 일자리도 있다.

이주 노동자의 대부분은 이주 유입국에서 노동집약적인 농수산업이나 제조업, 저임금 서비스업 같은 단순 비숙련 육체노동에 종사하게 된다. 하지만 이주 노동으로 돈을 벌 수만 있다면 일자리의 질은 상대적으로 덜 중요하다. 어떤 일을 하든 본국에서보다는 훨씬 높은 임금을 받을 수 있기 때문이다. 부유국과 빈곤국의 임금 격차는 엄청나다. 그렇다면 이런 임금 격차는 왜 생기는 걸까? 경제학적 논리로만 따지면 임금 차이는 생산성의 차이에서 발생한다. 이것이 부유국 노동자가 빈곤국 노동자보다 반드시 생산성이 높다는 걸 뜻하지는 않는다. 그러나 현실에선 잘 사는 나라 노동자가 가난한 나라 노동자보다 임금을 많이 받는 것이 당연한 상식처럼 여겨진다.

고소득 국가와 저소득 국가의 임금 격차에 대해 폴 콜리어는 "문제의 핵심은 고소득 국가의 노동자들이 저소득 국가의 노동자들보다 더 생산적인지 아닌지가 아니라 이들이 훨씬 '생산적'일 수밖에 없는 이유"라고 말한다. 그 원인으로 두 가지를 생각해볼 수 있다. 하나는 개인의 특성에서 생기는 것이고, 다른 하나는 나라별 특성에서 비롯한다. 경제학자들은 상당한 임금 격차가 노동자 개인보다는 나라별 특성의 차이에서 생긴다는 사실을 알아냈다. 이주자의 출신국과 유입국에서 서로 상응하는 일자리를 비교해보면 상당한 임금 격차가 존재한다. 예를 들어 아이티의 일반 노동자가 미국에 가서 똑같은 일을 할 경우 소득이 열 배로 오른다. 반면, 유입국에 들어온 이주 노동자와 원주민 노동자의 생산성에는 큰 차이가 없는 것으로 밝혀졌다. 최하층 10억 명의 나라들이 그보다 앞선 나라들을 따라잡으려면 단순히 개인의 노동 숙련도를 높이는 것이 아니라 사회모델을 바꿔야 한다는 것이다. 이주 노동자들이 의식하든 의식하지 못하든, 그들의 국외 이주는 자국의 낮은 생산성에서 벗어나고 싶다는 바람이 동력으로 작용한다.[1]

나라별 특성에서 소득 격차가 생긴다는 사실은 이주자들이 둘 이상의 이주 후보국들 가운데 각자의 형편에 가장 유리한 나라를 선택하는 경향으로 나타난다. 또 이주 후보국들의 평균 소득 차이뿐 아니라 이주자들이 유입국의 소득분배 구조에서 놓이게 될 위치도 '이주 쇼핑'에 영향을 준다. 평균 이하의 소득을 예상하는 저숙련 이주자들은 소득재분배 과세율이 높은 나라를 선호할 것이고, 평균 이상의 소득을 기대하는 고숙련 이주자들은 다소 불평등한 구조를 용인하는 나라를 선호할 것이다. 실제로 유럽은 미국보다 평등한 사회이자 세계에서 가장 앞선 복지제도를 갖춘 지역이어서 저숙련 이주자들을 끌어 모으는 경향이 있다. 물론 양쪽 이주자들의 구성의 특성은 다른 요인으로도 설명이 가능하다.[2]

노동력의 수요와 공급

이주 노동자들은 이주 국가의 부족한 노동력을 제공한다. 대부분은 단순 비숙련 저임금 노동이다. 그러나 산업생산의 자동화 수준이 높아지고 공정을 로봇이 대체하는 분야가 늘면서, 선진국들은 고숙련 전문 노동자들의 이주를 적극 우대하기도 한다. 자발적 이주자들뿐 아니라 난민들도 유용한 노동력이 될 수 있다. 난민을 받아들이는 나라들은 인도주의적 실천과 역동적인 인력 수혈을 동시에 할 수 있다. 시리아 난민을 대거 받아들였던 독일이 적절한 사례다.

승용차 브랜드 벤츠를 생산하는 다임러의 디터 제체Dieter Zetsche 최고경영자는 2015년 8월 프랑크푸르트 모터쇼에서 "독일로의 대량 난민 유입이 또 한 번의 경제 기적을 일구는 데 도움이 될 수 있다"고 말했다. 그는 "이민자들은 위험하지 않으며, 오히려 독일 경제에 기회를 제공한다"면서 독일 내 시리아 난민 임시 수용시설에 고용 담당자를 보내겠다고도 했다. 제

체는 그 며칠 전 발간된 독일 일간지 《빌트*Bild*》와의 인터뷰에서도 1950~
60년대에 수백만 명의 외국인 노동자들이 독일의 전후 경제부흥에 기여한
사실을 언급했다. "이주 난민의 대다수는 젊고, 기술력과 교육 수준이 높으
며, 의욕도 크다. 바로 지금 우리가 찾고 있는 사람들이다." 제체의 이런 발
언은 난민과 이주자들이 독일의 경제에 보탬이 될 수 있다는 독일 산업계,
특히 인력 부족이 심각한 제조업의 기대를 대변한다. 또 다른 자동차 메이
커인 폴크스바겐의 마르틴 빈테코른 최고경영자도 "(채용에) 적격인 사람
들이 많이 들어오고 있다"며 "기술력이 높은 이들에게 일자리를, 그렇지 않
은 난민들에게는 직업훈련을 제공할 기회다"고 말했다. 그는 또 "이건 우리
가 난민 위기 대응에 기여하는 것이기도 하다"고 강조했다.

　실제로, 독일 통일 전 서독의 눈부신 경제성장은 내외국인 이주자들의 풍
부한 노동력에 힘입은 바 크다. 제2차 세계대전 직후 무려 1200만 명의 동
독 주민들이 서독으로 몰려왔고, 그 이후로도 1961년 베를린 장벽이 동서
를 완전히 갈라놓기 전까지 270만 명의 동독 주민들이 서독으로 건너왔다.
특히 같은 언어와 역사적 경험을 공유하는 이들 동독인 노동자들은 전후
서독 경제에서 산업생산과 소비수요에 막대한 보탬이 됐다.

　그러나 지금은 대다수 선진국과 마찬가지로 독일도 심각한 '저출산 고령
화'로 인해 노동력 충원이 시급한 과제로 떠올랐다. 독일 노동시장과직업연
구소는 2015년 7월 보고서에서, 당시 4500만 명인 독일의 경제활동 인구가
2030년까지 850만 명이나 줄어들고, 2050년까지는 870만 명이 더 급감할
것으로 예측했다. 또 이주자 유입과 여성 및 고령층의 노동 참가 흐름을 감
안하더라도 2050년까지 800만 명의 경제활동 인구가 줄어들 것으로 봤다.[3]
앞서 그해 3월엔 독일 싱크탱크인 베텔스만 재단도 인구 구조 전망 보고서
를 내어 "이 같은 격차는 이주민 없이는 좁혀질 수 없다"며, 노동력 수요를

충당하려면 매년 50만 명의 새로운 이주 노동자가 충원될 필요가 있다고 지적했다.

글로벌 투자은행인 유니크레딧은 2015년 9월 독일의 난민 수용의 경제 효과를 분석한 보고서에서, 독일 정부가 시리아 난민을 대거 받아들이는 정책의 성공 여부를 판가름할 결정적 요인은 난민들의 노동시장 통합이라고 짚었다. 보고서는 대규모 난민 수용에 따른 독일 정부의 재정지출 증가가 국내총생산GDP 성장에 미치는 효과가 향후 12~18개월에는 다소 낮은 수준인 0.3퍼센트를 넘지 못할 것으로 내다봤다. 그러나 중기적으로 보면 난민들의 노동시장 편입이 늘면서, 2020년에는 국내총생산이 1.7퍼센트 성장하는 등 상당한 수혜를 누릴 것으로 내다봤다.[4]

그러나 시리아 난민들을 노동시장으로 흡수하는 데 신중해야 한다는 의견도 만만치 않다. 독일 데카방크의 이코노미스트인 크리스티안 퇴트만은 독일이 시리아 난민 수용 문제로 뜨겁던 2015년에 "독일은 이민자들이 매우 필요하다"면서도 "시리아 난민은 애초에 경제적 이유로 유럽에 온 것이 아니며 향후 몇 년은 구체적인 삶의 계획도 없는 만큼, 그들의 사회통합이 어떻게 진행될지를 말하는 건 아직 이르다"고 지적했다.[5]

2000년 이전까지만 해도 국제 노동 이주에 관한 담론은 주로 이주 수용국의 상황과 논리에 초점이 맞춰져왔다. 이주가 당장 사회적·경제적 문제가 되는 쪽은 이주자의 출신국이 아니라 이주자가 들어오는 나라들이기 때문이다. 국제 이주는 대부분 이주자 자신 또는 출신국의 경제적 빈곤과 국가별 소득 격차 확대의 결과지만, 이주자를 받아들이는 나라에서 국제 이주는 새로운 사회 경제 문제의 원인이 된다. 이주에 대한 연구와 자료 축적, 정책적 경험이 이주 수용국에 집중돼 있을 수밖에 없는 이유다. 그러나 이처럼 일방적·일면적 고찰로는 이주 노동의 양태와 효과에 대한 큰 그림을 파악할 수 없다. 이주 노동자 송출국의 경제개발 동기와 결과를 제대로 이해하기 힘들다. 이주 수용국이 갈등과 비용을 최소화하고 효용을 극대화하는 이주 정책을 수립하는 데에도 도움이 되지 않는다.

어떻게든 들어오려는 이주자들을 물리적으로 완벽하게 원천봉쇄하는 것이 고비용 저효율 정책일 뿐 아니라 현실적으로 가능하지도 않다면, 이주 수용국들로서는 갈등과 비용을 최소화하고 효용을 극대화하는 이주 정책이 더 바람직하다. 서로 사회적·경제적 후생을 누리는 윈-윈 전략이다. 이주 수용국은 적정 인구 유지, 노동력 공급, 다양성 증대 같은 이점을 기대할 수 있을 것이다. 반면 이주 노동자들이 본국에 보내는 송금Remittances은 당장 노동자 자신의 가정 살림살이에 큰 도움이 될 뿐 아니라, 저개발국들의 경제개발에도 상당한 기여를 한다. 상대적으로 잘 사는 나라의 부가 가난한 나라로 이전되면서 자연스럽게 부의 재분배가 이뤄지는 것이다. 특히 간과하지 말아야 할 것은, 이주 노동자들도 이주국에 체류하는 동안 소비 지출을 하고 세금을 낸다는 사실이다.

이주 노동에서 한 가지 역설적인 대목은, 국제 이주에 드는 비용이 상대적으로 비싼 까닭에 정작 최빈곤층 가구는 이주 노동을 통한 가구 수입 증대를 실현하기 어렵다는 사실이다. 이주 노동도 일종의 투자다. 다른 투자와 마찬가지로, 초기 비용이 높은 반면 자금 회수는 더딘 편이다. 자금 회수에 위험도 따른다. 그렇다보니 개발도상국과 빈곤국가 안에서도 국제 이주에 필요한 최소한의 금전적 비용과 관련 지식을 가진 차하위 빈곤층이나 중산층이 이주 노동의 기회와 수익을 누리는 경향이 크다. 이는 개별 가구의 빈곤 해소에는 상당한 도움이 될 수 있으나, 거시경제 차원에서는 오히려 소득 불평등을 미약하게나마 더 악화시키는 결과를 낳기도 한다. 국제 이주도 어느 정도 여건과 능력이 돼야 하지, 극빈층은 이주 노동으로 빈곤에서 탈출할 기회마저 갖지 못한다. 그러나 학계에서는 이런 역효과를 불가피한 것이 아닌, 정책적 수단으로 해결될 수 있는 문제로 파악한다.

마리엘 해상 수송 작전

2008년 미국과 유럽발 금융위기가 터진 이후 세계경제의 침체기가 길어지면서, 이주 노동자들을 바라보는 눈길은 더욱 싸늘해졌다. 가장 큰 이유는 이주 노동자들이 자신들의 일자리를 빼앗고 임금 수준도 낮춘다고 믿기 때문이다. 거기에다 복지 무임승차, 국부 유출, 정서적 이질감, 테러 위협 같은 논리까지 보태지면서, 외국인 이주자들은 노골적인 적대감과 물리적인 공격까지 감수하고 있다. 이주 수용국의 시민, 특히 경제적 하위계층이 외국인 이주 노동자들에게 느끼는 이런 감정은 충분히 이해할 만하다. 그들에게 생활임금의 하락이나 일자리 상실의 불안감은 이성적 판단의 영역이 아니라 본능적 공포에 가깝다. 기업은 기업대로, 생산성에 문제가 되지 않는 한 저임금 노동자를 선호하게 마련이다. 국내에서 노동 비용을 감당할 수 없다고 판단하면 과감히 자동화 시설에 투자하거나 임금이 싼 개발도상국으로 공장을 옮겨 나간다. 냉혹하게 작동하는 자본의 논리 앞에서, 대다수 임금 노동자들에게 초국가적 노동자 연대 같은 말은 뜬금없고 한가해 보인다.

그렇다면 이주 노동자가 유입국 노동자의 삶을 위협하는 게 사실일까? 이런 가설의 참/거짓을 판별해보려는 시도는 주로 경제학자들이 주도했다. 세계에서 가장 경제 규모가 크고 노동시장이 탄력적인—이는 고용과 해고가 자유롭다는 뜻이다—미국에서 이주 노동의 영향을 계량화하는 연구들이 활발하다. 앞서 본 것처럼, 미국은 1965년 국가별 이주 쿼터제를 폐지했다. 비유럽 비非백인들에게도 합법적인 미국 이주의 문이 활짝 열렸다. 밀입국과 불법체류도 덩달아 늘면서 1990년대까지 30년 새 불법 이주자 수가 3배로 뛰었다. 이 시기에 유입한 비숙련 이주 노동자들이 기존의 미국 저임금 노동자들에 미치는 영향을 둘러싸고 경제학계에서는 치열한 실증 연구와 논쟁이 벌어졌다. 2000년대 초반 조지 보하스George Borjas와 데이비드카드David Card가 벌인 팽팽한 논쟁은 상반된 두 시각의 근거와 논리를 잘 보여준다.[6] 미국 노동시장을 계량 분석한 두 경제학자의 결론은 일관되게 서로 다른 방향을 가리켰다.

먼저, 보하스는 1980년부터 2000년까지의 이주자 유입이 미국 노동자 전체의 임금에는 거의 영향을 미치지 않았지만 비숙련 노동자의 경우 5~10퍼센트의 임금 저하 효과가 있었다고 분석했다. 뿐만 아니라 특정한 기술을 가진 노동자 그룹에서도 이주자 유입에 따른 노동자 수가 10퍼센트 증가할 경우 해당 업종의 임금을 3~4퍼센트 낮춘다는 결론을 내렸다.[7] 보하스는 2013년 논문에서도 "이주 유입이 특히 미국의 비숙련 노동자들에게 미치는 영향은 심각하다. 비숙련 이주 노동자와 미국인 노동자의 상호보완성이 최대치인 경우에도 이주자 유입은 미국인 고등학교 졸업 노동자의 임금을 2~5퍼센트 떨어뜨린다"고 주장했다. 그는 논문의 결론에 이렇게 썼다. "특히 불법 이주자들은 미국에 살고 일하면서 명백한 이득을 얻으며, 미국의 상당수 기업인들과 이주 노동자 사용자들도 그런 노동력을 쓸 수 있어 이득을 본다. 그러나 일부 미국 태생 노동자들은 이런 상황에서 손해를 보는데, 그중에는 최빈곤층이 균형에 맞지 않게 (많이) 포함돼 있을 것이다."[8] 보하스는 그 자신 12살 때 쿠바에서 어머니와 함께 미국에 건너온 이민자였다.

반면 캐나다 출신으로 미국에 이주한 데이비드 카드는 이주자 유입이 미국 노동자들에게 부정적 영향을 미치지 않는다고 주장한다. 카드가 1990년 발표한 〈마리엘 해상 수송이 마이애미 노동시장에 끼친 영향〉은 이주와 노동시장의 관계를 설명할 때 가장 많이 인용되는 논문 중 하나다. 마리엘 해상 수송Mariel Boatlift은 냉전 시기 쿠바의 난민 대탈출 사건을 가리킨다.

1980년 4월 20일, 쿠바 최고 지도자 피델 카스트로는 외국 망명을 희망하는 자국민들에게 "쿠바를 떠나고 싶다면 떠나도 좋다"고 선언하고 최북단의 마리엘 항구를 전격 개방해버렸다. 마리엘 해상 수송으로 불리는 이 조처는 1951년 쿠바혁명 이후 쿠바 난민들을 정치적으로 이용해온 미국의 허를 찌른 역공이었다. 바로 다음날부터 미국 플로리다 주 남단 마이애미에는 쿠바의 '보트 피플'이 쓰나미처럼 밀어닥쳤다. 카스트로가 출국을 허용한 자국민 중에는 정신병원 입원 환자와 교도소 수감자들도 포함돼 있었다. 그해 10월 말까지 여섯 달 동안 많게는 12만 5000명으로 추산되는 쿠바 난민이 바다를 건넜다.

마이애미에 상륙한 쿠바인의 절반은 더 이상 이동하지 않고 그곳에 정착했다. 이들이 미국 노동시장에 흘러들면서, 1981년 마이애미의 16~61살의 노동연령 인구는 7퍼센트, 약 4만5000명이나 늘어났다. 쿠바 출신의 미숙련 저임금 노동자는 20퍼센트나 급증했다. 그러나 카드의 분석에 따르면 마이애미의 노동력 급증과 임금 및 실업률에는 어떤 유의미한 상관관계도 확인되지 않았다. 시간당 실질임금은 백인 노동자의 경우 쿠바 난민 유입 직전인 1979년과 직후인 1981년 모두 1.85달러로 변화가 없었다. 흑인 노동자와 히스패닉계 노동자의 임금은 소폭 올랐다. 실업률은 1979년과 1981년 사이에 백인 노동자의 경우 5.1퍼센트에서 3.9퍼센트로 오히려 감소했고 흑인과 히스패닉 노동자들은 2배 가까이 늘었으나, 5년 뒤에는 이전 수준을 회복했다. 이런 추세는 같은 기간에 비교한 다른 4곳의 대도시들도 다

[표 5] 마이애미 지역 16~61세 노동자 평균 시간당 실질임금률

그룹/년도	1979	1980	1981	1982	1983	1984	1985
백인	1.85	1.83	1.85	1.82	1.82	1.82	1.82
흑인	1.59	1.55	1.61	1.48	1.48	1.57	1.60
쿠바	1.58	1.54	1.51	1.49	1.49	1.53	1.49
히스패닉	1.52	1.54	1.54	1.53	1.48	1.59	1.54

* 위 표에 밝힌 수치는 1980년 소비자 물가를 100이라고 하고 인플레율을 감안해 계산한 시간당 임금의 로그 값으로, 실질임금의 절대치가 아니라 상대적 변화 추이를 보여준다.

[표 6] 마이애미 지역 16~61세 인구 실업률(단위: 퍼센트)

그룹/년도	1979	1980	1981	1982	1983	1984	1985
백인	5.1	2.5	3.9	5.2	6.7	3.6	4.9
흑인	8.3	5.6	9.6	16.0	18.4	14.2	7.8
쿠바	5.3	7.2	10.1	10.8	13.1	7.7	5.5
히스패닉	6.5	7.7	11.8	9.1	7.5	12.1	3.7

르지 않았다. 카드는 논문 결론에 이렇게 썼다. "마리엘 이주자 유입이 기존의 쿠바 출신 노동자들의 임금에 아무런 영향을 주지 않았을 뿐 아니라, 비非쿠바 출신 비숙련 노동자들의 실업률을 높였다는 증거도 없다. 쿠바에서 온 이주자들은 다른 노동자들에게 거의 영향을 주지 않으면서 뚜렷하고 급속하게 마이애미 노동시장에 흡수됐다."[9]

카드의 이런 모델은 그러나 곧바로 보하스의 비판을 받았다. 보하스는 미국의 지역 노동시장들이 고도로 통합되어 있고 노동자들과 기업의 이동이 자유롭다고 봤다. 따라서 노동자는 구직 경쟁이 덜 치열한 곳으로, 기업은 임금 수준이 더 낮은 곳으로 얼마든지 옮겨갈 수 있다. 보하스는 쿠바 난민의 대량 유입이 마이애미의 미국 노동자들에게도 영향을 분명히 미쳤으나

거대한 미국 노동시장의 통합성 덕분에 그 충격이 희석됐음을 카드가 간과했다고 지적했다.

미국 노동자들의 국내 이동과 그것이 노동시장에 미치는 영향은 미국 학계에서 매우 논쟁적인 주제였다. 카드는 2000년부터 2005년 인구 센서스 분석을 토대로 한 논문에서도 고등학교 중퇴 학력의 미국인 노동자의 임금과 저학력 이주 노동자들의 유입 사이에 상관관계가 없다는 통계적 결과를 증명했다. 전반적으로, 이주자들이 미국 저학력 노동자들의 경제적 기회에 손해를 끼쳤다는 증거는 빈약하다는 것이다.[10] 이에 대해서도 보하스는 상반된 결론을 내놨다. 보하스는 1965~2000년 인구 센서스 자료를 사용한 2006년 논문에서, 고등학교 중퇴 학력의 미국인 노동자들은 경쟁 상대인 외국인 이주 노동자를 받아들이는 노동시장의 임금 하락을 피해 다른 지역으로 가는 경향이 더 높다고 주장했다.[11]

그들이 우리의 일자리를 빼앗는다?

미국 역사학자 아비바 촘스키Aviva Chomsky는 《그들이 우리의 일자리를 빼앗고 있다!》라는 저서에서 '이민에 대한 미국 사회의 편견과 신화'를 조목조목 논박했다.[12] 아비바는 세계적 언어학자이자 진보적 지성으로 평가받는 노엄 촘스키의 딸이기도 하다. 가장 강력하고 보편적인 신화부터 보자. 이민자가 우리의 일자리를 빼앗는다? 아비바는 이런 주장에는 두 가지 핵심적인 오류가 있다고 짚었다. 하나는 '미국인의 일자리'라는 개념, 다른 하나는 '고용 패턴의 변화'다.

그에 따르면, 오늘날 경제는 전 지구적으로 통합되어 있기 때문에 국가 정체성을 가진 일자리라는 사고는 의미가 없다. 많은 산업에서 사용자들은 가장 가난하고 취약한 사람들을 고용함으로써 비용을 절감한다. 미국 노동자 계급이 20세기 중반 들어 산업화로 인한 이익의 분배에 적극 참여하기 시작하자마자, 해외의 값싼 노동력에 대한 미국 기업들의 선호가 증가했다. 1940년대 초 미국 정부는 저임금 고이윤 체계를 재창출하기 위한 방법을 기업들과 함께 모색했다. 첫 실험 무대는 푸에르토리코였다. 푸에르토리코 정부는 토지, 자금, 기반시설을 제공했다. 이런 프로그램은 기업에게 대단히 성공적이어서 바로 멕시코로 확대됐다. 이러한 역외 생산은 가장 노동 집약적인 산업 과정을 아웃소싱하는 체계를 의미한다.[13] 요컨대 한 나라의 노동시장이 갈수록 국제분업 체계에 편입되는 현실에서, 이주 노동자들이 유입국의 일자리를 빼앗는다는 주장은 단편적이며 설득력이 약하다.

둘째, 사람들의 수가 일자리 수를 결정한다는 논거는 어떤가? 이런 논리에 따르면, 인구 증가 시기에는 실업률이 높고, 인구 감소기에는 실업률이 떨어져야 한다. 그러나 촘스키가 이 책을 쓴 시점인 2007년을 기준으로 과거 10년간 미국의 고용 패턴을 분석한 퓨 히스패닉 재단의 연구에 따르면, 본국 출신의 노동자가 해외 출신 노동자의 수적 증가로 인해 고통을 당하거나 반대로 이익을 보았음을 보여주는 일관된 패턴은 찾을 수 없었다고 한다. 비교 시점을 앞당겨도 마찬가지다. 1920년부터 1970년까지 미국의 실업률은 4~6퍼센트를 맴돌았다. 1930년대 대공황 시기만이 예외였다. 실업률이 20퍼센트 이상 치솟은 대공황 시기는 미국 역사상 이민자 유입이 가장 적었던 시기이기도 했다. 미국 실업률은 1940년대 전쟁 특수에 힘입어 떨어졌다가 1970~1980년대에는 다시 높아져 10퍼센트에 육박했다. 2000년대에는 5~8퍼센트를 유지했다. 그 기간 동안 많은 요인들이 실업률 변동에 영향을 미쳤지만 이민자 비율과 실업률과의 직접적 연관성은 나타나 있지 않다.[14]

미국에서 이주 노동자가 수용국 노동자들에게 미치는 영향을 다룬 문헌 가운데 가장 잘 알려진 것은 1997년 미국국립과학아카데미가 낸《신생 미국인들: 이주자들의 경제적·인구학적·재정적 영향》이라는 연구 보고서일 것이다. 집필에 참여한 미국의 정치·경제·사회학자들은 제5장 〈이주자들이 일자리와 임금에 미치는 영향: 실증적 증거〉의 결론 부분에 이렇게 썼다. "국내 노동시장의 증거들을 보면 기존 노동자들의 임금과 신입 이주자 수와의 관계는 미미하다. 이는 숙련과 비숙련, 남성과 여성, 흑인과 백인 등 모든 유형에서 그렇다. 역설적이게도, 새로운 이주자 물결로 실질적 타격을 받는 것처럼 보이는 한 그룹은 바로 앞 세대 이주자들이다."[15]

보고서는 또 이주자 유입에 따른 연방정부 또는 주 정부의 재정 기여 또는 부담은 이주자들의 출신 지역과 미국 내 거주 지역, 연령에 따라 다른 것으로 파악했다. 이주자들이 정부 재정에 부담을 주는 이유로는 1) 이주자 가정이 원주민 가정보다 평균 자녀 수가 더 많아 교육 서비스를 더 많이 받고, 2) 이주자 가정이 원주민 가정보다 빈곤해 연방정부 및 지방정부로부터 받는 이전소득이 더 많으며, 3) 이주자 가정이 원주민 가정보다 가계소득이 적은 탓에 세금 납부액이 적은 현실 등을 꼽았다. 반면 캘리포니아 주에서는 1994~1995년 회계연도(이 연구가 이뤄지고 있던 시점)에 이주자 가정이 받은 공공서비스나 이전소득이 정부에 낸 세금액보다 적어서 재정에 순기여를 했다. 연방정부 차원에서 보면 이주자의 유입이 대표적인 '순수 공공재pure public good'인 국방 예산에 추가 부담을 주지 않는 점에서 재정에 긍정적인 작용을 한 것으로 보고서는 분석했다.[16]

■ 이주 노동자의 정의

◇ 이주 노동자의 기회 및 처우 균등의 촉진에 관한 조약(1975, 국제노동기구)
Convention concerning Migrations in Abusive Conditions and the
Promotion of Equality of Opportunity and Treatment of Migrant Workers
제11조 제1항 이주 노동자라 함은 자기 이외의 자를 위하여 고용될 목적
으로 일국으로부터 타국으로 이주하는 자를 말하며, 이주 노동자로서 정
상적으로 입국이 인정되는 자를 말한다.

◇ 모든 이주 노동자와 그 가족의 권리 보호에 관한 국제협약(1990, 유엔 총회)
International Convention on the Protection of the Rights of All Migrant
Workers and Members of Their Families
제1장 (범위와 정의) 제2조 제1항 이주 노동자란 국적국이 아닌 나라에서
경제적 보상을 받는 활동에 종사하고 있거나 종사하려는 사람을 말한다.

◇ 외국인 근로자의 고용 등에 관한 법률(2009, 대한민국)
제2조(외국인의 정의) 외국인 근로자란 대한민국의 국적을 가지지 아니한
사람으로서 국내에 소재하고 있는 사업 또는 사업장에서 임금을 목적으
로 근로를 제공하고 있거나 제공하려는 사람을 말한다. 다만, 출입국관리
법 제18조 제1항에 따라 취업활동을 할 수 있는 체류자격을 받은 외국인
중 취업분야 또는 체류기간 등을 고려하여 대통령령으로 정하는 사람은
제외한다.

이주자 송금의 경제학

이주자 송금은 공식적인 국제개발원조ODA, 외국인 직접투자FDI와 함께 저개발국과 개발도상국들로 수혈되는 자본의 핵심 원천이다. 국제 송금은 개발도상국 빈곤층 가구들의 수입의 30~40퍼센트를 차지할 만큼 비중이 크다. 유엔은 2015년부터 매년 3월 15일을 '세계 송금의 날World Money Transfer Day'로 지정해 기념하고 있다.

세계은행이 2016년 4월 내놓은 '이주와 송금' 최신 보고서를 보면, 2015년 전 세계의 송금액 규모는 5816억 달러, 그중 개발도상국으로 흘러간 돈이 4316억 달러로 전체의 74.2퍼센트를 차지하는 것으로 잠정 집계됐다.[17] 선진국이 개발도상국에 증여나 차관 형태로 제공하는 공적개발원조ODA의 4배에 가까운 수치다. 국제 송금 총액은 1997년 공적개발원조를 넘어선 이래 해마다 차이를 벌려왔다. 공적개발원조가 거의 제자리걸음인 것에 견줘, 국제 송금은 2000년 이후 급속히 늘고 있기 때문이다. 이주자 송금은 세계적 차원에서 '부의 재분배' 구실을 한다. 유학생, 전문직 종사자 등 일시적 해외 체류자들이 본국과 주고받는 돈을 뺀 대부분의 송금은 가난한 이주 노동자들이 고국에 보내는 돈이기 때문이다. 눈여겨볼 대목은 개발도상국 중에서도 중간소득 국가middle-income countries 이주자들의 본국 송금액이 전체 국제 송금의 71퍼센트를 차지하는 반면, 저소득low-income countries으로 들어가는 송금은 전체의 2.5퍼센트에 그친다는 사실이다. 최빈국 국민은 외국 일자리에 대한 정보가 부족한데다 출입국에 필요한 행정 비용과 항공료를 마련할 여유가 없는 탓에 외국에서 이주 노동으로 돈을 벌 기회조차 갖지 못하기 때문으로 풀이된다.

국제 이주자 송금의 최대 수혜국은 단연 인도와 중국이다. 인도는 2015

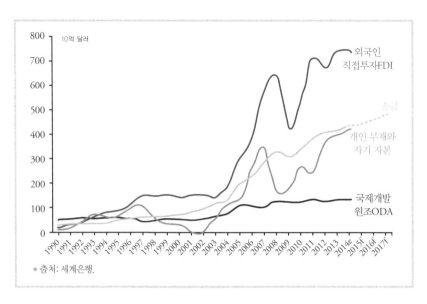

* 출처: 세계은행.

[그림 13] 국제 송금액 규모 증가 추세

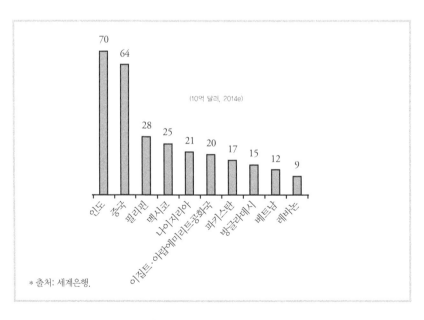

* 출처: 세계은행.

[그림 14] 세계 송금 수혜 상위 10개국

년 한 해에만 각각 689억 달러, 중국은 640억 달러 상당의 외화를 자국의 국외 이주자들로부터 송금받은 것으로 잠정 집계됐다. 이어 필리핀(280억 달러), 멕시코(248억 달러), 나이지리아(207억 달러), 이집트(197억 달러), 파키스탄(193억 달러), 방글라데시(154억 달러), 베트남(132억 달러), 인도네시아(96억 달러), 레바논(72억 달러), 스리랑카(70억 달러), 네팔(70억 달러), 과테말라(66억 달러), 모로코(64억 달러), 우크라이나(60억 달러) 등이 국제 송금의 상위권 수혜국에 올랐다. 이주자들의 송금액이 국내총생산(GDP)의 5분의 1이 넘을 만큼 큰 비중을 차지하는 나라들도 많다. 타지키스탄이 36.6퍼센트로 국가경제에서 이주자 송금 의존도가 가장 높았고, 키르기스(30.3퍼센트), 네팔(29.4퍼센트), 몰도바(26.2퍼센트), 라이베리아(24.4퍼센트), 아이티(22.7퍼센트), 감비아(22.4퍼센트), 아르메니아(19.1퍼센트), 레소토(18.2퍼센트), 온두라스(17.4퍼센트), 팔레스타인(17.1퍼센트) 등이 뒤를 이었다.

반면, 국외 송금 규모가 가장 큰 나라는 미국이다. 2014년 한해에만 1310억 달러가 나라 밖으로 송금됐다. 사우디아라비아(450억 달러), 아랍에미리트(290억 달러) 등 중동의 산유부국들과, 영국(250억 달러), 독일(240억 달러), 캐나다(230억 달러), 프랑스(210억 달러) 등 유럽의 부유한 나라들도 국제 이주 송금의 주요 원천이다. 우리나라도 2004년 고용허가제 도입 이후 외국인 노동자 수와 이주자 송금이 해마다 급증하는 추세다. 한국은행의 경상수지 통계를 보면, 2012년 우리나라에서 외국으로 보낸 해외 송금 총액이 처음으로 100억 달러를 넘어섰다. 1년 이내 단기체류 외국인 노동자들의 송금액이 11억4900만 달러(약 1조2천억 원)였고, 1년 이상 장기체류 외국인 노동자와 내국인의 해외동포 등에 대한 송금이 89억3900만 달러였다.

그런데 모든 이주 노동자들이 체류국에서 노동 허가를 받고 합법적 신분으로 일하는 건 아니다. 체류 조건을 어기고 체류기간을 넘겨가며 일하는 불법취업자들도 엄청나게 많다. 이들은 합법적 신분이 없는 탓에 체류국에서 은행 계좌를 개설하거나 공식적인 금융기관을 통한 송금이 불가능하다. 따라서 불법취업 이주 노동자들은 본국으로 돌아가는 친지나 지인들을 통하거나, 수수료를 받고 송금을 대행해주는 금융 브로커들을 이용한다. 이처럼 금융기관의 집계에 잡히지 않는 현금 송금과 비공식 경로를 통한 자본 이동까지 포함하면 국제 송금 규모는 공식 통계치보다 훨씬 더 클 것이다.

이주 송금이 주목받는 이유는 그 규모 때문만이 아니다. 공적개발원조의 경우 대규모 자금이 복잡한 관료주의적 절차를 거쳐 시차를 두고 집행되는 반면, 이주 송금은 정치적 장벽과 통제 면에서 다른 재화나 자본 이동보다 상대적으로 자유로우며 즉각적이다. 재화의 수요자에게 직접 전달되고, 번거로운 행정 절차와 비용이 들지 않으며, 부패한 정부와 관료들이 빼돌릴 가능성도 거의 없다. 기존의 전통적인 개발원조 방식을 대체할 유용한 원조 수단이라는 찬사까지 나오는 이유다.

미국의 공공정책학자 데베시 카푸르Devesh Kapur는 이주 송금을 '새로운 개발 만트라mantra(주문, 呪文)'에 비유했다.[18] 그에 따르면, 송금은 국제 이주가 이주자의 출신 국가와 사회를 조용히, 그러나 아주 뚜렷하고 유익하게 변화시키는 것을 잘 보여주는 현상 중 하나다. 국제사회에서 빈곤층 가구가 떠맡는 자력갱생의 가장 명징한 사례이기도 하다. 이주자 송금은 수혜국의 민간 소비를 늘리고 가난의 대물림을 경감한다는 점에서 특히 중요하다. 그러나 이주자 송금이 구조적 빈곤과 장기적 경제 개발에 미치는 영향은 상대적으로 저평가돼왔다. 정부 차원의 직접원조와 달리 이주자 송금은 부유한 국가의 납세자(국민)들에게 아무런 재정 부담을 지우지 않으며, 상대적 빈곤국 출신의 이주자가 상대적 부유국에서 임금 노동을 할 수 있을 때에만 발생한다. 송금이 가난한 나라로 부를 이전하는 주요한 메커니즘이

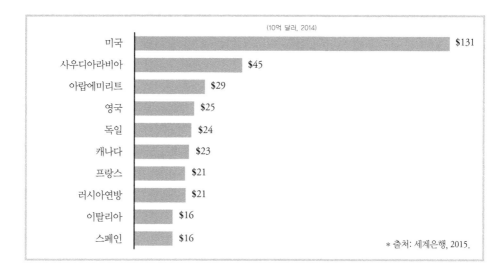

* 출처: 세계은행, 2015.

[그림 15] 세계 송금액 상위 10개국

되려면 선진산업국에서 더 자유주의적이고 개방적인 이주 수용 정책이 필요하다. 카푸르는 저개발국 지원을 다루는 새로운 국제 교섭에서는 '지원이 아니라 교역을!Trade not Aid' 같은 슬로건을 본격적으로 다루게 될 것이라고 내다봤다.

가난한 나라 출신의 이주 노동자들이 부유한 나라에서 돈을 벌어 본국에 보내는 송금은 이주민 유입국 국민들이 외국인 이주 노동자, 나아가 이주민의 후손들에게까지 반감을 갖는 가장 큰 요인이기도 하다. 외국인 이주자들이 일자리를 빼앗고, 사회적 임금 수준을 낮추며, 국부를 국외 또는 역외로 유출한다는 인식에서다. 유로화라는 단일 화폐를 통용함으로써 경제통합 실험을 하고 있는 유로존 국가들도 마찬가지다. 경제선진국들이 모여 있는 유럽에서 이주민 송금은 대부분 중동이나 아프리카, 서아시아 등 유럽 역외의 가난한 나라들로 흘러갈 것이라는 게 통념이자 상식에 가깝다. 외국인 노동자들이 유럽에 와서 돈을 빼간다는 게 현지의 보통 사람들의 정서다. 실제로 그럴까?

국제농업개발기금IFAD이 2015년 6월에 발표한 보고서《본국 송금: 유럽에서의 흐름과 시장Sending Money Home: European flows and markets》[19]을 보면, 유럽에 온 이주 노동자들의 국외 송금의 최대 수혜국은 다름 아닌 유럽 자신이다. 위 보고서는 세계은행World Bank의 통계자료를 기반으로 작성한 것으로, 유럽에서 1인당 국민소득이 2만 달러가 넘는 나라들과 러시아 등 모두 26개국의 이주자 송금 흐름을 조사 분석했다. 또 유럽의 부유한 나라에서 다른 부유한 나라에 사는 가족이나 친인척에게 보낸 돈은 이주자 송금의 범주에서 제외했다.

이에 따르면, 2014년 한 해 동안 유럽의 이주 노동자들이 본국에 보낸 돈은 약 1094억 달러에 이른다. 유럽에서 이주자 송금 규모가 가장 큰 나라는 러시아(206억 달러)였다. 영국(171억 달러), 독일(140억 달러), 프랑스(105억 달러), 이탈리아(104억 달러), 스페인(96억 달러)이 상위 6개국에 올랐다. 그런데 서유럽과 북유럽 대다수 나라와 러시아 등 유럽의 26개국에서 국외로 송금된 돈의 39퍼센트는 유럽 바깥이 아니라 유럽 역내의 다른 국가들로 갔다. 송금 총액에서 가장 큰 비중이다. 이어 아시아태평양 지역이 25퍼센트, 아프리카 17퍼센트, 근동과 코카서스 지역이 11퍼센트, 중남미 국가들이 8퍼센트를 차지했다. 유럽의 이주자 송금은 부의 글로벌 재분배라기보다 역내 이동에 더 가까운 셈이다. 그렇다고 유럽의 이주자 수용과 송금을 과소평가해선 안 된다. 유럽의 이주자 수용비율은 매우 높은 편이다. 유럽 인구는 세계 인구의 약 10퍼센트에 불과하지만, 세계 이주 노동자의 20퍼센트를 받아들이고 있다. 또 세계 이주자 송금의 25퍼센트가 유럽에서 나온다.

2014년 한 해에만 유럽에서 이주자들이 송금한 돈은 세계 1억5000만 명의 생계를 지원했다. 이는 프랑스와 독일의 인구를 합친 규모다.

그러나 위 보고서는 "유럽 26개국의 2014년 국외 송금액 총규모는 역내 총생산GDP의 0.7퍼센트에도 못 미치는 수준이어서, 역외 송금이 자본 유출의 주요 요소는 아니다"라고 설명했다. 이들 나라의 일인당 국내총생산은 모두 2만 달러를 웃돈다. 반면, 유럽의 나머지 19개국은 지난해 365억 달러 규모의 해외 송금을 받았다. 그 대부분은 유럽의 다른 부유한 나라들에서 온 것이다. 유럽 바깥으로의 송금은 아시아·태평양 지역이 최대 수혜자다. 2014년 유럽에서 이 지역 국가들로 이전된 송금은 약 349억 달러에 이른다. 이어 아프리카 대륙으로 231억 달러 규모의 돈이 들어왔다. 이런 해외송금은 개발도상국에겐 엄청난 도움이 되지만, 그렇다고 유럽 국가들에게 돈이 줄줄 새는 바가지는 아니다. 송금이 이뤄지는 유럽 26개국에서 역외 송금액 총계는 역내총생산의 0.7퍼센트에 지나지 않는다.

2015년 3월 15일은 첫 '세계 송금의 날'이었다. 영국의 유명 인사들과 국제이주기구IOM, 아지모Azimo를 비롯한 온라인 송금업체들이 의기투합하면서 만들어졌다. 국경을 넘는 송금에 대한 일체의 중개, 환전 수수료와 송금 비용을 줄이고 궁극적으로 제로 수수료로 가자는 게 목표다. 이와 함께, 국가 간 송금의 더 대안적이고 좋은 방법에 대한 연구와 교육을 촉진한다는 목표도 갖고 있다. 그 핵심에는 이주민의 어깨를 더욱 무겁게 하는 과도한 송금 수수료를 낮추자는 취지가 깔려 있다. 현재 세계 인구 7억 명이 이주자들의 송금으로 최소한의 생계와 복지 혜택을 누리고 있는데, 턱없이 비싼 송금 수수료가 큰 부담을 지우고 있어서다.

2015년 말, 독일 주간지 《디 차이트Die Zeit》는 미국에 본사를 둔 글로벌 금융업체의 사례에 초점을 맞춰 이 문제를 집중 조명한 적이 있다. 웨스턴 유니온의 주요 고객은 주로 난민이나 이민자다. 여권 하나만 제시하면 신용이나 계좌가 없이도 세계 어디로든 돈을 보낼 수 있기 때문이다. 난민과 이민자에게는 더없이 좋은 창구지만 높은 수수료를 감수해야 한다. 세계은행 자료를 보면 이민자들은 2014년 한 해 동안 5800억 달러 이상을 고국으로 보냈다. 우리 돈으로 700조 원 안팎에 이르는 천문학적인 돈이다. 이 돈은 대부분 세계에서 손꼽히는 가난한 지역으로 송금됐고, 그중 거의 5분의 1이 웨스턴 유니온을 통해 송금됐다. 그 과정에서 엄청난 돈이 수수료라는 명목으로 웨스턴 유니온의 주머니로 들어간다. 예컨대 150유로(약 20만 원)를 독일에서 요르단으로 보내려면 15퍼센트의 수수료가 든다. 나이지리아로는 12퍼센트, 세르비아로는 10퍼센트 정도다. 세계은행은 해마다 개발도상국으로 송금되는 돈 중 200억 달러가 수수료로 사라진다고 평가한다.[20]

한국, 인력 수출국에서 유입국으로

우리나라는 1960년대 중반부터 개별 노동자나 민간 부문이 아닌 국가(정부)가 직접 나서서 해외 파견 이주 노동자를 모집하고, 그렇게 수혈받은 외화 자금을 초기 경제개발 단계에서 활용한 거의 유일한 사례로 꼽힌다. 국가기록원은 우리나라의 해외 인력 수출을 이렇게 기록하고 있다.

1960년대 말 우리나라는 폭발적인 출산율 증가와 함께 빈약한 산업구조로 인해 실업률이 40퍼센트에 육박하기에 이르렀다. 그러나 당시의 산업화 정책은 기능 인력과 함께 막대한 외화자본을 요구했다. 빈약한 외화자본을 가진 정부는 실업률 감소와 함께 선진국에서의 기능 인력의 기술 습득, 안정적인 외화 획득을 위하여 국내 산업인력들의 인력수출을 적극 지원하기 시작했다. 1970년대 서독의 광부 및 간호사 인력의 인력수출과 1980년대 중동 건설 붐으로 인한 건설인력의 수출은 이러한 현상과도 맞아 떨어진 결과였다.[21]

그 첫 시작은 독일로 파견된 광부와 간호사들이었다. "당시 서독은 전후의 급속한 경제발전으로 근무여건이 열악한 광산 일을 하겠다는 사람이 없어 골머리를 앓고 있었다. 서독은 모자라는 3D 업종의 인력난을 해결하기 위해 가난한 한국에 손을 벌렸고 달러와 일자리가 부족한 한국으로서는 마다할 일이 아니었다. 원조와 차관에만 의존한 1960년대 초 한국경제는 한마디로 심각한 위기에 빠져 있었다. 공장을 지으려 해도 돈과 기술이 없어서 지을 수가 없었으며, 실업률은 치솟아 40퍼센트에 육박했다. 당시 한국의 1인당 국민총생산GNP은 79달러로 필리핀(170달러)과 태국(260달러)에도 크게 못 미쳤다."

1966년 우리나라 정부는 서독과 특별고용계약을 맺고 간호사와 탄광 광부를 각각 3000명씩 서독에 파견했다. 이후 1977년까지 11년 동안 독일로 건너간 광원이 7932명, 간호사는 1만226명에 이르렀다. 광부들의 노동계약은 매 3년마다 교체되었다. 이들은 현지에서의 연금과 생활비를 제외한 대부분의 수입을 고스란히 고국의 가족에게 보내왔다. 그렇게 들어온 외화는 1970년대 우리나라 경제성장의 '종자돈' 구실을 했다. 이들이 송금한 돈은 연간 5000만 달러로 한때 우리나라 국민총생산GNP의 2퍼센트에 이르렀다. 또 서독 정부는 이들이 제공할 3년치 노임을 담보로 1억5000만 마르크의 상업차관을 한국 정부에 제공했다. 이는 물건을 수출해 벌어들이는 외화 순익보다도 더 효율적인 것이었다. 이처럼 국가가 주도한 인력 수출의 배경에는 1961년 쿠데타로 집권한 박정희 정부가 경제 개발로 정권의 정통성을 확보하려는 의도가 깔려 있었다. 군사 정부로서는 한 푼의 외화가 아쉬운 상황이었으나, 최대 원조국인 미국은 쿠데타 정권에 대한 경제 지원을 거부하던 참이었다. 다른 저개발 국가들에게 잘못된 신호를 줄 수 있다는 우려 때문이었다. 우리나라의 노동력 해외수출은 1970년대에는 중동의 오일쇼크와 건설 붐으로 또 한 번의 활황을 맞았다. "1973년부터 본격화된 중동 인력 진출은 급격히 확대되었고, 1980년대에 이르러서는 그 수치가 80퍼센트 선을 넘기도 했다. 이에 정부는 원활한 기능 인력 파견을 위해 1976년에 국무총리를 위원장으로 하는 '중동경제협력위원회'를 구성하고 1978년에는 노동청(현 노동부)에 해외근로국을 신설"해 정책적 지원과 조율을 강화했다.[22]

그러나 1980년대 이후 한국 경제가 급속한 성장을 계속하고 산업생산과 고용 구조가 점차 개발도상국형에서 선진국형으로 바뀌어가면서 값싼 노동력 수요가 크게 늘기 시작했다. 어느덧 인력 수출국에서 인력 수입국으로 탈바꿈한 것이다. 산업연수생제도와 외국인 근로자 고용허가제는 이런 변화를 뒷받침하기 위한 것이었다. 그러나 시장의 인력 수요와 맞지 않을 만큼 까다로운 조건 탓에 이주 노동자들의 불법체류를 부추기고 인권을 침해한다는 지적도 끊이지 않는다.

이주와 개발에 관한 신화

영국 옥스퍼드대 국제이주연구소의 하인 드 하스Hein De Haas는 이주와 개발의 관계에 대한 '신화'와 '실제'를 7가지로 정리한 바 있다.[23]

첫째, 지금 우리는 일찍이 전례가 없는 '이주의 시대'에 살고 있다? 21세기 들어 지구촌이 어느 때보다 좁아지고 글로벌화하면서 인간의 이주, 이동이 급증한 것은 사실이다. 그러나 인구 대비 이주율을 따져보면 이주 증가가 아주 새로운 현상은 아니다. 20세기와 19세기에도 오늘날 못지않은 수준의 국제 이주가 있었다. 학계는 100년 전 세계 인구에서 국제 이주민의 비율이 2.5~3.0퍼센트 정도로 추산한다(참고로, 국제이주기구는 2015년 국제 이주민 수를 약 2억4400만 명, 세계 인구대비 3.3퍼센트로 집계하고 있다. 인구 대비로 보면 100년 전이나 오늘날이나 세계 인구에서 이주자가 차지하는 비중은 별 차이가 없다).

둘째, 이주 노동의 근본 원인은 빈곤 때문이다? 이런 통념은 당연한 것으로 보이는 가정과 실제 현상이 다를 수 있다는 것을 보여주는 대표적인 사례다. 국제 이주에는 상당한 금전적 비용과 시간이 들어간다. 사회적·경제적 위험, 심지어 신체의 위험도 뒤따른다. 이주 절차와 이주 희망국에 대한 최소한의 정보와 지식, 인적 네트워크, 이주 열망, 가족들과 의논과 동의도 거쳐야 한다. 이런 사정은 소득 증대, 교육수준과 정보접근 향상 등 일정 정도의 사회경제적 개발이 이뤄진 개도국 국민들이 최빈곤국이나 극빈층보다 외국으로의 이주 노동이 더 유리하고 실제로도 훨씬 더 많다는 역설을 설명해준다.

셋째, 개도국에 대한 경제개발 지원과 자유무역으로 노동 이주를 막을 수 있다? 그런 주장 내지 가설은 방금 살펴본 것처럼 개발 자체가 노동 이주를 촉진한다는 점을 무시하거나 지나친 것이다. 일정 수준의 사회 경제적 개발이 되면 더 많은 사람들의 이주가 가능해질 뿐 아니라 노동 이주의 열망을 자극한다. 실제로 아프리카와 남아시아 개도국들 상당수가 빈곤 퇴치에 어느 정도 성과를 거두기 시작하자 단기적으로 이주 노동이 더 늘어나는 경향을 보였다. 둘 사이의 장기적인 관계에 대해서도 전망은 엇갈린다. 자유무역이 선진국과 개도국 모두에게 혜택을 주는 윈-윈 전략이라는 옹호론과 저개발국가들의 자생적 경제기반과 경쟁력을 무너뜨릴 수 있다는 비판이 날카롭게 맞서는 까닭이다.

넷째, 이주가 저개발 국가들의 우수한 두뇌를 유출시킨다? 세계은행의 리처드 아담스Richrd Adams는 이주에 따른 두뇌 유출 우려가 그리 심각한 것은 아니라고 주장한다. 모든 이주자가 고급 숙련노동자는 아니며 그 비율도 크지 않다는 것이다. 2003년 아담스의 연구 결과를 보면, 주요 노동이주 송출국 33개국 가운데 22개국에서 고급인력의 국외 이주 비율은 10퍼센트가 넘지 않은 것으로 조사됐다. 두뇌 유출은 거꾸로 두뇌 유입을 촉진하기도 한다. 중장기적으로 보면, 선진국으로 이주한 개도국의 고급인력들이 송금, 투자, 신지식과 선진문물, 혁신 기법 등을 본국으로 역수입하는 효과가 있다.

다섯째, 이주 노동자들의 본국 송금은 일상적 생활비용으로 소비될 뿐 생산적 투자에 쓰이지 않는다? 학계 일부에선 이주자 송금이 본국 가구의 자력갱생 의지를 무디게 하고 송금 의존성만 높이는 부정적 결과를 낳는다는 주장도 있다. 그러나 실증적 분석의 토대는 탄탄하지 않다. 오히려 최근 몇 년 새에는 이주자 송금이 본국에서 농업 부문과 민간기업 투자에 쓰이고 있으며 이는 해당 공동체의 경제활동 증대와 부의 창출로 이어질 수 있다는 연구 결과들이 나오고 있다. 물론 이주 송금이 저절로 경제개발로 이어지는 건 아니다. 그런 잠재적 가능성은 이주자 본국의 정치적 안정과 긍정적 투자 환경이 뒷받침돼야 실현된다.

여섯째, 이주자들이 이주지에서도 출신국을 생각하는 정서는 이주 수용국에서의 사회·경제적 통합이 덜 됐기 때문이다? 2012년 말 네덜란드의 보수 우파 정부는 모든 이주 외국인들의 이중국적 폐지를 강행했다. 터키나 모로코 등 외국인 노동자들이 본국에 보내는 송금이 네덜란드의 국부를 유출하고 그들의 현지 보전 난민에도 걸림돌이 된다는 이유에서였다. 그러나 이주자들의 고국에 대한 충성심은 자연스러운 것일뿐더러, 이주 수용국에서의 시민권 자격 및 보전 난민과 꼭 상충되는 것은 아니다. 이주자들의 본국과의 네트워크를 인위적으로 차단하려는 규제가 오히려 그들을 소외시키고 통합을 가로막는다.

일곱째, 국가가 이주를 통제·관리할 수 있다? 모든 국가의 정부들이 그럴 수 있다는 믿음과 전제로 이주 정책을 세우고 집행해오고 있지만, 고도로 세계화한 현실은 결코 그렇지 않다. 물리적 수단의 한계도 뚜렷하지만, 수백 년에 걸쳐 확립된 시민권과 인권을 급격히 제약하지 않는 한 지금보다 더 강력한 이주 통제는 거의 불가능하다는 게 중론이다. 자유로운 거주와 이주는 근대 민주주의 사회와 자본주의 경제의 필연적 속성이다.

지금까지 다소 길게 하스가 주장한 '국제 이주와 개발의 관계에 대한 실제와 신화'를 살펴봤다. 간추려보면, 국제 이주는 오래 전부터 다양한 이유로 지속돼온 자연스런 현상으로 개별 국가가 그것을 인위적으로 틀어막는 게 쉽지 않으며, 이주 노동자들의 송금이 저개발국의 경제에 상당한 도움이 된다는 얘기다. 그러나 그것이 앞으로도 세계경제 시스템 안에서 구조적으로 안착되고 지속가능한 방식으로 유지될 것이라는 보장과 증거는 없다. 선진국에서 이주 노동의 대가로 흘러나오는 돈이 저개발국과 개발도상국의 경제개발을 위한 만병통치약은 아니다. 그렇게 되어서도 안 된다. 이주 노동자들의 송금이 유일한, 혹은 절대적인 외화 수입원이라면 그 나라의 자생적이고 지속가능한 경제 발전은 영원히 불가능한 과제가 되고 말 것이다.

이주 수용국들의 이주 정책 목표와 현실의 불일치도 존재한다. 대부분 경제선진국들인 이주 수용국들과 유엔 밀레니엄개발목표MDGs 프로젝트는 우선 최빈국들의 빈곤 탈출과 개발에 초점이 맞춰져 있다. 그러나 앞서 살펴본 것처럼 실제 이주 노동자들은 최빈곤국이 아니라 저개발국이나 개발도상국 출신이 가장 큰 비중을 차지한다. 또한 그런 나라들의 이주 노동자들의 대부분도 최빈곤층이 아니라 이주를 실행하는 데 필요한 정보와 자금 동원력을 갖춘 계층에 속한다. 이주 문제에 대한 가장 바람직한 방책은 이주 수용국에서 외국인 이주자들의 법적 지위와 권리를 향상시키고, 이주자 본국에선 생계형 이주가 최소화하도록 정치·사회·경제적 환경을 개선하는 것이다. 역설적이게도, 국가가 이주를 규제하려는 열망이 크면 클수록 정책적 수단과 능력의 한계도 뚜렷해진다. 그에 반비례해, 합법적이든 불법적이든 이주를 향한 욕구는 더 강렬해진다.

8장

난민,
가장 비참한 강제 이주

이건 분명 섬의 어떤 신에게 시중드는 음악일 거야.
둑에 앉아서 내 아버지 왕의 난파를 다시 슬퍼하고 있는데, 이 음악이 내게 다가왔어.
슬며시 물길을 따라, 그들의 분노와 나의 슬픔을 모두 누그러뜨렸지.
그 부드러운 선율로.
— 셰익스피어, 《폭풍우》 중에서

가장 슬픈 이름, 난민

난민Refugee은 강제 이주의 여러 유형 중에서도 가장 비참하다. 자기 의지와는 아무런 상관없이 별안간 고향을 떠나 낯선 곳을 떠돌거나 새 보호처를 찾아야 한다. 당혹스러움을 넘어, 남은 인생 전부를 걸어야 하는 재난 사태다. 앞으로의 삶을 생각하고 준비할 겨를도 없이 떠나야 하는 경우가 태반이다. 새로 옮겨간 곳에서는 환대는커녕 발붙이기도 쉽지 않다. 특히 언어와 문화가 다른 나라로 이주한 난민들은 하루하루가 생존전쟁이다. 난민은 나라 밖으로 벗어나 피신처를 찾는 강제 이주자라는 점에서 국내 이재민 또는 국내 실향민IDPs(Internally Displaced Persons)과는 구별된다. 간략히 말해, 강제 이주에는 크게 국외 난민과 국내 이재민(실향민)이 있다.

2015년은 유엔이 집계를 시작한 이래 처음으로 세계 강제 이주민 수가 6000만 명을 넘어서며 사상 최대치를 기록했다. 분쟁과 박해에 따른 난민이 급증했기 때문이다. 유엔난민기구UNHCR가 2016년 6월에 발표한 《강제 이주민 글로벌 동향 2015》 보고서에 따르면, 2015년 세계 강제 이주민의 수가 6530만 명으로 전년의 5950만 명보다 크게 늘었다. 지구촌 인구 113명 중 한 명은 난민이거나 난민 신청자, 국내 실향민인 셈이다. 국외 난

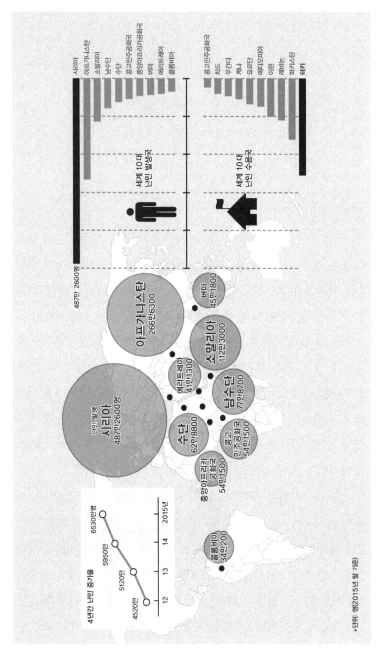

[그림 16] 2015년 세계 난민 현황(출처: 유엔난민기구UNHCR, 한겨레 그래픽)

민은 시리아, 아프가니스탄, 소말리아 등 3개국에서 세계 전체 난민의 절반 이상이 나왔다. 특히, 시리아는 2011년 내전 발발 이래 지난해 말까지 국내 실향민도 656만 명이나 생겼다. 전체 인구 2300만 명 중 절반 이상이 나라 안팎을 떠도는 강제 이주자 처지였다. 1990년대 중반 이후 강제 이주자는 세계 대부분 지역에서 꾸준한 증가세를 보여 왔으나, 최근 몇 년 동안의 증가폭은 우려할 만한 수준이다. 특히, 난민의 절반 이상(51퍼센트)이 어린이라는 점도 문제의 심각성을 더한다.[1]

난민이 생기는 원인은 다양하다. 전쟁과 박해, 환경 재난 등이 대표적이다. 난민은 고향을 떠날 수밖에 없는 '배출push' 요인 때문에 고향을 등졌다는 점에서, 더 나은 삶을 기대하는 '흡인pull' 요소로 인해 거주지를 떠난 자발적 이주민migrants과는 구별된다.[2] 국제사회는 인도주의적 차원에서 난민 보호와 강제송환 금지를 국제법상의 의무로 규정하고 있다. 아직까지 국제사회가 난민의 지위와 대우를 규정하는 법적 기준은 상당히 엄격한 편이다. 그러나 긴급한 인도주의적 위기, 안보상의 이유, 인권의 범위 확대 등 상황에 따라 난민의 지위를 인정하거나 포용하는 여지도 조금씩 넓어지고 있다. 현재 난민의 지위와 보호에 관한 국제협약에 대해 살펴보면 다음과 같다.

유엔난민협약

난민에 대해 가장 기본적이고 규범력이 인정되는 국제 기준은 1951년 유엔에서 채택된 '난민의 지위에 관한 국제협약'(유엔난민협약)이다. 이 협약은 난민의 지위 요건을 "1951년 1월 1일 이전에 발생한 사건의 결과로서, 인종, 종교, 국적, 특정 사회집단의 구성원 신분 또는 정치적 의견을 이유로 박해를 받을 우려가 있다는 충분한 근거가 있는 공포로 인하여, 자신의 국적국 밖에 있는 자로서 국적국의 보호를 받을 수 없거나, 그러한 공포로 인하여 국적국의 보호를 원하지 않는 자, 또는 그러한 사건의 결과로 인해 종전의 상주국 밖에 있는 무국적자로서 상주국에 돌아갈 수 없거나 돌아가는 것을 원하지 않는 자"[3]로 정의하고 있다. 난민의 지위 요건을 충족하는 이유를 ① 인종, ② 종교, ③ 국적, ④ 집단, ⑤ 정치적 이유 등으로 한정한 것이다. 경제적 이주자를 포함해 이 밖의 유형은 아무리 처지가 곤궁해도 구속력이 있는 난민 지위를 인정받기 힘들었다.

유엔난민협약은 특이하게도 협약이 채택된 1951년 이전 시점의 사건들로 난민의 대상을 한정했다. 이 협약이 기본적으로 제2차 세계대전이 끝난 직후 유럽과 신생 독립국들에서 대량 발생한 수백만 명의 전쟁 난민들에 대한 해법을 찾는 과정에서 나왔기 때문이다. 유엔난민협약은 국제사회의 난민 문제를 인도주의적 관점에서 해결하려는 최초의 전향적이고 체계적인 협약으로 평가됨에도 이처럼 적용 시점을 제한하고 다분히 유럽중심주의 시각을 드러냄으로써 한동안 비판의 대상이 되어왔다. 협약이 체결된 뒤로 국가 간 전쟁과 지역분쟁, 종교와 민족 갈등이 끊이지 않고 더 많은 난민이 생겨난 현실은 그러한 비판을 더욱 부채질했다.

20세기 들어 난민이 급격히 늘어난 데에는 여러 역사적 배경이 복합적으로 작용했다. 제2차 세계대전의 종료와 함께 서구 강대국들이 경쟁적으로 식민지를 점령하고 지배하던 시대가 저물기 시작한 점, 과거 식민통치 지역에서 신생독립국가들이 생겨나면서 국가주권, 자원배분, 국경구획 등을 둘러싼 여러 세력의 분쟁이 본격화한 점, 구소련과 동유럽, 중국, 제3세계의 신생독립국 상당수가 사회주의 체제를 채택하면서 냉전체제라는 새로운 세계질서가 형성된 점 등이 대표적이다. 이 과정에서 누구의 보호도 받지 못하게 된 소수 민족과 분쟁 난민들은 새로 재편된 세계질서의 애물단지 처지가 됐다. 1951년 유엔난민협약은 유럽이 아닌 지역에서 발생한 신생 난민들의 생존권과 인권에까지 관심을 기울이지는 못했다.

난민의 지위에 관한 의정서

앞서 밝힌 유엔난민협약의 한계를 보완한 것이 1967년 채택된 '난민의 지위에 관한 의정서'(난민의정서)다. 이 의정서는 "1951년 1월 1일의 기준 시점에 관계없이 협약의 정의에 해당되는 모든 난민이 동등한 지위를 향유해야 한다는 것이 바람직하다"(전문)라고 전제하고, "의정서의 당사국에 의하여 어떠한 지역적 제한 없이 적용된다"(제1조 3항)고 규정했다. 유엔난민협약에서 "1951년 이전 유럽"이라는 기존의 제약을 없애고 보편적 규범으로 확대한 것이다. 그럼에도 유엔난민협약은 아직까지는 난민의 지위를 "특정집단의 구성원 신분 또는 정치적인 이유로 박해를 받거나 그러한 공포에 대한 뚜렷한 근거가 있는 자"로 한정하고 있다. 법적 구속력과 이행 의무가 부과되는 국제협약의 특성상 난민에 대한 정의가 뚜렷해야 하고 채택 당시 시점에서 국제사회가 합의할 수 있어야 한다는 현실적 필요성 때문이다. 이런 기준은 개인 또는 상대적으로 소수의 사람들에게 망명처나 난민촌을 알선하고 인도주의적 구호와 재정착을 지원할 수는 있지만, 무력분쟁이나 자연재해와 같은 대량 난민 사태에는 적극 대응하기 어렵다는 맹점이 있다. 이는 협약 자체의 문제라기보다 국제사회의 합의 부재와 물리적 대응 능력의 한계에 기인한 문제에 가깝다.

아프리카통일기구난민협약

'난민'의 규정 요건이 앞서 밝힌 유엔난민협약과 의정서의 다섯 가지를 넘어 처음 확대된 것은 1969년 아프리카에서였다. 난민에 대한 국제법적 관심을 유럽 바깥으로 확장한 계기이기도 하다. 1960년대는 아프리카에서 난민 문제가 가장 극단적으로 발생하던 시기였다. 1960년대 초반에 아프리카의 많은 국가들이 영국과 프랑스를 비롯한 유럽 국가들로부터 독립했다. 그러나 이 과정에서 아프리카의 인종, 문화, 종교적 차이와는 상관없이 과거 식민 지배 당시의 정치적 경계에 따라 국경선이 그어지고 정부들이 수립됐다. 이 때문에 아프리카는 수많은 내전과 사회적 갈등이 폭발했고, 그 속에서 엄청난 수의 난민들이 생겨났다. 문제는 이렇게 대량으로 발생한 난민들이 유엔난민협약이 정한 난민의 정의에 딱 들어맞지 않는다는 것이었다. 개인의 신념이나 정치적 의견 등과 상관없이 전쟁이나 무력분쟁을 피해 다른 나라로 탈출하는 사태가 벌어졌기 때문이다.[4]

이에 따라 아프리카통일기구OAU(Organization of African Unity)—아프리카연합African Union의 전신—는 아프리카 지역의 상황을 반영해 '난민'의 개념을 확대하게 된다. 1969년 제6회 연례총회에서 채택하고 1974년부터 발효된 '아프리카 난민 문제의 특수한 측면을 관리하는 아프리카통일기구난민협약'에서다.

이 협약은 제1조 '난민이라는 용어의 정의'의 1항에서 유엔난민협약과 난민의정서에 규정된 '난민'의 개념을 원용한 뒤, 2항에 다음과 같은 새로운 규정을 추가했다. "일부 지역 또는 국가 전체에 대한 외부의 침략, 점령, 외국의 지배 또는 공공질서를 심각하게 해치는 행위가 벌어지는 국가의 출신 또는 국적자로서, 출신국이나 국적국 바깥에서 보호처를 구하기 위해 거주지를 강제로 떠난 모든 사람 또한 난민에 적용된다."[5] 이에 따르면, 어느 개인이 난민으로 인정되기 위한 박해의 사유가 없다 하더라도 전쟁이나 내전 때문에 외국으로 탈출했다면 난민으로 인정될 수 있다. 아프리카통일기구의 난민 규정은 특정 지역의 시급한 인도주의 위기 때문에 신설됐으나, 난민 문제에 보편적 인권을 적용하는 데 중요한 징검돌을 놓았다.

카르타헤나 선언

아프리카 국가들이 난민 요건을 확대된 지 15년 뒤, 이번엔 대서양 건너편 북·중미 국가들이 난민의 요건을 더 포용적이고 가다듬어진 형태로 확대했다. 1984년 11월 유엔난민기구는 콜롬비아의 항구도시 카르타헤나에서 '중앙아메리카 국가들과 멕시코, 파나마 지역 난민의 국제적 보호를 위한 콜로키움(전문가 회의)'을 진행한 뒤 '카르타헤나 선언Cartagena Declaration'을 채택했다.

이 선언은 난민의 정의에 "일반화된 폭력, 국내적 분쟁, 인권에 대한 대규모 침해"(제3부 3조)의 문제를 포함시켰다. 이를 통해 일반적인 내전뿐만 아니라 불특정 다수에 대한 폭력이나 인권침해를 피해 탈출한 사람들도 난민으로 인정받을 수 있게 되었다. 여기에는 1970~80년대 남미의 군부독재정권들이 저지른 인권침해와 정치적 테러로 인한 피해가 큰 영향을 미쳤다. 당시 남미의 군부독재정권들은 반대세력을 탄압하는 과정에서 무차별적인 폭력과 잠재적인 반대세력이 될 수 있는 불특정 다수에 대한 고문, 납치, 살해 등을 저질렀는데, 이런 탄압을 피해 외국으로 탈출하는 사람들이 생겨나면서 이들 역시 난민으로 인정해야 할 필요가 제기되었기 때문이다. 카르타헤나 선언은 남미 국가들에 의해 관습법으로 적용되며, 일부 국가에 의해 국내법으로 수용됐다. 또 유엔난민기구 집행위원회, 미주기구OAS, UN총회도 이 선언을 지지하고 있다.[6]

난민의 몇 가지 유형

인간의 거주이전의 자유에는 이주의 권리뿐 아니라 머무를 권리, 다시 말해 자유의사에 반하는 강제 이주를 하지 않을 권리도 포함된다. 강제 이주자들은 모든 유형의 이주자 중에서도 가장 앞서 인도주의적 보호를 받아야 한다. 거기에는 재해 난민, 전쟁 난민, 고문 피해자, 성매매 및 강제노동 등 인신매매 피해자, 정치·종교적 망명자, 개발 지역 강제 퇴거자 등이 포함된다. 국제사회는 난민을 인정하는 요건을 애초 인종, 종교, 국적, 집단, 정치적 이유 등 다섯 가지에 더해 인도주의적 위기 상황으로 조금씩 더 범위를 넓혀왔다. 오늘날 국제사회의 통념과 국제기구들이 인정하는 난민을 몇 가지 유형으로 나누면 다음과 같다.

전쟁 난민

집단 사이의 무력 충돌은 인간의 존엄성을 황폐화하는 인도주의적 위기 중에서도 최악의 사태다. 나라 간의 전쟁, 내전에서 사람들은 당장 눈앞에서 다른 사람들이 처참하게 죽어나가는 것을 목격하며 직접적인 생명의 위협을 받는다. 어떻게든 현장에서 살아남거나, 다른 곳으로 피난을 떠나거나, 둘 중 하나다. 다른 선택은 없다. 2011년 시작된 시리아 내전은 2015년 말까지에만도 국내 이재민과 국외 난민을 포함해 최소 1100만 명이 넘는 최악의 전쟁 난민 사태를 빚고 있다.

전쟁 상태가 끝났다고 해서 강제 이주나 난민 위기가 저절로 해소되는 것도 아니다. 전쟁의 결과로 국경선, 즉 영토가 바뀌거나, 완충지대가 설정되면서 졸지에 이주를 강요받는 경우도 흔하다. 또 전쟁이 남긴 저주는 생각보다 훨씬 깊고 길게 지속되면서 난민을 양산한다. 살아남은 자들이 벌이는 보복의 악순환이 대표적이다. 전쟁터에 남은 엄청난 분량의 불발탄과 지뢰들이 땅 속에 묻혔다가 발견되거나 비가 오면 유실돼 흘러 다니기 일쑤다. 중금속에 오염된 토양과 물은 사람과 가축의 생명을 일상적으로 위협한다.

사실상 난민de facto refugees

2000년 이후 유엔과 국제이주기구, 인도주의 단체들 사이에는 대규모 비상사태나 재난의 결과로 발생한 난민들도 유엔난민협약의 기본 정신에 따라 대우하고 보호해야 한다는 공감대가 형성되고 있다. 엄밀한 기준에서 정치적·사상적 신념을 이유로 박해를 받는 이들뿐 아니라 불가항력적인 재해 피해자를 비롯해 비非정치적 이유로 생존을 위협 받는 사람들도 난민 지위에 준해 보호를 제공해야 한다는 것이다. 실제로 국제적십자사와 적신월사, 국경없는의사회, 세이브더칠드런Save the Children 등 민간 차원의 국제 인도주의 단체들은 난민협약이 규정한 개념에 얽매이지 않은 채 난민 상태에 있는 이들에게 실질적인 구호 노력을 확대하는 추세다. 인도주의적 관점에서 난민의 의미가 확장되면서 각국 정부는 기존의 원칙과 달라진 현실 사이에서 정책 결정에 혼선과 논란을 빚고 있다. 특히 경제적인 동기로 이주를 선택하는 사람들의 상당수가 정치적 갈등이나 종교적 이유로 무력분쟁이 발생한 지역의 출신이라는 점은 국제사회가 보호 의무를 져야 할 난민의 범위를 모호하게 한다.

이런 현실을 반영해 고안된 개념이 '사실상 난민'이다. "유엔 난민 지위에 관한 협약과 난민 지위에 관한 의정서의 기준에 비추면 난민으로 인정되지 않았지만, 정당한 이유로 국적국에 돌아갈 수 없거나 돌아가길 원치 않는 자, 혹은 국적이 없는 경우, 상주국으로 돌아갈 수 없거나 돌아가기를 원치 않는 자"들이 바로 그들이다.[7] 유엔은 이들을 '국외 이재민'으로 분류하기도 한다. 박해, 보편화된 폭력, 무력충돌 또는 다른 인재들로 인해 자기 나라를 도망 나온 사람들이다.

환경 난민

거주 환경의 변화 때문에 생겨나는 난민들도 많다. '환경 난민'이다. 홍수와 가뭄, 지진과 쓰나미 등 가공할 자연재해 뒤에는 어김없이 엄청난 수의 이재민이 생겨난다. 기후 변화로 말미암은 사막화와 경작지 축소, 해수면 상승 같은, 조금은 느려 보이지만 거대한 자연의 변화가 가져올 재난의 규모는 가늠하기조차 쉽지 않다. 인류 역사상 유례가 없는 이주와 난민 사태로 이어지는 것은 물론, 지구의 생태계 지도까지 바꿔놓을 가능성이 크다. 환경 난민이 반드시 자연재해로만 발생하는 것도 아니다. 기후 변화—현 시점에선 지구온난화와 같은 말이다—는 인류가 최근 두 세기 동안 석탄과 석유, 가스 같은 화석연료를 마구잡이로 사용하면서 내뿜은 온실가스가 가장 큰 원인으로 지목된다. 이 때문에 발생하는 환경 난민은 자연재해가 아니라 인재人災다.

이런 문제들은 근본적으로 해결될 수 없거나 해결되기까지 너무 오랜 시간이 걸린다. 사람이 살 수 없을 만큼 위험하게 환경이 바뀐 삶터를 떠나간 이들은 자의가 아닌 외부 요인으로 살던 곳을 등졌다는 점, 그리고 망가진 환경이 복원되기 전까지는 다시 돌아올 수 없다는 점에서 난민이나 다름없다.

보전 난민

오염되지 않은 자연 환경, 건강한 생태계 순환은 사람을 비롯한 뭇 생명의 생존에 필수적이다. 1992년 유엔이 생물다양성협약을 채택하고, 가까이는 2015년 12월 국제사회가 파리 기후변화회의에서 합의안을 이끌어낸 것도 지구 환경과 생물종의 다양성을 보존하려는 인류의 의지를 반영한다. 그런데 역설적으로 바로 그런 노력이 새로운 유형의 난민을 만들어내기도 한다. 보전 난민Conservation Refugees이 그들이다.

보전 난민은 자신들이 뿌리 내리고 살던 지역이 야생 동식물 보존지구로 지정되면서 강제로 이주당한 원주민들을 가리킨다. 이들은 한 국가 또는 국제사회가 멸종위기종으로 분류한 동식물이 자생하는 미개발 지역에 살던 사람들이다. 종 다양성의 보전을 위한 국제 규약에 따라 자의가 아닌 타의로 강제 이주를 당한 난민들이지만, 그 타의가 '악의'가 아닌 '선의'라는 점에서 문제가 된다. '지구 환경 보존'과 '인간의 생존권 보장'이라는 두 가지 목표가 가치 충돌을 일으키기 때문이다. 더욱이 보전 난민의 절대 다수는 전통적인 수렵·방목 경제를 유지해온 사람들이자 사회적 약자 계층이다. 이들에게는 대개 따로 지정된 생활구역이 제공되지만, 대체 주거지가 마련되지 않거나 그곳으로 이주를 거부할 경우에는 난민 캠프에 수용되기도 한다. 강제 이주에 따른 법적 보상이 불충분하고 권리를 행사하기엔 턱없이 힘이 모자라는 경우가 태반이다. 그렇다고 보전 난민 문제를 '착한 사람 대 나쁜 사람'의 갈등 구도로 볼 수는 없다. 마크 도위Mark Dowie가 《보전 난민》에서 "이 책은 착한 사람 대 착한 사람의 이야기다"라고 표현한 것도 그래서다. 책에는 '지구적 보존과 원주민과의 갈등 100년'이라는 부제가 붙었다.[8]

마크 도위의 책을 검토한 한 동료는 "(보전 난민은) 포스트 식민주의적 맥락에서 자연보호의 헤게모니적인 형태와, 그것이 이전에 식민지를 겪은 원주민에 미치는 영향에 관한 이야기다. 또 그런 맥락에서 벌어지는 복잡한 투쟁과 상호작용에 관한 이야기이기도 하다"고 말한다. 그는 이 또한 사실이라고 인정한다. 그러면서도, 그는 "포스트 식민주의post-colonialism[9]적인 일부 자연보전운동가들이 강압적이었다 할지라도 그들의 대의는 멸종 위기 야생 동식물과 생물학적 다양성을 보호하는 것이었으므로, 그들을 착취형 관리 또는 원주민들을 내몰고 탐욕스럽게 자원과 이윤을 추구하는 자들과 동급으로 묶어 '나쁜 사람들'이라는 딱지를 붙여선 안 된다"고 반박한다.[10] 환경보전을 위한 지구적 노력에도 이처럼 불편한 진실이 숨어 있다.

■ 사자 사냥과 세렝게티

2015년 7월, 아프리카 짐바브웨의 국립공원에서 한 미국인 사냥꾼이 수사자 한 마리를 밀렵한 사건이 세계적인 사건으로 비화했다. 희생된 사자는 짐바브웨의 '국민 사자'로 불릴 만큼 사랑받아온 수사자 세실이었다. 직업이 치과의사인 이 아마추어 사냥꾼은 5만 달러라는 큰돈을 내고 아프리카에서 사냥 여행을 즐겼다. 본인은 합법적인 사냥 허가를 받았다고 주장했지만 누가 봐도 밀렵이었다. 사냥꾼은 세실을 동물보호구역 밖으로 유인한 뒤 총으로 쏴 죽인 것도 모자라, 사자의 껍질을 벗기고 머리까지 잘라 갔다. 밀렵의 엽기성에 세계가 분노했다. 파머의 미국 집과 병원 앞에서는 비난 시위가 잇따랐고, 온라인에서도 항의가 이어졌다. 파장은 유엔에까지 미쳤다. 유엔은 총회에서 야생동식물 밀렵과 불법거래를 범죄 행위로 규정하고, 회원국들이 밀렵과 밀매를 예방하기 위한 법과 대응책을 강화할 것을 촉구하는 결의안을 채택했다.

그런데 다른 한편에선 야생동물 보호의 그늘에 가린 원주민들의 열악한 여건에도 관심을 기울여야 한다는 목소리가 터져 나왔다. 바로 보전 난민 문제였다. 세계를 공분시킨 사자 밀렵이 새삼 보전 난민의 권리를 일깨운 것은 역설적이다. 아프리카의 세렝게티 국립공원은 인류의 시원지이자 동물의 왕국으로 유명하다. 탄자니아 서부에서 케냐 남서부까지 광활하게 펼쳐진 열대우림지대다. 탁 트인 초원, 우기와 건기에 따라 풍경을 바꾸는 사바나, 수목이 우거진 목초지 등이 고루 분포돼 있으며, 작은 강과 호수, 늪지도 곳곳에 널렸다. 온갖 생명을 잉태하고 길러내는 지구의 자궁, 날 것의 생명력이 넘치는 땅이다. 그러나 세렝게티는 에덴이 아니다. 원래 이곳에선 마사이 유목민들이 가축을 기르며 살고 있었다. 아래는 당시 사건의 배경을 전한 《한겨레》 기사의 일부다.

"야생과 문명은 칼에 잘린 두부처럼 분리돼 있지 않았다. 맹수가 가축을 습격하듯 둘은 뒤엉켜 있었다. 세렝게티가 국립공원으로 지정되면서 마사이 부족은 강제 퇴거됐다. 사실 아프리카 대부분의 사파리들이 그러하다. 야생동물을 보전하기 위해, 혹은 관광객들을 받아 돈을 벌기 위해 가난한 주민들이 강제 퇴거되는데, 이를 저명한 환경지리학자 대니얼 브로킹턴은 '요새형 야생보전fortress conservation'이라고 불렀다. 요새에서 쫓겨난 사람들을 일컫는 '보전 난민conservation refugee'이라는 말도 나왔다. 아프리카 야생에 대한 지배는 식민주의에서 신자유주의로 바뀌었다고 브로킹턴은 말한다. 식민지 시절 닥치는 대로 사자를 잡아들였다면 지금은 쿼터를 주고 사냥허가권을 판다. 보전의 외피를 둘러쓰고 이윤을 창출한다. …… 정부는 토지 소유주에게 자신의 땅을 민간 사파리로 바꾸도록 권장한다. 짐바브웨에서는 야생동물의 경쟁자인 가축의 방목지 27만㎢가 민간 사파리로 바뀌었다. 귀족 사냥여행의 주 고객은 미국과 유럽 등 옛 제국주의 나라의 갑부들이다. 짐바브웨는 독립했지만 잡혀가는 동물, 잡아가는 인간은 달라지지 않았다."[11]

난민의 운명을 결정하는 것은 국가

국제사회는 다양한 규약을 통해 난민들의 지위와 권리를 보장하고 있지만 규정과 현실의 거리는 아직 멀기만 하다. 지금의 국제 규약으로 세계에서 발생하는 모든 난민을 아우르기에는 한계가 있으며 논란도 뒤따른다. 그러나 상식적 수준에서 합의할 수 있는 최소한의 난민 개념을 정의해볼 수는 있을 것이다. 난민은 인도주의적 관점에서 국적국의 보호를 기대할 수 없거나 그 보호를 포기한 사람들이다. 이런 점에서 현 시대의 난민은 국적, 시민권, 국민 같은 근대 국민국가 체계의 형성과 관련이 깊다. 보편적 인도주의 가치와 개별 국민국가의 주권이 충돌하는 경우가 많기 때문이다.

난민 지위의 판정 여부는 원칙적으로 난민 체류국의 주권 사항이다. 유엔난민기구가 권고를 할 수는 있지만 그 국가의 결정이 전적으로 중요하다. 전쟁이나 무정부상태와 같은 혼란으로 인해 체류국 정부가 난민 지위 판정과 같은 법적·행정적 업무를 수행하기 힘든 경우 유엔난민기구가 난민 결정 절차에 관여할 수 있지만, 이 역시 체류국의 요청이 있을 때만 가능하다. 설사 유엔난민기구가 어떤 개인이나 그룹에게 난민 판정을 내려 국제법적 보호를 제공하려 해도, 중국에서 불법체류자로 간주돼 강제송환의 위협에 시달리는 탈북자들의 경우에서 보는 것처럼, 난민들의 운명은 체류국의 결정에 달려 있다.[12]

미국 법학자이자 이주 정책 전문가인 알렉산더 알레이니코프는 '이주와 국제 법규범'에 관한 글에서 이런 간극들을 지적했다. 첫째, 국가들이 난민 재송환 금지 의무는 있으나 난민 수용 및 피난처 제공 의무는 없다는 점, 둘째, 국가마다 '난민'의 해석이 다른데다 유엔의 난민지위협약 해석 지침이 현실적 구속력이 없다는 점, 셋째, 국제협약과 의정서들이 모든 강제 이주

월경자들에 일반적으로 적용되지는 않는다는 점, 넷째, 비자 요구, 입국 제한, 구금 정책 등 각국의 불법 이주 규제 정책이 난민들에게는 현실적 장벽이 되고 있다는 점, 난민들은 최종 수용국이 확정되기 전까지 통상 장기간 여러 지역을 전전할 수밖에 없음에도 난민 지위 습득 시점에 관한 국제규정이 정립되어 있지 않다는 점, 다섯째, 국제적으로 표준화된 난민 지위 부여 절차가 없다는 점 등이 그것이다.[13] 난민 신청자들이 체류국에서 난민 지위를 인정받기도 쉽지 않거니와, 까다롭고 지루한 난민 적격 심사 기간 동안 난민은 늘 법적 지위의 불안정성과 생계유지의 곤란함 속에서 고단하고 불안한 날들을 지내야 한다. 특히 그 난민이 국제적으로 주목받지 못하는 정치적·종교적 이유의 망명자일 경우에는 어느 누구로부터도 공식적 보호를 받지 못한 채 신변의 위협까지 감수해야 한다.

현대인 중에는 개별 국민국가의 구속을 받는 '국민'이기보다 몸과 영혼이 자유로운 '세계시민'이고 싶어 하는 사람들이 많다. 경제적 여유, 지식과 정보의 확산, 가치관의 변화, 개인의 재발견 같은 근대의 표징들은 그런 욕망에 더 힘을 싣는다. 그러나 현실은 그렇게 간단하지 않다. 독자적 주권을 행사하는 국민국가를 세우지 못해서, 혹은 다른 여러 이유로 국적을 얻을 수 없거나 포기한 까닭에 국적국의 보호를 받을 수 없는 사람들도 많다. 망명자와 난민의 대다수는 하루하루의 삶이 위태롭다. 마땅히 소속되고 보호받을 나라가 없는 설움을 절감하는 이들이다. 온 세계가 절대적 주권과 배타적 영토권을 행사하는 국민국가 단위로 구별되는 오늘날, 무국적 난민은 어둡고 광활한 우주 공간에서 붙박이별의 중력권으로부터 이탈한 떠돌이별과 같다. 그나마 같은 처지의 사람들로 형성된 집단이 어디에든 터를 잡고 있다면 생존 확률을 높일 수 있다. 그것도 자기 나라가 아닌 땅, 법적으로 아무런 권리가 없는 땅에서 목숨을 걸고 싸워 살아남을 때 가능한 이야기다.

대표적인 집단이 쿠르드족Kurds이다. '세계 최대의 소수민족'으로 불리는 쿠르드족의 인구는 대략 3,500만 명 안팎으로 추정된다. 지금의 터키 동남부와 이라크 북부, 시리아 등이 접경을 이루는 산악지대에서 중세 이전부터 주로 유목생활을 해왔다. 인구 3500만 명의 '소수 민족'이라니! 이런 형용모순이 가능한 건 단지 나라가 없기 때문이다. 주권과 영토를 확보하지 못하고 다른 국가의 영토에 흩어져 살고 있어서다. 1922년 오스만제국이 멸망하고 신생 국민국가들이 생겨나면서, 쿠르드족은 갑자기 그어진 국경선에 따라 동네가 분절되고 혈육이 헤어지는 사태를 맞았다. 제1차 세계대전이 한창이던 1916년, 러시아와 함께 협상국으로 묶인 영국과 프랑스는 패색이 짙어진 오스만제국의 영토를 전후에 나눠먹기로 약속하는 사이크스-피코 협정Sykes–Picot Agreement을 맺었다. 협상 책임자인 프랑스 외교관 프랑수아 조르주 피코와 영국 외교관 마크 사이크스의 이름을 따서 만들어진 비밀 협약이었다. 지금의 시리아 남쪽과 요르단 북쪽, 그리고 이라크의 북서쪽이 맞닿는 국경선이 지형과 상관없이 반듯한 직선으로 그어진 것도 이 때문이다. 유럽제국 열강들의 인위적인 국경 구획은 본디 이 지역에서 1000년 세월 동안 경계 없이 살아온 수많은 민족과 종파들을 뒤죽박죽 섞어놓거나 갈라놓았다. 그들의 역사, 문화, 종교적 특성과 차이는 전혀 고려의 대상이 아니었다. 그로부터 꼭 100년이 지난 오늘날까지 계속되는 중동 분쟁의 비극적 씨앗이 뿌려지는 순간이었다.

이 대목에서 서경식 도쿄 경제대학 교수의 말을 음미해볼 필요가 있다. "난민의 반대말은 '국민'일 겁니다. '국민'이 국가에 의해 '시민권'을 보장받는다, 인권이나 생존권도 국가와의 관계에서 규정된다는 것이 근대 국민국가의 약속입니다. 물론 어디까지나 표면적 원칙이긴 합니다만, 그런 약속의 외부로 내몰린 자가 바로 '난민'입니다. 이런 식으로 생각하자면, 난민 캠프에서 살고 있는 사람들만 난민이라고 보는 것은 도리어 그 본질을 왜곡할 위험이 있습니다."[14] 서경식은 해방 이후인 1951년 일본에서 재일조선인 2세로 태어나 한국 국적을 취득했다. 그러나 지금까지도 자신의 정체성을 재일 조선인을 뜻하는 '자이니치在日'로 여긴다. 그에게 조국은 태어나고 자란 일본인가, 핏줄에 따른 한국인가.

그 어느 쪽에도 딱 부러지는 귀속감을 갖지 못한다면, 국민국가시대에 유랑하는 정서적 난민에 더 가까울 수 있다. 이렇게 보면, 난민에 관한 담론은 특정 인종집단ethnic group이 기존에 살던 땅을 떠나 다른 지역에 사는 이산민離散民, 즉 디아스포라와도 맥이 닿는다. 재일 조선인은 흔히 '카레이스끼'(고려인)로 불리는 구소련 지역 동포와 함께, 일제 식민통치로 생겨난 우리나라의 대표적인 디아스포라다. 단, 디아스포라는 이미 본토를 떠나 나라 밖에 항구적으로 자리 잡은 집단이라는 점에서, 아직 이주 지역에 확실한 뿌리를 내리지 못한 난민들과는 구별된다. 국제이주기구는 넓은 의미의 디아스포라를 "출신국을 떠났으나 고국과의 관계를 유지하고 있는 개인이나 단체 또는 네트워크, 협의체, 공동체"라고 정의하고 있다. 여기에는 외국의 거주지에 정착한 공동체, 단기 해외 이주 노동자, 유입국의 국적을 지닌 이주자, 이중국적자, 2~3세대 이주자 등도 포함된다.[15]

현대 세계에서 난민은 줄기는커녕 지속적으로 늘고 있다. 무력분쟁, 기후변화, 자연재해, 도시화, 극단적인 부의 양극화 등 개인 또는 집단의 생존을 위협하는 폭력과 환경 속에서 생존의 극한까지 내몰리는 취약계층이 갈수록 많아지고 있다는 뜻이다. 특히 2014년부터는 시리아 내전의 격화, 이슬람 수니파 극단주의 세력인 이슬람국가IS의 득세로 중동과 북아프리카 등 이슬람권에서 난민 수가 가파르게 치솟았다. 난민과 관련한 비극적 통계 수치는 2014년과 2015년 내내 최고 기록을 갱신했다.

지중해를 건너는 난민들

2015년부터 유럽이 겪고 있는 난민 대량 유입 사태는 20세기 이후 세계 난민사에 또 하나의 큰 획을 긋는 사건이다. 2015년은 '난민'이라는 낱말에 슬픈 체온과 안타까운 죽음의 사연들이 새겨진 해다. 아프리카와 중동, 아프가니스탄, 심지어 동유럽의 가난한 나라들에서도 수십만 명의 난민이 가진 재산과 목숨을 걸고 유럽으로 흘러들었다. 유럽은 유럽대로, 갑자기 쏟아져 들어오는 난민 쓰나미에 몸살을 앓았다. 이들 가운데는 실제로 외부 세력과의 전쟁이나 내전으로 생명의 안전에 위협을 받는 '난민'들뿐 아니라, 빈곤에서 탈출하려는 '경제적 이주자'들도 섞여 있었다. 출신국으로 판별하는 게 가장 쉽고 현실적인 방법이지만, 분쟁 난민과 경제적 이주자들을 무 자르듯 구분하는 건 쉽지 않았다. 유럽에선 '난민 위기'라는 비명이 터져나왔다. 유럽의 난민 위기는 중동 지역에서의 전쟁이 가장 큰 원인이다. 특히 2000년대 내내 이어진 이라크 전쟁과 아프가니스탄 전쟁, 2011년 이후 아랍의 봄과 시리아 내전, 2015년 이슬람 수니파 극단주의 무장세력인 이슬람국가IS의 시대착오적 폭압과 야만적 행태는 중동 지역에서만 수백만 명의 사망자와 전쟁 난민을 양산했다. 2014~16년 세계 전쟁 난민의 절대 다수는 시리아와 이라크 출신이다. 유럽연합의 동남쪽 경계에 위치한 그리스와 이탈리아는 유럽행을 꿈꾸는 난민들의 교두보가 됐다.

유엔난민기구의 집계에 따르면, 2015년 12월 말 현재 시리아에서만 전쟁으로 고향을 등진 국내 이재민이 656만 명, 나라 밖으로 떠난 난민이 487만 명이나 된다. 이들 중 귀향을 포기하고 다른 나라에서 영구적인 망명지를 찾는 대다수는 유럽을 선호한다. 유엔은 이라크에서도 2015년 말 기준으로 440만 명의 국내 이재민과 26만 명의 난민이 발생한 것으로 추산했다.[16]

유럽에서 난민 유입 문제가 심각한 것은 난민들을 양산하는 분쟁과 재난, 기아 등 인도주의적 위기의 대부분이 지리적으로 유럽과 가까운 아프리카와 중동 지역에서 일어나고 있기 때문이다. 게다가 유럽은 '정치적으로 안정되고 경제적으로 풍요로우며 인권의 가치가 존중되는 기회의 땅'이다. 가난과 압제, 무력분쟁 따위에 신물이 난 이주 난민들은 그렇다고 굳게 믿는다. 지금 이 시간에도 시리아와 아프리카의 수많은 난민들은 유럽으로 탈출을 꿈꾸고, 실제로 감행한다. 가진 재산과 목숨을 거는 도박이다. 수많은 난민들이 위험하고 고생스러운 불법 이주 과정에서 사고와 범죄로 목숨을 잃는다.

유럽과 이들 세계의 경계 지역인 그리스와 이탈리아, 그리고 마케도니아를 비롯한 발칸반도의 국가들이 이들 난민의 유럽행 교두보가 되고 있다. 유럽 국가들은 인도주의적 관점에서 일단 난민들을 구조하고 수용하더라도 당장 자국민과의 갈등, 난민들의 보호와 법적 지위 판단, 그에 따른 사후 조처 등 새로운 문제들이 잇따른다. 그리스와 이탈리아 같은 유럽의 난민 상륙 최전방 국가들은 유럽연합의 공동 대응을 촉구하며 볼멘소리를 할 수밖에 없다.

중동 지역과 아프리카의 난민들이 유럽으로 건너가는 경로는 육로와 바닷길이 있다. 육로는 중동과 유럽의 경계에 있는 터키에서 동북쪽 접경국인 그리스나 불가리에 발을 들여놓는 길이다. 바닷길은 북아프리카에서 지중해를 건너 이탈리아의 섬에 닿거나 터키에서 에게 해를 건너 그리스 섬에 닿는 길이 애용된다. 아프리카 대륙의 북서쪽 끝에 자리 잡은 모로코에서 지브롤터 해협을 건너 스페인으로 들어가는 길도 있다. 그러나 가진 거라곤 벌릴 손밖에 없는 불청객들을 기꺼이 반겨줄 보금자리를 찾기란 쉬운 일이 아니다. 초청받지 않은 이들, 여권이나 비자 등 합법적인 출입국 문서

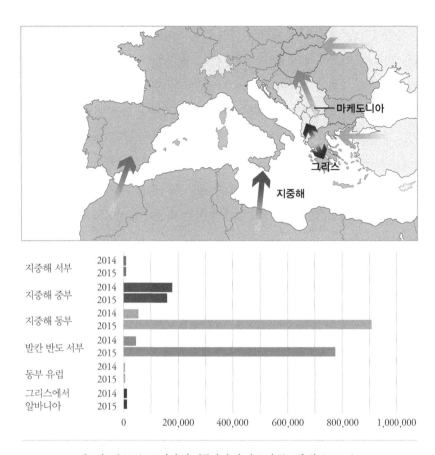

[그림 17] 2014~15년 유럽 이주자 유입 경로 및 규모(출처: Frontex)

가 없는 이들이 선택하는 길은 결국 불법입국이다. 일단 들어가고 보자는 거다. 유럽연합 회원국에 상륙만 하면, 어떻게든 정착을 희망하는 나라까지 가닿을 수 있다고 보기 때문이다. 적어도 유럽에선 최소한의 밥벌이와 인간다운 삶의 기회를 얻을 수 있다고 굳게 믿기 때문이다.

그러나 현실은 녹록지 않다. 유럽까지 가려면 버려야 할 것과 새로 필요한 게 많다. 먼저 집과 살림살이와 아끼던 물건들을 죄다 버려야 한다. 그러나 가장 가슴 아픈 일은 평생을 함께 살아온 삶터와 사람들에 대한 미련을 버리는 것이다. 꼭 필요한 것은 돈과 체력과 운이다. 무엇보다 교통수단을 이용할 돈이 있어야 한다. 머나먼 여정을 완주할 체력과 건강도 필수다. 다치거나 몸이 아프면 그렇잖아도 고달픈 여정이 더 가시밭길이 되거나 무산될 수도 있다. 어린 자녀를 데리고 가는 경우는 더욱 그렇다. 여기에, 곤궁한 이들의 처지를 돈벌이 수단으로 이용하는 이들이 끼어든다. 브로커들에게 만만치 않은 돈을 주고 밀입국 길에 오르지만, 형편없는 서비스를 제공받는 것만으로도 감지덕지다.

그러나 유럽으로 향하는 바닷길은 새 삶을 찾아가는 항로가 아니라 자칫 '죽음의 항로'가 되기 십상이다. 우선 항해부터가 그렇다. 난민들은 폐선 직전의 낡아빠진 화물선뿐 아니라 길이 10~20미터의 작은 어선, 심지어 공기로 부양하는 고무보트에 몸을 싣고 바다를 건넌다. 거의 모든 배들은 난민들을 콩나물시루처럼 빼곡하게 채운다. 특히 선실이 따로 없는 고무보트는 옴짝달싹할 수조차 없다. 보트에 불어넣은 공기가 빠져나가지 않기를, 바닷길이 잔잔하기를, 자칫 가장자리에서 바다에 빠지지 않길 바랄 뿐이다. 출항할 때부터 대형 조난사고가 날 위험이 폭약의 뇌관처럼 내장된 도박의 바닷길이다. 삶과 죽음이 그 물결 위에 뒤엉켜 소용돌이친다.

난민의 무덤이 된 지중해

2015년 새해 이틀째인 1월 2일 밤, 이탈리아 해안경비대에 긴급구난을 요청하는 무선통신이 들어왔다. "우린 고립돼 있어요. 지금 이탈리아 해안으로 향하고 있는데 배를 조종할 사람이 아무도 없습니다. 도와주세요." 공포에 질린 여성의 목소리였다. 발신 선박은 터키에서 출항한 이자딘 호였다. 50년 가까이 가축운반선으로 쓰였던 낡은 선박에는 추위와 굶주림에 지친 난민 360명이 타고 있었다. 여성과 어린이가 128명이나 됐다. 4년 가까이 내전 중인 시리아를 탈출한 사람들이었다. 풍랑이 거센 겨울 밤바다를 연료가 떨어지고 전기도 끊긴 채 표류하던 이자딘 호는 영락없는 '유령선'이었다. 몇 시간 뒤 이탈리아 해안경비선이 도착해 이튿날 자국의 한 항구로 예인하면서 비상사태는 끝났다.[17]

불과 사흘 전인 2014년 12월 30일 밤에는 난민 768명을 태운 화물선 블루스카이 M호가 악천후에 휩싸인 지중해 중부 해역에서 긴급구조 요청을 보내왔다. 이탈리아 해안경비대가 출동했을 당시 선박의 엔진실과 조타실은 잠겨 있었다. 선박은 일정한 속도로 이탈리아 해안 쪽으로 돌진하도록 자동운항 장치가 설정돼 있었다. 선원들은 도망가고 없었다. 유럽연합 국경경비기구 프론텍스Frontex는 "불법 이주 브로커들이 퇴역 선박을 헐값에 사들이고 선원들을 고용해 출항한 뒤 바다에서 선원들이 탈출하면서 구난 신호를 보내는 신종 수법"이라고 우려했다.

사실 그때까지 겨울철은 프론텍스가 한숨 돌리는 계절이었다. 추운 날씨와 거칠어진 지중해 바닷길은 불법 이주 희망자들로 꽉 찬 낡은 선박이 항해에 나서기에 매우 불리한 조건이기 때문이다. 크리스마스와 연말연시엔 불법 이주를 알선하는 브로커들도 잠시 일손을 놓았다. 프론텍스는 웹사이트에서 "그러나 이번 겨울은 더 이상 그런 휴지기 관행도 없어진 것 같다"며 "2014년은 해상을 통한 유럽 밀입국이 진정한 연중 비즈니스가 된 첫해로 기록될 만하다"고 평가했다. 국제이주기구IOM는 "대형 화물선은 밀입국 알선자들이 (열악한 기상 여건 때문에) 소형 선박을 이용한 불법 이주가 주춤해지는 겨울에도 다수의 난민을 태우고 지중해를 건널 수 있도록 해준다"고 지적했다.

이탈리아가 불법 이주자들의 목표가 된 것은 난민이 대량 발생하는 북아프리카나 중동에서 지중해를 건너 유럽으로 들어가기에 가장 가까운 지리적 위치 때문이다. 일단 이탈리아에 잠입하기만 하면 유럽의 다른 어느 나라로든 비교적 자유롭게 이동할 수 있다. 1985년에 발효된 '셍겐조약' 덕분이다. 유럽 26개국이 가입한 셍겐조약은 회원국 공통의 출입국 관리 정책으로 국경 통행의 제한을 사실상 없앴다.

이자딘 호나 블루스카이 M호에 탔던 난민들은 1인당 많게는 8000달러의 비싼 돈을 내고 목숨을 건 항해에 나선 것으로 알려졌다. 브로커들에겐 한번 쓰고 버릴 고물 선박을 사들여 수리한 비용을 빼고도 한 건만으로 수십만 달러를 남길 만큼 수지맞는 장사다. 반면 불법 이주를 시도하는 난민들은 전 재산은 물론 목숨까지 걸어야 한다. 성공적인 항해와 밀입국을 장담할 수도 없다. 독일 해운사인 함부르크 쥐트의 마티아스 귄터는 독일 국제방송 〈도이체 벨레Deutsche Welle〉에서 "이주 난민들은 건강 상태도 매우 열악하다. 그들 상당수는 4000~8000달러에 이르는 돈을 마련하기 위해 신장이나 다른 장기를 팔기도 한다"고 말했다. 배에 타서도 제대로 된 의료보건이나 위생은커녕 몸을 덮힐 담요나 양질의 음식을 기대할 수 없다.

전통적인 불법 이주 난민 출항지는 이집트, 리비아 등 북아프리카다. 그러나 2013년부터는 터키에서 출항하는 난민선이 늘고 있다. 터키와 접한 시리아의 내전은 몇 년째 계속되고, 이슬람국가IS가 시리아와 이라크의 북부 지역을 장악하면서 중동 지역 난민이 급증하고 있기 때문으로 풀이된다. 시리아를 탈출한 난민의 상당수는 접경국인 요르단과 터키, 레바논의 난민 캠프에서 기약 없는 내일을 기다린다. 이 중 상당수는 차를 얻어 타거나, 걷거나, 난민선에 올라 유럽으로 불법 이주를 시도한다. 터키에서 난민을 신고 출항한 선박은 이탈리아 영해까지 최대한 접근한 뒤 고무보트나 구명선 같은 작은 배로 난민들을 옮겨 태워 상륙을 시도한다. 풍랑이 심할 때는 위험천만한 일이다.

난민 선박을 몰고 나갈 선원들은 일회성으로 모집된다. 비용 절감과 보안을 위해서다. 이집트와 리비아 등 지중해와 접한 아프리카 북부에선 밀입국 브로커들이 10대 소년들을 선원으로 고용하는 사례가 늘고 있다고 영국 일간지 《가디언*The Guardian*》은 전했다. 이들은 이탈리아 당국에 체포될 경우 최대 15년의 징역형과 수십만 유로의 벌금까지 물게 된다. 2000년 불법 이주 알선과 지원 혐의로 이탈리아 감옥에 수감된 사이드라는 소년은 당시 나이가 겨우 15살이었다. "다른 선원이 우리에게 이탈리아 사람들이 우리를 가둘 것이라고 말해주고 나서야 감옥에 갈 거라는 사실을 알았어요. 난 절망에 빠져 울기 시작했어요."

유럽연합의 해안경비대에 발각된 난민들은 대개 본국으로 되돌려 보내지거나 제3국의 난민 캠프에 수용된다. 전쟁이나 재해, 가난을 피해 새 삶터를 찾으려던 '유러피언 드림'도 접을 수밖에 없다. 그래도 이들은 운이 좋은 편이다. 유럽 땅에 발을 내딛지도 못하고 차가운 바다에서 목숨을 잃는 난민이 부지기수다. 2014년 9월 초 지중해에선 이집트에서 몰타로 향하던 불법 이주민 선박 2척이 침몰해 700여 명이 한꺼번에 숨지는 대형 참사가 빚어졌다. 이 중 500여 명을 태운 난민선에서 간신히 살아남은 극소수 생존자들이 밝힌 증언은 충격적이다. 브로커들이 험한 기상 조건에서 난민들에게 상륙용 소형 선박으로 옮겨 타라고 요구하자 난민들이 거부했다고 한다. 그러자 브로커들이 자신들의 선박으로 '모선'을 들이박아 고의로 침몰시켰다는 것이다.

이주 난민이 생기는 원인은 다양하다. 무력분쟁, 자연재해, 정치·종교적 박해, 인종 및 민족 갈등이 일반적이다. 도시 개발과 지구온난화 등 거주환경의 변화로 삶터에서 내몰리는 이주 난민도 있다. 이주 난민은 자발적 선택이 아니라 외부 세력이나 환경으로부터 이주를 강요받고, 본디 거주지로 돌아갈 수 없거나 돌아갈 의향이 없으며, 돌아갈 경우 지속적인 박해나 곤경이 예상되고, 새로운 이주지에서 독립적인 경제생활을 할 기반이 거의 없다는 점이 특징으로 꼽힌다.

지중해와 에게 해를 건너 유럽에 오는 난민들의 정확한 수는 헤아리기 힘들다. 브로커들이 밀입국 희망자들을 비밀리에 모집하는 까닭에 승선자 명단이나 출항 기록 따위가 있을 리 없는데다, 사고로 목숨을 잃는 이도 부지기수이기 때문이다. 국제이주기구는 2015년 한 해에만 바다를 건너 유럽으로 들어온 난민과 이주자들이 100만 명을 넘어선 것으로 집계했다.

앞서 2013년 10월, 이탈리아 남단 람페두사 섬Lampedusa island 앞바다에서 유럽으로 향하던 난민선이 침몰하면서 360여 명이 한꺼번에 목숨을 잃었다. 그때까지만 해도 지중해 난민 조난 사고로는 최대 규모였다. 유럽연합이 발칵 뒤집혔다. 이탈리아는 유럽연합 차원의 해상 난민 구조 프로그램인 '마레 노스트룸' 작전을 가동하기 시작했다. 마레 노스트룸은 라틴어로 '우리의 바다'라는 뜻이다. 앞서 3장에서 밝혔듯이, 기원전 2세기 로마가 카르타고와의 포에니 전쟁에서 완승을 거두고 지중해 패권을 장악한 뒤 지중해를 '우리의 바다'라고 부르기 시작한 데서 따온 명칭이었다. 이탈리아 해군과 해안경비대는 자국 연안뿐 아니라 공해를 포함한 광역 해상에서 적극적인 난민 수색과 구조, 구호 활동을 벌였다. 이후 2014년 8월까지 10개월 동안에만 8만여 명의 아프리카 난민이 지중해에서 구조됐다.

그러나 정작 이탈리아 내부에서는 이 프로그램이 유럽으로의 불법 이주를 부추긴다는 비판이 거셌다. 하루 30만 유로나 소요되는 비용도 무시할 수 없었다. 논란 끝에 마레 노스트룸 프로그램은 꼭 1년 만인 2014년 10월 유럽연합 국경 감시기구인 프론텍스의 '트리톤 작전Operation Triton'으로 대체됐다. 그러나 트리톤 작전은 적극적인 난민 수색과 구조보다는 해상 감시 및 경비에 초점이 맞춰졌으며, 작전 범위도 이탈리아 근해 30마일로 한정했다. 트리톤 작전에 배정된 예산은 월 290만 유로 수준으로, 마레 노스트룸 프로그램 예산의 3분의 1 수준에 불과했다. 인도주의 활동가들은 '트리톤'이 '마레 노스트룸'을 제대로 대체할 수 없으며 이탈리아 해군의 대규모 지원 없이는 난민 사망자가 더 늘어날 수밖에 없을 것이라고 경고했다. 이 같은 우려는 이듬해인 2015년 지중해를 건너 유럽으로 오려던 난민들의 조난 사고 사망자 및 실종자가 3,771명으로 급격히 늘어 역대 최악을 기록하면서 현실이 되고 말았다.

유엔은 2014년 6월 북아프리카에 난민 수용소를 만드는 방안을 검토하고 있다고 밝혔지만 그 뒤로 진척이 있다는 소식은 들려오지 않았다. 난민 수용소 설치 방안은 당장 구호가 필요한 난민을 보호하기 위한 응급 대응이지만, 다른 한편으로는 유럽 대륙에 아프리카 난민이 몰려오는 것을 막기 위한 방편이라는 지적도 나온다. 지금 이 순간에도 시리아와 아프리카의 수많은 난민들은 유럽으로 탈출을 꿈꾼다. 그러나 지중해 바닷길은 새 삶을 찾는 희망의 여정이 아니라 죽음까지 각오해야 하는 '절망의 항로'로 바뀌어가고 있다.

2015년 8월 15일 새벽, 이탈리아 해군은 지중해에서 과잉 선적으로 침몰하던 선박에서 312명의 난민을 구조했다. 그중에는 여성 45명과 어린이 3명이 포함돼 있었다. 그런데 배를 수색하던 구조팀의 눈앞에 믿기 어려운 끔찍한 모습이 드러났다. 배 밑바닥 화물창에서 배기가스에 질식해 숨진 40여 구의 주검이 겹겹이 쌓인 채 발견된 것이다. 주검들은 물과 디젤연료, 배설물 등으로 뒤범벅된 오물더미에 누워 있었다. 길이가 15미터 정도인 소형 선박에는 무려 350여 명이나 되는 난민이 옴짝달싹 못할 만큼 빼곡하게 타고 있었다.

이처럼 위험천만한 밀항은 기아와 분쟁을 피해 유럽으로 가려는 난민들과, 이들을 이용해 한몫 잡으려는 불법 이주 브로커들의 속셈이 맞아떨어지면서 갈수록 급증하고 있다. 생존자들의 증언에 따르면, 브로커들은 충분한 뱃삯을 지불하지 못한 난민들을 선박 밑바닥의 화물칸에 가둬놓기 일쑤라고 한다. 모든 형편이 열악하기 짝이 없는 난민선에서도 어김없이 돈에 따른 등급이 구분되는 셈이다. 비좁은 공간에 갇힌 이들은 배가 전복될 경우 빠져나오지 못하고 익사하기 십상이다. 낡은 디젤 엔진이 내뿜는 배기가스에 질식하는 위험도 감수해야 한다. 주로 사하라 사막 이남 블랙아프리카 지역의 가난한 난민들이 그렇다. '주검 실은 난민선'은 해상 난민의 비극적인 상황을 보여주는 한 단면이다.

2016년 들어서도 난민의 비극은 바뀌지 않고 있다. 2015년 내내 터키에서 에게 해를 건너 그리스로 가는 시리아 난민이 급증했지만, 아프리카 북부 해안에서 지중해를 건너 이탈리아로 들어가려는 난민들도 여전히 많았다. 4월 중순에는 리비아에서 출발한 배가 과잉 승선으로 침몰해 한꺼번에 500명가량이 익사하거나 실종되는 대형 참사가 일어났다. 구조된 사람들은 세 살배기 어린이 1명을 포함해 41명뿐이었다. 모두 소말리아, 에티오피아, 이집트, 수단 등 아프리카의 분쟁 지역이나 가난한 나라 출신이었다.

무작정 유럽 입국을 시도하는 난민들에게 '죽음의 바다'만 있는 건 아니다. 유럽과 비유럽, 또는 부유한 서유럽과 가난한 동유럽 사이엔 '죽음의 도로'도 있다. 앞서 언급한 주검 난민선이 발견된 지 보름도 안 된 2015년 8월 27일에는 오스트리아 국경 지대의 고속도로에 방치된 냉동식품 트럭에서 무려 70여 구의 난민 주검들이 발견돼 유럽을 또다시 충격에 빠뜨렸다. 해당 지역은 헝가리에서 오스트리아로 들어가는 길목으로, 서유럽행 난민들이 몰리는 곳 중 하나다. 그중에는 이들처럼 냉동트럭 뒤에 무더기로 실린 채 며칠씩 쉬지 않고 달려 유럽 밀입국을 시도하는 이주자들도 많았다. 승용차와 일반 화물차는 국경을 통과할 때 검문을 받기 때문에, 브로커들은 주로 밀폐된 냉동트럭을 이용해 밀입국자들을 실어 나른다. 당시 현지 경찰은 이 주검들이 더운 날씨 탓에 신원 파악은 물론이고 주검의 수를 헤아리는 것조차 쉽지 않았다고 털어놨다. 이 끔찍한 소식은 마침 바로 그 시각에 오스트리아 수도 빈에서 유럽의 난민 유입 대응책을 논의하던 독일과 발칸 반도 국가들의 정상회담 자리에도 곧바로 전해졌다. 앙겔라 메르켈 Angela Merkel 독일 총리는 "우리는 끔찍한 뉴스에 몸이 떨린다"며 "이 사건은 이주 난민 문제를 유럽의 정신, 즉 '연대의 정신'에 입각해 신속히 해결책을 찾아야 한다는 점을 되새긴다"고 강조했다.[18]

2015년 8월 14일, 벨기에 브뤼셀에 있는 유럽연합 집행위원회는 그리스 출신 디미트리스 아브라모풀로스Dimitris Avramopoulos 유럽연합 이주·내무·시민권 담당 집행위원의 길고도 절박한 연설을 들었다. 난민 위기에 대한 유럽연합 차원의 연대와 공동 대응을 촉구하는 호소였다.

오늘날 세계는 제2차 세계대전 이후 최악의 난민 위기에 맞닥뜨렸습니다. 유럽은 역내에서 보호처를 구하려 쏟아져 들어오는 난민들의 대응책 마련에 씨름하고 있습니다. 먼저, 그리스 상황이 특히 시급합니다. 7월 한 달에만 거의 5만 명이 도착했습니다. 지난해 7월엔 6000명이 채 안됐습니다. …… 이주 문제에 관한 한 유럽 전체가 관련돼 있습니다. 우리 중 누구도 예외가 될 수 없습니다. …… 이주가 던지는 과제의 해법은 간단하지 않으며, 한 가지 답만 있는 것도 아닙니다. 특정 회원국 혼자서만 풀 수도 없습니다. 나는 유럽연합의 모든 회원국과 기구들, 구호단체들이 지금의 도전을 능히 감당할 능력이 있음을 증명할 수 있기를 희망합니다.[19]

아브라모풀로스 집행위원의 촉구는 '하나의 유럽'이라는 명분, '긴급한 위기'라는 현실, '인도주의 실천'이라는 당위를 두루 반영한 것이었다. 독일, 프랑스, 영국, 스웨덴, 이탈리아 등 유럽연합 주요국의 지도자들도 공식적·원칙적으로는 같은 입장이었다. 그러나 지극히 현실적이며 이해관계가 다른 나라들이 민감한 국제 문제에 대한 합의를 이끌어내고 실행에 옮기는 것은 쉬운 일이 아니었다. 난민 수용에 가장 적극적인 독일을 제외한 유럽 대다수 나라들은 가능한 한 '쓴 잔'을 조금이라도 덜 받으려 주판알을 튕겼다.

터키로 피난 온 시리아 난민들이 금방이라도 터지거나 뒤집힐 것 같은 고무보트를 타고 에게 해를 건너는 것은 그리스가 한때 터키와의 육상 국경을 폐쇄해버렸기 때문이다. 물론 그리스로선 다른 유럽 국가들이 난민 분산 수용을 꺼리거나 늦추는 실정에서 무한정 난민들을 받아들일 수도 없는 처지였다. 게다가 그리스는 2008년 유럽발 금융위기 이후 극심한 재정난에 빠지면서, 2010년부터는 막대한 구제금융 빚으로 연명하고 있다. 그러나 돌려막기식 빚잔치는 그리스 경제의 회생에 실질적인 도움을 주지 못했다. 알렉시스 치프라스 총리가 이끄는 시리자(급진좌파연합) 연립정부는 2015년 총선에서 '부채 탕감'과 '긴축 중단'을 공약으로 내걸고 압도적 지지로 집권했다. 치프라스 정부는 그러나 2015년 상반기 내내 디폴트default(채무불이행)와 그렉시트Grexit(Greece와 Exit의 합성어로, 그리스의 유로존 탈퇴) 직전까지 내몰리며, 독일이 주도한 국제채권단과 힘겨운 구제금융 협상을 벌였

[그림 18] 그리스 레스보스 섬 앞바다에서 구조되는 난민들(출처: 위키피디아)

다. 그리스가 채권단과 가까스로 3차 구제금융에 합의한 게 2015년 8월이다. 유럽 난민 위기 앞에서 그리스는 '내 코가 석자'였다.

그리스가 육로를 통한 난민 입국의 통제 수위를 부쩍 높이자, 그리스와 접경국인 터키에 있는 시리아 난민들이 유럽으로 갈 길은 더욱 좁고 위험해졌다. 터키는 남동쪽으로는 중동 지역인 시리아와 이라크, 북서쪽으는 유럽 국가인 그리스, 불가리아와 길지 않은 국경을 맞대고 있다. 시리아 난민들이 터키에서 육로를 통해 유럽으로 들어가는 길은 그리스 또는 불가리아 국경을 넘는 것뿐이다. 그런데 그리스는 시리아 내전이 1년을 넘긴 2012년 터키와의 지상 국경에 철조망을 설치하고 감시와 경비를 대폭 강화했다. 터키는 아직 유럽연합 회원국도, 셴겐조약 가입국도 아니므로, 그리스가 터키 국경을 통제하는 것은 유럽연합 규약을 어기는 것이 아니었다. 더는 걸어서는 유럽의 관문인 그리스로 들어갈 수 없게 된 난민들은 그리스 옆

불가리아로, 또는 터키 서쪽의 에게 해 연안으로 발길을 돌렸다. 그리스 본토와는 한참 떨어져 터키 앞바다에 있는 그리스령 레스보스 섬Lesbos island이 유럽으로 향하는 새로운 교두보가 됐다.

■ 레스보스 섬의 비극

레스보스 섬은 신들과 인간이 함께 지내며 부대꼈던 신화시대부터 절절한 사랑과 비극적 죽음으로 가득 찬 섬이다. 기원전 7세기 그리스의 여류시인 사포가 이곳에서 태어나, 여성들에게 시를 가르치고 사랑을 나눴으며, 벼랑에서 몸을 던져 자살했다고 전해온다. 영어로 여성 동성애자를 뜻하는 '레즈비언lesbian'이 이 섬에서 유래했다. 그리스 신화가 전하는 레스보스 섬에 얽힌 이야기도 흥미롭다. 그리스학자 유재원이 들려주는 레스보스 섬에 관한 긴 이야기를 요약해보면 이렇다.

오르페우스는 그리스 최고의 음악 천재였다. 어머니는 음악의 여신들인 무사이(영어로는 '뮤즈Muse') 중에서도 가장 뛰어난 칼리오페다. 오르페우스의 신기 어린 음악 재능은 어머니의 핏줄을 타고났다. 오르페우스가 리라를 연주하며 노래 부르면 새들과 짐승들이 귀를 기울였다. 나무는 가까이 몸을 숙였으며, 강물도 숨을 멈췄다. 신비롭고 아름다운 노래로 뱃사람들을 유혹해 파멸로 이끌던 세이렌들은 오르페우스와의 노래 대결에서 참패하자 한동안 노래를 멈췄다. 오르페우스는 극진한 애처가이기도 했다. 아내 에우리디케는 미모가 빼어났다. 그 아름다움이 비극의 씨앗이었다. 에우리디케는 아폴론의 아들 아리스타이오스가 자신을 범하려 하자 달아나다가 뱀에게 발뒤꿈치를 물려 꽃다운 나이에 죽고 말았다.

꿈에서도 에우리디케를 못 잊던 오르페우스는 명계의 신인 하데스에게 부탁해서 아내를 되찾아오려고 지하세계로 내려갔다. 그가 리라를 연주하자 흉포하기 그지없는 괴물들은 넋을 잃었고, 지하의 망령들과 복수의 여신들은 눈물을 흘렸다. 하데스는 자신의 궁전까지 찾아온 오르페우스의 사랑과 음악에 감복해, 에우리디케를 지상으로 데리고 가도 좋다고 허락했다. 단, 한 가지 조건이 있었다. 에우리디케가 다시 햇빛으로 나올 때까지는 아무리 궁금해도 절대 뒤를 돌아봐선 안 된다는 것이었다. 오르페우스는 돌아보고 싶은 마음을 꾹 참고 길을 재촉했다. 드디어 햇빛이 비치는 동굴 입구까지 이르렀다. 오르페우스는 조바심에 서둘러 햇빛으로 들어선 뒤 뒤를 돌아봤다. 그런데 에우리디케는 아직 채 햇빛으로 들어서지 못한 상태였다. 아! 하는 비명과 함께 에우리디케의 영혼은 다시 지하의 나락으로 떨어지고 말았다.

사랑하는 에우리디케를 두 번씩이나 잃은 오르페우스는 엄청난 슬픔과 절망에 빠져 식음을 전폐하고 울었다. 그때 마침 소아시아에서 건너온 디오니소스(술과 축제의 신)는 오르페우스가 자신의 종교 예식을 게을리 하는 것에 분노해, 여신도들을 시켜 오르페우스의 몸을 갈기갈기 찢어 사방으로 던져버렸다. 뮤즈들이 흩어진 주검 조각들을 수습해 묻어주었다. 그러나 에브로스 강에 던져진 그의 머리는 레스보스 섬까지 흘러가 그곳 주민들에게 오랫동안 신탁을 전해주었다고 한다.[20] 이처럼 유서 깊은 설화를 간직한 레스보스 섬이 21세기 들어선 시리아 난민들의 절박하고 가슴 아픈 사연들을 돌과 나무와 바람에 새기고 있다.

유럽의 난민 수용 갈등

2015년 8월 24일, 앙겔라 메르켈 독일 총리는 그야말로 '깜짝 발표'를 했다. 내전을 겪고 있는 시리아 출신 난민을 모두 받아들이겠다는 것이었다. 유럽의 다른 나라들에도 동참을 호소했다. 독일은 모든 시리아 난민들은 맨 처음에 유럽의 어느 나라를 거쳐 들어왔는지에 상관없이 독일에 머무를 수 있도록 했다. 또 발표 당시 시점에 독일에 들어와 있던 시리아 난민들에 대한 추방령을 전면 철회하고, 새로운 시리아 출신 망명 신청자에게는 유럽의 어느 국가에 첫 발을 들여놨는지를 묻는 서류 작성도 요구하지 않겠다고 했다. 이 책의 마지막 장 〈우리와 그들, 함께 살아가기〉에서 언급할 '무조건적 환대'에 가까웠다.

메르켈 정부의 '시리아 난민 전폭 수용' 결정은 1990년 제정된 이후 유럽연합의 난민 수용 정책의 근간이 되어온 '더블린 조약Dublin Regulation'의 적용을 사실상 무력화하는 조처였다. 더블린 조약은 유엔난민협약의 적용을 받는 난민의 경우 그들이 처음 발을 들여놓은 회원국이 난민 지위 심사와 수용, 보호의 권한을 행사하고 책임을 진다는 내용이 뼈대다. 애초 특정 국가에만 난민 신청이 편중되는 현상을 억제하고 회원국들이 난민 수용에 균등한 책임을 지자는 취지였다. 그러나 2014년부터 폭증한 시리아 난민 대다수가 이탈리아와 그리스에 첫발을 들여놓으면서, 더블린 조약은 흔들리기 시작했다. 이 두 나라에 과중한 난민 부담이 쏠리면서 다른 유럽연합 회원국 간에 갈등이 커진 것이다.

독일은 이미 유럽 최대의 난민 수용국이었다. 2015년 상반기에만 시리아를 탈출한 4만4417명을 난민으로 수용했다. 2015년 이주자 수용 인원은 100만 명을 넘어섰다. 그런 독일이 시리아 난민에게 국경을 활짝 열어놓은 것은, 그때까지 더블린 조약을 내세워 시리아 난민의 입국을 거부해온 다른 유럽연합 국가들에도 상당한 동참 압박으로 작용했다.

독일의 파격적인 정책 전환은 그 자체로 평가받아야 마땅하다. 하지만 좀 더 엄정히 들여다보면 충분히 무르익은 반죽이 발효를 시작한 셈이었다. 다른 나라들에 미친 반향도 컸다. 영국 난민위원회의 애나 머즈그레이브 지원담당관은 "지금까지 영국 정부는 난민의 상륙을 막으려 애쓰면서 그들을 밀입국 브로커들의 손에 방치했는데, 그건 아주 못된 행태"라고 직설적으로 비판했다. 그 하루 전날엔 오스트리아의 제바스티안 쿠르츠 외무장관이 유럽행 난민들의 경유 거점이 된 마케도니아를 방문한 뒤 "더블린 조약이 고약하게 작동하고 있을 뿐 아니라, 실질적으로는 더 이상 전혀 작동하지 않는다"고 지적했다.

그 며칠 전 앙겔라 메르켈 총리는 "난민 문제가 그리스 경제 위기보다 유럽연합에 더 큰 도전"이라고 밝혀, 그리스 구제금융 합의 이후 자신의 핵심 정책 의제가 유럽의 불법 이주 및 난민 문제가 될 것임을 예고했다. 메르켈 총리의 전격적이고 전향적인 난민 정책을 두고 일부에서는 정치적 의미에 대한 분석을 내놓기도 했다. 그리스 구제금융 협상 과정에서 강경책을 고집했다가 불러온 역풍에서 벗어나, 난민 문제를 새로운 의제로 삼아 유럽연합에서의 주도적인 리더십을 유지하겠다는 복안이 깔려 있는 게 아니냐는 것이었다. 그러나 그 뒤 결과를 보면 꼭 그렇지도 않다. 유럽연합 회원국들의 호응은 메르켈이 발이 닳도록 뛰어다닌 것에 못 미쳤고, 국내에선 인기가 급속도로 떨어졌다.

유럽, 난민 역풍이 불다

유럽의 난민 위기가 심각해지자 난민 유입에 반대하는 역풍도 거셌다. 특히 몇몇 국가의 극우 세력은 노골적인 배척을 넘어 테러 행위까지 동원했다. 독일의 페기다Pegida(서구의 이슬람화에 반대하는 애국적 유럽인들)가 대표적이다. 신나치 성향의 그룹과 뒤섞인 이들은 2014년 10월 드레스덴에서 결성된 이래 매주 격렬한 반反이주 시위를 벌이면서 유명세를 탔다. 유럽으로 들어오는 시리아 난민이 급증한 시기와 맞물린다. 이들은 외국인 이주자들에 대한 공공연한 적대 행위를 감행하고 공포 분위기를 조성했다. 극우 성향의 해커들은 이주자 권리 보호를 옹호하는 개인이나 단체의 웹사이트를 해킹하고 섬뜩한 경고 메시지들을 띄웠다. 가장 많은 시리아 난민을 받아들인 독일에선 2015년 한 해에만 난민 수용 시설이나 주택에 혐오 낙서를 하거나 돌을 던지고 불을 지르는 등 폭력적 공격 행위가 1005건이나 발생한 것으로 집계됐다. 전년에 견줘 5배가 넘게 늘어난 수치다.

2015년 하반기에 치러진 유럽 여러 나라의 총선에선 이주자와 난민 수용에 반대하는 정당들이 포퓰리즘을 앞세워 세력을 크게 확장했다. 대표적 사례 몇 가지를 들어보자.

폴란드 총선을 꼭 열흘 앞둔 10월 15일, 보수 민족주의 정당인 법과정의당의 야로스와프 카친스키 대표는 선거운동에서 난민 수용 거부를 역설하던 중 귀를 의심케 하는 발언을 했다. "유럽에선 오래전에 사라진 극히 위험한 질병들이 다시 나타나고 있다. 그리스 섬들에 콜레라, 오스트리아 빈에는 이질병, 다른 곳에선 이보다 더 심각한 질병에 대한 말이 돈다. 또 이 사람들(외국 이주난민)에겐 흔하지만 위험하지 않은, 그러나 이곳(유럽)에선 위험할 수 있는 온갖 종류의 기생충들도 있다."[21] 난민들을 유럽을 위협하는 질병과 기생충을 옮기는 집단으로 여긴, 혹은 더 나아간 해석까지도 낳을 수 있는 아슬아슬한 발언이었다. 유럽연합 보건 당국은 이주자가 많은 도시들에서 감염성 질병이 확산하고 있다는 증거는 없다고 밝혔다. 그러나 카친스키의 법과정의당은 25일 총선에서 단독 과반의석을 차지하며 완승했다.

독일 지방선거를 앞둔 10월 17일, 쾰른 시장 선거의 유력 후보인 여성 정치인 헨리에테 레커가 한 상가에서 40대 남성이 휘두른 흉기에 목을 다치는 사건이 일어났다. 레커는 앙겔라 메르켈 총리가 이끄는 집권 다수당인 기독민주당CDU의 지원을 받는 무소속 후보로, 쾰른 시에서 난민 문제를 다루는 사회통합부서 책임자였다. 범인은 몇 달째 실직 상태였던 독일 시민, 범행 동기는 막연한 외국인 혐오였다. 쾰른은 메르켈 총리가 시리아 난민 전폭 수용 방침을 밝힌 이후 난민에게 가장 적극적으로 문호를 개방한 도시였다. 쾰른 유권자들은 다음날 선거에서 레커 후보를 당선시켜 극우 테러에 굴복하지 않는다는 메시지를 던졌다. 당시 독일 경찰은 2015년 들어 독일 안에서 난민 수용시설을 겨냥한 방화, 공격사건이 576건이나 발생했다고 밝혔다.

쾰른 테러 다음날인 18일, 스위스 총선에선 반이민 민족주의를 내세운 극우 정당인 스위스국민당이 대승을 거뒀다. 국민당은 2011년 총선에서 패배했으나 격앙된 반이민 정서를 등에 업고 4년 만에 제1당에 올랐다. 이 총선에서 국민당이 얻은 득표율 29.4퍼센트는 스위스 총선에서 단일 정당이 거둔 성과로는 한 세기 만에 가장 큰 승리였다. 반면, 좌파 사회민주당의 득표율은 18.9퍼센트에 그치면서 극우 정당에 정권을 내줬다. 토니 브루너 스위스 국민당 대표는 "표심은 분명했다. 사람들은 유럽으로의 이주민 대량 유입에 우려하고 있다"고 말했다.[22]

앞서 2015년 6월 덴마크 총선에서 우파 야권연합이 집권 사민당 연정을 제치고 승리한 것도 극우파 덴마크국민당의 돌풍이 주력이었다. 이들은 반反이민 강경노선을 내세워 득표율을 2011년 총선 때의 두 배인 21퍼센트로 끌어올리며 단숨에 제2당을 차지했다. 이 당의 대표는 선거 당일 밤 지지자들에게 한 승리 연설에서, 망명자 수용 폭 축소, 국경통제 재도입, 이주자들의 권리 주장을 막기 위한 유럽연합 개혁, 노약자 복지 지출 확대 등을 당의 최우선 정책으로 제시했다.[23]

프랑스에서도 12월 6일 광역지방선거 1차 투표에서 극우 정당인 국민전선이 득표율 27.7퍼센트로 1위를 차지했다. 국민전선은 3주 전 130명의 목숨을 앗아간 파리 동시다발테러로 고조된 반이슬람, 반이민 정서를 선거에 십분 활용했다. 그로부터 일주일 뒤, 그러니까 파리 테러가 발생한 지 꼭 한 달째인 11월 13일 치러진 결선투표에서는 유권자들의 극우 정당 경계심리가 발동하면서 국민전선이 13개 레지옹Region 중 한 곳도 건지지 못한 채 완패했다. 국민전선은 그러나 이번 선거에서 자신들이 무시할 수 없는 정치세력이자 어엿한 주류 정당임을 안팎에 과시했다.

사실 이 같은 선거 결과가 새로운 현상은 아니다. 유럽에서 이민자 수용 반대를 전면에 내세운 극우 정당이 등장한 시기는 늦게 보아도 1980년대까지 올라간다. 그러나 현재 유럽의 난민과 이민 위기 속에서, 그들의 수사법이 다시 힘을 얻고 있다. 미국의 유럽정치학자 마틴 샤인Martin Schain은 "반反이주 정서는 여러 점에서 반反이슬람 주의이며, 값 싸고 다루기 편한 주제인 동시에 대단히 골치 아픈 것이기도 하다"고 말했다. 그는 "극우 정당들이 집권까지는 하지 못했지만 이주 거부 정서를 정치적 의제로 만드는 데 성공했다. 그들은 정치를 정말로 너무나 멀리 오른쪽으로 끌고 가버렸다"고 지적했다.[24]

필사적인 '난민 증명'

국제법이 보장하는 비호권Right of asylum을 근거로 외국에 공식적으로 망명처를 구하는 난민들을 망명신청자 또는 비호신청자Asylum Seeker라고 한다. 비호asylum란 '한 국가가 강제송환 금지의 원칙과 국내/국제적으로 인정된 난민의 권리를 근거로 자국의 영토에서 난민에게 부여하는 보호'를 말한다. 이러한 보호는, 앞서 설명한 것처럼, 유엔난민협약이 규정한 난민의 지위 요건인 인종, 종교, 국적, 특정사회집단의 구성원 신분, 정치적 의견 등 다섯 가지 중 최소 한 가지 이상의 이유로 박해를 받을 우려가 인정될 때 주어진다. 또 비호권이란 '한 국가가 자유재량으로 해당 영토 안에서 누군가에게 비호를 부여하거나, 또는 난민 지위를 얻으려는 사람이 체류국에 비호를 신청할 수 있는 권리'다. 비호신청자가 난민 지위를 인정받으면 체류국에 합법적으로 안주할 수 있는 법적 권리를 얻게 된다.

그러나 체류국으로부터 난민 지위 신청을 거절당하거나 난민 지위를 얻지 못하면 사정이 복잡해진다. 난민 지위에 해당하는 다섯 가지 이유가 아니더라도 본국으로 돌아갔을 때 생명이나 신체의 자유를 현저히 침해당할 수 있다는 근거가 있을 경우에는 '인도적 체류'를 허가받을 수 있다. 문턱이 너무 높은 난민 자격에 대한 현실적 보완책이다. 그러나 인도적 체류마저 허용되지 않으면 사실상 불법 입국자 신분으로 추방당하거나 송환될 수 있다. 다만 해당 국가는 국제법에 따라 비호를 신청한 난민을 다시 본국으로 송환하거나 박해가 예상되는 제3국으로 추방해선 안 된다. 원칙적으로 그렇다는 이야기다. 박해의 우려가 있는 국가로 직접 돌려보내지지는 않지만 접수국에 의해 비호 신청이 거부되거나, 비호 신청을 받아줄 국가를 찾지 못해 접수국과 인접국 사이를 떠돌아다니거나, 혹은 국가들에 의해 되돌려 보내지면서 계속 비호 신청을 하는 이들을 부유 난민Refugee in Orbit이라고 한다.

난민 보호에 관한 국제법의 빛나는 원칙은 각국의 이해관계와 당면한 현실 앞에서 곧잘 바람 앞의 등불이 된다. 특히 최근 몇 년 새 시리아와 아프리카의 분쟁 지역, 심지어 동유럽 발칸 반도의 저개발국에서 엄청난 수의 난민과 경제적 이주자가 밀려드는 유럽의 상황은 심각하다. 유럽 최대의 이주 수용국인 독일의 경우, 2015년 상반기에만 세르비아, 코소보, 알바니아 등 발칸 3국에서 7만9000명이 넘는 이주자가 몰려왔다. 한 해 전 같은 기간의 1만9500명보다 4배 이상 급증한 수치다. 시리아 난민 다음으로 많았다. 그중 독일 정부로부터 '난민' 지위를 인정받은 건은 전체의 0.2퍼센트에 불과했다. 나머지 절대 다수는 정치적·사상적 박해를 피해온 '난민'이 아니라 경제적 이주자들로 간주돼 다시 추방당했다.

오늘날 국제법이 인정하는 난민의 범주에 따르면, 경제생활의 개선을 위해 다른 나라로 옮겨가는 이주자들은 난민으로 분류되지 않는다. 2015년 8월, 더블린 조약의 적용을 유보해가며 시리아 난민들의 전폭 수용을 결정했던 앙겔라 메르켈 독일 총리가 발칸 반도의 국가들에서 온 불법 이주자들은 99퍼센트 돌려보내겠다고 경고했던 것도 이 때문이다. 그럼에도 무작정 유럽으로 건너오고 보는 이주자들을 모두 수용하기도, 한꺼번에 쫓아내기도 마땅치 않다는 게 서유럽의 딜레마였다.

사정이 이렇다보니 경제적 목적의 이주자들도 '난민' 지위를 인정받으려 안간힘을 썼다. 특히 발칸 반도 국가들에서 빈곤과 실업에서 벗어나려 유럽에 온 이주자들은 '목숨을 위협받고 있다'는 난민 증명을 하기 위해 무모하고 때론 우스꽝스럽기까지 한 수단을 동원했다. 그런 시도들은 어떻게든 유럽 땅을 밟으려는 이주 희망자들의 눈물겨운 몸부림이었다.

가장 쉬운 방법은 자신이 시리아 난민이라고 허위 증명하는 것이었다. 유럽연합이 시리아 출신 이주자들을 '난민'으로 인정하자, 다른 나라의 경제적 이주자들도 시리아 난민에 섞여 합법적인 난민 지위를 얻으려는 신분 세탁, 국적 세탁을 행한 것이다. 훔치거나 줍거나 위조한 시리아 여권이 거래되는 건 흔한 사례였다. 터키에선 위조 시리아 여권을 만들어 파는 일이 짭짤한 돈벌이가 됐고, 그렇게 만들어진 위조 여권은 페이스북 같은 소셜 미디어 등을 통해 밀거래됐다. 유럽연합 국경 관리기구 프론텍스의 고위 관리는 당시 언론 인터뷰에서 "시리아 위조여권을 사용하는 사람들은 대부분 북아프리카나 중동 출신으로 아랍어를 구사한다. 하지만 그들은 (난민이 아닌) 경제적 이주자들이다"라고 말했다.[25]

그러나 진짜든 가짜든 시리아 여권을 손에 쥐는 게 생각만큼 쉬운 일은 아니다. 그러다보니 다른 꼼수들도 동원된다. 알바니아에선 35살 남성이 자신의 승용차 밑바닥에 폭발물을 장착한 뒤 '목숨의 위협을 받고 있다'며 난민 지위를 요청했지만 먹히지 않았다. 다른 이들은 심지어 집 문에 폭발물을 설치하는 자작극을 벌인 뒤 '피의 복수' 위협에 시달리고 있다고 주장하기도 했다. 조금 더 머리를 쓰는 고단수들도 있다. 지역 언론매체나 소셜 미디어 업체에 돈을 쥐어주고 자신이 목숨을 위협받고 있는 처지라는 걸 '입증'하는 허위 인터뷰를 하거나 기사를 쓰게 하는 수법이다. 유럽연합이 언론 보도를 신뢰할 만한 증거자료로 평가하는 분위기를 노린 것이다. 알바니아 경제장관을 지낸 아르벤 말라이는 "발칸 반도 경제 난민의 유일한 해법은 유럽이 발칸 국가들에 투자하고 빈곤과의 싸움을 지원하는 것"이라고 주장했다.[26]

시리아 여권이 유럽행 보증수표 구실을 하게 되자, 진짜 시리아 출신 난민들도 자국 여권을 확보하는 데 비상이 걸렸다. 시리아 난민 중에는 집 앞에서 폭탄이 터지는 급박한 전쟁 상황에서 도망쳐 나오느라 여권조차 챙기지 못한 사람들이 많았다. 국경 통제가 어수선한 상황에서 합법적인 서류가 없이 국경을 넘은 경우가 부지기수였다. 시리아 정부는 앞서 2015년 4월부터 여권 없이 불법으로 시리아를 탈출해 이웃나라에 머물고 있는 자국 난민들에게 새 여권을 발급해주기 시작했다.

인도주의가 파도에 휩쓸려오다

2015년 9월 2일은 유럽의 난민 위기에서 기억될 만한 날이다. 유럽의 난민 정책이 확연한 변곡점을 찍은 날이기도 하다. 불과 9일 전 앙겔라 메르켈 독일 총리는 시리아 난민을 조건 없이 모두 받아들이겠다며 유럽연합에 동참을 호소했다. 반면 다른 나라들의 태도는 미적지근했다. 난민 수용 할당량을 놓고 신경전과 반발이 그치지 않았다. 그러나 좀체 열릴 줄 몰랐던 유럽의 빗장을 한 장의 사진이 열었다. 한참 귀여움을 부릴 나이인 어린 꼬마의 주검 사진이었다.

지중해 바닷물에 찬 기운이 감돌던 이날 아침, 터키의 휴양지 보드룸 해변에 세 살배기 어린이가 싸늘하게 식은 몸으로 파도에 떠밀려왔다. 인형처럼 작은 남자 아이는 해변 모래에 얼굴을 묻은 채 숨진 상태로 발견됐다. 무심한 파도가 감청색 반바지에 빨간 티셔츠를 입은 아이의 창백한 얼굴과 작은 몸뚱이를 끊임없이 적셨다. 현지 언론이 보도한 아이의 주검 사진은 순식간에 전 세계로 퍼져나갔다. 아일란 쿠르디라는 이름으로 불린 이 아이는 이날 가족과 함께 터키 해안을 떠나 유럽으로 가려고 고무보트에 탔던 시리아 난민 가족의 아들로 밝혀졌다. 겨우 다섯 살인 형 갈리프와 엄마 레한도 보트가 뒤집히면서 다른 난민들과 함께 바다 속으로 사라졌다.

쿠르디 가족은 쿠르드계 시리아 국민이었다. 쿠르디 가족의 성씨는 셰누

[그림 19] 인도주의가 파도에 휩쓸려오다

Shenu인데, 쿠르드족이라는 이유로 터키에선 쿠르디로 불렸다. 시리아 북부 코바니 지역의 언론인 무스테파 에브디에 따르면, 쿠르디의 가족도 2011년 봄 시리아 내전이 시작된 직후부터 1년 동안 다마스쿠스에서 알레포로, 다시 알레포에서 코바니로 피난길을 떠돌다가 2012년에 결국 고국을 등지고 터키로 국경을 넘었다.[27] 쿠르드족이 많이 사는 지역인 코바니는 이슬람 수니파 극단주의 단체인 이슬람국가IS와 쿠르드족 민병대 간의 치열한 전투가 이어진 곳이다.

　세 살 꼬마 쿠르디의 처연한 주검 사진은 4년째 계속되는 내전을 피해 유럽으로 탈출하려는 시리아 난민들의 절박함을 극적으로 드러내 보였다. 이 사진은 트위터 등 소셜미디어에서 '#인도주의가 파도에 휩쓸려오다humanity washed ashore' 라는 해시태그가 달린 채 급속히 공유되면서 전 세계로 퍼져나갔다. 추모와 경각심을 담아 사진을 패러디한 그림들도 수없이 만들어졌다. 유럽 각국의 언론들도 이 어린이의 비극을 '유럽의 익사', '인재의 희생자' 등으로 표현하며 긴급뉴스로 전했다. 다음날 영국 일간지《인디펜던트The Independent》는 이례적으로 1면에 사설을 싣고, 자국 정부에 '난민 수용 분담'을 촉구하는 시민청원 캠페인을 시작했다. 신문은 "해변에 휩쓸려온 시리아 어린이 주검의 엄청나게 충격적인 사진에도 난민들에 대한 유럽의 태도가 바뀌지 않는다면 (앞으로) 어떻게 될 것인가?"라며 유럽의 소극적인 난민 정책을 질타했다.

냉정하게 말하면, 아일란의 죽음은 2015년 8월 말까지 유럽 땅에 채 발을 디디기도 전에 지중해와 에게 해 등에서 사라져간 2600여 명의 목숨 가운데 하나일 뿐이었다. 그럼에도 아이의 죽음이 던진, 아니 정확히 말하면 그 충격적인 사진이 던진 파장은 엄청났다. '죽음'이라는 낱말과는 도무지 어울리지 않는 귀여운 꼬마가 해변가에 싸늘하게 엎드려 있는 모습에, 세계의 모든 사람들은 머리에 망치를 맞은 듯 충격을 받았다. 그로부터 한 달 뒤, 2015년 유엔 정기총회에선 시리아 난민 문제가 핵심 안건으로 올랐다.

난민 문제를 더는 외면할 수 없다는 엄혹한 현실과 절박함이 마침내 유럽을 움직였다. 유럽연합이 난민 수용 할당제의 시행을 본격화한 것이다. 독일의 적극적인 솔선수범이 견인차 구실을 했다. 아일란의 죽음이 세계를 뒤흔든 지 꼭 일주일 뒤인 9월 9일, 장클로드 융커 유럽연합 집행위원장은 유럽연합 회원국 26개국이 모두 16만 명의 난민을 분산 수용하자고 제안했다. 그이전에 유럽연합이 합의했던 4만 명보다 12만 명이나 늘어난 수치였다. 난민의 추가 수용에는 독일(3만1443명)과 프랑스(2만4031명)가 앞장섰다. 스페인(1만4931명), 폴란드(9287명), 네덜란드(7214명) 등도 적극 참여했다. 유럽연합은 또 회원국에 난민 16만 명을 분산 배치하는 데 10억 유로를 투입하기로 했다.

유럽뿐 아니라 다른 대륙에서도 인도주의의 문이 열렸다. 마침 독립기념

일을 맞은 9월 7일, 브라질의 지우마 호세프 대통령은 "브라질은 고국에서 쫓겨난 이들, 브라질에 와서 살고, 일하며, 브라질의 번영과 평화에 기여하고자 하는 이들을 다시 한 번 기꺼이 받아들이려 한다"고 밝혔다. 브라질은 한 해 전인 2013년에도 1405명을 수용한 것을 포함해, 2011년 초 시리아 내전 이후 남미에서는 가장 많은 2000여 명의 시리아 난민을 받아들였다. 칠레의 미첼 바첼레트 대통령은 국적이나 수에 상관없이 난민들을 받아들이겠다고 발표했다. 30만 명에 이르는 칠레 내 아랍계 커뮤니티들도 시리아 난민들에게 거처와 도움을 제공하겠다고 나섰다. 베네수엘라의 니콜라스 마두로 대통령도 외무부에 2만 명의 시리아 난민을 수용하기 위한 조처를 취하라고 지시했다.

북미 대륙도 움직였다. 캐나다의 퀘벡 주는 2015년 시리아 난민 수용 규모를 당초 목표였던 1200명을 훨씬 넘어서서 2450명을 더 받아들이겠다고 밝혔다. 이어 2015년 10월 총선에서 압승한 진보 성향의 쥐스탱 트뤼도 Justin Trudeau 신임 총리(자유당)는 취임 직후 그해 연말까지 시리아 난민 1만 명을 받아들이고 이듬해인 2016년 2월 말까지 추가로 1만5000명을 더 받아들여 정착시키겠다고 밝혔다. 미국의 버락 오바마 행정부도 연간 7만 건이던 난민 비자 발급을 2017년까지 연간 10만 명으로 늘리겠다고 발표했다.

뜨거운 감자

그러나 유럽연합이라고 해서 모든 회원국들이 유럽연합 집행위원회의 난민 할당 계획에 수긍했던 것은 아니다. 폴란드, 체코, 헝가리 등은 "의무적이고 항구적인 난민 할당 체제를 도입하려는 어떤 방안도 받아들일 수 없다"고 반발했다. "난민 수용은 주권국의 자발적 동기와 정책에 맡겨져야 한다"는 입장도 거듭 확인했다. 이 같은 의견 차이는 크게 보면 부유한 서유럽 국가들과 그렇지 못한 동유럽 국가들의 입장 차이가 가장 컸다. 여기에, 각국 집권당의 정치적 성향도 변수로 작용했다. 난민 수용과 재배치에 적극적인 독일과 난민 수용에 반대하는 나라들 간 갈등도 커져갔다.

독일은 조바심이 났다. 인도주의적 정책과 경제적 기대효과가 맞물리면서 난민에 문호를 열었지만, 자칫 혼자만 뒤집어쓰게 될지도 모를 일이었다. 공공연히 반대 입장을 표방한 나라들 말고도, 대다수 유럽연합 회원국들은 겉으론 난민 수용의 당위성과 불가피성을 인정했지만 속으론 주판알 튕기기에 바빴다. 유럽연합 집행위원회가 '난민 16만 명 분산 수용안'을 내놓은 닷새 뒤인 9월 14일 열린 유럽연합 내무·법무장관 연석회의는 그런 분위기를 단적으로 보여주었다. 디미트리스 아브라모풀로스 유럽연합 이주 담당 집행위원은 회원국들에게 "세계가 우리를 지켜보고 있다. 모두가 자기 몫의 책임을 질 시간이다"고 호소했다. 하지만 '고양이 목에 방울달기'일 뿐이었다. 헝가리, 체코, 슬로바키아 등 보수우파 정당들이 집권한 동유럽 국가들이 '난민 의무 수용'에 대한 완강한 반대를 대변했다. 헝가리는 회의가 끝난 지 불과 몇 시간 만에 난민들이 넘어오는 세르비아 쪽 국경에 가시철조망을 치고 국제선 열차의 입국을 전격 봉쇄했다.

이날 유럽연합 장관 회의는 해결책을 내놓기보다 회피책을 궁리하는 자리에 가까웠다. 각 나라의 장관들은 지중해와 에게 해를 건너온 난민들이 몰리는 이탈리아와 그리스에 난민 캠프를 설립하고, 당장 자발적인 귀환이 불가능한 '뜨내기 이주자'들을 구금했다가 추방하는 방안을 마련할 것을 요구했다. 장관들은 더 나아가, 유럽연합 바깥 지역인 아프리카 등지에 난민 접수센터나 난민 수용 캠프를 만들어 난민 수용 과정을 아웃소싱하는 방안까지 검토했다.[28]

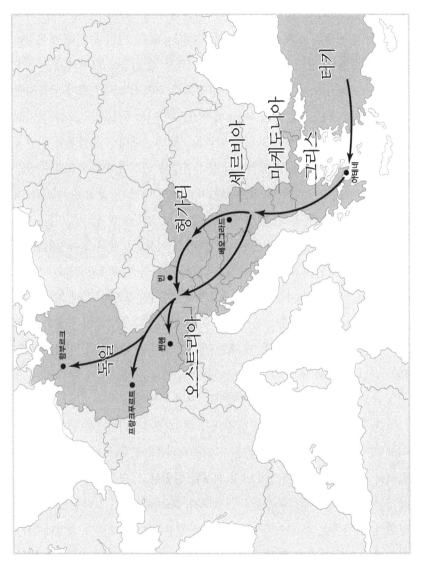

[그림 20] 유럽 유입 난민의 물결

나라마다 이처럼 입장이 달랐던 가장 큰 이유는 경제력 규모와 국내 정치 상황 때문이었다. 극우 포퓰리즘 세력과 보수 성향의 정치인들은 대체로 이민자와 난민 수용에 비판적이었으며, 상당수 대중도 경제적 이유로 난민 수용에 거부감을 보였다. 유럽 사회가 이슬람권 난민을 대규모로 받아들이는 것에 대한 사회적·문화적·종교적 거부감도 한몫을 했다. 폴란드와 슬로바키아 등 유럽연합의 일부 회원국들은 난민 가운데 기독교인만을 골라 받겠다는 입장을 밝혔다. '하나의 유럽'을 지향하며 출범한 유럽연합으로선 회원국의 난민 수용 분담과 새로운 공동의 난민 정책을 마련하는 게 시급하고 중대한 문제가 됐다. 회원국 사이의 마찰에도 불구하고, 유럽연합은 시리아 난민들을 분산 수용하는 절차를 차곡차곡 밟아나갔다.

이런 상황에서 유럽의 난민 위기는 유럽이 스스로 초래한 게 아니냐는 비판론도 쏟아졌다. 그 뿌리는 2001년 9·11테러 이후 유럽과 미국의 군사동맹인 북대서양조약기구NATO가 10년 넘게 이라크와 아프가니스탄에서 벌인 '테러와의 전쟁'과 2011년 아랍을 휩쓴 민주화 시위인 '아랍의 봄'으로 거슬러 올라간다. 이라크 전쟁(2003~2011)과 아프가니스탄 전쟁(2001~2014)은 현지의 민족 갈등 및 이슬람 종파분쟁과 맞물리면서 수백만 명의 전쟁 난민을 낳았다. 2011년 '아랍의 봄' 이후 시리아에서도 바샤르 아사드 정권과 반군 세력 간의 내전이 벌어졌다. 엄청난 수의 국내 이재민과 난민이 생겨나기 시작했다. 그 대다수는 접경국으로 피신했다. 당시에도 유럽은 시리아 난민들에 국경을 굳게 걸어 잠갔다.

중동 국가의 난민이 유럽으로 폭주하기 시작한 시기는 2014년 6월 '칼리프 국가 창설'을 선포한 이래 이라크와 시리아에서 급속히 세력을 넓힌 이슬람국가IS의 출현과 맞물린다. 이슬람국가는 이슬람 수니파의 이슬람근본주의 무장단체로, 자신들이 적으로 규정한 세력에 대한 잔혹하고 무자비한

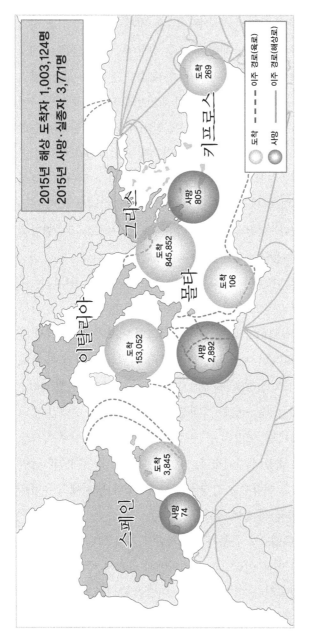

[그림 21] 유럽 이민 물결: 도착자와 사망자(출처: 국제이주기구(IOM))

2015년 해상 도착자 1,003,124명
2015년 사망·실종자 3,771명

도착 ----- 이주 경로(육로)
사망 ——— 이주 경로(해상로)

키프로스
도착 269

그리스
사망 805
도착 845,852

몰타
도착 106
사망 2,892

이탈리아
도착 153,052

스페인
도착 3,845
사망 74

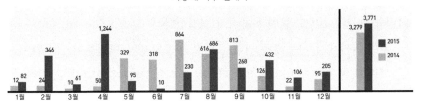

지중해 이주 실패자

1월	2월	3월	4월	5월	6월	7월	8월	9월	10월	11월	12월		

■ 2015 ■ 2014

1월: 12, 82 · 2월: 24, 346 · 3월: 10, 61 · 4월: 50, 1,244 · 5월: 329, 95 · 6월: 318, 10 · 7월: 864, 230 · 8월: 616, 686 · 9월: 813, 268 · 10월: 126, 432 · 11월: 22, 106 · 12월: 95, 205 · 3,279, 3,771

이민자 출신 국가 상위 5개국(2015년 1~11월)

출신국가	이탈리아		도착지	그리스	
	에리트레아	37,882		시리아	455,363
	나이지리아	20,171		아프가니스탄	186,500
	소말리아	11,242		이라크	63,421
	수단	8,766		파키스탄	23,318
	시리아	7,378		이란	19,612

살육과 테러, 온갖 형태의 인권침해로 악명을 떨쳤다. 이슬람국가IS 세력이 발호하면서 중산층이나 친정부 계층마저 조국을 탈출하는 난민 대열에 합류하기 시작했다. 인접국들의 난민 수용 능력은 이미 포화상태였다.

이슬람국가IS가 선포된 이라크에서도 난민이 급증했다. 미국은 이라크를 침공한 지 8년 만인 2011년 말 전투부대를 모두 철수시켰다. 미군이 빠져나간 공백과 권력다툼의 틈을 이슬람국가IS가 파고들면서 다시 내전이 벌어졌다. 그러나 오합지졸이 된 이라크 정부군은 패퇴를 거듭하며 도망치기에 바빴다. 이슬람국가는 미군이 이라크에 남기고 간 무기들을 고스란히 손에 넣었다. 시리아의 유엔 인도주의 지원담당관인 야쿱 힐로가 시리아 난민 위기를 두고 "우리 시대의 최악의 사태"라며 "국제 인도주의 지원 시스템이 한계에 부닥친 것은 서방의 정치적 실패의 대가"라고 꼬집은 것도 이런 맥락에서다. 그는 미국이 이슬람국가와의 전투에 시간당 6만8000달러를 쏟아 붓는 동안, 유엔은 시리아의 전쟁 난민들을 보살피는 데 필요한 회원국 기금의 절반도 받지 못했다고 지적했다.[29]

북아프리카에서 지중해를 건너는 아프리카 분쟁국 난민들이 급증한 것도 '아랍의 봄'으로 리비아에서 무아마르 카다피 정권이 무너진 뒤 권력공백 상태가 지속됐기 때문이다. 나토군은 2011년 리비아 내전 때 반군을 지원하고 정부군을 맹폭해 카다피의 몰락과 죽음에 결정적 역할을 했다. 그런데 그 이전까지 유럽연합은 리비아에서 지중해를 건너 유럽으로 오려는 밀입국자들을 카다피 정권이 단속하는 대가로 지원금을 대주는 뒷거래를 해왔다. 유럽으로선 큰 힘을 들이지 않고 껄끄러운 일을 해결해온 셈이었다. 시간을 더 거슬러 올라가면, 20세기 초 유럽 제국주의 국가들이 오스만 튀르크제국을 분할하면서 그은 국경선이 오늘날 아랍 분쟁의 도화선이 됐다. 당시 영국, 프랑스, 독일 등 서유럽 제국주의 열강들은 중동과 아프리카에서 민족과 종교적 차이에 상관없이 직선으로 국경을 그어 이질적인 정파와 민족이 한 나라에 섞여 살게 만들었다. 시리아도 예외가 아니었다.

유럽으로 향하는 시리아 난민들이 모두 다 작심하고 고향을 떠나 유럽에 정착하고 싶어 하는 건 아니다. 오히려 상당수는 전란을 피해 어쩔 수 없이 생면부지의 땅으로 피란길에 오른다. 2015년 9월 초 〈알자지라 아메리카 AlJazeera America〉 방송은 누나와 단 둘이서 시리아를 탈출해 헝가리에서 오스트리아로 넘어가려다 국경지대에서 발이 묶인 한 소년을 인터뷰했다. 키난 마살메흐라는 13살 소년은 카메라 앞에서 영어로 이렇게 호소했다. "제발 시리아 사람들을 도와주세요. 시리아 사람들은 지금 도움이 필요해요. 전쟁을 멈춰주세요. 우린 유럽으로 가고 싶지 않아요. 그저 전쟁을 멈춰주세요. 우리가 원하는 건 그것뿐이에요."[30]

여성과 어린이, 더욱 힘든 난민살이

희망 없는 삶을 더는 견디지 못하는 빈곤국 여성들의 상당수는 최후의 수단으로 다른 나라에서 난민으로 살아가는 길을 선택한다. 그러나 그런 여성일수록 합법적으로 입국할 경비와 서류를 갖출 능력이 없다. 자신이 난민 지위에 해당한다는 것을 설명할 방법도 알지 못한다. 그러니 대다수는 불법 밀입국에 의존한다. 그 과정에서 자칫 범죄의 대상이 되거나 생명의 위협을 받기도 한다. 신체적으로, 사회적으로, 경제적으로 약자인 여성과 어린이의 기약 없는 타향살이는 젊은 남성들보다 몇 배나 더 힘들게 마련이다. 더욱이 자녀들까지 데리고 길을 나선 여성들의 고생과 위험은 일일이 헤아릴 수도 없다.

2015년 10월 28일, 안토니오 구테레스Antonio Guterres 유엔난민기구 최고대표는 "지금 우리가 보고 있는 세계적 난민 위기는 중동이나 아프리카에 국한되지 않는다. 엘살바도르, 과테말라, 온두라스와 멕시코 일부 지역에서 초국가적 범죄조직의 폭력이 만연하고 있다"며 "대응책을 마련하지 못하면 수많은 여성 약자들이 목숨을 구하려 (살던 곳에서) 도망칠 수밖에 없을 것"이라고 경고했다. 유엔난민기구는 이날 발표한 《도주하는 여성들》[31]이라는 보고서에서 북중미 지역의 여성과 어린이 난민에 주목했다. 이 기구가 최근 위 북중미 4개국에서 미국으로 이주한 여성 160명을 인터뷰한 내용을 보면, 대다수가 가족의 납치와 살해, 성폭행, 갈취, 자녀 탈취 등 범죄조직의 야만적인 폭력에 시달렸다. 엘살바도르 출신의 노르마(가명)도 그중 하나였다. "경찰관과 결혼했다는 이유로 무장 괴한들에게 납치돼 집단 성폭행을 당했어요. 범죄 피해 신고를 했지만 되레 살해 위협을 받았고, 신변 보호는 기대할 수 없었지요." 다른 일부 여성들은 밀입국 과정에서 브로커들에게 성폭행을 당해 임신할 것을 우려해 피임약까지 먹었다고 털어놨다.

2014년 한 해에만 이들 나라에서 밀입국 알선 조직에 돈을 주고 미국에 밀입국한 난민 신청자가 4만 명이나 됐다. 2008년에 비해 5배나 늘었다. 같은 기간에 미국이 아닌 인접국으로 피신한 여성은 무려 13배나 폭증했다. 뿐만 아니라 6만6000여 명의 어린이들이 가족과 함께, 또는 아무런 보호자 없이 미국 밀입국을 감행했다. 미국 정부는 2014년 북중미 4개국 출신 여성 1만6077명의 난민 신청자 중 82퍼센트를 "돌려보낼 경우 박해와 고문을 받을 믿을만한 우려가 있다"며 난민으로 받아들였다.

이주 과정에서 여성들이 자녀와 헤어지는 생이별은 또 하나의 비극이다. 유엔난민기구의 위 인터뷰에서, 응답자의 60퍼센트는 본국에서 망명을 떠나올 때 최소 한 명 이상의 자녀와 헤어졌다고 말했다. 자녀와 억지로 떨어진 채 생사와 안부를 모르거나, 헤어진 자녀가 학대받고 있다는 사실을 알게 된 엄마의 고통은 가볍지 않다. 남편의 끔찍한 학대를 피해 미국에 온 온두라스 출신의 캐롤라이나는 집에서 도망쳐 나올 때 아이들을 미처 챙겨 나올 수 없었다. 몸과 마음을 피폐하게 만들던 남편의 폭력에선 해방됐지만 13살 딸아이와의 이별은 가슴을 멍들게 했다. 그나마 전화 통화를 할 수 있다는 걸로 위안을 삼을 수 있을까? 꼭 그렇지도 않다. 그녀는 "내가 겪었던 일을 딸이 대신 치르고 있어요"라며 울먹였다. 남편의 학대가 딸한테 집중된 것이다.

멕시코 출신 아렐리아의 사연도 기막히다. 그녀는 미국행을 결행할 당시 세 자녀 중 겨우 세 살배기였던 막내아들을 남겨두고 길을 나섰다. 멀고 험난한 불법 이주와 밀입국에 성공하지 못할 수도 있다는 두려움 때문이었다. 천신만고 끝에 미국에 도착해 난민 신청을 한 지 몇 달 뒤, 그녀는 멕시코에 있는 어린 아들이 신장 질환으로 죽어가고 있다는 사실을 알게 됐다. 다시 돌아가는 것 말고는 다른 선택의 여지가 없다고 여겼다. 그녀가 살던 마을에는 한 번 도망쳤던 그녀의 가족에 앙심을 품은 범죄조직이 기다리고 있었지만 모정을 막진 못했다. 끝내 어린 아들이 목숨을 잃자 아렐리아는 곧바로 미국으로 다시 넘어와 난민 신청 절차를 재개했다. 그러나 유엔난민기구가 그를 인터뷰할 당시 그녀는 두 자녀와도 떨어진 채 불법 출입국 죄로 미국 당국에 구금된 상태였다. 아이들은 미국의 양육시설에 수용됐다. 인터뷰에 응한 여성들은, 미국에서 밀입국 혐의로 일단 구금되면 난민 지위를 얻기는커녕 바깥의 도움을 구하거나 헤어진 자녀와 재결합하는 것조차 상당히 어려워진다고 하소연했다.

미국행 밀입국

난민 탈출과 이주자 밀입국의 경로가 유럽에만 있는 건 아니다. 세계 대다수의 이주자와 난민들에게 '아메리칸 드림'은 여전히 강렬한 유혹이다. 그런데 미국은 동쪽으로는 대서양, 서쪽으로는 태평양이라는 거대한 바다를 끼고 있다. 북쪽에 국경을 접한 캐나다에서 미국으로 건너오는 불법 이주자는 거의 없다. 캐나다 역시 외국 이주자를 받아들이는 경제선진국이다. 그러다 보니 미국으로 밀입국할 수 있는 바닷길은 카리브 해 또는 멕시코 만의 바다를 건너 미국 남부로 오는 경로다. 텍사스, 루이지애나, 미시시피, 앨라배마, 플로리다 등 5개 주가 남쪽으로 해안을 끼고 있다. 해상 난민과 밀입국자들은 이 중에도 상대적으로 항해 거리가 짧고 관광객으로 북적이는 플로리다 주를 상륙 교두보로 선호했다. 2015년 7월 미국과 쿠바가 54년 만에 국교를 정상화하기 전까지 바닷길을 통한 미국 밀입국자의 대다수는 쿠바인이었다. 쿠바의 최북단 해안에서 미국 플로리다 주 최남단 키웨스트 섬까지 거리는 150킬로미터 정도밖에 안 된다.

쿠바인들의 밀입국에 대응해 미국은 1995년부터 이른바 '젖은 발, 마른 발 정책Wet feet, dry feet policy'을 시행해왔다. 쿠바 난민들이 미국의 '영해에서wet feet' 적발되면 쿠바 또는 제3국으로 돌려보내고, 일단 '미국 땅에 발을 디디면dry feet' 난민으로 받아들여 사실상 영주권을 부여하는 정책이다. 대다수는 미국 땅 상륙에 실패했다. 쿠바에서 미국으로 건너가는 밀입국자들은 쿠바의 사회주의 체제에 반발한 정치적 망명, 극심한 물자 부족과 빈곤을 못 견딘 경제적 이주, 그리고 먼저 미국 정착에 성공한 가족 구성원과 합치려는 가족 재결합 이주가 복합돼 있다.

바닷길을 통한 미국 밀입국이 제한적이다보니 미국과 국경선을 맞댄 멕시코를 통한 육로가 더 애용되는 편이다. 특히 미국과 지리적으로 가까운 중남미의 개발도상국이나 빈곤국 출신의 불법 이주자와 난민들이 많다. 미국으로 밀입국하는 경로가 바닷길이 아닌 육로라고 해서 만만한 건 결코 아니다. 세계 각지의 난민과 밀입국자들이 중남미 대륙에서 북미로 넘어가는 여정의 참상은 상상을 뛰어넘는다. 필자는 2015년 상반기 외국 언론들의 보도와 관련 자료를 종합해, 육로를 통한 미국 밀입국 실태를 《한겨레》에 보도한 바 있다.

■ 미국행 새 밀입국 루트 '다리엔 갭' … 희망 손짓하는 죽음의 땅(《한겨레》 2015년 6월 8일)

거대한 두 대륙 북아메리카와 남아메리카는 개미허리 같은 땅으로 겨우 붙어 있다. 중앙아메리카의 남단 파나마와 남미대륙의 관문 콜롬비아의 접경지대에는 '다리엔 지협Darien Gap'이 펼쳐진다. 길이 160킬로미터, 폭 50킬로미터 규모의 험준한 원시 밀림과 늪지대다. 미국 알래스카에서 아르헨티나 남단까지 미주 대륙을 종단하는 '팬아메리칸 하이웨이'(총연장 4만8000킬로미터)가 유일하게 끊기는 구간이기도 하다.

미국 다큐멘터리 채널《내셔널 지오그래픽》의 탐사보도 에디터인 로버트 영 펠턴은 2003년 이 지역을 여행하던 중 콜롬비아무장혁명군FARC에 납치됐다가 열흘 만에 풀려난 적이 있다. 고생이 얼마나 심했던지, 그는 뒷날 출간한 책에 이렇게 썼다. "다리엔 갭은 (지구상에서) 아직 탐사되지 않은 마지막 지역일 뿐 아니라, 사람들이 진심으로 가기를 꺼리는 마지막 지역이다. 가장 험준한 곳이기도 하다. 완전히 원시정글인데다 가시덤불, 말벌, 뱀, 도적떼, 범죄자, 그밖에 안 좋은 모든 것이 다 있다."

미국 향해 목숨 건 '정글 만리'

이런 거칠고 험한 지역이 미국으로 밀입국을 시도하는 불법 이주자들의 새로운 경로로 떠오르고 있다. 최근 미국《월스트리트 저널》은 "세계 전역의 이주자들이 미국에 닿기 위해, 독사와 흡혈박쥐와 강도를 만날 위험을 무릅쓰고 다리엔 갭으로 몰려온다"고 보도했다. 이곳을 통과해 미국으로 가는 건 '낙타가 바늘귀 통과하기'만큼 무모한 여정이다. 그럼에도 이곳을 찾아드는 이들은 최근 몇 년 새 기하급수적으로 늘고 있다. 파나마 이주당국의 집계에 따르면 2013년 이곳을 통해 파나마에 들어온 불법 이주자는 3078명이었으나, 지난해에는 7278명으로 두 배 이상 급증했다. 올해 들어선 지난 3월까지만 3800여명에 이른다.

사람의 손길이 거의 미치지 않은 열대밀림의 환경은 험악하기 짝이 없다. 콜롬비아 마약 밀매조직이 활동하는 근거지이기도 하다. 이곳을 무사히 통과해 파나마에 도착하는 사람 대부분은 무일푼이 된다. 마약조직이나 무장 강도를 만나면 목숨 건지기도 쉽지 않다. 정글 지역의 한 장묘 일꾼은《월스트리트 저널》에, 배를 타고 강물을 거슬러 올라가던 강도들에게 살해당한 뒤 물에 버려진 소말리아인들의 주검 10여 구를 묻었다고 밝혔다. 간신히 살아 나와도 콜롬비아 국경검문소에서 추방을 미끼로 현금에서부터 시계와 휴대폰까지 돈 될 만한 것은 다 털리기 일쑤다. 미국 밀입국에 성공할 확률은 극히 낮고, 치러야 할 대가는 턱없이 높다.

이 모든 위험을 무릅쓰고 정글로 찾아드는 이들은 대부분 네팔, 방글라데시, 소말리아 등 남아시아와 아프리카의 가난한 나라 사람들이다. 미국을 지척에 둔 쿠바인들도 상당수다. 막연한 희망과 실질적 위협이 뒤엉킨 여행은 대부분 국제 불법 이주조직과의 밀거래로 이뤄진다. 항공료, 육상교통비, 정글 수로를 이용할 경우 뱃삯, 중남미 나라들의 국경을 통과할 때 줘야 할 뇌물, 브로커 비용까지 한 사람당 수천 달러의 돈이 필요하다. 수중의 모든 현금과 패물을 긁어모으고 주변에서 돈을 빌려야 한다.

그럼에도 불법 이주자들은 많은 비용을 치러가며 기약 없는 모험에 나선다. 자국에선 아무런 삶의 희망이 없기 때문이다.《월스트리트 저널》이 소개한 아메드 하산(26)의 사연은 불법 이주자들의 비참한 현실을 보여주는 극히 일부일 뿐이다. 소말리아에서 트럭 운전을 했던 하산은 지난해 11월 이슬람 무장단체 알샤바브의 강제 징병을 피해 새벽 2시에 집을 떠났다. 아내와 부모에게는 돈을 벌기 위해 미국으로 가겠다고 했다. 잠든 두 살배기 딸의 볼에 입 맞추는 그에게 아내는 흐느끼며 물었다. "언제 돌아올 건가요?" 수도 모가디슈에서 케냐를 거쳐 브라질로 가기 전에, 자신이 도망친 사실을 안 알샤바브 조직원들이 고향의 칠순 아버지를 무참히 두들겨 팼다는 소식을 들었다. 6개월이 지난 지금, 하산은 파나마의 한 불법 이주자 구류시설에 발이 묶였다. 미국은 아직도 4500km나 멀리 있지만 닿을 방법을 알지 못한다. 지난 3월에 발을 들여놓은 다리엔 갭의 정글 지대를

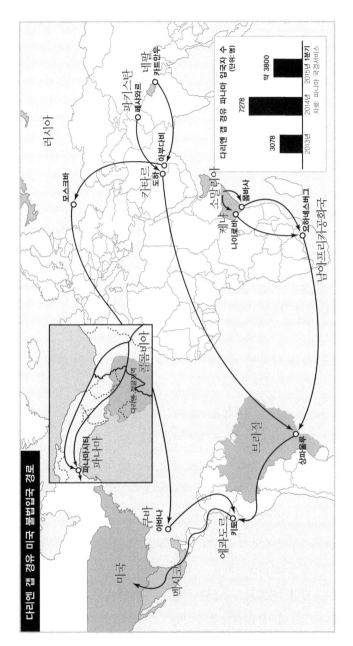

다리엔 겹 경유 미국 불법입국 경로

다리엔 겹 경유 파나마 입국자 수
(단위: 명)

2013년 3078
2014년 7278
2015년 1분기 약 3800

자료: 파나마 국경서비스

[그림 22] 다리엔 겹 경유 미국 불법입국 경로

무사히 빠져나온 것만도 천만다행이다. 그는 "마실 물은 없고 뱀들만 우글거렸다. 정글에서 이대로 죽는구나 생각했다. 너무나 힘들어서 '소말리아를 떠나오지 말걸' 하는 생각을 했다"고 털어놨다.

가난·전쟁·재난 벗어나고파

험한 정글을 겨우 빠져나와도 파나마 국경경비대에 체포되면 수도 파나마시티의 구류시설에 수용됐다가 출국 명령을 받는다. 운 좋게 이런 고비를 피해 파나마 관문을 통과해도 '꿈의 나라' 미국까지는 천리 길 하세월이다. 파나마에서 다시 북쪽으로 코스타리카~니카라과~온두라스~과테말라를 거쳐, 멕시코 북부 소노라 사막을 건너 국경지대까지 올라가야 한다. 게다가 멕시코–미국 국경선은 삼엄한 경비와 거대한 철책으로 막혀 있다. 《알자지라 아메리카》방송은 지난달 다리엔 갭 불법 이주자 실태를 다룬 보도에서, "가난과 전쟁과 온갖 재난에서 탈출해 한곳의 목적지 '북미'로 가려는 열망을 갖고 몇 달 동안 여러 개의 대륙을 지나 끔찍한 여행을 하는 이들에게 다리엔 갭 통과는 그저 또 하나의 경유지일 뿐"이라고 전했다. 모두가 꿈꾸는 최종 목적지는 미국이다.

9개월 전에 고향을 떠나온 남아프리카 출신 청년 라힘(가명·21)은 이 방송에 "모두가 미국에 가길 원한다. 세상에서 가장 좋은 곳이다"라고 말했다. 그는 파나마까지 오기 전 한동안 브라질에서 막노동을 하며 여비와 뇌물로 쓸 돈을 다시 벌어야 했다. 다리엔 갭의 컴컴하고 질척거리는 정글에서는 같은 길을 앞서가다 누군가에게 살해당한 뒤 썩어가는 주검도 봤다. 그는 "정말 힘들었다. 불안하고, 가족이 그립다. 몸무게가 쑥 빠졌고, 힘도 없다"고 털어놨다. 그는 지금 다시 무일푼이지만 미국 뉴욕의 흑인 이주자 사회에 합류할 꿈을 버리지 못한다. 그는 "아직도 갈 길이 멀다. (나의 미국행은) 고향의 가족들이 내게 돈을 부쳐줄 수 있는지에 달렸다"고 말했다.

밀입국 이주자들은 왜 이토록 멀고 험한 우회로를 선택할까? 미국 민간 싱크탱크인 이주정책연구소의 마크 로젠블룸 부소장은 《월스트리트 저널》에 "미국에 (관광) 비자 등으로 입국한 뒤 체류기간을 넘기는 전통적인 경로로는 더 이상 미국에 들어오기 어려워진 현실을 반영한다"고 설명했다. 먼 길을 돌아갈수록 위험은 더 커지게 마련이다. 파나마 국경경비국의 프랑크 아브레고 국장은 "이 지역은 지구에서 가장 덥고 습한 곳 중 하나인데, 다리엔 정글을 건너오는 사람들은 (이곳을 통과할) 준비가 되어 있지 않다"고 말했다. 소말리아 출신의 20대 난민 남매는 다리엔 갭을 지나오던 중 콜롬비아인 가이드가 도망가버리는 바람에 6일 동안이나 굶주림과 공포에 질린 채 정글을 헤매다가 가까스로 빠져나왔다.

그럼에도 미국행 밀입국을 시도하는 이들은 그것만이 자신과 가족을 구원해줄 마지막 밧줄이라고 믿는다. 지중해 바닷길 장벽을 갈수록 높이고 있는 유럽보다는, 미국에선 그나마 유엔이 규정하는 '난민' 지위와 일자리를 얻기에 더 유리할 것이라고 기대해서다. 미국은 지금도 세계 1위의 이주자 수용 국가다. 서아프리카 기니에서 파나마까지 온 20살 여성도 정글에서 길을 잃고 열흘 넘게 헤매다 구조돼 추방당할 처지에 놓였다. 그는 "기니에선 강제로 결혼을 해야 했고, 에볼라도 무서웠다"며 "그래도 기니로 돌아가느니 차라리 정글에서 죽는 게 나았을 것"이라고 말했다.

콜롬비아와 접경국인 브라질과 에콰도르의 출입국 문턱이 낮아진 것도 콜롬비아–파나마 국경지대를 거쳐 미국으로 가려는 밀입국자 증가에 한몫했다. 두 나라는 2008년부터 모든 관광객들에게 무비자 입국을 허용하고 있다. 유엔난민기구UNHCR의 집계에 따르면, 브라질에서만 난민 신청을 한 이주자들의 수가 2010년 566명에서 2013년에는 5882명으로, 3년 새 무려 10배나 급증했다.

밀입국자 대부분의 법적 지위가 인권 보호의 사각지대에 놓이는 것도 문제다. 일단 남미대륙에 들어온 뒤 몇 달씩 체류하면서 여권과 비자를 폐기해버리기 때문이다. 브로커들이 불법 이주자들에게 '비자 만료 기간이 지난 뒤 출입국 당국에 적발되면 추방당할 수도 있다'고 경고하는 데서 벌어지는 희비극이다. 남미 각국은 이들을 임시 난민 수용소에서 보호하면서 지문을 채취하는 등 테러 용의자는 아닌지 확인한 뒤, 난민 판정 또는 추방 절차를 밟는다.

국가 간 협력 아직 먼 길

중남미 국가들을 경유해 미국으로 가려는 이주자들이 늘면서 양쪽 사이엔 외교적 마찰이 빚어지기도 한다. 미 국무부 서반구국 차관보를 역임한 오토 라이크는 에콰도르의 개방적 국경 정책이 미국에 위협이 될 수 있다고 지적했다. 그는 "파나마 관리들은 불법 이주자들이 일단 미국으로 들어가기만 하면 더는 자국의 문제가 아니라는 걸 알고 있다"고 꼬집었다. 중남미 국가들은 미국의 비난을 적극 반박한다. 파나마 이민국의 하비에르 카리요 국장은 《월스트리트 저널》에 불법 이주자들이 대략 9개국을 거쳐 미국으로 들어가므로 파나마를 비난하는 건 부당하다고 말했다. 콜롬비아 이주국 대변인은 자국이 밀입국에 강력히 대응하고 있으며 이주자들이 난민 신청을 할 기회를 주거나 안전통행증을 발급해주고 있다고 주장했다. 브라질 외무부는 "우리는 인신매매의 경로를 알지 못한다"는 입장을 내놨고, 에콰도르 외무부는 '범죄조직의 활동을 지지하지 않는다'는 원칙적 입장을 되풀이하고 있다.

지난 4월 파나마에서 열린 미주정상회의OAS에서 회원국 정상들은 이주자들의 인권 보호에 더욱 긴밀히 협력하기로 했다. 회의에서 채택한 선언문의 한 구절은 이렇다. "우리는 이주와 개발의 관련성, 그리고 이주자들이 출신국과 경유국, 정착국에 기여하는 바를 인정한다."

앞서 지난 3월 미국 의회조사국CRS이 낸 자료를 보면, 올해 초 버락 오바마 대통령은 중앙아메리카에서 미국으로 오는 불법 이주 문제의 근본적 원인을 해결하기 위해 의회에 10억 달러의 예산을 요구했다. 중남미 국가들에서 이주자들에 대한 경제적 기회를 확대하고, 이주민들에 대한 범죄와 폭력을 억제하며, 출입국 및 이주 관련 기구를 강화하겠다는 것이다. 그러나 미국 의회는 오바마 행정부의 계획에 회의적 반응을 보이며 예산을 승인해주지 않고 있다.

미국에 본부를 둔 국제개발원조 사회적 기업 겸 미디어인 데벡스는 지난달 4일 "미국 연방의회 의원들이 오바마 정부가 요구한 10억 달러 예산 배정 타당성 청문회에서 (예산 효용성에 대한) 우려를 보였다"고 전했다. 과테말라, 온두라스, 엘살바도르 등 지원 대상국들이 부패와 실업을 줄이려는 노력을 충분히 보여주었는지, 지원 계획이 안보 문제와 균형을 이루는지, 해당 지역에 대한 과거 개발 프로그램의 실패 경험에서 비롯한 우려가 충분히 해소됐는지가 주요 쟁점이었다.

2015년 11월 미국 여론조사기관 퓨 리서치센터는 《미국 밀입국 이주에 대한 5가지 사실》이라는 제목의 실태조사 보고서를 내놨다.[32] 이에 따르면, 2014년 말 현재 미국에는 약 1130만 명의 불법 이주자가 체류 중이다. 미국 전체 인구의 3.5퍼센트에 해당한다. 이 가운데 경제활동 연령대로 일을 하

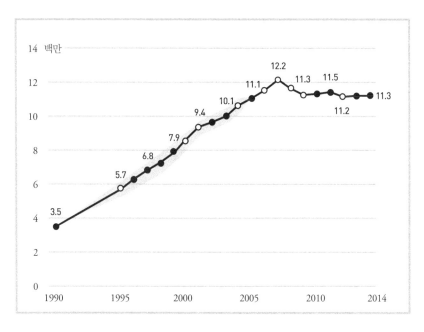

[그림 23] 미국 내 불법 이주자 인구 추이(출처: Pew Reaserch Center, 2015)

는 이들이 810만 명으로 미국 전체 노동 인구의 5.1퍼센트를 차지했다. 불법체류자의 절반에 가까운 560만 명이 멕시코 출신인데, 2009년 640만 명으로 최고 기록을 찍은 뒤 해마다 조금씩이나마 줄어드는 추세를 보였다. 미국 불법 이주자의 60퍼센트는 멕시코와 육상 접경 지역인 캘리포니아와 텍사스 주, 바다 건너 지척인 플로리다 주, 그리고 제조업과 서비스업 일자리가 많은 뉴욕, 뉴저지, 일리노이 주에 몰려 있다. 이들 불법 이주자는 미국 전체 노동력의 5.1퍼센트를 차지한다. 또 미국 전역의 초·중·고등학교 재학생의 7퍼센트는 최소 한 명의 불법 이주자 부모와 함께 살고 있었다. 그들 대다수(79퍼센트)는 부 또는 모가 미국으로 건너온 뒤 미국에서 태어난 시민권자였다. 미국은 누구든 자국 영토에서 태어난 사람의 시민권을 인정하는 속지주의를 채택하고 있다.

팔레스타인 난민, 귀환 문제의 복잡성

오늘날 세계에서 난민과 귀환 문제의 복잡성을 잘 보여주는 또 하나의 사례가 팔레스타인 난민이다. 1950년에 설립된 유엔 팔레스타인난민구호기구UNRWA는 팔레스타인 난민을 "1946년 6월 1일부터 1948년 5월 15일 사이에 팔레스타인 땅에 거주하던 사람들 가운데, 1948년 전쟁의 결과로 집과 생계수단을 잃은 사람들"로 정의한다.[33] 이때 '전쟁'은 이스라엘과 아랍 국가들 사이의 길고 숙명적인 무력충돌의 막을 올린 제1차 중동전쟁을 말한다.

필자가 이 글을 쓰고 있는 2016년은 팔레스타인 땅에 이스라엘이 건국된 지 70주년이 되는 해다. 세월이 흐르면서 양쪽 모두 2~3세가 태어났고, 팔레스타인 난민의 수도 크게 늘었다. 팔레스타인의 어린이들은 난민으로 태어나 난민으로 자란다. 유엔팔레스타인난민기구는 현재 이 기구의 보호와 지원 대상이 되는 팔레스타인 난민이 500만 명이 넘는 것으로 집계하고 있다. 그중 거의 3분의 1인 150만 명 이상이 요르단, 레바논, 시리아, 가자지구, 요르단 강 서안 등에 흩어져 있는 58곳의 난민 캠프에서 살고 있다.

팔레스타인 난민의 기원을 이해하려면, 그 역사적 배경을 알 필요가 있다. 팔레스타인 지역에선 오랜 세월 아랍인과 유대인이 이웃사촌으로 잘 지내왔다. 모두가 아랍어를 썼고, 민족정체성이 서로를 갈라놓지도 않았다. 이런 평화는 20세기 들어 흔들리기 시작했다. 유럽의 국민국가 형성과 제국주의 확장의 바람이 팔레스타인에도 불어 닥쳤다. 이미 1920년대부터 아랍인과 유대인 사이에 무력충돌이 빈번해지고 있었다. 아랍인들과 유대인들에게 각각 교전국인 오스만튀르크의 영토였던 팔레스타인에 각각 자신들의 국가 건설을 인정하고 지지한다는 약속을 한 데 따른 것이었다. 1917년 11월 2일 영국 전시내각의 아서 밸푸어Arthur J. Balfour 외교부 장관은 영국의 유대인 사회 지도자이자 금융자본가인 월터 로스차일드Walter Rothschild에게 한 통의 공문 서한을 보낸다.

친애하는 로스차일드 경께,

국왕 폐하의 정부를 대표하여 귀하에게, 내각에 제출해 승인을 받은 다음과 같은 선언을 전해드리게 돼 기쁩니다.

"국왕 폐하의 정부는 유대인이 팔레스타인에 유대민족의 국가를 세우는 것에 호의적이며, 그런 목표를 이루도록 총력을 다해 도울 것이다. 다만, 현재 팔레스타인에 살고 있는 비 유대인의 공민권과 종교적 권리를 침해하거나, 유대인이 다른 나라에서 향유하는 각종 권리와 정치적 지위를 손상하는 어떤 행위도 있지 않아야 한다."

귀하께서 이 선언의 내용을 시온주의연맹에 전해준다면 감사하겠습니다.

아서 밸푸어 배상

밸푸어 선언Balfour Declaration으로 불리는 이 편지는 유대인들이 영국의 전쟁 비용을 지원하면 영국은 유대인 국가 건설을 돕겠다는 정치적 거래였다. 이 선언은 이전까지 영국이 팔레스타인에 아랍인들의 국가를 세우는 것을 지지한다고 한 외교 정책과 정면으로 충돌하는 것이었다. 제1차 세계대전이 한참이던 1915년 7월부터 이듬해 초까지, 영국의 이집트 주재 고등판무관 헨리 맥마흔Henry McMahon은 메카 지역 아랍인의 실력자인 하심 가문의 후세인 이븐 알리Hussein bin Ali와 편지를 주고받았다. 전후 아랍 민족국가 지지를 약속하는 대가로 적국인 오스만제국에 대한 아랍인들의 민족 반란을 모색한 것이다. 영화 〈아라비아의 로렌스〉의 실제 주인공인 영국 첩보장교 토머스 로렌스Thomas E. Lawrence는 후세인에게 접근해, 아랍인이

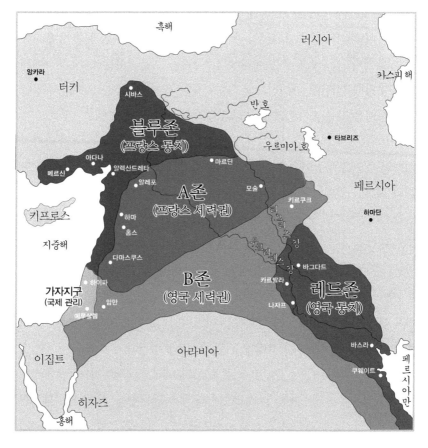

[그림 24] 1916년 사이크스–피코 협정의 영토 분할(블루존=프랑스 통치, A존=프랑스 세력권, 레드존=영국 통치, B존=영국 세력권, 가자지구=국제 관리)

오스만제국에 맞서 내부에서 봉기하면 아라비아 반도 대부분을 아우르는 과거 이슬람제국의 영토를 아랍인이 통치하는 칼리파 국가 영역으로 되찾아주겠다고 제안했다.

그러나 영국의 속셈은 따로 있었다. 1916년 1월 로렌스 대령이 정보 메모에 기록한 구상은 '분할하여 통치하라divide and rule'는 제국의 전형적인 식민 통치 전략을 보여준다. "아랍 반란은 우리의 당면 목표와 부합하고 이슬람 블록의 붕괴와 오스만제국의 패배와 붕괴로 이끌 것이기 때문에 우리에게 이익이다. 오스만제국을 여러 아랍 국가들로 분할하는 것은 우리에게 해롭지 않다. 적당히 다뤄진다면 아랍인들은 정치적인 분열 상태, 서로 분쟁하는 매우 작은 모자이크 공국들의 집합체로 남을 것이다."[34]

하심 가문은 영국의 이런 계산을 꿈에도 눈치채지 못했다. 영국의 약속을 철석같이 믿은 아랍인들은 실제로 1916년 6월부터 2년 넘게 오스만제국 군대와 전투를 벌였다. 아랍군은 기대 이상의 선전을 펼치며 다마스쿠스까지 진격했다. 1920년 3월, 후세인 알리의 아들 파이잘 왕자는 시리아 아랍왕국Arab Kingdom of Syria의 수립을 선포했다. 그러나 이 왕국은 불과 넉 달 동안만 존속하는 데 그쳤다. 전쟁에서 승리한 영국과 프랑스는 약속을 지키기는커녕 지중해 연안과 아라비아 반도의 오스만제국 영토를 잘게 쪼개어 해체해버렸다. 칼리파 국가 영역에는 이스라엘, 요르단, 이라크, 레바논, 시리아, 쿠웨이트, 사우디아라비아, 예멘 등 12개 나라가 우후죽순 들어섰다. 지금까지 지속되는 중동 분쟁의 기본 구조가 이때 만들어졌다.

앞서 영국은 아랍 민족이 오스만에 맞서 독립투쟁을 시작하기 직전인 1916년 5월, 이미 패색이 짙어진 오스만제국의 영토를 프랑스와 나눠먹기로 밀약한 사이크스–피코 협정을 맺은 참이었다. 프랑스는 지금의 시리아와 레바논 등 지중해 연안과 터키 남동부의 땅을 갖기로 했고, 영국은 오늘날 요르단과 이라크 남부, 그리고 하이파 등 지중해 연안의 핵심 항구도시를 소유하기로 했다. 그런데 팔레스타인 땅은 영국과 프랑스 어느 쪽의 차지도 되지 않은 채 국제관리 지역으로 남았다.

이 같은 영토 분할 계획안은 연합국의 승리로 전쟁이 끝난 뒤 오스만제국과의 강화조약을 확정하기 위해 열린 1920년 4월 산레모 회의San Remo conference에서 재조정됐다. 팔레스타인 거주 아랍인과 유대인의 운명도 여기서 결정됐다. 팔레스타인 땅이 영국의 위임통치령으로 편입되었고, 앞서 설명한 영국의 '밸푸어 선언'이 정식 승인되면서 팔레스타인에 유대인 국가가 건설되는 방안이 확정됐다.

한편, 오스만제국의 지배에서 벗어난 아랍인은 새로운 지배자로 변신한 영국과 프랑스에 불만이 들끓었다. 영국은 아랍 독립투쟁을 이끈 하심 가문의 영향력을 이용해 아랍 민중의 불만을 잠재우려 했다. 후세인 가문이 영국의 위임통치 영토에 독립 국가를 세우도록 해준 것이다. 1921년 후세인의 3남 파이살이 이라크왕국Kingdom of Iraq의 왕, 차남 압둘라는 트랜스요르단 토후국Emirate of Transjordan의 왕이 됐다(이라크왕국은 1958년 청년 장교들의 쿠데타로 무너지고 공화국으로 탈바꿈했지만, 요르단 왕가는 지금도 건재하다). 당시 후세인은 홍해 연안의 헤자즈왕국Kingdom of Hejaz을 지배하고 있었다. 1924년 아라비아 반도 리야드를 거점으로 한 또 다른 아랍 세계의 맹주인 사우드 가문이 헤자즈를 차지하기 위해 침공했다. 사우드 가문이 아라비아 반도의 여러 토후국과 부족국가들을 상대로 벌이던 정복 전쟁의 하나였다. 당시 아랍세계의 두 명문 가문이던 하심가와 사우드가의 전쟁은 2년 만에 사우드가의 승리로 끝났다. 아라비아 반도 전역으로 영토를 넓힌 사우드 가문의 압둘아지즈 이븐 사우드는 1932년 자신이 다스리던 네지드 술탄국 Sultanate of Nejd과 새로 정복한 헤자즈왕국을 통합해 사우디아라비아를 건국했다. 팔레스타인 지역을 비롯해 아랍 땅의 상당부분은 여전히 영국과 프랑스 등 유럽 열강이 분할 점령한 식민지 상태였다. 유럽은 아랍의 지정학적 가치와 엄청난 매장량의 석유 자원을 결코 포기할 수 없었다.

아랍 땅에서 신생 왕국들이 세워진 지 불과 10년도 안 돼, 유럽에서 제2차 세계대전이 발발했다. 나치 독일은 인종주의를 앞세워 유럽 내 유대인 말살 정책을 폈다. 많게는 600만 명의 유대인이 가스실에서 집단학살을 당했다. 유대인은 나라 없는 민족의 비참함을 뼛속까지 새겼다. 전쟁이 끝난 뒤 영국은 유대인 국가 건설 방안을 포함해 골치 아픈 문제가 산적한 팔레스타인 위임 통치를 유엔에 넘겼다. 1947년 11월, 유엔 총회에는 유엔팔레스타인특별위원회가 작성한 두 가지 권고안이 제출됐다. 하나는 팔레스타인을 분할해 아랍인 국가와 유대인 국가를 따로 세우고 양쪽 모두의 성지인 예루살렘은 유엔이 관리한다는 것이었다. 다른 하나는 예루살렘을 공동 수도로 하여 아랍인 국가와 유대인 국가로 구성되는 연방국가를 만드는 방안이었다. 유엔 총회는 표결 끝에 '팔레스타인 분할 결의안'을 통과시켰다.

그러나 유엔의 팔레스타인 영토 분할은 현저히 형평성을 잃은 것이었다. 유엔 총회 결의 181호에 따라 팔레스타인 전 지역의 56.47퍼센트는 유대국가에, 42.88퍼센트는 아랍국가에, 예루살렘 국제지구에는 0.65퍼센트가 할당됐다. 이 결의는 1948년 10월 1일까지 유대국가와 아랍국가 건설 완료를 요구했다. 한편 당시에 팔레스타인인들은 전 지역 중 87.5퍼센트를 소유했던 반면, 유대인들은 6.6퍼센트만을 소유하고 있었으며, 나머지 5.9퍼센트는 영국의 위임통치령이 자국의 토지로 분류한 국유지였다. 팔레스타인인들이 유엔 분할안을 거부한 반면, 유대인들은 이를 환영한 것은 당연한 일이었다.[35] 1920~45년 사이에만 영국은 39만이 넘는 유대인을 팔레스타인에 받아들였고, 이들이 전체 유대 주민의 3분의 2를 구성하게 됐다. 1946년

[표 7] 1947년 유엔 팔레스타인 분할 결의안 당시 인구 및 소유지 비율

	인구 구성비	기존 소유지	유엔의 영토 할당
팔레스타인(무슬림)	58퍼센트	87.5퍼센트	42.88퍼센트
팔레스타인(기독교)	10퍼센트		
유대인	32퍼센트	6.6퍼센트	56.47퍼센트
국제 관리	–	5.9퍼센트	0.65퍼센트

전체 팔레스타인 인구는 184만 명 수준이었다. 이 숫자의 약 58퍼센트는 무슬림 팔레스타인이었고, 약 10퍼센트는 기독교 팔레스타인이었다. 유대인은 전 인구의 32퍼센트 정도였다.[36]

영국의 팔레스타인 위임통치 종료를 하루 앞둔 1948년 5월 14일, 세계시오니스트기구World Zionist Organization의 집행위원장을 맡고 있던 다비드 벤 구리온David Ben-Gurion은 전격적으로 독립국가 수립을 선포했다. 〈이스라엘 국가 수립 선언문〉은 다른 민족이 거주하고 있는 땅에 대한 역사적 소유권을 주장하는 민족의 물리적·정신적 귀환 이주의 변론을 단적으로 보여준다. 신앙고백 같아 보이기도 하는 건국 선언문의 일부 대목은 이렇다.

에레츠 이스라엘Eretz-Israel(이스라엘의 땅, 팔레스타인)은 유대인의 탄생지였다. 이곳에서 유대인의 정신적, 종교적, 정치적 정체성이 형성됐다. 또한 바로 이곳에서 유대인은 최초의 독립국가를 건설하고, 민족적으로나 보편적으로 중요한 의미가 있는 문화적 가치들을 창조했으며, 영원한 '책 중의 책'(성경)을 세계에 주었다. 자기 땅에서 강제로 쫓겨난 뒤 뿔뿔이 흩어져 사는 동안에도 유대인들은 그 땅에 대한 믿음을 지켰으며, 이곳으로 돌아와 정치적 자유를 다시 복원하려는 희망과 기도를 멈춘 적이 없다. …… 우리 인민협의회, 에레츠 이스라엘 유대인

협회, 시오니스트운동 등의 멤버들은 영국의 위임통치 종료일인 오늘 이곳에 모여, 우리의 당연한 역사적 권리와 유엔 총회 결의를 근거로, 이스라엘의 땅에서 이스라엘 국가The State Of Israel로 불리게 될 유대인 국가의 수립을 선포한다.[37]

이스라엘 국가의 탄생 선언은 많은 유대인에게 가슴 뭉클한 감격과 축복이었다. 그러나 부글부글 속을 끓이던 주변 아랍국가들로서는 울고 싶은데 뺨 맞은 격이었다. 바로 다음날인 5월 15일, 이집트 공군 전투기들이 이스라엘을 공습하면서 제1차 중동전쟁이 시작됐다. 시리아, 레바논, 요르단, 이라크 등 4개국이 가세했다. 신생국 이스라엘의 유대인들은 치열한 전투를 치르면서 예루살렘과 텔아비브를 사수했다. 6월 11일 스웨덴의 중재로 휴전협상이 시작됐다. 협상 중에도 이스라엘은 미국의 지원에 힘입어 현대적 군비를 보강하고 대대적인 반격에 나섰다. 전쟁이 발발한 지 아홉 달만인 1949년 2월, 양쪽이 평화조약을 맺으면서 제1차 중동전쟁은 이스라엘의 승리로 끝났다. 전쟁의 결과, 이스라엘은 유엔 분할 결의안의 할당 면적보다 1.5배나 많은 80퍼센트의 영토를 점령해버렸다.

제1차 중동전쟁을 전후로 약 75만 명에서 100만 명으로 추산되는 팔레스타인 주민이 전쟁 난민이 되어 인접국으로 피난길에 오르거나 강제로 추방됐다. 5월 14일이 이스라엘에게 건국기념일인 반면, 팔레스타인은 그다음날인 5월 15일을 '나크바의 날Nakba Day'이라고 부른다. 나크바는 아랍어로 '대재앙'이라는 뜻이다. 제2차 세계대전이 끝난 직후 국제질서 재편의 격랑 속에서 근대적 의미의 국가를 세울 준비가 전혀 되어 있지 않았던 팔레스타인 주민들은 졸지에 1300년이 넘게 조상 대대로 살아온 땅을 빼앗긴 식민지 백성이 되고 말았다. 그 뒤로도 이집트와 시리아를 주축으로 한 아랍 연맹군은 이스라엘과 세 차례나 더 전쟁을 벌였지만 번번이 패배하고 말았다. 이스라엘은 팔레스타인 마을 곳곳에 유대인 정착촌을 짓고 거대한 분리장벽을 거미줄처럼 쳐가며 팔레스타인 주민을 갈수록 좁은 공간에 유폐시켰다.

유대인 정착촌 대 하늘만 열린 감옥

팔레스타인-아랍 분쟁은 흔히 '6일 전쟁'으로 불리는 제3차 중동전쟁을 계기로 돌아오기 힘든 강을 넘어버렸다. 1967년 6월 5일, 이스라엘은 팔레스타인해방기구PLO의 테러에 대한 응징과 자위권 행사를 명분으로 이집트를 선제공격했다. 이스라엘은 개전 6일 만에 남쪽으로 이집트 시나이 반도와 팔레스타인 가자지구, 북쪽으로 시리아 골란고원, 동쪽으로는 요르단 강 서안West bank 등 기존 영역의 3.5배나 되는 땅을 점령하는 대승을 거뒀다. 이스라엘은 1978년 이집트와 캠프 데이비드 평화협정을 맺고서야 시나이 반도를 반환했지만, 팔레스타인 자치 지역이던 요르단 강 서안과 가자지구는 자국 영토로 완전히 복속해버렸다.

이스라엘은 새 점령지를 실질적인 영토로 굳히기 위해 적극적인 정착촌 정책을 시행했다. 점령지에 유대인 정착촌을 건설하고 자국민의 이주를 추진한 것이다. 특히 초기의 정착촌은 팔레스타인 자치 지역이던 동예루살렘에 집중됐고, 점차 서안지구로 확대됐다. 유대인 정착촌이 건설되는 곳에선 이미 거주하고 있던 팔레스타인인 가옥들이 가차 없이 철거됐고, 토지는 몰수됐다. 아랍 주민들은 하루아침에 모든 것을 잃고 거리로 내쫓겼다.

아랍인 마을에 유대인 정착촌이 들어서면 관통도로가 개설된다. 관통도로들은 이스라엘 정착민들의 안전을 보장하고, 이스라엘 내부에 있는 작업장으로 용이하게 이동할 수 있게 해주었다. 정착민들은 관통도로로 인해 적대적인 팔레스타인인들로부터 격리되어 '황금의 언덕'에서 살고 있다는 심리적 만족감도 가질 수 있었다. 또한 이 도로들은 팔레스타인 마을을 서로 분리시키고 있어 그들을 쉽게 지배할 수 있는 기틀이 되었다. 도로에 관계되는 이스라엘군 포고령 50호는 보수 리쿠드당 정부에 의해 1983년에 공포됐고, 노동당 정부에 의해 1995년 오슬로 협정 이후 실행됐다.[38] 아랍인 마을들은 콘크리트 분리장벽으로 둘러싸인 채 외딴 섬들처럼 고립되어갔다. '하늘만 열린 감옥'이라는 표현은 은유가 아니라 현실이었다.

이스라엘은 1995년 체결된 오슬로 협정에서 팔레스타인 국가 건설과 1967년 이전 영토 복귀에 합의하고도 반세기가 지나도록 팔레스타인 점령지에 불법적인 정착촌 건설을 계속하고 있다. 팔레스타인 주민들의 절규와 저항은 최루탄과 총으로 진압된다. 이스라엘 정부의 공식 발표에 따르면, 2015년 1월 현재 이스라엘의 정착촌 거주 인구는 요르단 강 서안 38만 9250명, 동예루살렘 37만 5000명 등 76만 명이 넘는다.

그런데 이스라엘의 정착촌 건설과 자국민 이주, 그에 수반되는 원주민 추방과 격리는 인도주의적 횡포일 뿐 아니라 심각한 국제법 위반이라는 지적을 받고 있다. 이스라엘군 포병 장교 출신으로 레바논 참전 경험도 있는 아론 브레크먼Ahron Bregman(영국 킹스칼리지 대학)도 모국의 팔레스타인 정책에 극히 비판적 책에 비판적 시각을 가진 정치학자다. 그는 이스라엘이 1967년 전쟁으로 차지한 지역을 '점령지'로 봐야 할지에서부터 의문을 품고 이스라엘 쪽 주장의 모순을 들춰낸다. "이스라엘이 실질적 점령군이라면, 점령한 지역과 그 지역 거주민에 대해 국제법에 정해진 의무를 져야" 하기 때문이다.

이스라엘도 가입하고 있는 헤이그 제2협약(1907년)[39]과 제네바 제4협약(1949년, 정식 명칭은 '전시 민간인 보호에 대한 제네바 협약')에 따르면, 점령군은 점령지에서 수많은 규정들을 지켜야 한다. 예를 들면, 점령지에서 인위적으로 인구수를 조정하려는 시도는 금지된다. 제네바 제4협약 제49조에 "(점령군은) 자국의 민간인 주민 일부를 점령 지역으로 추방하거나 이주시켜서는 안 된다"는 규정과 "피보호민을 점령 지역으로부터 …… 개인적 또는 집단적으로 강제 이송하거나 추방하는 것은 그 이유 여하를 불문하고 금지된다"는 규정이 명시돼 있다. 이들 협약의 규정에 따르면 점령지에 점령국 국민이 거주하는 정착촌을 세우거나 수자원 같은 천연자원을 개발하는 행위는 금지된다. 정복한 영토를 식민지화하려는 시도를 원천적으로 봉쇄하기 위해서다. 또 점령군은 점령지 주민의 생명과 재산을 보호해야 하며 필요한 식량과 의료품을 공급해야 한다. 제네바 제4협약은 "부동산이나 동산에 대한 점령군의 파괴행위는 …… 일체 금지한다"(제53조), "점령국은 의료시설과 의료 서비스, 공중 보건, 위생을 확보하고 유지할 의무를 진다"고 명시한다. 제네바 제4협약에 규정된 '점령군'의 의무에 관한 조항은 30개가 넘는다.[40]

이스라엘은 이런 국제협약의 규정들을 아전인수식 해석으로 회피해왔다. 1967년 전쟁으로 장악한 지역이 '점령지'가 아닌 '분쟁 지역'이며, 분쟁 상대방인 팔레스타인은 주권 국가가 아니므로 제네바 협약의 적용을 받는 '협약 당사국'이 아니라는 논리다. 이스라엘의 한 전직 외무부 법률 고문은 이렇게 말했다. "이스라엘이 서안 지구를 장악한 이후 …… 이 영토는 본질적으로 이스라엘, 요르단, 팔레스타인이 각자 권리를 주장하는 '분쟁 지역'이었다." 이스라엘은 또 역사적 관점에서 봤을 때 적어도 서안지구에 대해서는 팔레스타인이 아닌 유대인에게 권리가 있다고 주장한다. 이른바 '에레츠 이스라엘'은 팔레스타인인이나 아랍인의 역사보다는 유대인의 역사에 훨씬 더 중요한 역할을 했으며, 적어도 3000년 동안 유대인이 이 땅에 면면히 살아왔다는 것이 이스라엘 쪽의 주장이다. 물론 아랍 사람들은 이런 주장에 강하게 반발한다. 오래전부터 그 땅에 사는 인구의 대부분이 아랍인이었기 때문이다.[41]

그러나 대부분의 법률 전문가들은 이스라엘 쪽 주장의 핵심을 받아들이지 않는다. 점령의 성격을 부정하는 이스라엘 정부와 그 옹호자들의 입장은 비교적 고립되어 있다고 해도 과언이 아니다. 누구보다 냉철하고 보수적인 유엔 국제사법재판소와 소속 재판관들도 이스라엘의 점령에 대해 이렇게 분명히 밝혔다. "거의 보편적으로 받아들여질 수 없는 주장이다. …… 팔레스타인 영토인 동예루살렘을 비롯한 서안지구와 가자지구에 이스라엘이 주둔하고 있는 것은 국제제도가 규정하는 '군사적 점령'의 일종이다."[42]

2012년 11월 유엔은 총회에서 팔레스타인을 국가로 인정했다. 팔레스타인 지위 격상 결의안은 표결에 참가한 193개국 중 찬성 138, 반대 9, 기권 41이라는 압도적 지지로 통과됐다. 그전까지 유엔에서 팔레스타인은 표결권이 없는 '비회원 옵서버 단체'에 머물렀으나, 이날로 '비회원 옵서버 국가' 지위를 획득한 것이다. 교황청이 있는 바티칸시국과 같은 지위다. 어엿한 '국가'가 된 팔레스타인은 이스라엘의 전쟁범죄를 국제형사재판소ICC에 제소할 수 있는 자격이 생겼다. 또 유엔의 각종 국제기구에도 참여할 수 있는 길이 열렸다. 팔레스타인 자치정부의 끈질긴 노력이 이스라엘과 미국을 중심으로 한 몇몇 나라의 집요한 반대의 벽을 넘은 결과였다. 그러나 팔레스타인 국가기구의 위상이 국제사회에서 공고해질수록 500만 명이 넘는 팔레스타인 재외 난민들의 처지는 더욱 관심의 사각지대로 밀려나고 있다. 망명 중인 나라에서 국적, 다시 말해 시민권을 획득할 가능성이 더 희박해진 것이다. 아랍 국가들에서조차 그렇다.

2004년 10월, 사우디아라비아는 귀화법을 제정해, 사우디아라비아에서

10년 이상 거주한 사람 100만여 명에게 시민권을 주기로 했다. 그러나 이 법은 아랍연맹의 지침에 따라 50만 명에 이르는 자국 내 팔레스타인인들은 배제했다. 아랍연맹은 "팔레스타인인들이 정체성을 잃지 않고 팔레스타인으로 귀환할 권리를 보장"하기 위해, 아랍국가들이 팔레스타인 난민들에게 시민권을 부여하는 것을 금지하고 있다. 이 때문에 현재 요르단을 제외한 어떤 아랍국가도 공식적으로 팔레스타인 난민에게 시민권을 주지 않는다. 요르단에서조차 팔레스타인 출신들은 사적이고 경제적인 부문에서만 권리를 행사할 수 있고, 정부기구 등 공적인 부문에서는 권리를 행사할 수 없다.[43]

1990년 이라크가 쿠웨이트를 침공했을 당시 팔레스타인해방기구PLO가 이라크와 동맹을 맺었다는 이유로, 쿠웨이트와 아랍 왕국들은 팔레스타인인 40만 명 이상을 일제히 추방했다. 이렇듯 팔레스타인인들은 자신들의 의지와 상관없이 중동 지역에서 벌어지는 정치적 상황에 따라 이리저리 휘둘리고 있다. 사실상 모든 아랍국가에서 팔레스타인 사람들은 정치적으로 이미 사망선고를 받았고, 존재하지 않는 이로 간주된다. 사우디아라비아를 비롯한 아랍연맹 소속 국가들은 팔레스타인으로 귀환할 권리를 보장한다는 명분으로 팔레스타인 사람들에게 시민권을 주지 않으면서, 그 귀환을 위한 어떠한 노력도 하지 않는다.[44]

지금까지 70년 동안이나 이어온 분쟁을 끝내려는 팔레스타인–이스라엘 평화협상은 좀체 풀릴 기미를 보이지 않고 있다. 양쪽의 견해차가 너무 커서, 정확히는 이스라엘이 안보 위협을 이유로 실질적인 양보를 거의 하지 않아서다. 국외로 망명한 팔레스타인 난민의 귀환 문제는 평화협상의 진전을 가로막고 있는 4가지 걸림돌 중 하나다. 나머지 셋은 예루살렘의 지위 문제, 1967년 제3차 중동전쟁 이전의 영토로 돌아가는 국경선 확정 문제, 이스라엘이 무분별하게 확장해온 유대인 정착촌 문제 등이다. 현재 팔레스타인의 재외 난민은 요르단, 레바논, 시리아, 사우디아라비아 등에서 최소 500만 명에 이르는 것으로 추산된다. 현재 인구가 약 830만 명인 이스라엘로선 모든 팔레스타인 난민의 귀환을 허용할 경우 벌어질 사태를 상상하기조차 싫을 것이다.

귀환 이주, 돌아와도 낯선

영어로 망명exile의 어원은 '타지에 체류함' 혹은 '타지로 추방됨'을 뜻하는 라틴어 'exilium'에서 유래한다. 독문학자 서장원은 망명을 "한 인간 또는 한 민족 집단이 체류 불허, 유배, 추방, 시민권 박탈, 강제 이주 등으로 인해 본인의 고향에 부재중인 상태"로 정의한다.[45] 망명/추방은 주로 패권 다툼, 권력 투쟁에서 비롯한다. 이는 필연적으로 승자와 패자, 지배자와 패자를 가르고, 전자가 후자에 가하는 배척과 박해를 수반한다. 실질적인 탄압 또는 탄압의 위협을 피해 다른 나라로 피해 나가거나 쫓겨나가는 것이 망명이다. 망명자 하면 대개는 유명 정치인이나 종교인, 혹은 반체제 지식인을 떠올리게 되는 것도 이 때문이다.

망명/추방이 주로 권력관계의 대립에서 비롯한다는 것은, 망명을 낳은 권력관계가 뒤집히거나 억압이 해소될 경우 망명자 개인 또는 집단이 언제든 본국으로 귀환할 의지와 수단이 있다는 뜻이다. 망명자들은 고국에서 지워졌으되 완전히 잊히지 않은 사람들, 당장은 힘을 잃고 유랑하되 본인의 의지와 여건이 맞으면 언제든 돌아올 준비가 되어 있는 사람들이다. 서장원은 "망명과 귀환 이주에 관한 연구는 '기억의 역사'에 등장하는 저명한 인물들뿐만 아니라 '망각의 역사' 저 뒤편에 파묻혀 언젠가는 누군가에 의해 기억되어야 할 인물들로 즐비하다"고 했다.

팔레스타인 소설가 가산 카나파니는 1969년작 《하이파에 돌아와서》에서, 고향으로 귀환한 난민의 뿌리 없는 서글픔을 절절하게 묘사했다. 1981년에는 이라크 영화감독 카셈 하월Kassem Hawal이 영화로도 만들었는데, 독자들에게 추천하고 싶은 영화다. 해방 이후 일본에서 태어난 재일 조선인 법학자 서경식은 《난민과 국민》에서, 이 책을 읽은 것이 자신에게 매우 중요한 사건이었다고 고백했다. "이때 제3세계적 자기 인식뿐 아니라 '난민적 자기-인식, 즉 나는 바로 난민'의 일원이라는 자각을 얻었다"는 것이다. 서경식은 다소 비감한 어조로 이 작품을 설명하면서, 팔레스타인 귀환 난민의 슬픔을 자신의 처지에 투영했다.

주인공인 팔레스타인 난민 부부는 이른바 '6일 전쟁'(1967년 제3차 중동전쟁)으로 이스라엘이 점령지를 확대하게 되자 오히려 역사의 얄궂은 간지奸智로 인해 1948년의 제1차 중동전쟁 때 추방되었던 고향 하이파로 돌아올 수 있게 됩니다. 그리고 자기들이 예전에 살았던 집을 방문합니다. 하지만 그 집에는 동유럽에서 온 유대인 난민인 이스라엘인 부부가 살고 있습니다. 게다가 20년 전, 난리 통에 생이별한 주인공의 장남 하르둔이 이들 부부의 자식으로 길러져 군인이 되어 있습니다. 고향과 집뿐 아니라 장남마저도 영원히 잃어버렸음을 뼈저리게 느낀 주인공은 실의에 빠져 옛집을 떠나면서 아내에게 이렇게 중얼거립니다. "조국이란 건 말이오, 이 모든 일들이 일어나서는 안 되는 곳을 말하는 거요."
그리고 난민 캠프에서 태어나서 자란 차남 하리드를 떠올리면서 "하리드에게 조국이란 곧 미래인 게요"하고 말을 잇습니다. 결국 '조국'이란 어떤 영역, 토지, 혈통, 혹은 고유의 문화나 전통이라기보다 오히려 모든 정치적 조건들 아래서 선택되는, 미래를 향한 태도의 결정을 가리킨다는 말이죠.
이런 생각은 '조국'이라는 관념을 둘러싼 나의 오랜 갈등에 결정적 시사점을 안겨주었습니다. 일본에서 나고 자란 재일 조선인이고, 따라서 조선반도의 토지·혈통·문화·전통 등으로부터 분리된 존재인 저 자신이, 바로 그렇기 때문에 "이 모든 일들이 일어나서는 안 되는 곳"으로서 미래의 '조국'을 지향하지 않으면 안 된다고 생각하게 된 겁니다.[46]

망명이나 피난, 심지어 인질로 붙들려갔다가 돌아오는 귀환 이주의 사례는 우리 역사에서도 얼마든지 찾아볼 수 있다. 가장 가까이는 한국전쟁 당시 국내 이재민인 피난민들의 귀향이다. 분단과 전쟁, 그리고 전쟁과 분단의 고착화는 수많은 생이별을 낳았다. 귀환하지 못한 혹은 가족과 재결합을 하지 못한 이산가족의 수가 남북한을 합쳐 1000만 명에 이른다. 우리나라에서 가장 최근에 국외 망명자와 난민이 양산된 때는 20세기 전반 일본 제국주의 식민점령 시기였다. 가혹한 수탈과 박해를 피해 고향을 떠난 사람들, 일제의 징병과 징용에 끌려간 사람들, 독립운동을 위해 국외로 정치적 망명을 하거나 무장투쟁을 벌인 사람들이다. 이들의 귀환 이주는 국내 피난민들의 귀향과는 전혀 다른 차원의 문제를 제기한다.

중국 상하이에 꾸려진 임시정부(1919~48)는 김구, 여운형, 김규식, 이시영, 이동녕, 신채호, 안창호, 이승만 등 수십 명 망명객들의 보금자리이자 독립투쟁의 사령부였다. 2015년 여름 국내 극장가를 휩쓸었던 영화 〈암살〉로 크게 주목받았던 의열단 소속의 항일무장투쟁 운동가들도 역시 같은 시기 상하이에 본부를 두고 활동한 망명객들이었다. 좌·우파를 막론하고 독립운동에 참가한 이들의 절대 다수는 개인과 가족의 안녕을 뒤로 하고 목숨을 바쳐가며 대의에 헌신했다. 나라를 되찾고 고향에 당당하게 돌아가는 것보다 더 큰 꿈이 있을 수 없었다.

1945년 8월 15일 낮 12시, 일본 천왕 히로히토의 가냘프고 흔들리는 목소리가 라디오 전파를 탔다. 미국에 무조건 항복하며 전쟁을 포기한다는 내용의 선언문 낭독이었다. 일제의 한반도 식민통치도 막을 내렸다. 일제는 패전국이었지만 조선은 승전국이 아니었다. 또 다른 외세가 한반도를 점령하고 남과 북으로 갈라놓으면서 국외 망명객과 이주자들의 운명도 엇갈렸다. 남쪽에선 이승만이 미국 점령군을 등에 업고 대한민국 초대 대통령에 올랐다. 이승만 정권은 친일매국행위자들을 처벌하기는커녕 군부와 경찰 요직에 중용하고 제헌국회가 설치한 반민족특별위원회의 활동을 노골적으로 방해했다. 정치적 반대자들은 가차 없이 제거했고, 수많은 양민을 좌익으로 몰아 학살했다. 항일무장투쟁을 벌인 독립운동가들 중 상당수와 그 후손들은 좌파 계열이라는 이유만으로 독립유공자로 예우와 보상은커녕 감시와 빈곤에 시달렸다. 북쪽에선 소련의 지지로 권력을 장악한 김일성의 유일사상 1인 통치체제가 차곡차곡 진행됐다. 상당수의 민족주의 계열 독립운동가들과 정적들이 숙청됐다. 소설가 조명희와 이미륵, 중국 인민해방군의 '팔로군 행진곡'을 작곡한 정율성 등 많은 독립운동가들과 지식인들이 해방 조국의 어느 쪽에도 돌아오지 못하거나 귀환을 포기하고 이국에서 여생을 보내야 했다. 그러나 누구보다 비참한 사람들은 국가나 민족의 의미를 헤아릴 겨를도 없이 생존에 급급했던 수많은 민초들이었다. 그 대다수는 당장 삶이 막막했고, 상당수는 가족과 생이별을 했다. 그들은 소비에트연방의 중앙아시아 국가들과 중국, 일본 등 이국땅에서, 해방조국으로부터 시나브로 잊혀져갈 운명의 디아스포라를 형성했다.

한국에선 1990년대 이후 권위주의적 군부독재가 형식적이나마 민주주의 체제로 대체되면서 정치적 권리와 시민적 자유권의 폭이 넓어졌다. 그러나 다른 한편에선 여전히 '종북' 딱지 붙이기 같은 저열하고 퇴행적인 배제 전략이 표현의 자유, 사상과 양심의 자유를 옥죄고 실질적 민주화의 진전을 더디게 했다. 재외동포에 대한 무관심은 접어두고라도, 탈북자들을 바라보는 한국사회의 시선도 거칠거나 냉소적이며 편견이 크다. 이런 분위기에서, 일제강점기 시절 무장투쟁을 벌였던 독립운동가와 지식인들의 망명, 해방 뒤 귀환, 분단 뒤 체제 선택과 이동에 대한 객관적인 연구를 기대하기란 쉽지 않다. 서장원은 "망명과 귀환 이주에 관한 연구는 정치 사회적인 측면뿐만 아니라 인간의 숙명과 인간 본질에 관한 근원적인 물음들을 절실히 제기한다"고 말한다.[47] 망명과 귀환 이주가 사회적인 현상이긴 하지만, 집단 내지 사회적 갈등으로 인해 발생한 문제점이 종국에는 한 개인이 떠안고 해결해야 할 과제로 남기 때문이다.

전후 독일의 귀환 이주

근대 이후 '망명'과 '귀환'에 따른 대규모 이주를 살펴볼 수 있는 또 하나의 전형이 전후 독일이다. 20세기 이후 독일 역사는 한 시대(바이마르공화국)의 몰락과 새로운 정치체제(히틀러 나치즘)의 등장, 흥망과 영욕의 역사, 분단과 재통일 등 일련의 시대적 전개 상황이 20세기 한국의 전반적인 사회 상황과도 비슷한 양상을 보인다. 제2차 세계대전이 끝난 1945년에서 1950년대 초반까지 독일에서 망명과 귀환 이주에 관한 논의는 망명에서 귀환한 당사자들은 물론 대다수 일반인들에게도 첨예한 시대적 주제였다. 1945년 종전 직후 첫 번째의 귀환 이주 물결을 이룬 망명객들은 전쟁이 끝나자마자 꿈에도 그리던 고국 독일로 돌아왔다. 하지만 그들은 독일인도 아니고 점령국(망명지)인도 아닌 '고향을 잃은 자'였다. 나치가 패망한 땅에 독일이라는 국가는 존재하지 않았다. 다만 그들의 옛 땅에는 미국, 영국, 프랑스, 소련의 군사통치권만이 있을 뿐이었다. 바이마르공화국 시절 대부분 저명한 인사들이었던 귀환 이주 망명객들은 한때의 명성만 믿고 무작정 돌아왔다. 하지만 그들은 지나간 시대의 저명인사일 뿐이었고, 실질적으로 설 땅이나 실권은 전혀 없었다.[48]

게다가 '베를린을 점령하는 자가 독일을 다스리고, 독일을 점령하는 자가 유럽을 지배한다'는 말을 뼈저리게 느낀 서방 연합군과 소련은 독일 전역을 철저히 두 개의 체제로 양분시켰다. 독일의 자존심이었던 수도 베를린까지 양분하는 철저함을 보였다. 새로운 강대국에 의해 행해진 이러한 정치적 발전 양상은 망명에서 돌아온 귀환 이주자들까지도 철저히 양분시키는 상황을 초래했다. 공산주의자들이나 소련 쪽으로 망명을 했던 자들은 재빨리 소련군 점령지로 귀환했고, 미국과 영국 등 서방세계로 망명했던 자들은 연합군 군정 지역으로 귀환하는 실상을 연출했다.[49]

독일에서 망명의 원인 내지 망명객들을 분야별로 볼 때 정치적 박해로 조국을 떠났던 자들은 다른 어느 분야보다 가장 많이 귀환했다. 특히 망명지에서 정치적 활동을 한 망명객들은 거의 전원이 귀환했다고 봐도 무방하다. 새로운 국가 건설의 의지가 강하면 강할수록 귀환 시기도 그만큼 빨라졌다. 정치인들 이외에 서둘러 귀환한 망명객들은 직업이나 경제적 목적을 지닌 자들이었다. 독일어와 관련된 직업을 가진 작가, 언론인 등과 잃어버린 재산을 되찾으려는 경영인, 강탈당한 직책으로 복직하려는 공무원들이었다. 종족 규정으로 인해 망명을 떠났던 자들은 단지 4~5퍼센트만 귀환 이주했다. 하지만 연합군과 주둔군이 지배하고 있는 파괴된 독일로 귀환하는 일은 결코 쉬운 문제가 아니었다. 점령군은 독일 전역에 대한 최고 통수권을 이양하고 군정청을 설치하고 나자 망명객들의 입국 허가를 주저했다. 망명객들의 귀환에 대한 독일 단체 위주의 청원이나 초청장 발부가 고작이었다. 일반 독일인들도 귀환 이주 망명객들을 싸늘하고 소극적으로 대하는 분위

기가 지배적이었다.[50]

독일의 저명 문학가 칼 추크마이어(1896~1977)는 어느 곳에도 속하지 못한 채 국가주의의 광풍에 부유한 망명객의 처지를 보여주는 극적인 사례다. 그는 부모가 모두 독일인이었고, 제1차 세계대전이 터지자 고등학교를 검정고시로 마친 뒤 군에 자원입대했던 열혈 애국청년이었다. 그러나 어머니에게 유대인의 혈통이 섞여 있다는 이유로 나치는 그에게 '반半유대인'이라는 딱지를 붙였다. 그의 작품들은 인기 절정을 누렸지만 1933년 나치가 집권한 이후 '독일에 해를 끼치고 원하지 않는 작품들' 목록에 오르면서 전면 금지됐다. 1939년엔 독일 국적을 박탈당했다. 신변의 위협을 느낀 그는 가족과 함께 네덜란드로 피신해 미국행 여객선에 올랐다. 망명지에선 고향을 잃었다는 상실감과 고향에 대한 그리움으로 앓았다. 그 사무친 정념과 절절한 사유는《귀향에의 꿈》,《애도작업》등 여러 편의 망명문학 작품으로 실체를 얻었다.

추크마이어는 2차 대전이 독일의 패전으로 끝난 뒤인 1946년 미국 시민권을 지닌 미 국방부 문관 자격으로 독일로 귀환했다. 망명자들이 조국으로 귀환하려는 원초적인 목적 중 하나는 재회다. 이때 재회는 '떠나왔던 것'들과 다시 만나는 것이다. 그러나 돌아온 자리에 '고향'은 없었다. 추크마이어는 베를린과 재회한 1946년 11월의 시간이 "전쟁 후 가장 추운 가을과 겨울"이었고 베를린의 공간은 "결핍의 밑바닥"이었다고 표현했다.[51] 그는 생전에 이런 글을 남겼다. "망명의 길은 '돌아올 수 없는 여행'이다. 망명의 길에 접어든 사람은, 그리고 귀향을 꿈꾸는 사람은 잃은 사람이다. 그는 다시 돌아가고 싶다. 그러나 다시 돌아와 발견한 장소는 더 이상 그가 떠나온 그곳과 같은 곳이 아니다. 그는 그와 같이 지낼 수 없었던 사람들에게로, 그가 사랑했고 잊지 못했던 나라들로, 그 자신의 것인 언어의 영역으로 돌아가고 싶다. 그러나 그는 결코 고향으로 돌아가지 못한다."[52]

한국을 찾는 난민들

우리나라도 지구촌 난민 위기에서 결코 자유롭지 않다. 우리나라는 난민의 지위에 관한 협약에 가입한 이듬해인 1994년부터 난민 신청을 받기 시작했다. 법무부 출입국·외국인정책본부의 최신 집계[53]를 보면, 아랍의 봄으로 중동 지역 난민이 급증한 2011년부터 우리나라에도 난민 신청자가 급증하고 있다. 그러나 우리나라는 난민 수용에 몹시 인색한 나라 중 하나다. 난민 지위 심사는 상당히 까다롭고, 인정 비율도 매우 낮다.

1994년 이후 2016년 3월 말까지 22년 동안 우리나라에 온 난민 신청자는 모두 1만6979명에 이른다. 그중 첫 10년 동안은 모두 합쳐 251명뿐이었다. 난민 심사 15년째인 2009년까지도 한국에 난민 신청을 한 외국인은

[표 8] 우리나라의 연도별 난민 현황(2016년 3월 말, 단위: 명)

구분 연도	신청	인정	인도적 체류	불인정	철회
총계	16,979	588	927	7,492	2,008
94~09	2,492	171	85	1,409	494
2010	423	47	35	168	62
2011	1,011	42	20	277	90
2012	1,143	60	31	558	187
2013	1,574	57	6	523	331
2014	2,896	94	539	1,745	363
2015	5,711	105	194	1,835	280
2016. 1~3	1,729	12	17	13	201

[표 9] 사유별 난민 현황(2016년 2월 말, 단위: 명)

구 분	계	정치적 사유	종교	특정 구성원	인종	국적	기타 (내전, 가족결합 등)
총 누계	16,356	4,451	3,643	1,466	852	23	5,921
2015년	1,106	293	231	171	50	5	356

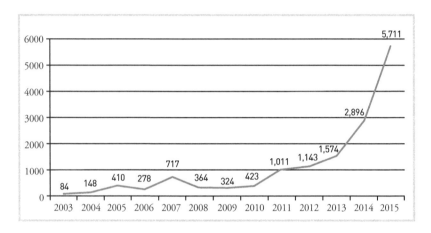

[그림 25] 연도별 난민 신청자

2,492명에 그쳤다. 증가세를 고려하지 않고 산술적으로 나누면 15년 동안 한 해 평균 166명 정도였다. 그러다가 '아랍의 봄'이 발생한 2011년에 난민 신청이 폭증하면서, 처음으로 연간 신청자가 1000명을 넘어섰다. 이어, 유럽의 시리아 난민 위기가 본격화한 2014년부터 이 책을 쓰고 있는 2016년 3월까지 2년여 동안에만 전체의 60퍼센트가 넘는 1만336명이 우리나라에서 피난처를 찾으려 했다.

그러나 2016년 3월까지 22년 동안 우리나라에서 난민 지위를 인정받은 외국인은 588명에 그쳤다. 난민 신청 사유는 '정치적 사유'와 '종교'가 전체의 절반으로 양대 축을 이뤘고, 특정 구성원, 인종, 국적, 내전, 가족 재결합 등이 뒤를 이었다. 난민 신청자의 국적은 파키스탄과 이집트가 가장 많았고, 중국, 나이지리아, 네팔, 시리아, 스리랑카, 우간다, 방글라데시, 미얀마, 카메룬, 가나 등이 상위 10개국에 들었다. 그러나 최근 몇 년 새에는 시리아 출신 난민 신청자들이 크게 늘었다.

국내 인도주의 시민단체인 난민인권센터(난센, http://nancen.org)가 법무부에 정보공개를 신청해 분석한 자료에 따르면, 2015년 12월 31일 기준 한국의 난민 인정율은 3.8퍼센트다. 이는 법무부 단계, 가족 결합, 재정착, 행정소송 승소 건을 포함한다. 가족 결합과 재정착, 행정소송 승소로 인정받는 숫자를 제외하고 온전히 법무부 단계에서 난민 인정율은 1.9퍼센트에 그친다. 더욱이, 난민 신청자 수는 계속 늘고 있는데 심사를 통한 인정율은 점점 더 떨어지는 추세다. 2015년 한 해 법무부 단계에서의 인정율은 0.7퍼센트로 전년도 인정율 2.45퍼센트의 3분의 1에도 못 미쳤다. 한해 신청자 수가 급증하면서 인정율이 격감했던 2011년 이후 최악이었다.[54]

특히 눈여겨볼 대목은 시리아 국적의 난민 신청과 인정 현황이다. 우리나라에 시리아 난민이 오기 시작한 것은 아랍의 봄과 시리아 내전이 발발한

[표 10] 시리아 난민 신청 및 인정 현황

년도	난민 신청	난민 인정	인도적 체류
2011	3	–	–
2012	146	–	–
2013	295	–	–
2014	204	2	502
2015	404	1	142
누계	1,052	3	644

2011년에 3명이 신청한 것이 처음이다. 이듬해인 2012년에는 146명이 한국에서 피난처를 찾았다. 그러나 '난민 인정'은커녕 '인도적 체류'를 허가받은 신청자도 단 한 명도 없었다. 2013년에도 295명이 새로 밀려왔지만 여전히 난민 인정과 인도적 체류 허용은 제로였다. 2015년 말 기준 우리나라의 시리아 난민 신청은 모두 1052건, 그중 난민으로 인정된 것은 2014년에 1건, 2015년에 2건 등 단 3건뿐이었다. 국제사회의 인도주의적 기준에 비춰보면 초라하기 짝이 없다.

난민 지위 심사를 기다리는 난민 신청자들에 대한 처우도 열악하다. 우리나라 최초의 난민 지원시설인 법무부 산하 출입국외국인지원센터는 2013년 11월이 되어서야 신설됐다. 그러나 입소 정원이 82명에 불과하고 인천공항 인근 영종도에 있는데다 외부 출입이 제한돼, 아직은 실효성 있는 한국사회 적응 교육과 사회통합에 한계가 있다. 생계비 지원 예산의 확충과 집행의 효율성도 높일 필요가 있다. 입국 후 난민 신청 초기에 극심한 경제적 어려움을 겪는 난민들에게 생계비는 인간의 존엄성을 지킬 수 있는 거의 유일한 방법이기 때문이다. 2016년에 고시된 생계비 지원액(4인가구 기준)은 난민지원센터 비입소자의 경우 113만1000원, 난민지원센터 입소자는 79만1700원이었다. 보건복지부가 정한 최저생계비에도 턱없이 못 미치는 수준이다. 그런데 2015년 난민 신청자 수에 견줘 그나마 생계비 지원을 받은 난민은 전체 신청자의 2퍼센트에도 못 미치는 난민지원센터 입소자(총 109명)를 포함해 6.5퍼센트에 불과했다. 나머지 93.5퍼센트는 난민 신청자라는 무력한 지위를 가지고 스스로 생계를 해결해야 했다. 불법체류자 신분에 자칫 생계형 일탈의 우려까지 낳는 대목이다.

9장

우리와 그들,
함께 살아가기

나는 미국인들의 호의의 수혜자입니다.
이 나라가 여기서 태어나지 않은 사람들에 의해 계속 풍부해지도록
포용적인 이민 정책을 가질 수 있기를 바랍니다.
– 매들린 올브라이트

만남, 충돌, 공존

이주는 초기 단계에서 필연적으로 토착민 집단과 신입 집단 사이에 긴장 관계를 형성하게 마련이다. 인간뿐 아니라 동물과 식물의 세계에서도 마찬가지다. 대다수 동물은 자기 영역이 분명하며 배타적이다. 먹이를 확보하고 자손을 퍼뜨리기 위해서다. 영역의 주인은 오직 힘으로 결정되며, 경쟁자의 침범은 용납되지 않는다. 동물의 세계에서 이주는 영역의 이동이거나 확장, 그에 따른 생태계와 먹이사슬의 변화일 뿐이다. 그러나 인간은 교류와 이주가 가져다주는 이점을 충분히 활용할 줄 안다. 더욱이 지금 우리는 인류 역사상 어느 때보다도 교류와 이주가 손쉽고 일반화한 시대에 살고 있다. 우리나라도 불과 몇 십 년 사이에 주변에서 외국인 이주자를 보는 건 매우 흔하고 자연스런 일이 되었다. 반대로, 외국으로 이민을 가거나 일하러 나간 지인들도 많다. 그러나 그들이 새로운 사회에서 기존의 사회 구성원들과 동등하게 어울리고 평등한 권리를 누리며 사는 것은 별개의 문제다. 이주가 보편화하고 불가피한 흐름일수록 이주자 사회통합의 중요성은 커지게 마련이다.

이주자들이 거주국에서 완전히 뿌리를 내리고 일정 규모 이상으로 커지면 디아스포라를 형성한다. 이때부터 사회통합 과정에서 원주민 집단과의 원심력과 구심력이 함께 작용한다. 사회통합 정책의 궁극적 목표는 선주민과 이주민 사이의 갈등과 분절을 최소화하고 통합의 시너지 효과를 최대화하는 것이다. 이질적인 사람들이 섞여 살면서 시간이 흐르고 세대가 이어지는 동안 자연스럽게 융합되는 공동체는 드물지 않다. 그렇게 만들어진 새로운 문화는 곧 그 집단의 새로운 동질성으로 서로를 묶어준다. 어느 한 집단의 동질성이라는 것이 넘을 수 없을 만큼 큰 차이나 장벽은 아니라는 이야기다. 그러나 반대로 자원 배분과 경제적 기회, 문화적 이질성, 역사적 경험 등의 이유로 갈등이 증폭되는 경우도 많다. 이런 갈등은 극단적인 외국인혐오와 폭력 충돌로 이어지기도 한다.

2008년 5월, 아프리카 최대 경제국인 남아프리카공화국(이하 남아공)에선 인접국에서 온 이주 노동자들을 겨냥한 최악의 폭력과 살육 사태가 벌어졌다. 경제 중심지인 요하네스버그를 비롯해 주요 도시들에서 일주일 이상 계속된 폭동으로 남아공 주민 21명을 포함해 모두 62명이 목숨을 잃었다. 또 무려 15만 명에 이르는 대규모 이주 난민이 생겨났다. 요하네스버그에서는 야구방망이와 흉기로 무장한 남아공 군중이 이주자 주거 지역을 덮쳐 판잣집에 불을 지르고 물건을 약탈했다. 클리블랜드 지역선 외국인 이주 노동자 2명이 산 채로 불태워졌고, 일부는 맞아 죽었다. 여성들에 대한 성폭행도 빠지지 않았다. 짐바브웨 난민 1000여 명이 대피한 교회도 공격을 받았다. 경찰은 고무탄을 쏘며 시위대를 진압했다. 도심 곳곳이 사실상 무법지대로 변했다.[1]

남아공 폭력 사태는 경제 침체와 높은 실업률, 만성적인 범죄로 시달리던 하층민의 불만과 분노가 한순간에 외국인 이주 노동자들에 대한 적개심으로 폭발한 것이었다. 1994년 흑백차별 정책인 아파르트헤이트가 철폐되고 넬슨 만델라 대통령이 이끄는 정부가 출범한 직후부터 짐바브웨·모잠비크·말라위·소말리아 등 주변국에서 수백만 명의 이주민들이 일자리와 피난처를 찾아 남아공으로 왔다. 정치·경제적으로 사실상 붕괴 상태였던 짐바브웨에서만 거의 300만 명의 난민이 몰려왔다. 짐바브웨 이주민들은 교육 수준이 상대적으로 높고, 영어를 잘 구사하며, 저임금에도 불만을 품지 않고 열심히 일해 남아공 고용주들에게 인기가 높았다. 이 때문에 남아공 원주민, 특히 흑인 빈민층은 한정된 일자리를 이주 노동자들이 차지한다는 피해의식이 컸다.

이주자에 대한 폭력은 소수자 인권 보호의 개념과 법제가 잘 갖춰진 북·서유럽 국가들에서도 심심치 않게 일어난다. 한 가지 눈여겨볼 점은 선진국에선 이주자에 대한 폭력뿐 아니라 이주자들에 의한 폭력도 드물지 않다는 점이다. 이주자 1세대보다 현지 언어와 문화에 더 능숙하고 공교육을 받은 2세대 젊은이들이 상대적으로 더 큰 박탈감과 차별을 느끼기 때문이다. 2011년 8월 영국 런던과 2005년 11월 프랑스 파리에서 일어난 폭동 사태가 대표적이다. 런던 폭동은 한 흑인 청년이 경찰의 검문을 받다가 총에 맞아 숨지면서 일어났다. 흑인과 이민자에 대한 경찰의 과잉대응에 분노해 시작된 시위는 방화·파괴·약탈 등 과격한 폭력 사태로 바뀌었다. 버밍엄, 리버풀, 맨체스터 등 다른 도시들로까지 번지며 닷새 동안 지속된 이 폭동 사태로 6명이 숨지고 수백 명이 다쳤다.

앞서 2005년 프랑스에선 파리 외곽의 저소득 소외계층 주거 지역인 방리유에서 아랍계 10대 청소년 2명이 경찰의 검문을 피해 달아나며 송전소 담을 넘다 감전돼 숨지는 사건이 일어났다. 역시 경찰의 차별적 검문과 과잉대응에 항의하던 시위는 화염병과 최루탄이 난무하는 험악한 사태로 커졌다. 니콜라 사르코지 대통령은 시위대를 '흉악범', '인간쓰레기'로 지칭해 이민자 사회의 분노에 기름을 끼얹었다. 프랑스 사회는 두 달 동안 건물 300여 채와 차량 1만여 대가 불타는 홍역을 치렀다. 그로부터 꼭 10년 뒤인 2015년 11월 13일, 프랑스에서는 무슬림 이주자 2세들이 파리 도심 한복판에서 동시다발테러를 저질러 130명의 목숨을 앗아가는 최악의 참사가 또다시 일어났다. 이 테러는 이슬람 극단주의 세력인 이슬람국가IS의 유럽 내 세포조직이 저지른 치밀한 기획 테러였지만, 그 실행자들은 프랑스와 벨기에 국적의 아랍계 청년들이었다.

이주민과 그 자녀 세대가 단지 종교나 피부색, 옷차림, 언어 사용 등을 이유로 경계의 대상이 되고, 주변화(소외)→고용 불량→저소득→주변화의 악순환이 되풀이되는 것은 안타까운 일이다. 만일 이런 현상이 개인의 품성이나 노력으로 극복할 수 있는 수준을 넘어선 문제라면, 이것이야말로 눈에 보이지 않지만 거대한 톱니바퀴처럼 작동하는 구조적 폭력이라 할 수밖에 없다. 이처럼 은폐된 폭력은 대개 경제가 어렵고 사회가 불안할수록 강도를 더한다. 나와 남의 구별, 우리와 타자의 경계는 보통사람들의 살림살이가 팍팍할수록 미시적이고 직접적인 일상의 생활 영역에서 흉측한 민낯을 드러낸다. 선주민과 이주민의 충돌도 바로 이런 접점에서 일어난다. 마을, 지역, 국가, 지리·문화적으로 밀접한 국가군 지역, 나아가 국제사회 등 집단의 범위가 커질수록 이런 갈등은 더 중층적인 양상을 띤다. 오늘날 세계는 밀접한 상호 교류와 관계로 촘촘히 엮인 관계망으로 작동하기 때문이다. 지구의 자연자원과 부의 편중, 국력의 차이, 자본주의 논리에 토대를 둔 급속한 세계화는 이주 문제를 더욱 복잡하게 만든다.

숙명적인 문명충돌?

1993년, 새뮤얼 헌팅턴은 미국의 정치·외교 전문지 《포린어페어스*Foreign Affairs*》 여름호에 처음으로 문명충돌론The Clash of Civilizations을 제기했다. 미래 세계에서 갈등의 근원은 이념이나 경제적 문제가 아니라 문화적 문제가 될 것이라는 주장이었다. "여전히 민족국가가 국제사회에서 가장 강력한 행위 주체로 남아 있긴 하겠지만, 국제정치의 가장 주요한 갈등들은 서로 다른 문명권의 국가 및 집단들 사이에서 일어날 것이다. 문명들의 충돌이 국제정치를 지배하게 될 것이다. 문명 간의 단층선fault lines들이 미래의 전선이 될 것이다."[2]

헌팅턴은 문명충돌 가설의 논거로 여섯 가지를 들었다. 모두 이주 문제와 밀접한 관련이 있다. 첫째, 문명 간 차이는 정치이념이나 체제의 차이보다 훨씬 더 근본적인 것으로, 다른 문명권 사람들의 상이한 세계관과 가치관은 수세기에 걸쳐 형성됐으므로 금세 사라지지 않을 것이다. 둘째, 세계가 갈수록 좁아지면서 다른 문명권 사람들끼리의 상호작용이 늘어나는데, 이는 피차 문명의 공통성과 차이에 대한 자각과 인식을 강화할 것이다. 셋째, 세계 차원의 경제 발전과 사회 변화로 사람들은 출신 및 성장 지역, 또는 국민국가에 근거한 고전적인 정체성 의식이 점차 약해지고 있으며, 젊은이·고학력·중산층·전문가·사업가일수록 그런 성향이 크다. 넷째, 이 같은 '문명 자각'의 성장은, 서구(유럽과 미국)가 힘의 정점에 있다는 현실과 아시아와 중동 등 비서구권 문명이 자신들의 근원으로 회귀하려는 현상이 동시에 나타나면서 갈등과 충돌을 예고한다. 다섯째, 문화적 특성과 차이는 쉽게 변하지 않으며, 정치적·경제적 가치보다 타협의 여지가 적다. 예컨대 누군가가 절반은 프랑스인, 절반은 아랍인의 정체성을 가질 수는 있지만, 절반은 가톨릭 신자, 절반은 무슬림으로 사는 건 사실상 불가능하다. 여섯째, 공통의 문명에 기반한 경제적 지역주의(블록화)가 확산하는 추세인데, 역으로 경제적 지역주의는 공동의 문명권에 뿌리를 둘 때에만 성공할 수 있을 것이다.

헌팅턴의 주장은 뜨거운 논쟁을 불러왔다. 지지하는 쪽에선 문명충돌론이 탈냉전 이후의 세계를 읽는 새롭고 유용한 틀을 제시했다고 평가했다. 반대쪽에선 헌팅턴이 다분히 일방적인 서구 중심주의에 갇힌 채 다른 세계에 대한 편견과 몰이해를 드러냈다고 지적했다. 서로 다른 집단의 만남과 갈등을 종교와 문명이라는 기준으로 지나치게 단순화하고 일반화하는 오류에 빠졌다는 지적, 의도했든 의도하지 않았든 국제사회에서 힘의 논리를 정당화한다는 비판도 거셌다.

뜬금없이 헌팅턴의 문명충돌론 이야기를 꺼낸 것은, 헌팅턴의 통찰이 국제 이주 과정에서 이질적 집단들이 접촉할 때 나타나는 갈등을 이해하는 데 도움이 되는 측면이 있기 때문이다. 나아가, 헌팅턴의 주장과 논리를 이주자 사회로 좁혀 실증적으로 분석해보는 것은 종교와 문화가 다른 이주자들의 사회통합이 왜 어려운지를 설명하고 해결 방법을 모색하는 데 시사점을 준다. 이주로 맞닥뜨리는 개인/집단의 이질성이 클수록 문제와 갈등도 복잡하고 커지는 건 당연하다. 그 이질성을 가장 결정적으로 도드라지게 하는 것이 핏줄과 언어 같은 혈연적 친연성, 그리고 종교와 사상 같은 가치 체계다. 헌팅턴이 말한 문명권은 그런 요소들을 시간이 쌓아올리고 공간이 구분해놓은 독립적 공동체 단위로 해석된다. 이때 공동체는 근대의 국민국가가 확대된 개념과도 비슷해 보인다. 그런 점에서 "헌팅턴이 현대 국제사회 갈등의 근본 문제를 종교와 문화로 '환원'한다"는 식의 비판은 협애한 것일 수 있다. 현대 국제 이주의 모든 문제를 경제와 지정학적 관점에서만 바라보는 것이 협소하고 잘못된 '프레임 가두기'인 것과 마찬가지다.

 헌팅턴의 가장 큰 논리적 오류는 문명의 차이를 문명의 배척으로 오인하거나 비약한 것이 아닐까. 그렇다면 문명의 갈등과 충돌에 과중한 비중을 두고, 지구촌의 분쟁을 숙명적인 것으로 파악하게 되며, 문명의 교류와 융합을 외면하거나 저평가하게 되는 것은 논리적으로 당연한 귀결이다. 과거 역사를 봐도, 정복전쟁이나 식민지 침략이 문명이 다르기 때문에 생긴 충돌은 아니었으며, 반대로 문명이 다르다고 해서 반드시 갈등을 빚거나 무력분쟁으로 이어지는 것도 아니었다.

통합이란?

 이주자를 받아들인 집단에서 사회통합 정책의 일차적 목표는 융화다. 이질성을 줄이고 동질성을 늘리는 것이다. 그런데 서로 다른 혈통과 가치관을 지닌 수많은 사람이 함께 모인 다인종·다민족 집단에서 새로 합류한 이주자에게 동질성 혹은 이질성을 가르는 기준은 무엇일까? 가장 일반적이고 전통적인 기준은 이주자 자신이 느끼는 정체성identity일 것이다. 이주자는 자신이 이주한 국가의 시민권을 획득할 경우 그 나라 '국민'이라는 신분을 얻게 된다. 그것을 국가가 법적으로 인정하고 공증하는 것이 신분 증명 certificate of identity이다. 그러나 사람이 소속돼 살아가는 집단이 바뀌었다고 해서 자신의 주관적 정체성도 한순간에 싹 바뀌는 건 불가능하고 바람직하지도 않다. 이주자 사회통합의 관점에서 볼 때 '정체성' 개념은 우리에게 너무 많은 것을 말하거나 정반대로 아무 것도 말해주지 않을 수 있다. 모든 국민을 하나의 정체성으로 통합하는 것은 전체주의로 가는 가장 빠른 지름길이다. 우리는 그 위험성을 가까이는 20세기 파시즘과 나치즘의 경험으로 알고 있다. 그렇다고 한 나라의 구성원이 동의하고 지향하는 기본적 가치가 저마다 다르고 통제의 범위 밖에서 난립할 경우 국가의 안정석 존속을 기대하기 힘들다. 이주자 통합이 '동화assimilation'와 '다문화주의multi-culturalism'라는 양대 갈래로 이뤄져온 이유다.

이주자 통합에서 '동화同化', 즉 '같게 만드는 것'은 어떤 뜻일까? 로저스 브루베이커는 일반적·추상적 차원에서 '동화'의 핵심 의미는 '유사성의 증대'라고 말한다. 각각의 정체성을 인정하거나 강화하는 것이 아니라 이주자 집단이 이주 수용 집단과 더 많이 닮도록 만드는 것이다. 그런데 구체적·유기체적 의미에서의 '동화'는 이주 집단의 본성을 바꿔버리고 흡수하거나 합병하는 것이 되고 만다. 마치 우리가 섭취하는 음식물이 몸속에서 영양분으로 흡수돼 피와 살이 되는 것과 같은 이치다. 이주자 정책에서 '동화' 방식으로는 집단 구성의 다양성과 각 집단의 정체성이 존립할 근거를 잃는다.[3]

그런데 사회통합의 방식으로서 '동화냐, 다문화주의냐'를 논하기에 앞서, '통합'이라는 표현 자체가 갖는 함의부터 검토해볼 필요가 있다. '통합'이라는 표현은 이주자 집단의 고유한 특성과 전통을 무시하고, 혹은 거세하고, 기성 사회의 맞춤형 구성원으로 획일화한다는 느낌을 주기 때문이다.

스티븐 카슬과 마크 밀러는 "통합이라는 용어는 특정한 방향성을 내포하는 의미로 해석될 수 있으므로 좀 더 중립적인 용어인 편입incorporation을 사용"할 것을 제안했다. 그리고 편입의 하위 유형으로 구분 배제, 동화, 통합, 다문화주의 등 4가지를 구별했다. 이를 간략히 설명하면, ① 동화: 이민자가 일방적인 적응 과정을 통해 사회에 편입되는 것, ② 구분 배제 differential exclusion: 이주자가 임시적으로 사회의 특정 부문(특히 노동시장)에 편입되지만 다른 부문(특히 시민권과 정치 참여)의 접근은 인정되지 않는 것, ③ 통합: 이주자의 적응이 어느 정도 상호적응이 필요한 점진적 과정임을 인정하지만, 최종 목표는 여전히 지배문화로의 흡수, ④ 다문화주의: 이민자들이 이주 사회의 기본적 가치에 순응하면서도 그들 고유의 문화·종교·언어를 포기하지 않은 채 사회의 모든 영역에 동등하게 참여할 수 있어야 한다는 것이다.[4]

여기서 핵심 쟁점은 이민자가 개인으로서 문화적 차이나 집단의 소속됨을 고려하지 않은 채 편입되어야 하는가, 아니면 함께 모여 살며 고유의 문화, 언어, 종교를 유지하려는 종족집단 내지 공동체로서 편입되어야 하는가다. 편입을 이해하는 출발점은 국민국가 형성이라는 역사적 경험이다. 즉 신생국이 자국 내의 소수종족 또는 종교적 소수자들을 대할 때, 새로운 영토를 정복할 때, 이민자를 편입할 때, 또는 식민지를 통치할 때 차이를 다루는 방식을 말한다. 시민권에 대한 상이한 견해도 이러한 경험에서 발전했다. 소수 종족과 문화적 차이를 처우하는 '국민 모델'들이 여러 유럽 국가에서 생겨났고, 그 모델들은 후에 국가와 주류사회가 이민자를 어떻게 처우할 것인지를 결정하는 데 도움이 됐다.[5]

이주자의 시민권 취득을 지나치게 까다롭게 하는 것만큼이나, 사회통합을 구실로 귀화를 압박하는 것도 문제다. 귀화란 한 국가가 그 국가의 국적을 취득하고자 하는 비국민에게 공식적인 행위를 통해 국적을 부여하는 것을 말한다. 국제법은 귀화에 대한 구체적인 규정을 제시하지는 않지만, 모든 국가들이 자국민이 아닌 자가 국적 신청을 할 경우 이들을 귀화시킬 권한을 갖는다는 것을 인정하고 있다.[6] 국가가 거주 외국인의 귀화를 유도하는 것은 그들의 다름과 본디 정체성을 인정하지 않고 자국 사회 안으로 흡수·동화하겠다는 것과 다름없다.

귀화는 사회통합을 법적·제도적으로 완성하는 궁극적 형식인 동시에, 방식에 따라선 가장 폭력적이고 강제적인 형식이다. 국민국가가 주권이 미치는 영토 안에 사는 모든 이방인들에게 그 나라 국적/시민권의 취득을 사실상 강요하는 것이기 때문이다. 이주자 고유의 징체성은 법과 제도 차원에서 박탈되며, 개인은 해당국가의 '국민'이 된다. 귀화를 거부하면 무국적자의 신분으로 머물러야 한다.

그 부작용의 사례는 멀리 갈 것도 없이 우리 근현대사에서 얼마든지 찾아볼 수 있다. 바로 19세기 구한말부터 20세기 전반 일본 제국주의의 조선 침략과 식민 지배 시절에 집중적으로 양산된 재외동포 디아스포라다. 자이니치(재일 동포), 조선족(중국 동포), 카레이스키(옛소련 지역 동포)가 대표적이다. 여기에선 일본의 사례만 들어보자. 2005년 당시 일본에서 외국인 등록을 한 '한국 국적' 또는 '조선적'(해방 이후 남한 또는 북한의 국적을 취득하지 않은 재일동포)은 약 65만 명 정도로, 재일 외국인 전체의 절반 가까이를 차지했다. 그런데 꼭 10년 뒤인 2015년 말 기준으로 일본 법무성이 발표한 일본 거주 외국인 현황에 따르면, 한국 국적 또는 조선적은 약 49만 명으로 10년 새 25퍼센트나 급감했다. 조선적은 3만3939명, 한국 국적은 45만7천772명이었다. 한국과 달리 북한은 아직 일본과 국교 관계가 없다. 따라서 조선적은 일본 법률상 무국적으로 분류돼, 외국을 드나들 때 한국 정부의 여행증명서나 일본 법무성의 재입국허가서를 여권 대신 발급받아야 하는 등 여러 가지 불편이 따른다. 그럼에도 남북한이 통일된 뒤에야 모국 국적을 취득하겠다며, 일본에 귀화하지 않는 데 따른 불편함을 감수해가며 민족적 정체성을 지키려는 동포들이 여전히 남아 있다.

그러나 1990년대 들어와서부터 귀화자 수는 점점 늘어나고 있고, 대략 연간 1만 명 이상이 귀화하고 있다. 일본 정부는 1952년 샌프란시스코 강화조약[7]이 발효되면서 조선이나 대만 등 구식민지 출신자가 갖고 있던 일본 국적을 일방적으로 박탈했다. 재일 조선인의 귀화는 그 시점부터 시작되는데, 1990년대까지의 귀화 허가자의 수는 모두 20만 명이라고 한다. 일본의 외국인 귀화 절차는 '생계 요건'(생계를 유지해나갈 재산이나 기능이 있는지 여부), '치안 요건'(일본의 헌법 체계를 폭력적으로 파괴하려는 의도 또는 그런 단체와의 관계 여부), '동화 요건'(일본사회에 어느 정도 융화되는가, 바꿔 말해, 얼마나 일본인다운가 여부) 등 세 가지 요건을 일본 법무성이 일방적으로 심사해 법무장관의 재량으로 결정한다.[8]

이주자는 어떻게 사회의 일원이 되는가

현대 세계에서 이주가 급증함에 따라 주요 이주 수용국들에서는 이주자들의 사회통합 문제가 중대한 사회 정책 현안이 되고 있다. 이주자 통합 정책의 기본은 사회적 갈등과 비용을 최소화하고 다문화 사회의 시너지 효과를 극대화하는 것이다. 성공적인 이주자 사회통합은 이주 수용국의 장기적 번영과 안정을 위해 필수적이다. 특히 주요 이주 수용국들인 선진국들이 인구 고령화와 저출산에 따른 경제 인구 감소와 사회적 부양 부담이 크게 늘면서, 바깥으로부터 인구 유입이 절실한 실정이다.

이주자들은 국적 획득과 상관없이 이주 수용국에서 노동자, 소비자, 투자자, 납세자로서 경제 활동의 중요한 인적 공급원이다. 뿐만 아니라 이주자들은 그들이 정착한 땅에 새로운 아이디어와 지식, 혁신을 제공하기도 한다. 이주자들에 대한 태도가 차별과 배제에서 차이의 인정과 공존으로 바뀌어야 하는 당위이자 지극히 현실적인 이유다.

외부 이주자들에 대한 한 집단의 원심력과 구심력의 정도를 결정하는 핵심적인 요인은 두 가지를 꼽을 수 있다. 하나는 자원 배분의 기회다. 토지, 일자리와 임금, 주거 지역, 사회복지 등 사회경제적 자산의 생산과 분배 과정에 얼마나 참여할 수 있는지가 척도가 될 것이다. 다른 하나는 집단과 개인의 정체성이다. 인종, 핏줄, 언어, 종교, 가치관, 생활양식 등이 여기에 해당한다. 나아가, 이런 특성들을 완강하게 고수하는지 혹은 어느 수준에서 양보할 것인지에 대한 이주자들의 의지와 태도까지도 포함된다.

여기서 다음과 같은 질문이 나오는 건 당연하다. 이민자와 그 후손은 어떻게 그 사회의 일원이 될 수 있는가? 나아가, 국가와 시민사회는 그 과정을 매끄럽게 하기 위해 무엇을 어떻게 해야 하는가? 한 사회가 다른 세상에서 온 이주자를 품어 안는 과정과 법제, 문화를 통틀어 '사회통합social integration'이라고 한다.

유엔은 '통합'을 "이주자가 개인 혹은 집단으로서 사회에 수용되는 과정"으로 정의한다. 이때 수용국이 요구하는 것은 국가별로 매우 다양하지만, 일반적으로 이민자와 수용국 양방의 적응 과정을 의미한다. 통합이 반드시 영주를 의미하는 것은 아니다. 그러나 수용국에서 이민자와 이민 수용 사회의 권리와 의무, 여러 종류의 서비스와 노동시장에 대한 접근, 이민자와 이민 수용 사회를 공통의 목적으로 결합시키는 핵심가치 존중과 정체성에 대한 고려를 함의한다.[9] 한마디로 통합은 이주자가 새로운 사회공동체 구성원으로서 공동의 가치와 권리와 의무를 갖는 과정과 결과다.

시민권, 국적, 소속될 권리

마이클 새머스는 이주자의 복잡한 기원지와 정착지, 그들의 형식적 시민권 수준의 차이가 그들이 받게 되는 권리의 형태와 질, 범위에 영향을 미친다고 봤다. 그러나 국가가 관대한 태도로 이러한 권리를 이주자들에게 일방적으로 제공하지는 않으며, 이주자 자신이 인도주의 차원의 호소, 실용성의 문제, 대규모 항의와 같은 방법을 통해 권리를 찾아야 한다고 제언한다. 시민권 그리고 보다 큰 권리를 위한 투쟁은 전 세계 이주자 사이에 일반적이며, 장소, 공간, 영토의 차이에 의해 다르게 나타난다는 것이다.[10]

새머스는 시민권의 개념을 네 가지로 구분했다. 법률적 시민권, 권리로서의 시민권, 소속으로서의 시민권, 시민적·정치적 참여로서의 시민권이 그것이다.[11]

먼저, 법률적 시민권은 국적이나 귀화와 관련된 법률적 상태로서의 시민권을 말한다. 시민권의 개념은 그리스의 도시국가만큼이나 오래된 것이지만, 국민국가에 기초한 근대적 시민권의 기원은 프랑스혁명과 19세기 국민국가의 형성 및 결속에서 찾을 수 있다. 시민권의 근대적 형태는 여권과 같은 국가 통제를 불러왔고, 권리와 책임을 갖는 정착된 인구에 관심을 갖게 했으며, 국적에 의해 다른 사람을 배제하는 결과를 가져왔다. 그러므로 국적은 시민권의 다른 말처럼 보이지만, 이 둘은 구별할 필요가 있다. 시민권은 개별 국가 안에서 투표권과 공직 진출, 군 복무에 이르기까지 다양한 권리와 책임을 포괄한다. 반면 국적은 국제적 시스템 내지 법률과 관계되며, 주로는 대외적으로 국적자의 지위와 보호받을 권리를 증명한다.

둘째, 권리로서의 시민권이다. 방금 언급한 것처럼 시민권은 단순히 국적 이상의 것이다. 국적과 상관없이 한 사회 안에서 누구나 기본적으로 누려야 할 사회적 권리다. 이는 한 나라의 국민들이 누리는 권리가 이방인, 이주자들에게 얼마나 보장되는지의 정도로 가늠해볼 수 있다. 선진국에서 이주자의 권리는 전반적으로 감소하고 양극화해왔다. 이는 신자유주의에 관한 논쟁과 일치한다.

셋째, 소속으로서의 시민권이다. 시민권은 법적 지위와 사회적 권리에 의해서뿐만 아니라 소속에 의해서도 정의될 수 있다. 이주자에 대한 사회적 배제 혹은 주변화marginalization는 이주자들의 소외감과 적대감을 유발하며, 그들의 소속감에도 영향을 미친다. 또한 피부색, 언어, 국가 및 민족적 배경, 직업의식, 경제적 성공, 정치적 자유에 대한 열망에 따라 어떤 이주자들은 다른 이주자들보다 시민으로서 더 잘 받아들여지거나 그 반대일 수 있다. 21세기 들어 갈수록 많은 이주자들이 공동체로부터 '인정'을 누리지 못하고 있다.

넷째, 시민적·정치적 참여로서의 시민권이다. 유럽의 경우 20세기 중반까지도 이주자는 지방선거 투표권와 노조 가입권이 없었다. 그러나 지난 30년간 유럽에서 이주자의 투표권, 민족법의 자유화 등 정치적 권리 획득이 늘면서 상당한 변화가 생겼다. 마티니엘로는 정치적 기회구조를 다음과 같이 설명한다. "외국인에게 투표권을 인정하거나 거부하면서, 시민권과 국적에 대한 접근을 촉진하거나 방해하면서, 결속의 자유를 인정하거나 제한하면서, 이주자 관심의 재현을 보증하거나 금지하면서, 자문적 정치를 위한 장과 기구를 설립하거나 설립하지 않으면서, 국가는 이주자를 위한 정치적 참여의 장을 열거나 폐쇄할 수 있으며, 집단적 사건의 운영에 참여하는 기회를 다소나마 제공할 수 있다."[12]

짧게 잡아도 1000년이 넘게 사실상의 단일민족 단일국가를 이뤄온 우리나라에서 국적과 시민권의 개념을 명확히 구분해 인식하기란 쉽지 않은 일이다. 그러나 비교적 뒤늦게 근대적 형태의 국민국가를 이룬 나라들에서 둘의 차이는 명확하다. 특히 식민통치 종주국의 국적을 획득한 피식민지 출신자들이 현실에서 느끼는 괴리감은 굴욕적이다. 프랑스 철학자 자크 데리다는 《환대에 대하여》(1997)에서 자국의 사례를 들었다.

식민지화의 초기에서 제2차 세계대전 말까지 알제리의 이슬람교도들은 '프랑스 국적자'라고 불리는 사람들이었지, '프랑스 시민'이 아니었다. 둘의 구분은 매우 미묘하지만 결정적인 것이다. 그들은 전적인 외국인은 아니었으되, 엄밀한 의미의 시민권을 가지지는 못했다. …… 제1차 세계대전 후 1919년 2월에 발령된 법은 더 이상 국가의 자유재량을 통하지 않는 수속으로 알제리 이슬람교도들에게 프랑스 시민권을 부여한다. 그러나 행정이 그들의 시민권 취득을 장려하지 않았고, 이슬람교도들이 시민권을 획득하기 위해선 개인적인 지위—특히 종교상의 권리 등—를 포기해야 한다는 조건부 시민권에 저항했다. 요컨대 프랑스는 그들에게 프랑스 시민권에로의 '환대'를 제공했지만, 그들이 자기네 문화처럼 간주하고 있던 것을 포기해야 한다는 조건을 붙였던 것이다.[13]

제2차 세계대전 발발 이전에 프랑스에선 한 차례 더 진보가 있었다. 병역·대학·상업·농업·행정·정치상의 지위로 인해 프랑스인으로 '동화'되었다고 추정된 모든 사람에게 이슬람교도의 지위를 포기하지 않아도 시민권을 보장하도록 했으나, 이 역시 실패했다. 제2차 세계대전 중이던 1944년에는 프랑스의 방위와 해방에 알제리 군인들이 참여했다는 이유로 알제리의 모든 프랑스 시민들에게 출생지·종족·언어·종교의 구별 없이 헌법에 규정된 권리들과 의무들을 수반한 시민권과 평등권을 부여했다. 그럼에도 여전히 선거인단은 둘로 구별됐다. 그러한 점이 아마 알제리의 독립으로 귀착된 내란의 여러 원인 중 하나일 것이다.[14]

이주자들의 사회통합 개념과 범위, 방법에 대해서는 여러 이견이 있다. 최근 들어선 이주자 사회통합의 초점이 기존의 귀화, 동화, 흡수 같은 일방주의 방식이 아니라 다문화주의와 공존의 이점을 강조하는 방식으로 변화한 것이 더욱 분명해졌다. 그러나 이와 동시에, 특히 과거 식민지 제국주의를 경영했던 서구 강대국의 보수 우파 진영을 중심으로, 이주민 수용국의 정체성 유지와 사회적 안정성, 국가안보 등을 이유로 노동 이주자뿐 아니라 인도주의적 지원이 절실한 난민의 수용에 대해서까지 부정적으로 보는 시각도 확대되고 있다.

사회통합의 새로운 정책적 접근은 기존의 단순한 공존 개념과 구별되는 추세다. 이주자들의 새로운 사회집단에 대한 소속감belonging뿐 아니라 그들 고유의 정체성identity도 함께 인정하고 존중해야 한다는 뜻에서다. 그러나 이 같은 상대주의적 관점은 국제정세와 경제 상황, 이주 규모와 이주자 집단의 성격, 해당 시기 국민 정서와 집권 정부의 성향에 따라 언제든지 색채가 바뀔 수도 있다.

로저스 브루베이커는 20세기 들어 미국에서는 사회통합에 관한 담론이 크게 세 단계의 변화를 거친다고 봤다. 이주자 통합에 관한 연구가 본격화하기 시작한 1920년대부터 1960년대까지는 토박이 집단이 이주자 집단을 체제 내로 흡수하는 동화주의적 관점assimilationist perspectives이 지배적이었다. 이어 1965년부터 1985년 무렵까지는 인종적 다양성을 적극 인정하고 다양한 방식으로 그 지속성을 모색할 것을 강조하는 다원주의적 시각 pluralist perspectives이 대세로 떠올랐다. 그러나 1985년 이후로 다시 새로운 형태의 동화주의new assimilation가 부활했다는 것이다.[15]

이주 담론에 대한 이 같은 변천은, 당연하게도, 각 시대별 특성과 밀접한 관련이 있다. 맨 처음의 동화주의 흐름은 20세기 들어 강대국으로 급부상한 미국이 절대적 힘의 우위를 바탕으로 자신감과 포용력을 한껏 과시하던 분위기에서 비롯했다. 이 시기 미국은 두 차례의 세계대전을 연합국 진영의 승리로 이끌었고, 경제력과 과학기술 측면에서도 비약적인 발전을 거듭했다. 이주 문제를 '주인'과 '손님'의 관점에서 보던 동화주의에 이어, 다원주의적 관점은 1960년대를 휩쓴 민권운동과 반전평화운동, 대서양 양안을 뒤흔들며 기성체제의 패러다임 전환을 요구했던 68혁명 등 당시의 진보적이고 자유주의적인 분위기와 시대정신을 반영한다. 1964년에 제정된 시민 권법은 미국 민주주의와 인권 발달의 중요한 이정표가 됐다. 이듬해인 1965년 이민법 개혁으로 이주자의 국가별 쿼터제를 폐지한 것도 같은 맥락이었다. 그러다가 1980년대 중반부터 다시 동화주의적 기류가 득세한 것은 레이거니즘(미국)과 대처리즘(영국)으로 상징되는 정치적 보수화 바람을 탄 것으로 해석할 수 있다.

유럽에선 1989년 11월 베를린 장벽 붕괴와 함께 동서 냉전체제가 해소되면서 역내 이주가 급증했다. 옛 동독 주민들은 무너진 국경을 넘어 서쪽으로 한없이 밀려왔다. 체코, 폴란드 등 동유럽 국가 시민들의 서유럽행 엑소더스도 이어졌다. 1991년에는 유고슬라비아 연방 지역에서 무려 10년에 걸쳐 수차례의 전쟁이 발생했다. 처음엔 유고슬라비아 '내전'으로 불렸으나, 1992년 연방이 해체되고 알바니아, 마케도니아, 보스니아, 크로아티아, 슬로베니아, 코소보 등 6개의 독립국가로 분열되면서 종교와 민족의 차이를 이유로 내세운 살육전이 지속됐다. 전쟁 상황에서 '우리'와 '타자'의 구별은 생사가 달린 문제다. 배타적 민족주의가 횡행하는 분위기에서 개방적 다원주의는 숨 쉴 공간을 잃었다.

■ **부유국 시민들 "이주자가 많은 것 같다"**

이주자 사회통합에는 이주자들에 대한 선주민들의 의식과 태도가 무엇보다 결정적인 변수다. 법과 제도가 아무리 잘 갖춰지고 관련 예산이 뒷받침된다고 해도, 선주민들이 이주자들에 대한 반감이나 불편한 감정을 갖고 있다면 소용이 없다. 그런데 이주자들이 선호하는 나라, 이주자들을 많이 수용하는 나라의 국민들이 느끼는 이주자 피로증이 커지고 있는 것으로 나타났다. 이주자들을 공동체의 일원으로 받아들이는 데 대한 심리적 거부감과 장벽이 높아지고 있다는 얘기다.

글로벌 여론조사기관 입소스Ipsos가 2015년 8월 경제선진국 24개국 1만 7533명을 대상으로 실시한 여론조사 결과를 보면, 응답자의 82퍼센트가 "최근 5년 동안 국제사회에서 전반적으로 이주자가 늘었다"고 답했다.[16] 또 응답자 2명 중 1명은 "우리나라에 외국인 이주자가 너무 많다", "이주자들이 공공서비스에 큰 압박을 주고 있다"고 느끼고 있었다. 외국인 이주자들이 자국 경제에 긍정적 영향을 미치거나 도움이 된다고 답한 응답자는 전체의 21퍼센트에 그쳤다. 반면 응답자의 45퍼센트는 이주자들 때문에 자국민들이 일자리를 얻기가 더 어려워졌다고 믿고 있었다. 특히 '아랍의 봄'과 시리아 내전 이후 이라크와 시리아 난민들이 대거 몰려온 터키에선 응답자의 92퍼센트가 난민이 너무 많다고 응답해 위기감을 드러냈다. 또 북아프리카와 중동 지역의 난민들이 지중해를 건너 유럽으로 밀입국하기 위한 관문이 되고 있는 이탈리아에서도 '우리나라에 난민이 너무 많다'는 응답이 71퍼센트에 이르렀다.

이 조사에서, 우리나라는 "외국인 이주자가 너무 많다"는 응답이 33퍼센트로 하위 4위, "외국인 이주자들이 사회에 부정적 변화를 낳는다"는 시각은 25퍼센트로 하위 3위에 머물렀다. "이주자 때문에 구직난을 겪는다"는 의견도 32퍼센트로 하위 5위 수준이었다. 반면 "외국인 이주자들이 사회에 긍정적 변화를 가져온다"고 답한 비율은 19퍼센트로, 조사대상 24개국 가운데 딱 중간인 12위였다. 이는 우리나라의 경우 아직은 외국인 이주자 문제에 대한 사회구성원들의 위기감이 다른 주요 국가들에 견줘 상대적으로 덜 심각하다는 것으로 풀이된다.

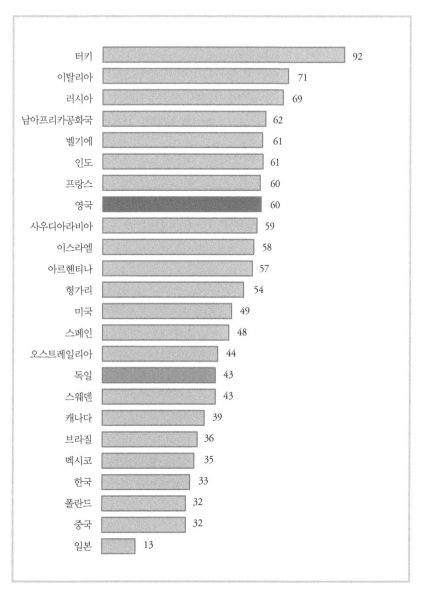

[그림 26] 24개국 여론조사(IPSOS, 2014년 8월)
"우리나라에 이주민이 너무 많다"(단위: 응답률 퍼센트)

사람과 집단의 만남

이주는 서로 다른 집단에 속한 사람들이 같은 시간 하나의 공간에서 공존을 전제로 만나는 행위와 방식이다. 이주자 사회통합은 그런 만남이 이뤄진 이후부터 함께 어울려 사는 더 나은 방법과 관점을 찾는 과정이다. 그런데 그렇게 만난 선주민과 이주민이 사회적 지위와 계층의식에서 동등하지 않다는 데 사회통합의 어려움이 있다. 오늘날 거의 모든 국제 이주는 이주를 희망하는 사람이 '청원자'의 자격으로 다른 기성 공동체에 틈입하고, 시민권/국적이라는 법적 지위를 '허가' 받고, 그 구성원들의 정서적인 포용을 얻는 방식으로 완성되기 때문이다. 무력이나 금권을 앞세운 정복이 아닌 바에야, 거주의 기득권을 누리는 선주민 집단과 이주의 혜택을 기대하는 소수 신참자new comer의 처지가 처음부터 동등할 것이라고 기대하긴 힘들다.

집단 앞에서 개인은 한없이 작다. 집단은 수많은 개인들이 모여 형성되지만 개인들의 총합 이상이다. 고대 그리스 자연철학에서부터 현대 양자물리학자 베르너 하이젠베르크에 이르기까지 '부분의 합은 전체보다 크다'고 갈파했지만, 이런 원리는 자연에서뿐 아니라 사회에서도 마찬가지다. 그 속에서 집단과 개인 간에 현저하게 불균등한 권력관계가 작동한다. 한 집단 안의 개인과 개인 간에도 권력과 자원의 보유 정도에 따라 불균등한 권력관계가 작동하기 마련이다. 모든 사람은 본질적으로 각자가 실존적 개체이며 서로 이방인으로 만남에도 그렇다. 하물며 배가 난파해 무인도(?)에 표류한 로빈슨 크루소가 뜻밖에 만난 한 흑인 청년과 함께 살게 된 상황에서도 주종관계가 생긴다. 둘은 아주 낯선 곳에서 생전 처음 만난 사이다. 로빈슨 크루소가 그를 만난 날이 금요일이라는 이유로 '프라이데이Friday'라는 이상한 이름을 붙여주는 것은 둘의 관계를 상징적으로 드러내는 풍자다.

이름을 지어주고 지위와 역할을 할당하는 행위 자체가 권력의 행사다. 프라이데이가 로빈슨 크루소와의 관계에서 실제로 자신의 지위를 노예나 시종으로 여겼는지는 부차적인 문제다. 지배자는 피지배자를, 국가는 국민을, 집단은 개인을 호명한다. 모든 인간은 개인으로 남아 있는 한 국가 앞에서 약한 존재이지만, 이주자는 특히 출신국이 아닌 나라와 집단 앞에서 한없이 약한 존재다.

이주의 맨 처음 단계에서는 갑-을관계가 뚜렷이 작동한다. 이런 권력관계는 공적 기구의 층위에서뿐 아니라 사람들 사이의 개별적이고 구체적 대면관계에서도 나타난다. 이주는 국가가 이주 희망자에게 입국과 체류 자격, 노동권과 시민권 등을 부여하는 법적·행정적 절차만으로 완성되지 않는다. 법적으로 한 나라의 국민임을 공증 받고 그 나라의 국호가 선명한 여권을 갖는다는 것과, 일상에서 그 집단에 소속감을 느끼고 다른 구성원들로부터 '우리 이웃'으로 인정받으며 인격적 대우를 받는 것은 전혀 다른 문제다. 시민권과 소속감이 반드시 일치하지는 않는다. 법적 권리인 시민권이 공동체 집단 안에서 현실적 인간관계까지 보장해주는 것은 아니다. 시민권이 있어도 소속감을 못 느낄 수 있고, 반대로 강한 소속감이 있지만 시민권이 없는 경우도 있다. 이주와 정착에서 그런 모순 내지 부조화를 흔히 볼 수 있다.

환대와 적대

모든 이주자는 '타자'이자 '이방인'으로 오지만 '우리'가 되기를 바라는 사람들이다. 침략자나 정복자, 공격자와 파괴자로 오는 외부 세력을 이주자라고 하지는 않는다. 국민국가에서 시민권/국적이라는 법적 지위는 '이방인'이 합법적이고 공식적으로 '우리'가 되기 위한 최소한의 자격 요건일 뿐이다. 국가는 언어 교육, 생활 적응 지원, 취업 지원 등 다양한 정책적 노력으로 이주자 사회통합의 우호적 환경을 제공하고 촉진할 수 있다. 그러나 실질적이고 진정한 사회통합은 시민사회의 열린 태도와 포용, 이주자의 적극적이고 의식적인 노력이 없이는 불가능하다.

그런 점에서 문화인류학자 김현경이 《사람, 장소, 환대》(2015)에서 주목한 '사회적 성원권'과 '환대' 개념은 이주자 및 사회통합과 관련해 시사하는 바가 크다. 김현경은 〈프롤로그〉에서 책의 핵심을 이렇게 요약했다. "우리는 환대에 의해 사회 안으로 들어가며 사람이 된다. 사람이 된다는 것은 자리/장소를 갖는다는 것이다. 환대는 자리를 내주는 행위다."[17] 이때 '환대 hospitality'는 앞서 언급한 자크 데리다가 《환대에 대하여》(1997)에서 제시한 무조건적/절대적 환대 개념이다. 환대는 이방인에게 자리를 주는 행위, 타자를 도덕적 공동체로 초대하는 행위다. 데리다가 제시한 '절대적 환대'는 신원을 묻지 않고, 보답을 바라지 않으며, 적대적 타자에게도 복수하지 않는 '무조건적 환대'다. 대가를 지불해야 하는 환대, 조건이 붙은 환대는 진정한 환대가 아니다. 정작 데리다는 이런 절대적 환대가 현실 세계에서 가능하지 않다며 회의적인 태도를 보였다. 그러나 김현경은 데리다에게서 빌려온 '환대' 개념을 적극적이고 당위적인 공공의 윤리로 연결시킨다.

김현경은 먼저, 사람이 사람으로 인정된다는 것은 '사회적 성원권'을 인정받는 것이라고 전제한다. 그런데 사회는 하나의 장소이기 때문에 사람의 개념은 장소 의존적이기도 하다. 우리를 사람으로 인정하는 사람들이 있는 공간에서 벗어날 때, 우리는 사람의 지위를 잃는다. 사회란 다름 아닌 이 공간을 가리키는 말이다. 사회는 각자의 앞에 상호주관적으로 존재하는 공간, 잠재적인 상호작용의 지평이다.[18] 사람이라는 말은 사회 안에 자기 자리가 있다는 말과도 같다. 이때 성원권은 소속감과 다르다. 자기가 속한 공동체에 별로 소속감을 느끼지 않는데도 성원권을 인정받는 경우가 있는가 하면, 반대로 자기는 공동체의 일원이라고 생각하지만 남들이 그것을 인정하지 않는 경우도 있다. 사회적 성원권은 또한 법적 지위와 구별되어야 한다. 이 둘은 밀접하게 연결되어 있어서 하나를 잃으면 다른 하나도 위태로워지기 쉽지만, 하나가 반드시 다른 하나를 수반하는 것도 아니다. 그런데 (법적 지위와 달리) 사회적 성원권을 요구하는 데는 어떤 자격도 필요하지 않다. 물리적인 의미에서 사회 안에 이미 들어와 있다는 사실만으로 충분하다.[19]

김현경은 더 나아가, 사회적 성원권은 사회성sociability과도 다르다는 점을 분명히 하고 "외국인에게 사회적 성원권을 부여하는 데 '동화'나 '적응'을 조건으로 내걸어서는 안 된다"고 강조한다. 외국인이라는 꼬리표는 스티그마stigma(낙인)와 비슷한 방식으로 작동한다. 외국인이 그 자체로 낙인찍힌 범주는 아니다. 오히려 우리는 외국인들에게 특별한 호의를 베풀면서, 그들이 우리 문화의 장점들을 제대로 평가해주기를 기대하기도 한다. 하지만 이것은 어디까지나 그들이 이상적인 외국인의 이미지에 부합하는 한에서다. 돈 많고, 교양 있고, "원더풀"이라고 말할 준비가 되어 있는, 잠시 머물다 가는 '손님'일 경우다. 그들이 이런 이미지와 멀다는 게 판명된다면, 가령 그들이 돈도 없고, 교양도 없는데다, 남의 나라에 와서도 자기네 방식을 고집한다면, 게다가 금방 돌아가지 않고 눌러앉아 '우리의' 일자리를 빼앗고 '우리의' 여자들을 건드린다면, 그들에게 주어졌던 환대는 철회될 것이다. 즉 외국인에게 주어지는 환대는 조건적이다. 외국인에 대한 환대의 철회는 그들에게 '돌아갈 곳이 있다'는 생각에 의해 정당화된다. '우리 나라에서 받는 대접이 못마땅하다면 자기네 나라로 가면 된다.' 하지만 삶의 터전을 한번 바꾸었다가 다시 바꾸기란 쉬운 일이 아니다. 게다가 '외국

인'이라는 말 속에 함축되어 있는 다른 장소는 종종 허구적인 것으로 밝혀 진다.[20]

국가라는 경계를 초월하는 '세계시민'으로서 타자에 대한 윤리적 의무를 지는 코스모폴리탄의 시각에서 환대를 생각해볼 수도 있다. 신학자 강남순은 환대 문제에 접근하기 위한 세 가지 근원적인 물음을 제시한다. 첫째, 특정한 여러 상황 속에서 누가 '주인'이고 누가 '손님'인가? 둘째, 환대를 '개인'으로서 베푸는가 아니면 '국가'와 같은 한 집단으로서 베푸는가? 셋째, 과연 '무엇'이 환대를 구성하는가?[21] 한 개인 또는 국가는 시대와 사회정치적 상황에 따라 환대를 서로 다르게 이해하고 실천한다. 예를 들어 1793년에 프랑스는 자국에 특별한 충성을 보인 사람들을 제외한 나머지 외국인, 즉 프랑스와 전쟁 중인 국가 출신의 외국인을 모두 추방시켰다. 이때 충성심을 보임으로써 추방당하지 않은 외국인들에게는 리본을 달게 했는데, 그 리본에는 '환대hospitalite'라는 말이 새겨졌다. 그 외국인들은 '환대 증명서'를 늘 가지고 다녀야 했다. 환대 증명서는 '환대의 법'이 어떻게 실패할 수 있는가를 보여주는 생생한 사례다. '주인-손님'의 불평등하고 불의한 위계적 권력관계가 여전히 중심 작동기제로 적용되는 환대는, 환대의 의미를 스스로 왜곡하는 모순적 결과를 낳게 된다.[22]

현실 세계에서 '정치로서의 환대'(조건적 환대)와 '윤리로서의 환대'(무조건적 환대) 사이에는 언제나 큰 거리가 있다. 강남순은 바로 이 간극을 극복하기 위해 전혀 다른 접근을 모색한다. 18세기 독일 철학자 이마누엘 칸트 Immanuel Kant가 제시한 '코즈모폴리턴cosmopolitan', 즉 세계시민 개념을 적극적으로 원용하고 재해석하는 것이다. 칸트는 자신과 타자를 포함하여 그 누구도 '수단'이 아닌 '목적'으로 대하는 세계를 '목적의 나라Reich der Zweche(Kingdon of Ends)'라고 명명하고 새로운 세계에 대한 비전을 제시했다.[23] 칸트가 세계의 영구적 평화를 위한 제안으로 내놓은 코즈모폴리턴 권리는 성서의 아브라함이 보여줬던 절대적·무조건적 환대의 의미와 만난다. 강남순은 그러나 환대 담론이 단순해지거나 낭만화한 양태로 전개되는 것에 대한 경계도 분명히 했다. 환대가 우리의 구체적인 일상 속에서는 매우 복합적인 층위들과 연계되어 있으며 양가성을 갖고 있기 때문이다.

지금까지 살펴본 '환대'와는 전혀 다른 시각에서 유럽의 난민 문제, 나아가 세계의 이주 문제의 해법을 찾는 시각도 있다. 철학자 슬라보이 지제크 Slavoj Žižek가 팸플릿에 가까운 최신 저서《새로운 계급투쟁》에서 내놓은 진단과 처방은 매우 기민하고 좌파 근본주의적이다. 그는 먼저, 현재 우리가 목도하고 있는 것은 유토피아의 역설이라고 말한다. "가난, 고통, 위험에 처한 인간은 최소한의 안전과 먹고살 여건만 마련되면 만족할 것 같지만 사실은 전혀 그렇지 않다. 어렵고 힘들수록 인간은 절대적 유토피아를 열망한다."[24] 그에 따르면, 난민 물결은 단순히 정치적 문제가 아니라 글로벌 자본주의의 한 징후이며, 그 모든 문제의 기본 바탕은 계급투쟁이다. 빈부격차가 갈수록 커지고 정부가 기득권 집단에만 봉사하는 상황에서 사람들이 더 나은 삶터로 옮겨가려는 것은 놀라운 일이 아니다. 그러므로 유럽이 난민의 인간적 생존에 필요한 수단을 제공해야 하는 의무에 타협은 있을 수 없으며, "세계 어느 곳이든 자신이 고른 지역에서 정착하고 살 수 있는 무조건적 권리를 보장하는 것이야말로 유럽연합의 존재 이유"다.[25]

그렇다면 무엇을 할 것인가? 지제크는 먼저 "일체의 감상일랑 떨쳐버릴 것"을 주문한다. 난민과 동정을 한데 묶는 감상은 대다수 난민이 '우리와 같지 않다'는 것을 깨닫는 순간 여지없이 무너진다. 주문처럼 반복되는 불평과 상황을 윤리화하는 것은 반反이민주의 폭력의 반대급부일 뿐이다. 대응책은 "국가주권 개념을 근본적으로 재고하여 새로운 차원의 세계적 협력을 구상"하는 것이다. 가장 어렵고 중요한 과제는 난민 발생과 이동의 조건을 없앨 철저한 경제변혁이다. "난민의 주원인은 글로벌 자본주의와 그 지정학적 게임이며, 이를 바꾸지 않으면 머지않아 아프리카 난민에 이어 그리스와 다른 유럽 국가의 난민들이 뒤를 이을 것"이기 때문이다. 글로벌 자본주의의 악순환을 끊어낼 유일한 방법으로 지제크는 일종의 '군사화'를 제안한다. 이는 자율규제 경제의 힘을 무력화하는 다른 이름이다. 지제크는 현대 자본주의 경제가 군사적으로, 다시 말해 착취를 통한 이윤 창출에 효율적이고 폭력적으로 작동한다고 본다. 따라서 그에 맞선 저항과 투쟁도 조직적이고 효율적이며 단호해야 한다. 지제크에게 "유럽의 난민 위기는 이 (저항의 군사화) 가능성을 시험할 기회"다.[26]

김현경과 강남순, 그리고 지제크의 주장은 '같은 문제 다른 해법'의 양극단을 보여주는 느낌이 들 만큼 접근하는 시각과 사유의 결이 다르다. 그러나 문제의 본질적 진단과 해결의 지향점을 제시한다는 점에서는 같다. 이들의 주장과 희망이 현실세계와는 동떨어진 이상주의에 치우쳤다거나 정치 과정에서 실현될 수 있는 대안이 없지 않느냐는 반론도 가능하다. 그러나 구체적 유럽으로 밀려오는 수백만 명의 시리아 난민을 유럽의 여러 나라가 받아들일지, 또 받아들인다면 어느 정도일지를 결정하는 것은 국제법이 정한 인도주의적 의무와 상관없이 정치, 경제, 안보 등 수많은 문제와 부닥친다. 그러므로 오늘날 한 국가가 이주자를 받아들이는 것은 고도로 복잡한 정치적 행위다. 국제 정치에서 국가라는 조직은 자선단체가 아니라 구성원들의 이익을 대표하는 운명공동체다. 국익과 안보의 위협을 무릅쓰고 이주자를 받아들이는 나라는 어디에도 없다. 도덕적 당위와 현실적 명분은 대개의 현실에서 늘 서로 미끄러진다. 그러나 바로 그런 이유에서 이주자를 대하는 관점과 태도, 이주와 관련한 국제법 준수가 더욱 중요하다.

국제사회가 합의한 인도주의적 의무를 거부하거나 외면하는 가장 큰 구실이 바로 이방인이 우리의 권익을 침해한다는 논리이기 때문이다.

미국의 사회통합 정책

미국은 전통적으로 고용주 요구에 부응하는 노동인력 확보가 가능한 온건적이고 유연한 이민정책을 추진해왔다. 그러나 9·11테러 이후 테러 방비와 국토안보가 최우선 국가 과제로 떠오르면서 더 엄격한 이민 정책으로 전환했다.[27] 미국의 이민자에 대한 사회통합 정책, 특히 연방 수준에서의 정책은 이민자에 대한 불간섭주의가 특징이다. 대부분의 이민통합 사업은 주와 지역정부 또는 비정부단체NGO들에 맡겨져 있다. 연방 차원의 이민통합 사업은 이민자 자녀와 가족을 위한 교육 서비스, 이민 노동자 건강 및 교육 서비스, 직업 훈련, 난민과 망명자를 위한 건강 및 기타 서비스 등이 여러 부처와 기관에 분산되어 있다.[28] 한마디로 미국의 이민자 사회통합은 이민자들의 빠른 정착을 위한 주 정부의 정책적·재정적 지원과 지역사회의 다양한 연계 프로그램을 통해 유기적으로 이뤄져왔다. 특히 언어(영어) 교육은 마을 도서관이나 성당, 교회 등에서 자원봉사자들이 제공하는 수준별 무료 교육 프로그램을 누구라도 쉽게 이용할 수 있다.

그러나 최근 10년 동안 미국의 이민자 통합은 극적인 롤러코스터를 타고 있다. 가장 첨예한 쟁점은 이민자 통합의 관점과 불법 체류자 처우 문제다. 특히 불법 체류자 문제는 본국으로 돌아갈 뜻이 없는 서류 미비 이민자가 이미 수백만 명에 이르는 현실과 연방국가 특유의 독립적 주권 행사라는 규범이 충돌하면서, 수용법안 제출→의회 거부→행정명령→연방대법원의 무효화까지 좌충우돌을 거듭해왔다.

애국적 동화 대 포용적 다문화주의

2008년 12월, 미국의 시민권 및 이민서비스국USCIS에 꾸려진 '신입 미국인을 위한 태스크포스'는 조지 부시 대통령에게 이주민 통합에 관한 특별 보고서를 제출했다. 《21세기를 위한 미국화 촉진하기》[29]라는 제목의 보고서는 "합법적으로 미국에 온 이민자들이 미국 시민문화의 핵심을 받아들이고 공동의 언어를 습득하게 하며 완전한 미국인이 될 수 있도록 국토안보부를 비롯한 연방 부처와 주 정부, 지역 단위의 기구들의 노력을 강화"하는 게 목표였다. 다민족 강대국인 미국이 지속가능한 성장과 지배력을 유지하기 위해서는 이민자들이 주류사회에 '동화assimilation'되어야 한다는 것이다. 사회통합 정책의 초점이 합법적 이주자들을 미국 사회에 단기간에 동화시키고 불안정 요인을 최소화하는 것에 초점이 맞춰진 만큼, '불법이주자'들은 애초부터 사회통합 정책의 대상이 아니었다. 실제로, 위 보고서에 불법illegal 또는 서류 미비undocumented 체류자들에 대한 언급은 단 한 문장도 나오지 않는다.

이런 시각에는 20세기 후반에 미국에서 이민자가 급증하면서 국가정체성에 대한 조바심이 커진 점, 그리고 2001년 9·11테러 이후 미국이 벌여온 '테러와의 전쟁'과 그 부작용이 가시지 않은 당시 상황이 반영된 것으로 보인다. 1966년 2억 명이던 미국 인구는 이 보고서가 쓰이던 2008년에 3억 명을 넘어섰다. 1억 명이 넘게 늘어난 인구의 절반 이상이 이민자와 이민자 2세들이었다. 또 미국 인구에서 외국 출생 이민자가 차지하는 비율이 2025년에 14퍼센트, 2050년에는 19퍼센트까지 늘어날 것이라는 게 미국 인구통계국의 전망이다.

태스크포스는 먼저 "동화는 우리 모두를 뭉치게 하는 결속을 통해 미국의 정치적 가치를 새롭게 하고 공동체를 강화하는 기회"라고 전제했다. 그리고 미국 이주사의 두 가지 핵심 주제 두 가지를 정의했다. 첫째, '통합 속의 다양성'이다. 다양성은 미국을 강하게 만들지만 통합은 미국의 성공을 지속가능하게 한다며, "애국적 동화를 옹호한다advocating patriotic assimilation" (강조는 필자)는 점을 분명히 했다. 둘째, '정체성으로서의 시민권'이다. 이때 시민권은 단순히 법적 지위의 부여/획득이라는 혜택 개념을 넘어, 미국 시민으로서의 정체성과 사회통합을 포괄하는 개념으로 이해해야 한다고 했다. 애국적 동화주의를 강조한 이 보고서는 그러나 출고하자마자 반품되는 상품 신세가 됐다. 2008년 11월 미국 대선에서 진보적 성향의 버락 오바마 민주당 후보가 미국 역사상 최초의 흑인 대통령으로 당선해 정권이 바뀌었기 때문이다.

　2014년 11월 20일 저녁 8시, 오바마 대통령은 두 번째 임기 2년째가 저물어가던 날 백악관에서 특별 연설을 했다. "친애하는 미국인 여러분, 오늘 밤 저는 이민 문제에 대해 말하려 합니다. 지난 200년 이상 동안 전 세계의 이주자를 환영해온 우리의 전통은 미국에 엄청난 이익을 가져다주었습니다. 그것은 우리를 젊고 역동적이며 혁신적이게 했으며, 무한한 가능성을 지닌 국민으로 만들어주었습니다. 과거에 갇히지 않고 우리가 선택한 대로 스스로를 만들어갈 수 있는 사람들로 말입니다. 그러나 오늘날, 우리의 이민 시스템은 망가졌습니다. 모두가 그런 사실을 알고 있습니다."

　오바마 대통령이 재임 기간 내내 이민자 수용에 반대하는 이들의 반발을 무릅쓰고 핵심 정책의 하나로 추진해온 이민 정책 개혁에 관한 행정명령이었다. 이민법 개혁안이 의회에서 공화당의 반대로 번번이 가로막히자, 의회를 거치지 않고 대통령 직권을 발동한 것이다. 미국 내 수백만 명의 불법체류자들에게는 최고의 크리스마스 선물이었다. 주요 내용은 국경보안 강화, 범죄자 중심의 추방 정책, 불법체류자 추방 유예 등 세 가지였다. 그중 행정

명령의 핵심이자 가장 논란과 반발이 컸던 것은 불법체류자 추방 유예 프로그램이었다. 이 조처 덕분에, 16살 이전에 미국에 입국해 5년 이상 체류한 청소년과, 미국 시민권이나 영주권이 있는 자녀를 둔 서류 미비 상태의 거주자들이 범죄를 저지르지 않는 한 미국에서 계속 살 수 있게 됐다. 당시 1100만 명에 이르던 불법체류자 중 470만 명이 언제 쫓겨날지 모를 불안한 생활에서 구제돼 떳떳한 생활인으로 미래를 꿈꿀 수 있게 됐다. 오바마 정부가 이처럼 전격적인 수용 정책을 결정한 것은, 수백만 명에 이르는 불법체류 이민자들을 모두 추방하는 게 현실적으로 불가능하다는 점, 이들이 가족들과 함께 미국에서 살 수 있는 기회를 줘야 한다는 인도주의적 관점, 이민자의 나라인 미국의 전통과 역사를 지켜야 한다는 현실적 이유가 컸다. 오바마 정부의 이민 개혁은 겉보기에는 미국 내 불법체류자 구제에 초점이 맞춰졌지만, 더 근본적으로는 이전 시기 '애국적 동화patriotic assimilation' 원칙에서 포용적 다문화주의로 이민 정책의 무게중심을 옮긴 것으로 풀이됐다.

그러나 미국에서 애국적 동화와 포용적 다문화주의가 무 자르듯 쉽게 나뉘는 건 아니다. 둘 다 나름의 역사적 배경과 현실적 이유를 갖고 있기 때문이다. 사회적 분위기와 집권당의 정치적 성향에 따라 이민 정책과 사회통합의 초점은 언제든 바뀔 수 있다. 전체 인구에서 이민자들이 차지하는 비중과 연령·민족·출신 국가 등으로 분류되는 인구 구성비의 변화도 주요 변수다. 미국이 와스프WASP(White Anglo-Saxon Protestant), 즉 '백인 앵글로색슨족 개신교도'들의 나라라는 것은 옛말이다. 1970년만 해도 미국 인구의 83퍼센트가 남미 히스패닉계가 아닌 유럽 혈통의 백인들이었다. 그러나 2015년 현재 이 비중은 62퍼센트로 크게 줄었다. 반면, 전체 인구 중 미국 태생이 아닌 이민자들이 4100만 명(13.1퍼센트), 그들의 2세가 3710만 명(12퍼센트)에 이른다. 미국인 4명 중 1명은 이주자와 그 자녀들이라는 이야기다. 보기에 따라 '다양성 증대'로도, '이질성 심화'로도 해석할 수 있다. 공화당과 전통적 보수 진영에서 더욱 공세적으로 애국적 동화의 필요성을 강조하는 이유이기도 하다.

제2기 오바마 정부의 마지막 해이자 차기 대통령 선거를 꼭 10개월 앞둔 2016년 1월 8일, 미국의 보수주의 가치관을 옹호하는 대표적 민간 싱크탱크인 헤리티지 재단은 이민자 정책에 관한 '특별 보고서'를 내놨다. 보고서 요약문의 일부를 보자.

애국적 동화는 미국이 이주자의 국가로 존속하게 하는 결속이다. 그것 없이는 미국은 더 이상 나라가 아니며, 여러 집단들로 뒤죽박죽이 되거나 더는 이주자를 환영할 수 없는 나라가 된다. 애국적 동화 없이는 미국은 통일된 국가일 수도, 이주자를 환영하는 곳일 수도 없다. 그러나 지난 수십 년간 미국은 애국적 동화에서 벗어나 표류해왔다. 정부와 문화계와 학계의 엘리트들은 각 집단의 다름을 강조하는 다문화주의를 밀어붙여 왔다. 로널드 레이건 전 대통령(공화당)이 걱정했던 것처럼, '우리를 소수 그룹들로 분열시키는' 거대한 지각 변동은 '유권자 지지 블록을 만들어내려는' 정치적 기회주의자들에 의해 시작됐다. 그러나 대통령 선거는 전 국가적 대화의 시기이므로, 각 정당의 후보들은 이제 국민 앞에서 '동화'에 대한 유례없는 논의를 해야 한다. …… 미국 건국의 아버지들은 다양성이 국가 통합에 방해가 될 수 있음을 우려했다. 알렉산더 해밀턴(초대 재무장관)은 '공화국의 안전은 필연적으로 공동의 국가관의 힘, 그리고 원칙과 관습의 균질성에 달려 있다'고 썼다. 당시 이주자들도 환영을 받았지만, 조지 워싱턴(초대 대통령)이 말한 것처럼 우리의 관습과 기준과 법에 동화되는 희망 속에서 그랬다. 한마디로, 금방 하나의 국민이 된 것이다.[30]

실제로, 오바마 정부의 야심찬 이민 개혁은 1년 반 만에 물거품이 됐다. 2016년 6월 미국 연방대법원이 "오바마 대통령의 행정명령은 권한 남용"이라는 텍사스 주 법원의 결정과 이를 지지한 항소법원의 결정을 뒤집어달라는 오바마 정부의 상고를 4대4 표결로 최종 기각했기 때문이다. 이 사건이 연방대법원 판사 9명 중 1명이 궐위된 상태에서 4대4로 과반에 미치지 못해 기각된 것은 이민자 포용을 둘러싼 미국 사회의 이해관계가 얼마나 팽팽하게 맞서는지를 상징적으로 보여준다.

적어도 미국의 정치권과 사회 주류계층의 이민자 사회통합에 관한 시각과 접근법은 극적으로 대척점에 서 있는 것으로 보인다.

텍사스 주 휴스턴의 한 학교

미국 휴스턴에 사는 교포 이지혜(본인의 요청으로 가명을 씀) 씨는 현지의 공립학교 교사다. 이씨 부부는 "한국에서의 불확실한 미래 대신 더 넓은 세상에서 자아실현을 위해" 가족 이민을 선택했다. 한국에서 대학원까지 나와 번듯한 직장을 다니던 남편을 설득하고, 이민에 필요한 모든 정보를 알아보고, 단출한 이민 가방을 꾸려 비행기에 오르기까지도 상당한 시간과 품을 들였다. 5살짜리 아이와 함께 아무런 연고도 없는 땅으로 건너갔다. 단지 남편의 전공과 관련 있는 직장을 얻기에 유리할 것이라는 기대로 휴스턴을 선택했다. 처음 5~6년 동안은 대다수의 평범한 이주자들처럼 하루하루가 버거웠다. 맨 처음에 학생 비자로 입국해 공부부터 시작했던 까닭에 취업이 불법이었다. 한국에서 빼간 전세금으로 생활비를 아끼며 몇 년을 버텼고, 눈치껏 시간제 고용으로 일하며 이를 악물었다. 그래도 열심히 노력한 끝에 노동권과 영주권을 차례로 얻었고, 교사 자격시험에 합격해 현지 학교에 정규직 취업을 했다. 이제는 부부 모두 직장과 집과 영주권을 갖고 있으니, 특별한 이변이 없는 한 시간이 지나면 미국 시민권도 얻게 될 것이다. 어렸을 때 엄마 아빠와 함께 미국에 온 아이는 그새 한국말보다 영어가 더 편하고 능숙하다. 이지혜 씨 부부가 여전히 교민사회가 더 편한 것과 대조적이다. 그래도 이씨 가족은 미국 사회에서 적응과 정착 단계를 지나 사회통합 단계에 접어드는 참이다. 대다수의 외국 이민자 1세대에게 이세 단계는 상급학교 진학처럼 분절되는 게 아니라 서로 중첩된다. 이씨 가족은 고등교육을 받고 뚜렷한 이주 목적이 있으며 정착 의지가 강한 이민자 가정 1세대의 전형을 보여준다.

이씨가 가르치는 학생 중에는 중남미 출신이 많다. 텍사스 주는 멕시코와 접경한 미국의 4개 주 중에서도 가장 국경선이 긴 까닭에, 중남미 국가에서 밀입국한 이주자들이 많다. 불법이주자들은 대도시인 휴스턴으로 몰린다. 이씨가 교편을 잡은 지 얼마 되지 않은 2015년 가을에 겪은 에피소드를 기록한 메모는 미국 불법이주자 문제의 단면을 압축적으로 보여준다.

"어제 수업 끝나고 저녁 6시까지 튜터링(개인 교습)하고 집에 차 없는 아이 집에까지 데려다주다가 들은 얘기. 무슨 비자 가지고 있나 물어보다가 얘기가 나와서. 온두라스에서 온 10학년(한국의 고등학교 1학년−필자) 여자 흑인아이. 언어는 스패니쉬만. 영어는 1년이 지나도 별로 진전 없음. 9학년부터 휴스턴에서 하이스쿨 high school 다녔음. 미국 넘어올 때 상황을 말하자면, 중학교 여동생과 엄마랑 셋이서 멕시코에서부터 화물기차에 실은 상자 안에 숨어서 왔고, 음식 없고 물 없고no food no water, 7일째에 휴스턴에 도착했다고.

돈은 엄청 많이 들었다고만 하고, 삼촌이 여기 먼저 와 있어서 가족을 픽업했는데 브로커를 통한 것 같음. 집은 학교에서 차로 10분 정도 거리에 있는 작은 아파트였는데, 흑인들이 많고 조금 허름한 렌트비 저렴한 곳. 자기 엄마도 영어가 잘

안 되고, 일을 하고 있지만 아직 자동차가 없음. 아이는 스쿨버스 타는데 튜터링 하고 싶대서 내가 데려다 준다고 방과 후에 교실로 오라고 했음. 의사가 되고 싶어 하는데 너무나 기초 학력이 없어서(초등학교 수준) 날마다 방과 후에 더 배우고 싶어 함.

여기 아이들은 부모 없이 형제나 삼촌이랑 사는 경우도 많고 싱글 부모의 대부분은 엄마랑 생활. 남자 아이들은 방과 후에 5시부터 11시까지 식당 같은 곳에서 6시간 정도 일하고 시간당 9~10달러. 물론 불법이니까 캐쉬(현금)로 받음. 오늘 학급의 한 아이가 현금을 많이 갖고 있길래 물어봤더니 일하고 번 돈이라고 말함. 엄마나 아빠에게 맡기라고 했더니 형과 삼촌하고 사니까 자기가 관리한다고. 어제는 그 아이가 여자친구랑 복도에서 진하게 키스하다 걸렸는데, 뭘 떨어뜨리고 얼른 주우면서 당황해 해서 보니 콘돔이었음. 성적은 노력한 만큼 나오는 편이지만, 미래가 걱정이 됨."

미국에선 밀입국 또는 서류 미비 상태의 외국인 불법체류자일지라도 학령 시기의 청소년은 공립학교를 다닐 수 있다. 미국과 가까운 중남미 나라들의 상당수 부모들은 바로 이 점을 노려 자녀부터 미국에 무작정 밀입국 시켜놓고 가족 재결합을 시도한다. 미국의 불법이주자들 중 가장 흔한 유형이다. 그러나 불법체류 청소년들이라고 해서 모두 불량배이거나 품행이 나쁠 것이라고 단정해선 안 된다. 오히려 그들 대부분은 가난한 나라에서 빈곤과 폭력을 피해, 그리고 미래의 희망을 찾아 미국으로 넘어왔다. 환경이 허락하는 한 미국 사회에서 소박하게나마 자신의 삶을 이루고픈 동기부여가 돼 있다는 뜻이다. 신분이 불법이라고 꿈도 불법인 건 아니다.

불법체류 청소년이 많은 미국 학교는 그 자체로 미니 지구촌이거나 세계 갈등의 축소판이다. 위 학교에서 불법 이주 청소년 상담과 지도를 맡고 있는 미국인 교사는 2015년 11월 필자에게 보낸 e-메일에서 교실의 풍경을 이렇게 묘사했다.

한 학급의 학생 18명이 22개 언어를 말하는 것을 보는 것이 이례적인 일이 아니다. 더 놀라운 것은 미국에 오기 전에는 서로 적이었던 아이들이 나란히 앉아 어깨를 맞대고 팀을 이뤄 과업을 수행하거나 영어를 연습하는 것을 보는 일이다. 이라크 출신 수니파 남학생과 시아파 여학생이 어깨를 맞대고 과제 수행에 힘을 합치고, 이집트의 콥트 기독교도 학생과 무슬림 학생이 짝을 이뤄 영어 대화를 나누며, 르완다의 후투족 출신과 투치족 출신이 서로 상대의 영문 에세이를 봐준다.

그러나 텍사스 주는 미국 안에서도 보수적 성향이 강한 지역인 탓에, 중산층 이상의 백인 주민들은 외국인 이주자 학생들이 많은 이 학교에 노골적으로 불편한 기색을 보인다. 학교 쪽에 그런 학생들을 돌보는 교사들을 해임하라는 등의 압력을 넣기도 한다. 이 교사는 "그런 압박이 교사들과 행정 직원들의 머리 위에 먹구름처럼 걸려 있다"고 표현했다.

'시민권자'가 아닌 '사람'의 권리

"한때 나는 미국 이민자들의 역사를 쓰려고 생각했었다. 그때 나는 이민자들이 바로 미국의 역사라는 것을 알게 됐다. 그들의 이야기를 전부 말하기 위해서는 미국 역사 전체를 다뤄야 했다."

20세기 미국 역사가인 오스카 핸들린Oscar Handlin은 퓰리처상을 받은 저작 《뿌리 뽑힌 사람들The Uprooted》(1951)의 첫머리를 이렇게 시작했다. 이민자로서의 경험은 미국 대부분의 사람들에게 친밀한 이야기이며, 그들 모두가 '인종의 용광로'에 대해 잘 알고 있다.

미국의 이주 문제 전문가 테이머 제이코비Tamer Jacoby는 앞서 언급한 조지 부시 정부 시절의 사회통합 개념인 '애국적 동화'가 당시 이민자들에게 그 이전 시기 이민자들보다 더 불리하게 작용했다는 점을 지적했다. 오늘날 이민자들도 과거와 마찬가지로 미국 안에서 합류되기를 원하지 분노와 소외 속에 따로 떨어져 살기를 원치 않는다는 점도 분명히 했다. 확실히 미국에 유리한 한 가지는 순수 프랑스인, 순수 독일인 등이 있는 유럽과 달리 순수 미국인은 없다는 것이다. 제이코비는 "미국이 유럽보다 더 쉽게 이민자 통합 문제를 풀 수 있는 많은 요소들이 있으며, 두 대륙 간의 차이점들 때문에 미국의 경험이 유럽에 적용될 수 없을 가능성도 있다"며 몇 가지 제언을 내놨다.[31]

첫째, 이민 정책은 노동에 기초해야 한다. 한 국가가 경제적 이민자들을 더 확실히 인정하고 그들의 노동시장 접근을 더 원활하게 할수록 이민자 통합도 더욱 잘 이뤄진다. 사람들은 일을 하면서 뿌리와 관계를 만들어나가고, 스스로 더 나은 삶을 살아가게 되며, 동료 시민들로부터 존중도 받게 되기 때문이다. 둘째, 지나친 정부 원조는 바람직하지 않다. 난민의 경우에는 정부 도움이 필요할 수 있으나 나머지 대부분의 경제적 이주자들에게 지원은 축복인 만큼 저주가 될 수 있다. 복지가 오히려 노동과 그에 필연적으로 동반돼 일어나는 통합을 저지하는 경우가 많다는 것이다. 이는 이민자 지원의 적정 수준에 대한 문제를 제기한다. 셋째, 합법적 신분을 얻을 수도 있는 이민자들로 하여금 비합법적인 신분으로 살도록 강요하는 근시안적·비현실적 법들은 이민자 통합을 지연시킬 뿐이다. 넷째, 이민자들에게 새로 귀화한 나라의 언어를 습득하고 예절과 관습을 배우며 시민으로서 갖추어야 할 것을 요구하는 것이 인종주의적이거나 지나치게 국수적인 것은 아니다. 사람들에게 한 문화의 방식을 배우도록 요청하고 격려하는 것은 그것이 새로운 곳에서 성공할 수 있는 비결이기 때문이다. 다만 요청의 방식은 새로운 국가의 매력을 강조하는 긍정적 방식이어야 한다. 다섯째, 사람들에게 모국에 대한 애국심을 지우기를 요구하지 않아야 한다. 중요한 것은 이민자들이 가진 두 가지 민족성, 즉 특정 민족으로서의 정체성과 미국인으로서의 정체성 사이에 균형을 잡는 법을 배우라는 것이다.

미국의 가톨릭계 민간 싱크탱크인 뉴욕이주연구센터CMS의 도널드 커윈은 이민자의 '권리'와 '통합'의 상호작용에 주목했다. 이때 권리란 시민으로서의 책임과 공익을 내포하는 것이며, 통합은 사회적으로 공유된 가치에 대한 헌신과 이민자들의 열린 자세를 필요로 한다. 흔히 미국 시민권은 '권리를 가질 수 있는 권리'로 정의되어왔다. 표현과 결사의 자유, 신체의 자유, 공평한 재판, 재산권, 평등권 등 헌법상의 수많은 핵심적 보호 권리를 시민이 아닌 자에게도 적용하는 것이 바로 미국 헌법 체제에 내재된 통합의 기초적 형태를 나타낸다. 이러한 헌법상 권리는 '시민'뿐 아니라 시민이 아닌 자까지도 포괄하는 용어인 '사람'에게 적용되는 것이다. 이는 사법부 판례를 통해 130년 동안 확고한 전통으로 지켜져 왔다. 1886년 연방대법원은 중국계 이민자를 겨냥해 돌이나 벽돌로 지어지지 않은 건물에서 세탁업을 하는 것을 불법화한 지자체의 조례를 무효화했다. 법원은 수정헌법 제14조가 '인종, 피부색, 국적과 관계없이 미국 영토 내의 모든 사람에게 적용된다고 판시했다.[32] 수정헌법 14조는 본디 노예 출신 흑인과 그 후손의 권리를 보장할 목적으로 개정된 것으로, 시민권의 출생지주의(속지주의)와 평등보호 조항이 핵심이다. 그럼에도, 미국의 비시민권자는 이민 문제에서 충분한 헌법적 권리를 누리지 못하고 있다. 권리와 주장이 서로 충돌하는 이민자 통합 문제는 논쟁의 쳇바퀴에서 빠져 나오기 힘들다.

커윈은 권리를 다르게 개념화할 필요가 있다고 봤다. 권리라는 개념과 더

불어, 비시민권자에게 미국 사회 구성원으로서의 일정한 특혜, 복지 혜택을 확대하는 것이 이들의 통합과 공공 이익에도 기여할 것이라는 이야기다. 예컨대 이민자가 건강보험 혜택을 받는다면 공중보건 향상, 비효율적이고 값비싼 응급실 사용 감소, 강한 노동력 유지에도 도움이 된다. 이민자에 대한 노동과 취업 관련 보호는 결국 모든 노동자에 대한 임금과 노동기준 약화를 방지한다. 이민자 자녀에 대한 교육은 이들이 자신을 받아들인 나라에 기여할 수 있도록 한다. 이러한 권리와 혜택은 또한 이민자들이 이민자 통합을 촉진시키는 중재 집단—가족, 예배 장소, 학교, 직장, 노조 같은—에 대한 참여를 강화한다. 미국 이민자는 미국 사회의 완전한 구성원으로서 대우받기를 열망하고 있다. 이주자들에게 이것은 자신의 문화적 정체성을 박탈당하지 않으면서 동시에 미국의 정치적 시민적 가치를 수용하는 것을 의미한다.[33]

유럽의 사회통합

유럽은 미국 못지않게 이민자의 대륙이다. 사실 대륙이라고 말하기엔 멋쩍을 만큼 좁은 땅에 수많은 나라들이 붙어 있으며, 오랜 역사만큼이나 이주와 정복, 교류가 활발했다. 19세기 이후 유럽의 적극적인 식민지 팽창 전략이 유럽의 지배 영토를 사실상 전 지구적으로 넓혀놓은 것도 유럽의 이민자 유입에 큰 몫을 했다. 20세기 중반 이후 식민지 국가들이 우후죽순처럼 독립하면서, 유럽제국들이 식민지에 심어놓았던 언어와 사회 체제에 익숙한 신생국 시민들이 식민지 종주국에 대거 밀려왔기 때문이다. 여기에다, 전후 유럽의 눈부신 경제부흥 시기에 외국인 이주 노동자를 대거 받아들인 것은 유럽의 이민자 사회 형성에 결정적 역할을 했다.

프랑스, 영국, 독일은 유럽에서 가장 많은 이민자들을 받아들인 나라다. 그중에서도 프랑스는 사회통합에 관한 연구와 담론이 가장 활발하다. 프랑스는 이주자의 대부분을 차지하는 무슬림이 전체 인구의 약 7.5퍼센트나 된다. 서유럽 국가 중에서 무슬림 인구의 비중이 가장 높다. 프랑스 사회학자 도미니끄 슈나페Schnapper Dominique는 절대적 통합은 존재하지 않으며, 소외, 배제, 통합의 복잡한 과정이 있을 뿐이라고 말한다. 통합이라면 "무엇에 통합? 무엇의 통합?"이냐고 되묻기까지 한다. 모든 사회적 조직은 그 분야가 무엇이든지—가족에서 기업 혹은 국가에 이르기까지—서로간의 통합 과정, 배제 과정, 혹은 타인에 대한 소외 과정을 원칙적으로 포함하기 때문이다. 따라서 무엇인가 중요하게 연구되어야 하는 것은 통합 자체로서의 통합이 아니라 다양한 통합 과정과 통합 분야가 취해지는 방식들이다. 통합의 개념은 실제로 직업 활동, 물질 소비에 대한 규범의 학습, 타인과 교류, 공동 기관에 참여를 통해 개인이 전체 사회에 참여하는 과정을 의미한다고 슈나페는 말한다.[34] 슈나페는 20세기 프랑스의 대표적 지성 중 한 명인 레이몽 아롱Raymond Aron의 딸이기도 하다.

슈나페는 언어와 교육, 문화가 이민자 후세들의 사회통합에 미치는 영향에 주목했다. 독일, 프랑스, 영국의 이민자 사회통합 과정을 비교한 EFFNATIS 조사[35]는 그런 분석의 완성도를 높이는 데 기여했다. 연구조사 책임자들은 이민자 자녀들의 통합을 측정하기 위해, 구조적 통합, 사회적 통합, 문화적 통합, 정체성 통합 등 네 가지 분야의 통합을 정의하고 조사했다. 구조적 통합은 중고등학교 기관과 대학, 그리고 노동시장 진입과 같은 사회적 구조에 이민자 자녀들이 실제 참여하는 것을 말한다. 사회적 통합은 그들의 사회적·가족적·친교적 교환을 의미한다. 문화적 통합은 여가, 문화적 실천, 종교적 활동과 그들의 가치 체계를 나타낸다. 끝으로 정체성 통합은 이민자 자녀들이 부모의 출신국가와 정착 사회에 스스로의 정체성을 드러내는 방식이다.

연주조사 결과는 이민자들의 통합 과정이 통합의 다양한 차원에 따라 다르고, 세 국가가 각각 다른 형태를 취한다는 것을 확인시켜주었다. 어느 국가에서든지 이민자 자녀들은 특히 학교 교육을 통해 빠른 문화 동화를 경험했다. 현지 언어는 그들의 모국어가 되고 더 빈번하게 사용되는데, 그들 가족 안에서도 그랬다. 이민자 자녀들의 학교 교육과 지식(내용)은 제도권 학교 교육을 함께 받는 토착민의 자녀들의 것과 같았다. 문화적 실천과 여가생활은 세계화한 대중문화에 참여하기 때문에 그들이 어디 출신이든 독일, 프랑스, 영국의 모든 세대에게 공통적으로 나타났다. 그런데 이민자 자녀들의 변화와 성장이 토착민 자녀들과 일치되는 경향이라고 할 때, 학교 교육과 지식의 내용, 여가활동의 실천이 같다고 해서, 같은 신념, 같은 종교적 실천, 같은 정체성 집단, 같은 정치적 집단을 양산하지는 않았다. 수나페는 "강조하건대, 우리는 다양한 통합의 과정 속에서 차이를 발견한다"고 했다.[36]

특히 문화적 통합은 종교적 실천과 가치체계의 의미에서 동일한 변화를 겪지 않았다. 이런 관점의 더욱 명확한 구별은 영국과 독일, 그리고 프랑스의 대조적 현상을 통해 알 수 있다. 영국의 경우 구성원의 행위를 통제하는 파키스탄 공동체의 존재가 이민자들의 자녀에게 그들의 특별한 행동 모델과 정신적·종교적 특수성에 대한 강력한 인식을 전달한다. 반대로 프랑스와 독일의 이민자 자녀들은 부모의 출신국가의 공동체나 종교적 기관으로부터 느슨하고 무의미한 유대를 경험할 뿐이다. 그들 대부분은 '때때로' 혹은 '명절에' 예배 장소에 참석할 뿐이며, 절반 이상은 예배 장소에 '결코' 방문하지 않는다고 말했다.[37]

(앞서 364쪽에서 설명한 것처럼) '통합'이라는 용어 대신 '편입'을 제안했던 스티븐 카슬은 편입을 이해하는 출발점으로 국민국가 형성이라는 역사적 경험에 주목한다. 이는 신생국이 자국 내의 소수 종족, 또는 종교적 소수자들을 처우할 때, 새로운 영토를 정복할 때, 이민자를 편입할 때, 또는 식민지를 통치할 때 차이를 다룬 방식을 말한다. 시민권에 대한 상이한 견해도 이런 경험에서 발전했다.

영국은 잉글랜드가 웨일스, 스코틀랜드, 아일랜드를 정복하고 성립한 입헌군주국가다. 정식 국호가 '그레이트 브리튼과 북아일랜드 연합왕국The United Kingdom of Great Britain and Northern Ireland'이다. 영국은 역사적 경험을 바탕으로 종교적·민족적 차이를 수용하고 정치적으로 통합된 국가를 형성했다. 국가는 국민에게 정치적 충성을 요구하지만, 영국민 개개인의 집단 정체성은 웨일스인이거나 스코틀랜드인, 또는 개신교도이거나 가톨릭교도일 수 있다. 1789년 프랑스혁명은 집단의 문화정체성을 거부하고 개인을 동등한 정치적 주체로 보는 평등과 인권의 원칙을 정립했다. 이런 차이에도 불구하고 영국과 프랑스는 모두 국가의 확장을 통해 국민이 형성됐다. 정치적 소속이 국민정체성보다 앞섰다.

독일의 경우는 다르다. 독일은 1871년 이전까지 단일국가로 통일돼 있지 않았고, 민족nation이 국가state보다 앞서 존재했다. 이런 역사적 경험은 소수자들을 국가의 시민으로 편입하는 것보다는 민족ethnicity이나 사람들folk에게 귀속시키는 결과를 낳았다. 반대로 신대륙의 백인 정착민 사회는 토착민을 몰아내고 유럽의 이민자를 수용해 만들어졌다. 이민자를 시민으로 편입하는 것은 그들의 국민 신화nation myth를 이뤘고, 용광로melting pot로 일컬어지는 미국의 이미지처럼 동화assimilation 모델로 이어졌다. 물론 오직 백인만이 동화될 수 있다는 생각을 전제로 한다. 호주, 뉴질랜드, 캐나다,

미국 모두 인종 선별적 이민법을 시행했다. 이처럼 국가별로 상이한 접근 방식은 사회와 국민, 시민적 귀속과 국민정체성 간의 관계가 다르다는 것을 함의한다.[38]

한국의 이주자 정책

한국은 적어도 국제 이주에 관한 한 아직 초보 단계다. 우리나라의 이주자 문제는 주로 외국인 이주 노동자들과 다문화가정에 초점이 맞춰져 있다. 이주 문제가 사회적 관심과 정책 과제로 떠오른 건 내국인의 외국여행이 자유화하고 외국인 노동자들과 결혼 이주자들이 늘어나기 시작한 1990년대 이후이니, 그 역사가 채 30년이 되지 않는다. 우리나라가 지정학적으로 반도국가, 혈연적으로 단일민족국가라는 점은 국제 이주 문제에 대한 경험과 지식과 통찰을 쌓을 기회가 없었던 결정적 이유다. 우리 민족은 오랜 세월 중국과 국경을 맞댄 채 한반도를 거점 삼아 살아왔다. 국민의 절대 다수가 다른 민족과 핏줄이 섞이지 않은 혈연 공동체다. 모든 국민이 한국어라는 한 가지 언어만 쓰며, 집단적 기억과 정체성을 공유한다. 더욱이, 20세기 중반 일제 식민통치에서 벗어난 직후 남과 북이 분단된 이후, 대한민국은 바깥 세계를 잇는 육로가 끊긴 채 고립된 사실상의 섬나라가 되고 말았다.

스티븐 카슬과 앨러스테어 데이비드슨은 아시아-태평양 지역 국가의 문화가 유럽과 비교해 다른 특징 중 하나로, 국가 대신 가족이 사회복지의 영역을 책임져왔다는 점을 지적한다. 한국 사회도 그런 전형적인 모델을 답습했다. 단일민족이라는 믿음에 기반한 국가는 혈연 가족의 확장을 장려했고, 이런 관점은 시민권을 특정한 영토에 대한 귀속의 개념으로 이해하는 데 영향을 미쳤다. 이 경우 다른 영토에 귀속됐다가 이주한 사람에 대한 배타성이 강하게 존재하거나, 같은 영토에 사는 사람은 문화적으로 동질적이어야 한다는 생각이 지배적이다. 해외 이주는 사회, 정치, 경제, 문화적 배출 요인이 많은 사회에서 활발하게 진행된다. 한국인 역시 자신의 이해를 위해 다른 나라로 대규모 이민을 떠났고, '탈영토화한 전략'을 통해 가족과 자신의 사회경제적 상승 이동을 위한 지위 경쟁에 적극 참여했다. 최근 한국 사회는 다른 나라로 이주한 뒤 임시 체류자로 시작해서 주류에 편입된 한국인의 성공사례를 '자랑스러운 글로벌 한국인'으로 재현하며 재외교포를 한민족으로 '재영토화'하려는 전략을 취하고 있다.[39]

이에 대해 김현미는 "똑같은 논리로 한국에 온 이주자를 바라보는 시각을 가져보자"고 제안한다. 우리나라의 기존의 다문화 정책은 법적 지위가 확실한, 그래서 통합의 필요성이 있는 결혼 이주자만을 정책 대상으로 설정해왔다. 즉 다른 이주자에 대해서는 필요한 노동력은 얻되, 이들을 사회 구성원으로 통합하는 데는 비용을 들이지 않는 정책을 추구해왔다. 하지만 한건수가 지적하듯이 "주류 한국인이 기획하고 이주민은 선별적으로 호명하되, 정해진 역할과 입지로 배치되는 사회"는 다문화 사회로의 동력을 선사하기보다는 갈등과 분열로 파편화할 것이다.[40] 한국 사회가 직시해야 하는 것은 법적 지위의 여부와는 상관없이 다양한 이주자가 한국에서 초국적 전략을 실천하면서 사회 변화를 일으키고 있다는 사실이다. 김현미는 "한국 사회가 신자유주의적 경제체제에 기반을 둔 국가경쟁력도 편협한 동화주의나 성찰 없는 글로벌 물신주의를 통해 강화되는 것이 아니라, 실제적인 이주 행위자가 만들어내는 문화자원을 확장함으로써 실현할 수 있다"고 말한다.[41]

이와 별개로, 2000년 이후 우리나라는 북한에서 왔거나 오기를 희망하는 탈북자들이 부쩍 늘어난 것도 중대한 현안이 되고 있다. 탈북자들의 대다수는 경제적 빈곤, 한국 사회에 대한 동경, 북한 체제에 대한 회의감 등을 이유로 북한을 탈출했다고 주장한다. 탈북 이유야 개인마다 사정이 다르겠지만, 돌아갈 경우 심각한 박해를 받을 수 있다는 두려움이 있다는 것만으로도 국제법상 '난민' 지위를 주장할 수 있다. 대다수 탈북자들이 구체적이고 실질적인 정치적 박해보다는 극심한 가난을 견디다 못해 한국행을 감행했다고 할지라도, 돌아가면 엄한 처벌을 피하기 어려울 것이라는 우려가 인정되기 때문이다. 그러나 탈북자들에 대해선 국제법상 규정과 보호책임은 물론이고, 국내법으로 그들의 지위와 사회통합에 대한 개념과 법적 제도적 장치가 완비되지 않았다. 그러나 무엇보다도 심각한 것은 탈북자들을 보는 우리 안의 시선이다. 우리 사회에서 중국 동포들과 후손들인 조선족 노동자들 하면 가장 흔히 떠올리는 이미지가 '말이 통하고, 인건비가 저렴하며, 임금이 싼 노동자'다. 거기에 인간의 체온은 없다. 그런데 우리사회에서 탈북자들은 조선족보다도 사회계층 사다리의 더 아래쪽에 위치한다. 독일이 1989년 베를린 장벽의 급작스런 붕괴로 통일을 맞았다지만, 1950년대 말부터 30~40년간 서독과 동독 사이엔 크고 작은 교류가 있어왔다. 그랬던 독일도 통일 이후 구동독 주민들을 '오시Ossi'(동독인)라고 부르며 은근히 2등 국민으로 대하는 정서가 남아 있다. 한반도 분단과 닮고도 달랐던 독일의 경험은 우리에게 많은 교훈과 시사점을 준다.

원주민 권리 찾기

이주는 필연적으로 토착 원주민과 신입 이주자의 만남이 수반된다. 이주라는 개념 자체가 인간이 옮겨가는 행위뿐 아니라 그 이유와 목적, 새로운 정착지에서의 삶을 포괄한다. 그런데 앞서 본 것처럼, 19세기까지 지속된 식민지 개척 방식의 이주가 이뤄지던 시기에는 다수의 선주민이 추방과 격리라는 강제 이주를 당했다. 그러나 20세기 들어 탈식민화가 진척되고 시민권 의식이 높아지면서, 원주민 집단에서도 자신들의 권리를 되찾고 지속 가능한 공존을 보장 받으려는 움직임이 본격화하기 시작했다. 원주민 권리운동이다.

현재 세계에는 스스로를 '원주민indigenous peoples'으로 규정하는 사람이 3억 7000만 명에 이른다. 이들은 세계 인구의 5퍼센트 남짓에 불과하지만 90개가 넘는 나라의 영토 안에서 혹은 국경선을 넘어 고유의 언어와 문화를 유지하며 살고 있다. 그들 상당수는 조상 대대로 살아온 영역을 자신들의 '국가'로 여긴다. 그들의 영토 관념대로 지도를 그린다면 오늘날 유엔이 인정하거나 국가 간 합의로 구획된 국경선과는 전혀 다른 모습이 될 것이다. 서로 다른 그룹에 속하는 이들이 하나씩 나라를 세운다면 전 세계의 국가 수는 지금의 200개가 아니라 족히 5,000개는 될 것이다. 근대 국민국가 형성기에 새롭게 그어진 국경선은 많은 원주민과 소수민족에겐 재앙이었다. 어제까지도 한 마을에 살던 사람들이 갈라지고, 이질적인 집단과 함께 살 것을 강요당했으며, 살던 곳에서 쫓겨났다.

1923년 8월, 북미 토착부족인 모호크족Mohawks의 추장 데스카히Deskaheh는 소수의 대표단을 이끌고 스위스 제네바에서 열린 국제연맹League of Nations[42] 회의를 찾아갔다. 이들이 국제사회에 외치려던 바는 분명했다. "우리의 영토에서 우리의 법과 신념에 따라 살 권리를 보장하라!!" 내친 김에 원주민들도 국제연맹의 회원 자격을 얻고자 했다. 국제회의 역사상 최초의 원주민 대표단은 그러나 회의장에 발도 들여놓지 못하고 문전박대를 당했다. 데스카히는 "세상에서 가장 잔인한 차별"이라고 항의했지만, 이 사건은 전 세계 원주민들을 일깨우고 권리운동에 나서게 하는 발화점이 됐다.

모호크족과 같은 처지의 원주민들은 세계 어디에나 있었다. 그들은 교통과 통신의 발달로 세계가 좁아진 덕분에 서로를 알게 됐고, 자신들이 고립돼 있지 않다는 믿음을 갖게 됐다. 원주민들은 정보를 교환하고 만나면서 권리 의식을 키웠다. 또 국가의 일방적인 사회통합 정책—사실상의 흡수 정책—에 저항했다. 자신들의 존재와 정체성이 잊히고 지워지는 것에 대한 거부였다.

1960년대 이전까지 원주민 운동은 국내 법원과 정부, 국제기구에 자신들의 권리 보장을 청원하는 방식이었다. 그들은 자신들의 영토를 누구나 접근해서 천연자원을 가져갈 수 있는 글로벌 공동재산 쯤으로 여기는 초국가 산업에 맞서기 시작했다. 경제적 착취와 자원 약탈에 저항하는 시위도 벌였다. 그러나 세계적으로 진보와 자유의 가치를 내세운 운동이 벌어졌던 1960년대 들어 이들의 전술도 달라졌다. 원주민 운동가들은 비폭력적인 토지권 행사, 시민저항, 노동 파업, 대중적 시위, 보이콧 등 다양한 수단을 동원하기 시작했다. 원주민 보전 지역 강제 이주에 항의해 국립공원 입구를 봉쇄하기도 했다. 바야흐로 소수자에 대한 압제와 불의에 저항하는 시민불복종의 시대였고, 원주민 그룹도 거기에 합류했다.[43]

그러나 원주민 권리가 국제사회의 현안으로 떠오르기까지는 시간이 더 필요했다. 1965년 유엔 총회는 '모든 형태의 인종차별 철폐에 관한 국제협약'을 채택하고 인종차별철폐위원회를 설립했다. 협약은 "모든 인간은 인종, 피부색, 민족이나 종족에 따른 차별이 없이 법 앞에서 평등할 권리를 보장받는다"고 규정했다. 그러나 전문과 25개 조항으로 구성된 협약에 '원주민indigenous people'이라는 단어는 단 한 번도 나오지 않는다.[44] 원주민의 권리는 보편적 인권의 원칙에서 원론적이고 포괄적인 맥락으로 해석될 수 있을 뿐 구체적이고 개별적인 규정은 마련되지 않았다.

1974년 4월, 미국과 캐나다, 라틴 아메리카, 오스트레일리아, 뉴질랜드의 원주민 그룹 지도자들은 세계원주민협의회WCIP(World Council of Indigenous nous Peoples)의 결성을 선포했다. 사상 처음으로 전 세계 원주민이 연대하고 공동의 목표를 추구하는 단체가 탄생한 것이다. 이듬해 이 단체는 유엔의 자문기구 지위를 얻었다. 세계원주민협의회는 1996년 내부 갈등으로 해체되기까지 20여 년 동안 국제사회에 원주민 그룹의 목소리를 대변했다. 앞서 1977년 아메리칸 원주민들은 유엔 탈식민화특별위원회에 청원을 넣어, 원주민 공동체의 자결권, 완전한 소유권, 자산 및 자원 통제권, 정부 행정의 사전 허용권, 부족 전통법 행사권 등을 요구했으나 아무런 성과를 얻지 못했다.[45] 1982년 10월 인도네시아에서 열린 세계국립공원총회에서는 "전통 토착민 집단의 사회적·경제적·문화적·정신적 자기결정권과 그들이 의존하는 땅과 자원에 영향을 미치는 (정책) 결정에 참여할 권리"를 인정하는 결의안이 채택됐다. 원주민 대표들은 '정치적 자치권'이 빠진 것에 실망감을 표시했지만, 이 정도도 상당한 성과였다.

1983년은 유엔이 원주민 문제에 주목하기 시작한 해로 기억된다. 유엔 인권위원회는 세계 원주민 대표 특별회의를 열어, 원주민 대표들이 유엔총회에서 자신들의 권리를 발언할 기회를 제도적으로 보장했다. 10년 뒤인 1993년에는 유엔이 그 해를 '세계 원주민의 해'로 선포하고 국제적 관심을 환기했다. 그러나 원주민의 기대와 요구를 실질적으로 보장하지 않은 채 선언적 수준에 그친 유엔의 태도는 오히려 원주민 집단의 불만을 샀다. 유엔총회에 원주민 대표단 의장으로 참석했던 그리스 출신 법학자이자 인권 전문가 에리카 이레네 다에스Erica-Irene Daes는 "유엔의 (세계 원주민의 해) 선포는 유엔 역사상 가장 빈약하고 왜소한 이벤트가 될 것"이라며 직격탄을 날렸다. "유엔의 일부 회원국들이 아직도 원주민을 국제사회의 일원으로 받아들이는 데 동의하지 않고 있는 것은 나와 세계의 원주민들에게 엄청나게 실망스러운 일입니다. 많은 분야에서 인종주의, 인종차별, 식민주의가 극복되고 있는 시대에, 유럽의 아메리카 식민지 정복 시절에나 통했던 '원주민은 법적으로 다른 사람과 평등하지 않다'는 낡은 신화를 여전히 붙잡고 있는 회원국들이 있군요."[46]

다에스의 발언이 호소력을 발휘했던 걸까? 3년 뒤인 1996년 유엔 총회는 향후 10년을 '세계 원주민을 위한 10년'으로 선포하고 원주민권리선언 초안 작성을 시작했다. 2002년 유엔 총회에선 유엔 인권위원회의 제안에 근거해 유엔 경제사회이사회의 자문기구로 '원주민 문제에 관한 상설 포럼 PFII'(UN Permanent Forum on Indigenous Issues)을 창설하면서, 원주민 문제를 국제사회의 주요 현안으로 자리매김했다.

이어 2007년 9월 유엔총회는 '원주민권리선언Declaration on the Rights of Indigenous Peoples'을 143개국의 압도적 찬성으로 채택했다. 모두 46개 조항으로 구성된 선언문은 "원주민 개인과 집단은 유엔헌장과 유엔인권선언, 국제인권법규가 인정하는 모든 인권과 자유에 대한 권리가 있으며, 자신들의 정체성, 문화, 언어, 고용, 보건 등을 보장받는다"는 게 뼈대다. 선언은 또 "원주민 혈통이나 정체성을 이유로 한 어떠한 차별도 받지 않아야 한다는 점을 재확인한다"고 명시했다.[47] 이 선언은 법적 구속력이 없다는 점에서 한계도 뚜렷했다. 특히 이 선언이 통과될 때 경제 선진국이면서 원주민이 상대적으로 많은 미국, 캐나다, 오스트레일리아, 뉴질랜드 등 4개국은 반대표를 던졌다. 이들 네 나라는 그러나 2~3년 뒤 이 선언을 승인했다. 원주민권리선언은 국제사회가 원주민의 사회·경제적 권리를 공식적으로 인정하고 향후 정치적 대표성이 확대될 주춧돌을 놓았다는 점에서 기념비적 이정표로 평가된다.

원주민 운동이 해당 국가의 주권과 법적 안정성을 위협하는지 여부에 대해서는 논란과 이견이 있다. 그들 대다수는 자신들의 민족적 정체성과 전통적 생활양식을 유지할 권리를 요구하는 소수자 집단이다. 그러나 일부 국가들은 원주민 부족의 자치권 요구가 중앙정부의 통제 범위를 넘어선다고 여긴다. 또 더 나아가 원주민이 독립국가 건설을 요구하는 정치세력으로 존재하기도 한다. 오늘날 국제사회는 주권국가의 통합과 국제질서를 위협하지 않는 범위에서 원주민 사회의 전통과 권리를 최대한 보장하고, 사회·문화적 다양성을 보존하는 것이 바람직하다는 인식이 확대되고 있다.

다시, 인간의 영토

이주는 '이동'과 '거주'를 아우르는 개념이다. 비자발적이고 강제적인 이주는 바람직하지 않을뿐더러 일어나지 않아야 한다고 전제한다면, 이주란 온전히 자기 의지로 안전하게 삶터를 '옮겨가는 것'과 새로운 삶의 시공간에서 공동체 구성원으로 '정착해 사는 것'이 동시에 충족되어야 한다. 지금까지 인간의 장구한 이주 역사와 현대 세계의 이주 흐름, 그리고 이주를 둘러싼 국제사회의 다양한 현안들을 살펴보았다. 이제 시공간을 넘나들었던 긴 여행을 마치고 돌아올 때가 됐다.

이즈음에서 직설적이고 도발적인 질문을 던져보자.

이주는 인간에게 나면서부터 주어진 자연권인가? 바꿔 말하면, 이주는 모든 인간이 평등하게 마땅하게 보장받아야 하는 천부인권인가? 상식적으로 생각하면 질문 자체가 엉뚱하다. 너무 당연하기 때문이다. 그럼에도 이런 질문이 성립하는 것은, 앞서 내내 본 것처럼 근대 이후 국민국가들이 주권의 절대성과 영토의 배타성을 확립하고 있기 때문이다. 그러나 오늘날 국제사회에서도 위 질문에 대한 답은 원론적으로 '그렇다'라는 것이 인권 단체들과 학계의 규범적 합의다.

사람은 나면서부터 어디든 옮겨 다닐 수 있고 자기가 살고 싶은 곳에서 살 수 있다. 누구든 살던 곳에서 자유롭게 '**떠날**' 권리, 살던 곳에서 강제로 '**쫓겨나지 않을**' 권리, 새 삶터에 '**정착할**' 권리, 그리고 살던 곳으로 안전하게 '**돌아올**' 권리가 있다. 또 이주와 정착 과정에서 국제사회가 여러 협약으로 인정하는 기본적 '**인권을 보장받을**' 권리도 있다. 오늘날 이런 권리가 어떤 이유에서든 원칙적으로 보장되지 않는 나라는 폐쇄적이고 시대착오적인 사회라고 해도 지나치지 않다.

자연권 혹은 천부인권은 자연(하늘)과 자기 자신 말고는 어느 누구도 그 권리를 제약할 수 없는 불가침의 영역이다. 생명권, 재산권, 행복 추구권, 사상과 양심과 표현의 자유 등이 대표적이다. 그런데 현대 국제사회에서 이주의 권리도 생명권처럼 절대적으로 보장하기란 현실적으로 매우 어려운 노릇이다. 국가 주권, 안보, 정체성 등 여러 다른 가치들과 충돌하는데다, 그것들과 비교할 수도 없을 만큼 절대적 우위의 가치인지도 논란의 여지가 크다. 결국 이주의 절대적 권리에 대한 보편적 믿음과 합의를 유지하되, 이주의 권리가 다른 권리나 법익들과 부딪칠 경우 인도주의에 바탕해 현실적으로 최선의 해법을 모색할 필요가 있다.

이와 관련해 18세기 유럽의 사회계약론자들이 개인의 권리와 국가의 권한의 관계를 고찰한 것은 시사점을 준다. 장 자크 루소Jean-Jacques Rousseau 는 《사회계약론》(1762)에서 "국가 또는 도시국가도 구성원의 단결 속에서만 생명을 유지할 수 있는 하나의 정신적 인격체이며, 사회계약은 정치체政治體에게 그 단체의 전 구성원을 지배할 절대적 권력을 부여한다"고 전제한 뒤, 이렇게 말한다. "그러나 우리는 이 공적 인격 이외에, 이를 구성하는 사적 인격을 고려하지 않으면 안 된다. 이들 사인私人의 생명과 자유는 본래 공적 인격과는 관계가 없다. 그러므로 우리는 시민의 권리와 주권자의 권리를 명확하게 구별해야 한다. 즉 시민이 국민의 자격으로 이행해야 할 의무와, 인간으로써 향유해야 할 자연권은 명백히 구별되어야 한다."[48] 이때 루소가 말한 시민은 국가에 속박되는 국민이 아니라 국가와 동등한 위격에서 쌍무적 계약을 맺는 자유인이다. 당시 유럽의 거의 모든 사회계약론자들이 정치권력과 통치의 정당성을 인정한 것은 자유로운 개인들과 권력을 위임받은 통치기구인 국가 사이의 상호이익 모델에 바탕을 둔 것이었다. 국민이 국가의 강제적 권력과 법의 지배에 복종하고 일정 정도의 자유를 제한받는 것은 그것이 서로 이익이 되기 때문이다. 그러므로 사회계약은 주권자로서의 개인들의 상호간 약속이지, 피지배 국민으로서 지배자에 대한 복종을 뜻하는 건 아니었다. 국민은 국가의 강권력을 수용하는 반대급부로 국가로부터 안전과 공공서비스를 제공받는다.

18세기 사회계약론은 한 사람이 특정한 정치적 공동체의 일원, 즉 국민이 아닐 경우 그런 보상을 제공받지 못한다는 논리적 한계도 드러낸다. 국민국가의 배타성이 갖는 역설이다. 그러나 루소를 비롯한 당대의 계몽철학가들이 저마다 천부적 인권을 지닌 개인들과 쌍무적 계약의 한 당사자로 국가를 바라본 시각 자체가 혁명적인 발상이었다. 오늘날 많은 사람들이 자신의 정체성을 특정 국가에 얽매이지 않는 세계시민으로 여기는 생각의 원형질이 루소를 비롯한 사회계약론자들의 사상에서 나왔을 법도 하다. 루소와 동시대를 살았던 철학자 이마누엘 칸트가 자신의 도덕철학이 구현된 이상향으로 '목적의 나라', 즉 "그 누구도 수단이 아닌 목적 그 자체로 대우하는 사회"를 꿈꿨던 것도 같은 맥락이다. 이 같은 정신의 고갱이는 약 200년 뒤 〈세계인권선언〉에서 집약됐다.

1948년 12월 유엔 총회가 채택한 〈세계인권선언〉은 '이주의 권리'에 대해서도 명시하고 있다. 관련 규정은 다음과 같다.

제13조

1. 모든 사람은 각국의 영역 내에서 이전과 거주의 자유에 관한 권리를 가진다.
2. 모든 사람은 자국을 포함한 어떤 나라로부터도 출국할 권리가 있으며, 또한 자국으로 돌아올 권리를 가진다.

제14조

1. 모든 사람은 박해를 피하여 타국에서 피난처를 구하고 비호를 향유할 권리를 가진다.
2. 이 권리는 비정치적인 범죄 또는 국제연합의 목적과 원칙에 반하는 행위만으로 인하여 제기된 소추의 경우에는 활용될 수 없다.

제15조

1. 모든 사람은 국적을 가질 권리를 가진다.
2. 어느 누구도 자의적으로 자신의 국적을 박탈당하거나 그의 국적을 바꿀 권리를 부인당하지 아니한다.

이주는 단순히 개인이나 집단이 이동하고 정착하는 행위만을 뜻하지 않는다. 이주는 본질적으로 '어떤 집단이 낯선 환경에서 다른 집단과 맞닥뜨리는 사태'다. 그 집단들이 특정 시공간에서 함께 부대끼며 생존해야 하는 숙명이다. 만남은 만남이되, 초청장이 없는 만남이다. 먼저 정착한 이주자가 부모나 자녀, 배우자를 초청하는 가족 재결합은 전체 이주 유형의 작은 부분일 뿐이다. 유학이나 투자 이민, 인재 유치 같은 선별적 초청 이주도 마찬가지다. 전 지구 차원에서 이주는 인위적으로 막을 수 없는 거대한 흐름이다. 그런 의미에서 이주는 거주 장소의 변화에 한정되는 정태적 개념이 아니라 사람과 문화와 역사가 움직이고 부딪치며 뒤섞이는 매우 역동적인 개념이다.

　이주가 빚어내는 낯선 만남, 거기에 감도는 어떤 기대와 긴장과 갈등은 한껏 조여진 현악기 줄처럼 팽팽하다. 그 낯선 만남이 호혜적이 될지 적대적이 될지 여부는 이주하는 사람(집단)의 규모와 이주하는 이유, 그리고 이주자들이 정착하려는 사회의 상황과 이주자에 대한 태도에 달렸다. 역사적으로 다른 집단과 마주치고 공존해온 경험이 풍부한 사회와 그렇지 않은 사회는 이주에 대한 시각과 포용력에서도 차이가 날 수밖에 없다. 폐쇄형 집단일수록 낯선 이들에 대한 경계심이 크고 자리를 내어줄 여유는 작다.

글을 마치며

앞서 살펴본 것처럼, 인류의 오랜 이주 역사는 크게 네 단계로 변화해왔다. 더 나은 삶터로의 이동과 적응, 정착 이후 확산과 충돌, 국민국가의 등장과 통제, 이주 네트워크 형성과 상호작용이다. 오늘날 지구에서 인간이 살 만한 낯선 곳은 거의 남아 있지 않다. 이제 인류는 지구 바깥으로 눈을 돌리고 있다. 유럽과 러시아 등 우주개발 선진국들은 머잖은 미래에 달나라 영구 기지를 건설한다는 계획을 구체화하고 있다. 미국 항공우주국NASA은 화성에서 생명의 근원인 물의 흔적을 찾는 데 천문학적인 돈을 써왔다. 2015년 개봉한 할리우드 영화 〈마션The Martian〉에서, 뜻밖의 사고로 화성에 혼자 남겨진 식물학자는 구조대가 오기를 기다리며 자신의 배설물에서 채취한 박테리아를 이용해 감자와 채소 재배에 성공해 생존한다. 달 식민지 건설, 화성 유인탐사, 제2의 지구 탐색 같은 이야기들은 이미 현실에서 추진되고 있는 일들이다. 물론 아직까지 이런 우주 프로그램들은 외계가 더 나은 삶터여서라기보다는 지적 호기심에 따른 과학 탐구의 영역에 속한다. 공상과학 영화들이 곧잘 그리는 것처럼 아름답고 푸른 별 지구가 더는 인간이 살 수 없을 만큼 망가져 외계행성 이주를 시도하는 사태는 끔찍한 디스토피아의 역설이다.

필자가 〈글을 마치며〉를 쓰고 있는 지금 이 순간에도 세계는 이주 문제를 둘러싼 답답하고 비극적인 소식이 끊이지 않는다. 전쟁과 정치적 박해와 자연재해가 낳은 강제 이주자와 난민들은 가장 비참한 떠돌이들이다. 난민의 최대 양산지인 시리아에서는 내전이 5년4개월을 훌쩍 넘기면서 사망자가 30만 명에 육박하고, 국외 난민과 국내 실향민을 합친 강제 이주자가 전체 인구의 절반인 1100만 명을 넘어섰다. 지중해와 에게 해에서는 지금도 난민선이 파도와 사투를 벌이고, 국제사회의 지원과 감독과 통제가 미치지 않는 난민 캠프들에선 끔찍한 인권 침해가 잇따른다. 그런 와중에 프랑스와 독일 등 유럽 주요국들에선 이슬람 극단주의의 영향을 받은 테러가 연발하며, 유럽 난민의 대부분을 차지하는 무슬림들에 대한 거부감과 편견을 키우고 있다. 유럽에서 시리아 난민의 대폭 수용을 주도했던 앙겔라 메르켈 독일 총리는 2016년 8월 "우리에게 닥친 이슬람국가IS의 테러리즘 현상은 난민 탓이 아니다"라며 이주 난민과 테러리즘을 연결 짓는 시각이 잘못됐음을 분명히 했다. 그러나 반이주 정서에 기반한 유럽의 극우 정치세력은 이미 정치권의 변수에서 한걸음 더 나아가 일정 정도의 지분을 확보한 상수가 된 지 오래다.

2016년 7월에는 영국이 국민투표로 '유럽연합 탈퇴'(브렉시트Brexit)를 결정한 파장이 유럽을 뒤흔들고 있다. 브렉시트를 선택한 사람들이 품었던 가장 큰 불만 중 하나는 바로 역내에서 유럽연합 시민들의 자유로운 이동을 보장한 유럽연합 정책, 그리고 그에 따른 외국인 이주자들의 대량 유입과 체류였다. 영국은 브렉시트가 실현되면 외국인 출입국을 철저히 통제할 수 있겠지만, 거꾸로 유럽연합 회원국들에 거주하고 있거나 자유롭게 드나들며 활동하기를 원하는 영국의 젊은 세대에게도 족쇄가 될 수도 있다. 제2차 세계대전 당시 독일 나치 정권의 박해를 피해 영국으로 온 유대인과 그 후손들이 부랴부랴 독일 국적을 회복하려 한 해프닝도 일어났다. 독일의 패전 이후 시간이 흐르면서 독일 국적이 상실한 유대인들이 브렉시트 이후의 경제적 불확실성과 영국 내 반외국인 정서가 커지는 것에 대한 불안감 때문에 언제든 영국에서 독일로 이주할 수단을 확보해두려는 심리였다. 독일은 과거 정치적, 인종적, 종교적 이유로 나치 통치를 피해 독일을 떠났거나 시민권을 박탈당한 당시 독일 시민들과 그 후손들이 국적을 회복할 수 있는 특별 시민권 규정을 두고 있다.

미국 대통령 선거의 공화당 후보로 확정된 도널드 트럼프는 경선 기간 중 "모든 무슬림의 미국 입국을 금지해야 한다"거나 "멕시코 이민자들은 마약 범죄자와 성폭행범들"이라는 막말을 퍼부었음에도 만만치 않은 지지세를 유지했다. 최근 남미 대륙에서는 아르헨티나 정부가 시리아 난민 3000명을 수용하기로 했다는 소식과, 아르헨티나 거주 유대인 사회가 아랍 무슬림인 시리아 난민의 대규모 수용에 우려하며 정부에 유대인 안전보장을 요구했다는 소식이 들려온다. 이주 문제를 둘러싼 인간 집단의 여러 모습들이다.

사람이 머물거나 옮기며 소통하고 갈등하는 공간이 꼭 현실세계에만 있는 것은 아니다. 정보통신 기술의 발달에 힘입어, 오늘날 수억 명의 인류는 인터넷이 제공하는 사이버 공간에 자기만의 보금자리와 커뮤니티를 갖고 있다. 페이스북, 트위터, 카카오스토리, 네이버 밴드, 텔레그램 같은 소셜 미디어와 소셜네트워크서비스SNS가 그런 네트워크의 대표적인 허브들이다. 그런데 정부와 정보권력의 감시의 눈길이 온라인 소통에도 미치기 시작하면, 이용자들은 다른 곳으로 옮겨가기도 한다. 최근 우리나라 누리꾼들이 검찰의 무분별한 통신 감청에 반발해 한꺼번에 텔레그램으로 옮겨간 해프닝도 그런 사례 중 하나다. 사이버 박해에는 사이버 망명으로 대응하는 것이다. 이른바 사이버 난민이다. 국경과 국적이 따로 없고 여권과 비자가 필요 없는 사이버 생태계에서 이주는 식은 죽 먹기보다 쉽다. 현실세계의 이주와 마찬가지로 되돌아올 수도 있고 새로운 곳에 정착할 수도 있다. 사이버 망명의 거의 유일한 조건은 같은 언어를 쓰고 공동의 관심을 가진 이용자 커뮤니티의 존재 여부와 규모일 것이다.

뇌과학자 김대식은 저서 《김대식의 빅 퀘스천》에서 "우리는 왜 먼 곳을 그리워하는가?"라는, 감상적이며 근원적인 '큰 질문'을 던진다.

모험과 탐험은 항상 위험하다. 비행기, GPS, 고어텍스 옷을 가진 오늘날도 그렇지만, 눈 하나, 발 하나 달린 괴물들을 두려워했던 고대인에게 모험은 자살행위와 다름없었다. 그렇다면 무엇이 인간을 한없이 먼 곳을 그리워하게 하는 것일까? ······ 떠나는 자에게는 언제나 사랑하는 사람들을 떠나야 하는 이유가 있다. 자신에게 익숙한 세상과 이별한 자에게는 도전과 시련이 기다리고 있다. 그것이 바로 성숙이다. 떠남을 통해 성숙한 자는 다시 익숙한 세상으로 돌아온다. 하지만 돌아온 자는 더 이상 떠나기 전의 그 사람이 아니다. ······ 우리가 떠나는 진정한 이유는 어쩌면 다시 돌아오기 위해서인지 모른다. 깨달음을 얻어 돌아올 수도 있고, 황금과 명예를 얻어 귀향할 수도 있다. 하지만 존재하는 것에는 돌아올 수 없는 하나의 헤어짐이 있다. 죽음이다. 죽음은 그 다음이 없는 '끝'이다. 그래서 인간은 모험과 탐험을 통해 '끝'이 존재하지 않는다는 것을 증명하려는지도 모른다. 하노는 헤라클레스의 기둥이 끝이 아니기를 바랐고, 에이리크는 아이슬란드가 세상의 끝이 아니라고 믿었다.[1]

그럼에도 이주는 피곤한 일이기도 하다. '집 떠나면 고생'이라는 말이 괜한 말이 아니다. 필자가 이 책을 쓰는 과정도 집을 떠나 긴 여행을 하는 느낌이었다. 여러 주제들을 깊이 없이 백화점 견본상품처럼 늘어놓기만 하는 것 같아 컴퓨터 자판을 두드리는 내내 마음이 개운치 않았다. 그럼에도 되도록 많은 이야기들을 담아보려는 욕심이 있었다. 그런데 원고가 쌓이고 책의 전체 윤곽이 잡혀갈수록 그런 욕심이 필자의 역량에 턱없이 못 미친다는 것을 절감했다. 갈수록 쓰기가 힘들고 난감했다. 딱히 새로운 발견이나 학설을 쓰는 것도 아니었다. 이미 나왔던 이론들과 지금 벌어지고 있는 흐름을 정리해 소개하고, 나름의 사유를 펼치는 정도였다. 그럼에도 때로는 괜한 일을 벌였다는 생각이 들 때가 많아졌다. 그러나 이런 책을 써보겠다고 마음먹었던 때의 결심을 끝내 접을 수 없었다. 이주 문제에 처음 관심을 갖고 조금이나마 관련 문헌들을 읽을 때의 감동과 흥미를 더 많은 사람들과 나누고 싶어졌던 소박한 생각이었다. 그렇다고 해서 이 책에서 발견될 모든 오류와 흠결이 용인되는 것은 결코 아니다. 그것은 전적으로 필자의 책임이다. 눈 밝은 독자들의 지적과 가르침이 있으면 더 없이 고맙고 기쁘겠다.

이 책이 나오는 데 도움을 준 분들에게 고마운 마음을 전하지 않을 수 없다. 《한겨레》에 함께 몸담고 있는 선후배와 동료 기자들은 필자가 책을 쓰는 동안 관심을 갖고 의견을 나누며 격려해주었다. 지금도 하루 중 가장 많은 시간을 함께 보내는 국제부의 정의길 선임기자, 권태호 에디터, 황상철 팀장, 조기원, 황금비 기자, 그리고 지금은 다른 부서에서 일하는 박현, 박민희, 박영률, 김지은, 전정윤, 신승근 기자가 그들이다.

박혜숙 푸른역사 대표에게는 특별히 감사하다. 박 대표의 과감한 판단과 결정이 아니었다면 이 책은 제때에 나오기 어려웠을 것이다. 박 대표는 아직까지 국내에서 대중서로는 낯선 분야인데다 출판 예정에도 없이 불쑥 끼어든 불청객 원고를 집필 취지와 머리말만 보고 선뜻 책으로 내기로 결정해주었다. 뿐만 아니라 참고가 될 만한 유목민 관련 번역서까지 선물해주었다. 푸른역사 출판부의 정호영 편집자는 조금은 생소했을 분야의 원고를 꼼꼼히 읽고 섬세하게 보정하는 수고를 아끼지 않았다. 그는 원고를 맨 먼저 보는 독자로서 "문장이 깔끔하고 주제와 내용이 흥미롭다"는 과분한 평가로 필자의 우려를 덜어주고 위안을 주었다.

무엇보다, 사랑하는 가족에게 평소의 고마움과 미안함을 글로 전할 수 있어 기쁘다. 어쩌다 집에 있는 시간에도 노트북을 펼치기 일쑤인 아빠가 책을 쓴다는 것을 신기해하며 모나크 나비와 고대 서양사 이야기에 눈을 반짝이던 초등학생 딸과 아들, 원고의 머리말을 읽고 '엄지 척'을 해주었을 뿐 아니라 번거로운 원고 보정 작업을 꼼꼼히 도와준 아내, 그리고 누구보다 책이 나오길 기다리셨을 부모님께 마음 깊이 감사하다. 세상의 모든 이주자와 난민에게 이 책을 바친다.

2016년 7월

필자

주석

들어가며

[1] 〈경이로운 대이동에 얽힌 비밀〉, 《사이언스 타임스》 2015년 12월 10일.

[2] 벤 오크리, 장재영 옮김, 《굶주린 길》, 문학과지성사, 2014, 11~16쪽.

[3] 질 들뢰즈, 김상환 옮김, 《차이와 반복》, 민음사, 2004, 104쪽. 들뢰즈는 존재의 동일성과 차이성을 논하면서 정착적 분배와 유목적 분배를 구분했다. "신들 사이에서마저도 각각의 신은 자신의 영역, 자신의 범주, 자신의 속성들을 지닌다. 또 이 신들은 모두 유한한 존재자들에게 그들의 운명에 부합하는 어떤 한계와 몫들을 분배한다. 그러나 이와는 전적으로 다른 분배가 있다. 그것은 '유목적'이라 불러야 하는 분배로서, 소유지도 울타리도 척도도 없는 유목적 노모스nomos(도덕적·사회적 규정—필자)이다. 여기서는 더 이상 미리 배당된 몫은 없다."

[4] 자크 아탈리, 이효숙 옮김, 《호모 노마드, 유목하는 인간L'homme nomade》, 웅진지식하우스, 2005.

[5] 황혜성, 〈왜 호모 미그란스Homo Migrans인가?: 이주사의 최근 연구동향과 그 의미〉, 《역사학보》 212집, 2011년 12월, 한성대학교.

1장 아프리카를 탈출하다

[1] 찰스 다윈, 김학영 옮김, 최재천 감수, 《찰스 다윈 서간집—진화》, 살림, 2011, 27~29쪽.

[2] 찰스 다윈, 《찰스 다윈 서간집—진화》, 30~31쪽.

3 영국 케임브리지 대학교 '다윈 서신 프로젝트' 웹사이트 중 〈1873년 편지들〉.

4 브라이언 사이키스, 전성수 옮김, 《이브의 일곱 딸들》, 뜨님, 2001, 210쪽.

5 브라이언 사이키스, 《이브의 일곱 딸들》, 124쪽.

6 재레드 다이아몬드, 김진준 옮김, 《총, 균, 쇠》 개정증보판, 문학사상사, 2014, 48쪽.

7 J. M. 애도배시오 외, 김승욱 옮김, 《누가 베이컨을 식탁으로 가져왔을까》, 알마, 2010, 74쪽.

8 J. M. 애도배시오 외, 《누가 베이컨을 식탁으로 가져왔을까》, 75~76쪽.

9 실베스트르 위에, 이창희 옮김, 《기후의 반란》, 궁리, 2002, 119쪽.

10 래리 고닉 글·그림, 이희재 옮김, 《세상에서 가장 재미있는 세계사》 1권, 궁리, 2002, 68~69쪽.

11 J. M. 애도배시오 외, 《누가 베이컨을 식탁으로 가져왔을까》, 186쪽.

12 Patrick Manning, *Migration in World History*(Taylor and Francis, 2013), Kindle Locations, pp. 236~275.

13 Michael H. Fisher, *Migration: A World History*(Oxford University Press, 2013), Kindle Edition, p. 4.

14 유발 하라리, 조현욱 옮김, 《사피엔스》, 김영사, 2015, 80~81쪽.

15 유발 하라리, 《사피엔스》, 43쪽.

2장 인류, '대약진'과 '정주'를 시작하다

1 재레드 다이아몬드, 《총, 균, 쇠》 개정증보판, 55~56쪽.

2 Michael H. Fisher, *Migration: A World History*, Kindle Edition, p. 6.

3 Michael H. Fisher, *Migration: A World History*, Kindle Edition, p. 6.

4 재레드 다이아몬드, 《총, 균, 쇠》 개정증보판, 56쪽.

5 브라이언 페이건, 최파일 옮김, 《인류의 대항해》, 미지북스, 2012, 61~63쪽.

6 브라이언 페이건, 《인류의 대항해》, 65쪽.

7 기 리샤르 외, 전혜정 옮김, 《사람은 왜 옮겨다니며 살았나─인류의 이민 2만년사》, 에디터, 2004, 183~184쪽.

8 Robert A. Berner. "atmospheric oxygen over Phanerozoic time", *PNAS*(미국과학아카데미 회보) vol. 96, no. 20, www.pnas.org/content/96/20/10955.full

[9] 에른스트 곰브리치, 최민택 옮김, 《서양미술사》 상권, 1998, 36~37쪽.

[10] 하인리히 야콥, 곽명단·임지원 옮김, 《빵의 역사—빵을 통해 본 6천년의 인류문명》, 우물이 있는 길, 2002, 44쪽.

[11] 하인리히 야콥, 《빵의 역사—빵을 통해 본 6천년의 인류문명》, 45쪽.

[12] 하인리히 야콥, 《빵의 역사—빵을 통해 본 6천년의 인류문명》, 46쪽.

[13] Massimo Livi-Bacci, *A Short History of Migration*(Polity, 2012).

[14] Massimo Livi-Bacci, *A Short History of Migration*, p. 24.

3장 고대에서 중세까지의 이주

[1] 라인하르트 쉬메켈, 김재명 외 옮김, 《인도유럽인, 세상을 바꾼 쿠르간 유목민》, 푸른역사, 2013, 360쪽.

[2] 라인하르트 쉬메켈, 《인도유럽인, 세상을 바꾼 쿠르간 유목민》, 364쪽.

[3] 라인하르트 쉬메켈, 《인도유럽인, 세상을 바꾼 쿠르간 유목민》, 464쪽.

[4] 김호동, 《아틀라스 중앙유라시아사》, 사계절, 2016, 26쪽.

[5] 김호동, 《아틀라스 중앙유라시아사》, 27쪽.

[6] 김호동, 《아틀라스 중앙유라시아사》, 34쪽.

[7] 라인하르트 쉬메켈, 《인도유럽인, 세상을 바꾼 쿠르간 유목민》, 466~467쪽.

[8] 김호동, 《아틀라스 중앙유라시아사》, 59쪽.

[9] 라인하르트 쉬메켈, 《인도유럽인, 세상을 바꾼 쿠르간 유목민》, 467~468쪽.

[10] 기 리샤르 외, 《사람은 왜 옮겨다니며 살았나—인류의 이민 2만년사》, 30쪽.

[11] 기 리샤르 외, 《사람은 왜 옮겨다니며 살았나—인류의 이민 2만년사》, 32쪽.

[12] 국제가톨릭성서공회, 《해설판 공동번역 성서》, 출애굽기 14장 21~27절.

[13] 알프레드 레플레, 김윤주 옮김, 《성경과 오늘—돌과 문서가 말한다면》 4판, 분도출판사, 1987, 90~91쪽.

[14] 국제가톨릭성서공회 편찬, 《해설판 공동번역 성서》, 출애굽기 2장 10절.

[15] 알프레드 레플레, 《성경과 오늘—돌과 문서가 말한다면》 4판, 92쪽.

[16] 장 카르팡티에·프랑수아 르브룅 엮음, 강민정·나선희 옮김, 《지중해의 역사》, 한길, 2006,

60~63쪽.

[17] 장 카르팡티에·프랑수아 르브룅 엮음, 《지중해의 역사》, 63쪽.

[18] 장 카르팡티에·프랑수아 르브룅 엮음, 《지중해의 역사》, 72쪽.

[19] 칼 에를리히, 최창모 옮김, 《유대교—유랑민족의 지팡이》, 유토피아, 2007, 20~21쪽.

[20] 타임라이프 '신화와 인류' 시리즈, 김석희 옮김, 《여명기의 영웅들—켈트 신화》, 2008, 9쪽.

[21] 타임라이프 '신화와 인류' 시리즈, 《여명기의 영웅들—켈트 신화》, 9~10쪽.

[22] 타임라이프 '신화와 인류' 시리즈, 《여명기의 영웅들—켈트 신화》, 11쪽.

[23] 타임라이프 '신화와 인류' 시리즈, 《여명기의 영웅들—켈트 신화》, 7쪽.

[24] 타임라이프 '신화와 인류' 시리즈, 《여명기의 영웅들—켈트 신화》, 12쪽.

[25] 라인하르트 쉬메켈, 《인도유럽인, 세상을 바꾼 쿠르간 유목민》, 563쪽.

[26] 사이먼 베이커, 김병화 옮김, 《처음 읽는 로마의 역사》, 웅진지식하우스, 2008, 55~56쪽.

[27] 버나드 몽고메리, 승영조 옮김, 《전쟁의 역사》, 2004, 책세상, 173쪽.

[28] 버나드 몽고메리, 《전쟁의 역사》, 174~187쪽.

[29] 래리 고닉 글·그림, 이희재 옮김, 《세상에서 가장 재미있는 세계사》 2권, 궁리, 2006, 261~263쪽.

[30] 래리 고닉 글·그림, 《세상에서 가장 재미있는 세계사》 2권, 264쪽.

[31] 래리 고닉 글·그림, 《세상에서 가장 재미있는 세계사》 2권, 265쪽.

[32] Henry Yule, *Cathay and the way thither*, p. 18, Wikipedia에서 재인용.

[33] 래리 고닉 글·그림, 《세상에서 가장 재미있는 세계사》 2권, 278쪽.

[34] 김호동, 《아틀라스 중앙유라시아사》, 62쪽.

[35] 장 카르팡티에·프랑수아 르브룅 엮음, 《지중해의 역사》, 165쪽.

[36] 사이먼 베이커, 《처음 읽는 로마의 역사》, 355~356쪽.

[37] 김창성 편저, 《사료로 읽는 서양사 2—중세편》, 책과함께, 2014, 24쪽.

[38] 김창성 편저, 《사료로 읽는 서양사 2—중세편》, 34쪽.

[39] Patrick Manning, *Migration in World History*, Kindle Locations, pp. 1827~1836.

[40] 김창성 편저, 《사료로 읽는 서양사 2—중세편》, 35쪽.

[41] 장 카르팡티에·프랑수아 르브룅 엮음, 《지중해의 역사》, 169쪽.

[42] 한스 크리스티안 후프 외, 박종대 옮김, 《임페리움—제국, 권력의 오만과 몰락》, 말글빛냄, 2005, 396쪽.

[43] 한스 크리스티안 후프 외, 《임페리움─제국, 권력의 오만과 몰락》, 396~397쪽.

[44] 한스 크리스티안 후프 외, 《임페리움─제국, 권력의 오만과 몰락》, 397~398쪽.

[45] 김창성 편저, 《사료로 읽는 서양사 2─중세편》, 26~28쪽.

[46] 사이먼 베이커, 《처음 읽는 로마의 역사》, 413쪽.

[47] 사이먼 베이커, 《처음 읽는 로마의 역사》, 414쪽.

[48] 래리 고닉, 이희재 옮김, 《세상에서 가장 재미있는 세계사》 3권, 궁리, 2006, 164~165쪽.

[49] 프로코피우스, 곽동훈 옮김, 《비잔틴제국 비사》, 들메나무, 2015, 193~194쪽.

[50] 레자 아슬란, 정규영 옮김, 《알라 외에 다른 신은 없도다》, 이론과실천, 2006, 246쪽.

[51] Patrick Manning, *Migration in World History*, Kindle Locations, pp. 1969~1978.

[52] Patrick Manning, *Migration in World History*, Kindle Locations, pp. 1997~2001.

[53] 앨버트 후라니, 김정명·홍미정 옮김, 《아랍인의 역사》, 심산, 2010, 163쪽.

[54] 앨버트 후라니, 《아랍인의 역사》, 199쪽.

[55] 앨버트 후라니, 《아랍인의 역사》, 200~201쪽.

[56] 앨버트 후라니, 《아랍인의 역사》, 201~202쪽.

[57] 정수일, 《문명담론과 문명교류》, 살림, 2009, 80쪽.

[58] 이희수, 《세상을 바꾼 이슬람》, 다른, 2015, 114쪽.

[59] 이희수, 《세상을 바꾼 이슬람》, 116~117쪽.

[60] 이희수, 《세상을 바꾼 이슬람》, 120쪽.

[61] 이희수, 《세상을 바꾼 이슬람》, 121쪽.

[62] Patrick Manning, *Migration in World History*, Kindle Locations, pp. 2140~2144.

[63] Vikings─Raiders and Settlers, *BBC History*, http://www.bbc.co.uk/history/ancient/vikings

[64] 주한 노르웨이 대사관 홈페이지, 〈바이킹 시대The Viking Age〉.

[65] Patrick Manning, *Migration in World History*, Kindle Locations, pp. 2145~2158.

[66] Patrick Manning, *Migration in World History*, Kindle Locations, pp. 2164~2168.

[67] Patrick Manning, *Migration in World History*, Kindle Locations, pp. 2177~2183.

[68] 김호동, 《아틀라스 중앙유라시아사》, 125~126쪽.

[69] 김호동, 《아틀라스 중앙유라시아사》, 132~133쪽.

[70] 김호동, 《아틀라스 중앙유라시아사》, 154쪽.

[71] Patrick Manning, *Migration in World History*, Kindle Locations, pp. 2049~2055.

[72] 래리 고닉, 이희재 옮김, 《세상에서 가장 재미있는 세계사》 3권, 궁리, 253쪽

[73] 김호동, 《아틀라스 중앙유라시아사》, 156~157쪽.

[74] 김호동, 《아틀라스 중앙유라시아사》, 160~161쪽.

[75] 제인 버뱅크·프레더릭 쿠퍼, 이재만 옮김, 《세계제국사》, 책과함께, 2016, 173쪽.

4장 근대 이후의 이동, 신대륙 탐험에서 국민국가의 형성까지

[1] 제인 버뱅크·프레더릭 쿠퍼, 《세계제국사》, 185~186쪽.

[2] 앨버트 후라니, 《아랍인의 역사》, 387~388쪽.

[3] Patrick Manning, *Migration in World History*, Kindle Locations, pp. 2393~2398.

[4] 에두아르도 갈레아노, 박병규 옮김, 《불의 기억》 제1권, 따님, 2005, 86~87쪽.

[5] Robert H. Fuson, ed., *The Log of Christopher Columbus* Tab Books(International Marine Publishing, 1992). Wikipedia에서 재인용.

[6] 재레드 다이아몬드, 《총, 균, 쇠》 개정증보판, 93쪽.

[7] 에두아르도 갈레아노, 《불의 기억》 제1권, 145~146쪽.

[8] 에두아르도 갈레아노, 《불의 기억》 제1권, 147쪽.

[9] Massimo Livi-Bacci, *A Short History of Migration*(Polity, 2012), p. 43.

[10] Massimo Livi-Bacci, *A Short History of Migration*, p. 44.

[11] Massimo Livi-Bacci, *A Short History of Migration*, p. 44.

[12] 재레드 다이아몬드 지음, 《총, 균, 쇠》 개정증보판, 554~555쪽.

[13] 권홍우, 《부의 역사》, 인물과사상사, 2008, 169~170쪽.

[14] 권홍우, 《부의 역사》, 170쪽.

[15] 권홍우, 《부의 역사》, 172쪽.

[16] 기 리샤르 외, 《사람은 왜 옮겨다니며 살았나—인류의 이민 2만년사》, 126쪽.

[17] 기 리샤르 외, 《사람은 왜 옮겨다니며 살았나—인류의 이민 2만년사》, 130쪽.

[18] Patrick Manning, *Migration in World History*, Kindle Locations, pp. 2802~2809.

[19] Patrick Manning, *Migration in World History*, Kindle Locations, pp. 2819~2827.

[20] Eric Foner, *Give Me Liberty: An American History*, 2009, Wikipedia에서 재인용.

21 리처드 생크먼, 이종인 옮김, 《미국사의 전설, 거짓말, 날조된 신화들》, 미래M&B, 2003, 193쪽.

22 Patrick Manning, *Migration in World History*, Kindle Locations, pp. 2835~2840.

23 Patrick Manning, *Migration in World History*, Kindle Locations, pp. 2844~2850.

24 Isabel de Madariaga, *Ivan the Terrible*, 2008, Wikipedia에서 재인용.

25 김호동, 《아틀라스 중앙유라시아사》, 사계절, 2016, 196쪽.

26 김호동, 《아틀라스 중앙유라시아사》, 197쪽.

27 Alexis de Tocqueville, *Democracy in America*, Wikipedia에서 재인용.

28 미국 시인 엠마 래저러스가 1883년에 쓴 소네트 형식의 시로, 자유의 여신상 받침대에 동판으로 새겨졌다.

29 이 시가 쓰인 1883년 당시에 나란히 붙어 있던 뉴욕 시와 브루클린 시를 가리킨다. 두 도시는 15년 뒤인 1898년에 뉴욕으로 통합됐다.

30 *A Timeline Of Ellis Island*, 리버티엘리스 재단, www.libertyellisfoundation.org/ellis-timeline

31 "Immigration waves", http://immigrationtounitedstates.org/

32 기 리샤르 외, 《사람은 왜 옮겨다니며 살았나—인류의 이민 2만년사》, 75쪽.

33 기 리샤르 외, 《사람은 왜 옮겨다니며 살았나—인류의 이민 2만년사》, 76~78쪽.

34 기 리샤르 외, 《사람은 왜 옮겨다니며 살았나—인류의 이민 2만년사》, 84쪽 참조.

35 Patrick Manning, *Migration in World History*, Kindle Locations, pp. 3488~3492.

36 Patrick Manning, *Migration in World History*, Kindle Locations, pp. 3504~3506.

5장 국제 이주, 어떻게 흘러가고 있는가

1 세계은행World Bank은 1인당 국민총소득GNI을 기준으로 잘사는 나라와 가난한 나라를 4개 그룹으로 구분한다. 저소득Low-income, 중·저소득Lower middle-income, 중·고소득Upper middle income, 고소득High income 국가 등이다. 2015년 기준 고소득 국가는 1인당 국민총소득GNI이 미화로 1만2735달러 이상인 나라들이다.

2 UN Population Division, *World Population Prospects: 2015 Revision*.

3 스티븐 카슬·마크 J. 밀러, 한국이민학회 옮김, 《이주의 시대》, 일조각, 2013, 33쪽.

4 스티븐 카슬·마크 J. 밀러, 《이주의 시대》, 38~39쪽.

5 UN, *International Migration Wallchart-2015*, http://reliefweb.int/sites/reliefweb.int/files/resources/MigrationWallChart2015-2.pdf

6 법무부, 《출입국·외국인정책 통계 월보》, 2016년 2월호. http://www.immigration.go.kr/doc_html/attach/imm/f2016//20160325251392_7_1.hwp.files/Sections1.html

7 영국의 고전경제학자 토마스 맬서스가 흔히 《인구론》으로 약칭되는 논문에서 인구 폭탄론을 경고한 때가 1798년이다.

8 마르크 몽투세 외, 박수현 옮김, 《세계화의 문제점 100가지》, 모티브, 2007, 22쪽.

9 마르크 몽투세 외, 《세계화의 문제점 100가지》, 23~24쪽.

10 폴 콜리어, 김선영 옮김, 《엑소더스: 전 지구적 상생을 위한 이주경제학》, 21세기북스, 2013, 41쪽.

11 폴 콜리어, 《엑소더스: 전 지구적 상생을 위한 이주경제학》, 54~55쪽.

12 토니 주트, 조행복 옮김, 《포스트 워 1945~2005》, 플래닛, 2008, 535쪽.

13 토니 주트, 《포스트 워 1945~2005》, 535쪽.

14 장 카르팡티에·프랑수아 르브룅 엮음, 《지중해의 역사》, 607쪽.

15 폴 콜리어, 《엑소더스: 전 지구적 상생을 위한 이주경제학》, 42쪽.

16 UN, Department of Economic and Social Affairs, *World Urbanization Prospects: The 2014 Revision*.

17 UNHCR, *Policy On Refugee Protection And Solutions In Urban Areas*, 2009. 9.

18 UNHCR, *Policy On Refugee Protection And Solutions In Urban Areas*, 2009. 9.

19 IOM, *World Migration Report 2015-Migrants And Cities: New Partnerships to Manage Mobility*.

20 Douglas S. Massey, et al., "Theories of International Migration: A Review and Appraisal", *Population and Development Review*, Vol. 19, No. 3(Sep., 1993), pp. 432~443.

21 Michael J. Piore, *Birds of Passage: Migrant Labor and Industrial Societies*(Cambridge University Press, 1979), Douglas S. Massey, et al., "Theories of International Migration: A Review and Appraisal", p. 440에서 재인용.

22 Douglas S. Massey, et al., "Theories of International Migration: A Review and Appraisal", pp. 440~444.

[23] Zolberg, A., A. Shurke, and S. Aguayo, *Escape from violence: conflict and the refugee crisis in the developing world*(Oxford: Oxford University Press, 1989), p. 407.

[24] 스티븐 카슬·마크 J. 밀러, 《이주의 시대》, 62쪽.

[25] Castles, Stephen and Grodula Kosack, *Immigrant workers and class structure in Western Europe*(London: Oxford University Press, 1973).

[26] 스티븐 카슬·마크 J. 밀러, 《이주의 시대》, 62쪽.

[27] Samir Amin, *Accumulation on a World Scale: A Critique of the Theory of Underdevelopment*(New York; London: Monthly Review Press, 1974); Immanuel Wallerstein, *The Politics of the World-Economy: The States, the Movements and the Civilizations*(Cambridge; New York: Cambridge University Press, 1984).

[28] Douglas S. Massey, et al., "Theories of International Migration: A Review and Appraisal", p. 445.

[29] Douglas S. Massey, et al., "Theories of International Migration: A Review and Appraisal", pp. 446~447.

[30] 스티븐 카슬·마크 J. 밀러, 《이주의 시대》, 64쪽.

[31] 스티븐 카슬·마크 J. 밀러, 《이주의 시대》, 65쪽.

[32] Douglas S. Massey, et al., "Theories of International Migration: A Review and Appraisal", p. 454.

[33] Douglas S. Massey, et al., "Theories of International Migration: A Review and Appraisal", pp. 448~449.

[34] 스티븐 카슬·마크 J. 밀러, 《이주의 시대》, 67~68쪽.

[35] 스티븐 카슬·마크 J. 밀러, 《이주의 시대》, 71쪽.

[36] 마이클 새머스, 이영민·박경환·이용균·이현욱·이종희 옮김, 《이주》, 푸른길, 2013, 142~143쪽.

[37] 리차드 페루슈, 질리얀 레드페스-크로스, 《이주 용어 사전》 제2판, 국제이주기구, 2011. 이 사전은 Richard Perruchoud, Jillyanne Redpath-Cross, eds., *Glossary on Migration*, 2nd edition의 공식 한국어 번역본이다.

[38] 리차드 페루슈, 질리얀 레드페스-크로스, 《이주 용어 사전》 제2판.

[39] Christian Joppke, ed., *Challenge to the Nation State*(New York: Oxford University Press, 1998),

pp. 6~7, 황혜성, 〈왜 호모 미그란스Homo Migrans인가?: 이주사의 최근 연구동향과 그 의미〉에서 재인용.

[40] Zygmunt Bauman, "Migration and Identities in the Gglobalized World", *Philosophy & Social Criticism*, May 2011, 37, pp. 425~435. 몇몇 단어들에 붙은 홑따옴표는 저자가 그 의미를 강조하기 위해 쓴 것들이다.

[41] Stephen Castles and Godula Kosack, *Immigrant Workers and Class Struggle in Western Europe*(London: Oxford University Press, 1973). Caroline B. Brettell and James F. Hollifield, *Migration Theory: Talking across Disciplines*에서 재인용.

[42] Caroline B. Brettell and James F. Hollifield, *Migration Theory: Talking across Disciplines*, pp. 184~185.

[43] Alexander Aleinikoff, "International Legal Norms and Migration", *Migration and International Legal Norms*(Cambridge University Press, 2003).

[44] IOM, *How the World Views Migration*, January 2015.

6장 이주민은 안보에 위협적인가

[1] The National Commission on Terrorist Attacks Upon the United States, *9/11 Commission Report*, 2004. 7. 26.

[2] Federation for American Immigration Reform, *Identity and Immigration Status of 9·11 Terrorists*.

[3] Federation for American Immigration Reform, *Identity and Immigration Status of 9·11 Terrorists*, pp. 369~371.

[4] Khalid Koser, "When is Migration a Security Issue?", *Brookings Institution*, March 31, 2011.

[5] Myron Weiner, "Secuity, Stability and International Migration", *International Security* Vol. 17, No. 3(Winter, 1992~1993), pp. 91~126.

[6] 스티븐 카슬·마크 J. 밀러, 《이주의 시대》, 357~363쪽.

[7] 스티븐 카슬·마크 J. 밀러, 《이주의 시대》, 363~365쪽.

[8] 이샘물, 《이주 행렬》, 2015, 이담, 232쪽

스티븐 카슬·마크 J. 밀러, 《이주의 시대》, 365쪽.

Doris Meissner, et al., *Immigration Enforcement in the United States: The Rise of a Formidable Machinery*, Migration Policy Institute, Jan. 2013.

CNN Fact Check, "Illegal border crossings at lowest levels in 40 years", 2013. 2. 13. http:// edition.cnn.com/2013/02/13/politics/fact-check-immigration/

Per Bylund, "The Libertarian Immigration Conundrum", *Mises Institute*, 2005. 12. 8. https://mises.org/library/libertarian-immigration-conundrum

Susan Martin, "Migrant Rights: International Law and National Action", *International Migration* 47.5, 2009.

Myron Weiner, *International Migration And Security*, 1993.

BBC, "Paris attacks: Who were the attackers?", 2016. 4. 27.

"Istanbul Bomber Entered as a Refugee, Turks Say", *NYT* 2016. 1. 13.

Vincenzo Bove, Tobias Böhmelt, "Does Immigration Induce Terrorism?", *Journal of Politics* Vol. 78, Number 2, April 2016.

이샘물, 《이주 행렬》, 220쪽.

이샘물, 《이주 행렬》, 222쪽.

이샘물, 《이주 행렬》, 222~223쪽.

행정자치부, 《주민등록 인구통계》. http://rcps.egov.go.kr:8081/jsp/stat/ppl_stat_jf.jsp

경찰청, 《경찰범죄통계》.

법무부, 《출입국·외국인정책 통계연보, 체류 외국인 현황》, 2014.

e-나라지표, 경찰청, 〈외국인 범죄현황〉. http://www.index.go.kr/potal/main/ EachDtlPageDetail.do?idx_cd=1618

"Vatican to host meetings on Climate Change", Human Trafficking, http://www.news.va/ en/news/vatican-to-host-meetings-on-climate-change-human-t

"Encyclical Letter Laudato Si' of The Holy Father Francis on Care for Our Common Home". http://w2.vatican.va/content/francesco/en/encyclicals/documents/papa- francesco_20150524_enciclica-laudato-si.html

IOM, *2013 Survey on Environmental Migration*, 2013.

IDMC, *Global Estimates 2015—People displaced by disasters* I. http://www.internal-

426 ❂ 이주하는 인간, 호모 미그란스

displacement.org/publications/2015/global−estimates−2015−people−displaced−by−disasters/

[29] *Global Analysis−July 2015*, https://www.ncdc.noaa.gov/sotc/global/201507

[30] Colin P. Kelley als, "Climate change in the Fertile Crescent and implications of the recent Syrian drought", *Proceedings of the National Academy of Sciences*, vol. 112, no. 11, March 17, 2015.

[31] "Bikini Nuclear Refugees Seek U.S. Homes to Flee Rising Seas", *Bloomberg* 2015. 10. 26.

[32] Montana, Alberto Descubrimientos, *exploraciones y conquistas de españoles y portugueses en América y Oceania*(Barcelona: Miguel Salvatella, 1943), p. 81.

[33] Niedenthal, Jack, "A Short History of the People of Bikini Atoll", *For the Good of Mankind*, 2003. http://www.bikiniatoll.com/history.html

[34] 미국 내부무, "Interior Proposes Legislation to Expand Bikini Islanders' Use of Resettlement Fund beyond the Marshall Islands", 2015. 10. 20.

[35] John A. Church, Peter U. Clark et al., "2013: Sea Level Change", *Climate Change 2013: The Physical Science Basis. Contribution of Working Group I to the Fifth Assessment Report of the Intergovernmental Panel on Climate Change*(Cambridge, United Kingdom and New York, NY, USA: Cambridge University Press). www.ipcc.ch/pdf/assessment−report/ar5/wg1/WG1AR5_Chapter13_FINAL.pdf

[36] 미국 항공우주국, "NASA zeroes in on ocean rise: How much? How soon?", climate.nasa.gov/news/2329/

7장 이주가 경제에 끼치는 영향

[1] 폴 콜리어, 김선영 옮김, 《엑소더스: 전 지구적 상생을 위한 이주경제학》, 21세기북스, 2013, 196~199쪽.

[2] 폴 콜리어, 《엑소더스: 전 지구적 상생을 위한 이주경제학》, 199~200쪽.

[3] "Zentrale Befunde zu aktuellen Arbeitsmarktthemen", *Institut fur Arbeitsmarkt und Berufsforschung*, 2015년 7월.

[4] "Integrating refugees in the labor market is key − Views from Frankfurt", *UniCredit*, 2015. 9.

10.

5 "Daimler Chief's Migrant Miracle Hinges on German Integration", *Bloomberg*, 2015. 9. 16.

6 Stephen Castles, Hein de Haas and Mark J. Miller, *The Borjas versus Card debate: is labour immigration bad for US workers?*, www.age-of-migration.com

7 George Borjas, "Native Internal Migration and the Labor Market Impact of Immigration", *Journal of Human Resources* 41(2), Spring 2006, pp. 221~258.

8 George Borjas, "Immigration and the American Worker-A Review of the Academic Literature", *Center for Immigration Studies*, April 2013.

9 David Card, "The Impact of the Mariel Boatlift on the Miami Labor Market", *Industrial and Labor Relations Review* Vol. 43, No. 2, Jan., 1990, pp. 245~257.

10 David Card, "Is the New Immigration Really So Bad?", *The Economic Journal*, 115: 507, January 2005, pp. 300~323.

11 George Borjas, "Native Internal Migration and the Labor Market Impact of Immigration".

12 아비바 촘스키, 백미연 옮김, 《그들이 우리의 일자리를 빼앗고 있다!》, 전략과문화, 2008.

13 아비바 촘스키, 《그들이 우리의 일자리를 빼앗고 있다!》, 38~40쪽.

14 아비바 촘스키, 《그들이 우리의 일자리를 빼앗고 있다!》, 44쪽.

15 James P. Smith and Barry Edmonston, Editors; Panel on the Demographic and Economic Impacts of Immigration, National Research Council, *The New Americans: Economic, Demographic, and Fiscal Effects of Immigration*, 1997, p. 236.

16 James P. Smith and Barry Edmonston, Editors; Panel on the Demographic and Economic Impacts of Immigration, National Research Council, *The New Americans: Economic, Demographic, and Fiscal Effects of Immigration*, pp. 292~294.

17 World Bank, "Migration and Remittances", *Migration and Development Brief* 26, April 2016. http://pubdocs.worldbank.org/pubdocs/publicdoc/2016/4/661301460400427908/MigrationandDevelopmentBrief26.pdf

18 Devesh Kapur, "Remittances: The New Development Mantra?", *G-24 Discussion Paper Series*, April 2004. http://unctad.org/en/Docs/gdsmdpbg2420045_en.pdf

19 IFAD, *Sending Money Home: European flows and markets*, 2015. 6. http://www.ifad.org/remittances/pub/money_europe.pdf

[20] "die geldverschicker", *Die Zeit* 2015년 45호, 《이코노미 인사이트》 2016년 1월호 〈검은 금융의 통로 웨스턴 유니온의 민낯〉에서 재인용.

[21] 국가기록원 나라기록, 〈간호원 및 광부 독일 파견〉. http://www.archives.go.kr/next/search/listSubjectDescription.do?id=000273&pageFlag=

[22] 국가기록원 나라기록, 〈노동력 중동 파견〉. http://contents.archives.go.kr/next/content/listSubjectDescription.do;jsessionid=QCKlSpPQ1g70LrZDmGl2dc8Ll81nWNQNKQ2qL4S88yQ2kb42b4nP!-1842498194?id=000274&pageFlag=

[23] Hein De Haas, "International Migration, Remittances and Development: myths and facts", *Third World Quarterly*, Vol. 26, No. 8, 2005.

8장 난민, 가장 비참한 강제 이주

[1] UNHCR, *Global Trends—Forced Displacement in 2015*, 2016. 6. 20.

[2] 박흥순·서창록·박재영·이신화, 《국제기구와 인권·난민·이주》, 유네스코 아시아태평양 국제이해교육원, 2015, 198쪽.

[3] 〈유엔난민협약〉 제1장 일반규정 제1조 '난민'의 용어 정의 A항.

[4] 난민인권센터, 〈난민, 그들은 누구인가?〉(난민공부 시리즈 1) 참조, 2011. 3. 18. http://nancen.org/504

[5] OAU, *Convention Governing The Specific Aspects of Refugee Problems in Africa*.

[6] 난민인권센터, 〈난민, 그들은 누구인가?〉(난민공부 시리즈 1).

[7] 국제이주기구, 《이주 용어 사전》 제2판, 2011.

[8] Mark Dowie, *Conservation Refugees: The Hundred—Year Conflict between Global Conservation and Native Peoples*, 2009.

[9] 영어로 포스트 콜로니얼리즘post-colonialism은 우리말로 탈식민주의 또는 후기 식민주의 정도로 번역된다. 전자는 내용에 초점을 맞춘 개념으로, 식민주의를 탈피하거나 넘어선 담론이라는 뉘앙스를 지닌다. 후자는 시대 구분에 초점을 맞춰, 식민주의 이후에 관한 담론이라는 뜻이 강하다. 포스트post라는 접두어가 들어간 영어 단어들을 우리말로 옮길 때에는 그 단어가 쓰인 문장의 맥락에 따라 더 적확한 쪽으로 달리 해석해야 하는 모호함이

있는데, 여기선 두 가지 모두를 의미하는 뜻에서 그냥 포스트 식민주의로 옮겼다.

10 Mark Dowie, *Conservation Refugees: The Hundred-Year Conflict between Global Conservation and Native Peoples*, Kindle Locations, 23~27.

11 〈참수된 사자 세실, 마을을 위한 '처녀 제물'처럼 죽어갔다〉, 《한겨레》 2015년 8월 10일.

12 박흥순·서창록·박재영·이신화, 《국제기구와 인권·난민·이주》, 218쪽.

13 Alexander Aleinikoff, "International Legal Norms and Migration: A Report", *Migration and International Legal Norms*(Cambridge University Press, 2003).

14 서경식, 임성모·이규수 옮김, 《난민과 국민 사이》, 돌베개, 2006, 204쪽.

15 국제이주기구, 《이주 용어 사전》 제2판, 2011.

16 UNHCR, *Global Trends-Forced Displacement in 2015*, 2016. 6. 20.

17 〈화물선에 버려진 '엑소더스'…"도와줘요, 침몰해요"〉, 《한겨레》 2015년 1월 12일.

18 "Truck of corpses, new shipwreck intensify Europe's Migrant", *Reuters* 2015. 8. 27.

19 Dimitris Avramopoulos, "A European Response to Migration: Showing solidarity and sharing responsibility", 2015년 8월 14일. http://europa.eu/rapid/press-release_SPEECH-15-5498_en.htm

20 유재원, 《유재원의 그리스 신화 제2권—신에 맞선 영웅들》, 2015, 247~254쪽.

21 "Polish opposition warns refugees could spread infectious diseases", *Reuters* 2015. 10. 15.

22 "Anti-immigration SVP wins Swiss election in swing to right", *Reuters* 2015. 10. 19.

23 "Danish People's party leader demands border crackdown after election success", *Guardian* 2015. 6. 19.

24 "How The Refugee Crisis Is Fueling The Rise Of Europe's Right", *Huffington Post* 2015. 11. 2.

25 "Migrants using fake Syrian passports to enter EU: border agency", *AFP* 2015. 9. 1.

26 "Balkan migrants take desperate steps to prove asylum claim", *AFP* 2015. 9. 3.

27 "Father of drowned boy Aylan Kurdi plans to return to Syria", *The Guardian* 2005. 9. 3.

28 "Thousands of refugees may lose right of asylum under EU plans", *The Guardian* 2015. 9. 14.

29 "Exodus of Syrians Highlights Political Failure of the West", *The New York Times* 2015. 9. 4.

30 "One Syrian boy's plea", *Al Jazeera America* 2015. 9. 2. http://america.aljazeera.com/watch/shows/live-news/2015/9/one-syrian-boys-plea.html

31 UNHCR, *Women on the Run*, http://www.unhcr.org/5630f24c6.html

32 "5 facts about illegal immigration in the U.S.", www.pewresearch.org/fact-tank/2015/11/19/5-facts-about-illegal-immigration-in-the-u-s/

33 "Palestine Refugees", www.unrwa.org/palestine-refugees

34 홍미정, 《21세기 중동 바르게 읽기》, 서경문화사, 2016, 22쪽.

35 홍미정, 《팔레스타인 땅, 이스라엘 정착촌》, 서경, 2004, 24쪽.

36 홍미정, 《21세기 중동 바르게 읽기》, 317쪽.

37 "Declaration of Establishment of State of Israel", 1948. 5. 14, 이스라엘 외무부 홈페이지 (http://www.mfa.gov.il/).

38 홍미정, 《팔레스타인 땅, 이스라엘 정착촌》, 서경, 2004, 151쪽.

39 1907년 네덜란드의 수도 헤이그에서 열린 제2차 만국평화회의에서 채택된 전시국제법 조약이다. 당시 일본 제국주의의 국권 찬탈 위기에 놓였던 조선의 고종은 이 회의에 이상설, 이위종, 이준 등 비밀특사를 파견해 1905년 을사늑약 체결의 강제성과 부당함을 알리려 했지만, 일본과 영국의 방해로 실패했다.

40 아론 브레크먼, 정희성 옮김, 《6일 전쟁, 50년의 점령》, 니케북스, 2016, 35~36쪽. 책의 영문 원제는 Cursed Victory: A History of Israel and the Occupied Territories(저주받은 승리: 이스라엘과 점령지의 역사)다.

41 아론 브레크먼, 《6일 전쟁, 50년의 점령》, 38~39쪽.

42 아론 브레크먼, 《6일 전쟁, 50년의 점령》, 40쪽.

43 홍미정·서정환, 《울지 마, 팔레스타인》, 시대의 창, 2011, 150쪽.

44 홍미정·서정환, 《울지 마, 팔레스타인》, 151쪽.

45 서장원, 《망명과 귀환 이주》, 33~34쪽, 집문당, 2015.

46 서경식, 《난민과 국민 사이》, 199~200쪽.

47 서장원, 《망명과 귀환 이주》, 12쪽.

48 서장원, 《망명과 귀환 이주》, 15~18쪽.

49 서장원, 《망명과 귀환 이주》, 19쪽.

50 서장원, 《망명과 귀환 이주》, 238~240쪽.

51 서장원, 《망명과 귀환 이주》, 379쪽.

52 서장원, 《망명과 귀환 이주》, 389쪽.

53 법무부, 《출입국·외국인정책 통계 월보》, 2016년 3월.

[54] 난민인권센터, 〈국내난민현황〉(2015. 12. 31 기준).

9장 우리와 그들, 함께 살아가기

[1] 〈'남아공 폭동' 인종차별 피해자들 '외국인 폭행' 가해자로〉, 《한겨레》 2008년 5월 21일.

[2] Samuel P. Huntington, "The Clash of Civilizations?", *Foreign Affairs*, Summer 1993.

[3] Rogers Brubaker, "The Return of Assimilation? Changing Perspectives on Immigration and Its Sequels in France, Germany, and the United States", *Ethnic and racial Studies* Vol. 24, 2001, pp. 531~548.

[4] 스티븐 카슬·마크 J. 밀러, 《이주의 시대》, 418~419쪽.

[5] 스티븐 카슬·마크 J. 밀러, 《이주의 시대》, 416~417쪽.

[6] 국제이주기구, 《이주 용어 사전》 제2판, 2011.

[7] 샌프란시스코 강화조약은 1945년 8월 태평양 전쟁 종전 이후, 전승국인 연합국과 패전국인 일본 사이의 전쟁 배상을 포함한 전후 처리 평화조약이다. 1951년 9월 8일 미국 샌프란시스코에서 맺어졌으며, 이듬해인 1952년 4월 28일에 발효됐다. 48개국이 참여해 서명했으나, 정작 식민지배의 고통을 당했던 한국(그리고 북한)은 전승국 지위가 아니라는 이유로 이 조약에서 배제됐다. 이로써 우리 민족은 일본에 대해 공식적인 전쟁 배상청구권을 행사할 국제법적 근거를 인정받지 못하게 됐다.

[8] 서경식, 《난민과 국민 사이》, 185쪽.

[9] 국제이주기구, 《이주 용어 사전》 제2판, 2011.

[10] 마이클 새머스, 이영민·박경환·이용균·이현욱·이종희 옮김, 《이주》, 푸른길, 2013, 328쪽.

[11] 마이클 새머스, 《이주》, 329~395쪽.

[12] Marco Martiniello, *Political Participation Mobilisation And Representation Of Immigrants And Their Offspring In Europe*, 2006, 마이클 새머스, 《이주》, 387쪽에서 재인용.

[13] 자크 데리다, 남수인 옮김, 《환대에 대하여》, 동문선, 2004, 146~147쪽.

[14] 자크 데리다, 《환대에 대하여》, 148쪽.

[15] Rogers Brubaker, "The Return of Assimilation? Changing Perspectives on Immigration and Its Sequels in France, Germany, and the United States", *Ethnic and racial Studies* Vol. 24,

2001.

16 IPSOS, http://www.ipsos-na.com/news-polls/pressrelease.aspx?id=6930. 영국 일간《인디펜던트》는 이 여론조사를 한눈에 보기 쉽게 그래픽으로 잘 정리해 놓았다. http://www.independent.co.uk/news/world/more-than-half-of-people-in-developed-nations-think-their-country-has-too-many-immigrants-10446541.html

17 김현경,《사람, 장소, 환대》, 문학과지성사, 2015, 26쪽.

18 김현경,《사람, 장소, 환대》, 57쪽.

19 김현경,《사람, 장소, 환대》, 64~65쪽.

20 김현경,《사람, 장소, 환대》, 69쪽. 저자는 '다른 장소'를 고딕체로 강조했다.

21 강남순,《코즈모폴리터니즘과 종교》, 새물결플러스, 2015, 171쪽.

22 강남순,《코즈모폴리터니즘과 종교》, 172~173쪽.

23 강남순,《코즈모폴리터니즘과 종교》, 95쪽.

24 슬라보이 지제크, 김희상 옮김,《새로운 계급투쟁》, 자음과모음, 2016, 65쪽.

25 슬라보이 지제크,《새로운 계급투쟁》, 66쪽.

26 슬라보이 지제크,《새로운 계급투쟁》, 100~106쪽.

27 문병기·라휘문·한승준,〈이민자 사회통합정책 종합진단 및 개선방안〉, 법무부, 2015.12.1., xiii쪽.

28 문병기·라휘문·한승준,〈이민자 사회통합정책 종합진단 및 개선방안〉, 50쪽.

29 Taskforce on New Americans, *Building an Americanization Movement for the Twenty-first Century*, 2008.

30 Mike Gonzalez, *Patriotic Assimilation Is an Indispensable Condition in a Land of Immigrants*, Davis Institute For National Security And Foreign Policy, Special Report No. 174, January 8, 2016.

31 마이클 픽스 엮음, 곽재석 옮김,《다문화 사회 미국의 이민자 통합정책》, 한국학술정보, 2009, 58~73쪽.

32 마이클 픽스 엮음,《다문화 사회 미국의 이민자 통합정책》, 124~128쪽.

33 마이클 픽스 엮음,《다문화 사회 미국의 이민자 통합정책》, 145~147쪽.

34 도미니끄 슈나페, 임지영 옮김,《통합이란 무엇인가—유럽의 이민자 통합》, 이담, 2012, 70쪽.

35 독일, 프랑스, 영국에서 태어나거나 6살 이전에 이주한 18~25살 사이의 이민자 자녀들을 대상으로 한 3개국의 사회통합 효율성 비교 조사로, 2001년에 최종 보고서가 나왔다.

36 도미니끄 슈나페, 《통합이란 무엇인가—유럽의 이민자 통합》, 112~113쪽.

37 도미니끄 슈나페, 《통합이란 무엇인가—유럽의 이민자 통합》, 120쪽.

38 스티븐 카슬·마크 J. 밀러, 《이주의 시대》, 417쪽.

39 김현미, 《우리는 모두 집을 떠난다》, 돌베개, 2014, 205~206쪽.

40 한건수, '한국의 다문화 사회 이행과 이주 노동자', 《철학과 현실》, 91, 2011, 29쪽, 김현미, 《우리는 모두 집을 떠난다》에서 재인용.

41 김현미, 《우리는 모두 집을 떠난다》, 208쪽.

42 국제연맹은 제1차 세계대전이 끝난 뒤인 1920년 결성된 국제기구로, 1939년 제2차 세계대전이 발발하면서 사실상 해체됐으며, 이 전쟁이 끝난 이듬해 1946년 국제연합 UN으로 대체됐다.

43 Mark Dowie, *Conservation Refugees: The Hundred-Year Conflict between Global Conservation and Native Peoples*, 2009, Kindle Locations 1985-1991.

44 UN General Assembly resolution 2106, *International Convention on the Elimination of All Forms of Racial Discrimination*, 21 December 1965.

45 Mark Dowie, *Conservation Refugees: The Hundred-Year Conflict between Global Conservation and Native Peoples*, Kindle Locations 1992-2000.

46 Mark Dowie, *Conservation Refugees: The Hundred-Year Conflict between Global Conservation and Native Peoples*, Kindle Locations 2082-2088.

47 United Nations, *Declaration on the Rights of Indigenous Peoples*, 2007. 9. 13.

48 장 자크 루소, 이환 옮김, 《사회계약론》, 삼성출판사, 1986.

글을 마치며

1 김대식, 《김대식의 빅 퀘스천》, 동아시아, 2014, 26~28쪽.

표 목록

그림 목록

찾아보기

이주하는 인간, 호모 미그란스 인류의 이주 역사와 국제 이주의 흐름

⊙ 2016년 9월 23일 초판 1쇄 발행
⊙ 2023년 9월 6일 초판 5쇄 발행
⊙ 글쓴이   조일준
⊙ 펴낸이   박혜숙
⊙ 디자인   이보용
⊙ 펴낸곳   도서출판 푸른역사
  우) 03044 서울시 종로구 자하문로8길 13
  전화: 02) 720-8921(편집부) 02) 720-8920(영업부)
  팩스: 02) 720-9887
  전자우편: 2013history@naver.com
  등록: 1997년 2월 14일 제13-483호

ISBN   979-11-5612-080-3   03900